环境资源会计审计
研究专著系列

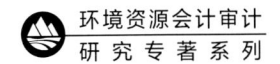

国家社科基金重大项目（15ZDB160）
首都经济贸易大学出版资助

# 基于资源环境资产负债核算的环境责任审计研究

杨世忠　顾奋玲　著

首都经济贸易大学出版社
Capital University of Economics and Business Press
·北京·

图书在版编目（CIP）数据

基于资源环境资产负债核算的环境责任审计研究／杨世忠，顾奋玲著． -- 北京：首都经济贸易大学出版社，2023.12

ISBN 978-7-5638-3607-9

Ⅰ．①基… Ⅱ．①杨…②顾… Ⅲ．①国家行政机关-环境管理-经济责任审计-研究-中国 Ⅳ．①F239.47

中国国家版本馆 CIP 数据核字（2023）第 195633 号

基于资源环境资产负债核算的环境责任审计研究
JIYU ZIYUAN HUANJING ZICHAN FUZHAI HESUAN DE HUANJING ZEREN SHENJI YANJIU
杨世忠　顾奋玲　著

| 责任编辑 | 王　猛 |
|---|---|
| 封面设计 | 风得信·阿东 FondesyDesign |
| 出版发行 | 首都经济贸易大学出版社 |
| 地　　址 | 北京市朝阳区红庙（邮编 100026） |
| 电　　话 | （010）65976483　65065761　65071505（传真） |
| 网　　址 | http://www.sjmcb.com |
| E- mail | publish@cueb.edu.cn |
| 经　　销 | 全国新华书店 |
| 照　　排 | 北京砚祥志远激光照排技术有限公司 |
| 印　　刷 | 人民日报印务有限责任公司 |
| 成品尺寸 | 170 毫米×240 毫米　1/16 |
| 字　　数 | 438 千字 |
| 印　　张 | 26.75 |
| 版　　次 | 2023 年 12 月第 1 版　2023 年 12 月第 1 次印刷 |
| 书　　号 | ISBN 978-7-5638-3607-9 |
| 定　　价 | 89.00 元 |

图书印装若有质量问题，本社负责调换
版权所有　侵权必究

# 序 言

收到几十年来真挚的朋友，首都经济贸易大学杨世忠教授的邮件，读到了世忠教授与同事顾奋玲教授合著的新作《基于资源环境资产负债核算的环境责任审计研究》，深深地为世忠教授几年来的努力工作结出的又一硕果所吸引。世忠教授邀我作序，我欣然应允。这部反映新时代党和国家领导人正确引导生态文明建设的作品，对我们在资源环境管理方面已具备的条件和所取得的工作经验进行了总结。

著作的前半部分有助于我们更深入地理解生态文明建设对于民生福祉和民族未来的重要影响；更现实地体会面对环境污染严重、资源日益短缺的现实，以习近平同志为核心的党中央高度重视我国生态文明建设的伟大意义；真切地认识到我国各部门、各层级的管理机构等为做好我国的资源环境管理出台的各种规范的实践意义。学者们为宣传贯彻党和国家的生态文明建设方针而认真研究、探讨，发表具有真知灼见的优秀文章。党的十八大以来，我国已经将生态文明建设提升到"五位一体"总体布局的高度，明确指出生态文明建设是事关中华民族永续发展的千年大计，站在人与自然和谐共生的新高度，一系列与生态文明建设相关的重大决策部署合民心、顺民意。作为推动生态文明建设的重要制度安排，资源环境审计要通过对政府和企事业单位有关自然资源管理和生态环境保护情况的严格审计监督，确保我国生态文明建设的有序进行，推动我国经济的可持续、高质量发展。

著作的后半部分关于资源环境审计在我国现阶段的实际状况和未来的发展方向，结合上半部分的理论，以一个个生动的审计案例，从一个个模拟实例的推演，帮助我们对资源环境审计的实际业务开展情况有所了解。我国资源环境审计实践探索已经先于理论研究，而实践与理论的不同步导致资源环境审计范围受限且缺乏一定的理论指引，对我们的工作造成一定的困难。与此同时，通过对四类资源领域的阐述，对来自市、县级行政单位的实际资源环境管理核算、经济责任审计工作的案例展现，深刻反映出

我国资源的紧缺等状况，从而更加坚定我们深入研究资源环境审计问题，解决好面临的难题，推动资源环境审计工作进步的决心和毅力。

杨世忠教授和顾奋玲教授的《基于资源环境资产负债核算的环境责任审计研究》一书，基于生态文明建设理念，依托国家社科重大课题，力图解决当前资源环境核算和审计中存在的理论和现实问题。本书根据会计与审计的内在联系，开创性地构建了资源环境资产负债核算系统，并以所探讨的资源环境资产负债核算为基础，深入分析资源环境审计的工作框架、理论基础、实施程序、证据与报告，以及对外公告等十分具体又有较强可操作性的内容；并针对不同类别资源环境资产负债审计工作成果如何全面推动生态文明建设等问题进行了有益的探索。本书对于推动我国资源环境审计的系统研究与实践探索、促进生态文明建设、助力经济高质量发展，具有非常重要的意义。

同为从事会计、审计教学的教师，我由衷地为世忠教授和顾奋玲教授取得的成果而高兴，愿意与同行一起为资源环境管理、审计方面的科研工作而努力，不断作出自己应有的贡献。

# 前 言

早在远古时期，人们就对各种自然资源及其变化进行了观察、描述和利用。甚至在文字产生以前，就开始了对取自自然界的生活资料进行刻记计数。人类对自然资源的核算行为，伴随着对自然资源的认识，从简单到复杂，从低级到高级，从具象到抽象，如此一步一步地发展起来。

世界各国经济的发展离不开对自然资源的开发和利用，但是无序和过度地开发自然资源，又会带来资源的枯竭和生态环境恶化的后果。为此，联合国从20世纪90年代开始，就陆续推出了对资源环境进行核算和控制的一系列规制文件，其中最具影响的是《综合环境与经济核算体系》(System of Integrated Environmental and Economic Accounting，简称SEEA)。经过修改和补充，2012年推出了SEEA中心框架及其系列辅助文件，2021年推出SEEA标准体系。

新中国成立以来，党和政府就特别重视对各种自然资源尤其是水土林矿资源数量质量的认识、了解和掌握，根据不同类型的自然资源，设置专门的政府机构进行专业化管理。伴随着改革开放、社会主义市场经济建设和生态文明建设，对自然资源的管理也从实物管理发展到价值管理，核算工作也从核算自然资源、核算自然资源资产，发展到核算自然资源资本。

党的十八大拉开了我国生态文明建设的大幕。党的十八届三中全会通过的《中共中央关于全面深化改革若干重大问题的决定》提出了"探索编制自然资源资产负债表，对领导干部实行自然资源资产离任审计，建立生态环境损害责任终身追究制"的三项要求。作为长期学习和研究经济核算与自然资源管理的专业工作者，我们积极响应党中央的号召，以国家社会科学基金重大项目《基于自然资源资产负债表系统的环境责任审计研究》（15ZDB160）为平台开展跨学科的研究工作，构建了自然资源资产负债核算系统和自然资源资产负债审计系统，提交了涉及水资源、土地资源、森林资源、矿产资源、海洋资源和地质遗迹资源的资产负债核算与审计的研究报告。

本书正是在研究报告的基础上编撰而成的，限于篇幅，仅选用了项目报告

中的主要内容，含去了海洋资源、地质遗迹资源以及核算与审计软件部分，同时增加了资源环境资产负债核算及其相应审计的内容。除项目负责人以外，还有六位子课题负责人，分别是温国勇、甘泓、张卫民、余振国、顾奋玲、王凡林；课题组的成员有（按姓氏笔画排序）：于鹏、马京华、王世杰、王会、王林、王欣、王波、王涛、王精一、方心童、韦宝玺、邓玉铃、石吉金、石瑞、田运全、田嘉美、冯春涛、刘向敏、刘胜楠、刘彬、刘鑫颖、关笑雨、孙晓玲、孙萍萍、孙婧、存真、余勤飞、李丰杉、李百兴、李可心、李勇、李晨颖、李春瑜、吴佳琪、杜冰清、汪林、张一帆、张碧涵、陈非、陈波、陈晓梅、杨梦凡、杨睿宁、林燕华、范振林、侯冰、武钰钦、周普、罗润发、赵金淳、胡明形、姜恩来、姚霖、秦长海、秦龙俊、贾玲、高娜、高静、崔春、焦之珍、觧角羊、窦慧敏、樊萌、路彩霞、谭振华、魏玲玲。在此对参与课题研究的每一位成员表示衷心感谢！在本书撰写过程中，除两位主要作者以外，首都经济贸易大学的研究生马一先、付楠楠、田博远、高欣瑀、曹越同学参加了书稿的数据资料更新和校对工作。

还要感谢首都经济贸易大学出版社杨玲社长和乔剑编审对本书所倾注的关心、支持和辛劳！同时，对于书中参考文献的作者表示衷心感谢！

由于作者水平和眼界所限，书中的观点仅是一家之言，不足甚至偏颇之处敬请读者批评指正！

# 目 录

1 导论 ········································································································ 1
　1.1 渊源 ································································································· 3
　　1.1.1 《易》对资源环境的认知及其启示 ········································· 3
　　1.1.2 先秦典籍对资源环境的描述与记录 ········································· 6
　　1.1.3 会计与审计的渊源 ···································································· 8
　1.2 研究的背景与现状 ········································································ 12
　　1.2.1 国际背景 ·················································································· 12
　　1.2.2 国内背景 ·················································································· 13
　　1.2.3 现状及问题 ·············································································· 14
　　1.2.4 研究的现实起点与逻辑框架 ·················································· 28

2 文献研究 ······························································································ 31
　2.1 国外文献研究 ················································································ 33
　　2.1.1 联合国等国际组织的指导性文献 ·········································· 33
　　2.1.2 国外研究文献 ·········································································· 42
　2.2 国内文献研究 ················································································ 50
　　2.2.1 国内指导性文献暨实务述评 ·················································· 50
　　2.2.2 国内研究文献 ·········································································· 66

3 资源环境核算 ······················································································ 81
　3.1 资源环境资产负债核算模式探索 ················································ 83
　　3.1.1 自然资源资产核算模式 ·························································· 83
　　3.1.2 自然资源净资产核算模式 ······················································ 88
　　3.1.3 自然资源资产负债核算模式 ·················································· 94
　　3.1.4 资源环境资产负债核算模式 ················································ 101
　　3.1.5 不同核算模式的比较与应用展望 ········································ 103

3.2 监管机构资源环境资产负债核算系统构建 ………………… 104
    3.2.1 资源环境资产负债核算的平衡关系 ………………… 104
    3.2.2 核算要素分类分级与科目设置 ……………………… 107
    3.2.3 记账方法及其运行 …………………………………… 115
    3.2.4 报表系统暨报表格式 ………………………………… 121
    3.2.5 县级监管机构的资源环境资产负债核算科目
         设置 …………………………………………………… 125
3.3 企事业单位资源环境资产负债核算 ……………………… 126
    3.3.1 企事业单位资源环境资产负债核算科目设置 ……… 126
    3.3.2 企事业单位资源环境资产负债核算与政府核算
         系统的衔接 …………………………………………… 127

## 4 资源环境审计 ……………………………………………………… 131
4.1 资源环境审计基础 ………………………………………… 133
    4.1.1 资源环境审计及其相关概念 ………………………… 133
    4.1.2 资源环境资产负债核算系统审计框架 ……………… 136
4.2 资源环境资产负债核算系统审计框架构建 ……………… 136
    4.2.1 审计主体与审计目标 ………………………………… 136
    4.2.2 审计客体与审计内容 ………………………………… 139
    4.2.3 审计方式与审计方法 ………………………………… 143
    4.2.4 审计标准与审计流程 ………………………………… 149
    4.2.5 审计证据及其来源 …………………………………… 152
    4.2.6 审计评价指标体系 …………………………………… 154
    4.2.7 资源环境责任界定 …………………………………… 158
    4.2.8 审计报告 ……………………………………………… 163

## 5 水资源环境核算与审计 ………………………………………… 169
5.1 水资源环境资产负债核算 ………………………………… 171
    5.1.1 水资源环境特点及管理要求 ………………………… 171
    5.1.2 水资源环境资产负债核算要素分类分级与科目
         设置 …………………………………………………… 178

## 目录

    5.1.3 水资源环境资产负债核算账户结构与业务类型 ……… 183
    5.1.4 水资源环境资产负债核算表系结构与报表格式 ……… 185
    5.1.5 水资源环境资产负债核算举例 ……………………… 192
  5.2 水资源环境审计 ………………………………………… 201
    5.2.1 基于水资源环境资产负债核算系统的环境责任
       审计 ……………………………………………… 201
    5.2.2 水资源环境责任审计实践与探索 ………………… 205
    5.2.3 水资源环境责任审计案例——长江经济带某市
       水资源审计 ……………………………………… 219

**6 森林资源环境核算与审计** ………………………………… 227
  6.1 森林资源环境资产负债核算 …………………………… 229
    6.1.1 森林资源环境特点及管理要求 …………………… 229
    6.1.2 森林资源环境资产负债核算要素分类分级与
       科目设置 ………………………………………… 233
    6.1.3 森林资源环境资产负债核算账户结构与业务
       类型 ……………………………………………… 242
    6.1.4 森林资源环境资产负债核算表系结构 …………… 245
    6.1.5 森林资源环境资产负债核算举例 ………………… 246
  6.2 森林资源环境审计 ……………………………………… 263
    6.2.1 基于森林资源环境资产负债核算系统的环境责任
       审计 ……………………………………………… 263
    6.2.2 森林资源环境责任审计实践与探索 ……………… 269
    6.2.3 森林资源环境责任审计案例——山东青岛崂山区
       林长制下领导干部责任审计 …………………… 280

**7 土地资源环境核算与审计** ………………………………… 287
  7.1 土地资源环境资产负债核算 …………………………… 289
    7.1.1 土地资源环境特点及管理要求 …………………… 289
    7.1.2 土地资源环境资产负债核算要素分类分级与科目
       设置 ……………………………………………… 293

  7.1.3 土地资源环境资产负债核算账户结构与业务类型 ………………… 308

  7.1.4 土地资源环境资产负债核算试算平衡与表系结构 ………………… 309

  7.1.5 土地资源环境资产负债核算举例 ………………… 311

 7.2 土地资源环境审计 ………………… 323

  7.2.1 基于土地资源环境资产负债核算系统的环境责任审计 ………………… 323

  7.2.2 土地资源环境责任审计实践与探索 ………………… 329

  7.2.3 土地资源环境责任审计案例——北京某乡镇领导干部土地资源责任审计 ………………… 344

# 8 矿产资源环境核算与审计 ………………… 357

 8.1 矿产资源环境资产负债核算 ………………… 359

  8.1.1 矿产资源环境特点及管理要求 ………………… 359

  8.1.2 矿产资源环境资产负债核算要素分类分级与科目设置 ………………… 362

  8.1.3 矿产资源环境资产负债核算账户结构 ………………… 367

  8.1.4 矿产资源环境资产负债核算分录与业务类型 ………………… 368

  8.1.5 矿产资源环境资产负债核算举例 ………………… 369

 8.2 矿产资源环境审计 ………………… 383

  8.2.1 基于矿产资源环境资产负债核算系统的环境责任审计 ………………… 383

  8.2.2 矿产资源环境责任审计实践与探索 ………………… 388

  8.2.3 矿产资源环境责任审计案例——宁波市矿产资源综合开发管理和资金使用情况专项审计 ………………… 399

**参考文献** ………………… 406

**后记** ………………… 415

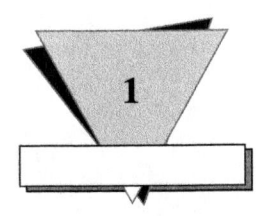

# 导论

## 1.1 渊源

从约公元前两千年的克里特文明开始,到公元前323年亚历山大帝国崩溃,在这一时期,希腊人创造了举世闻名的希腊神话。神话中,大地女神盖娅是众神之母,第一代天神乌拉诺斯是她的丈夫,第二代天神克洛诺斯是盖娅的儿子,第三代天神即众神之神的宙斯,是她的孙子。

几乎同一时期,遥远的东方也出现了许多神话。盘古开天地、女娲造人和女娲补天是其中的三个创世神话。传说在一片混沌的洪荒宇宙中,有个名叫盘古的神人,他开天辟地,让混沌的世界分为天地,天降阳光雨露,大地万物生长。可是万物之中却缺少灵气,没有一种生物能够与诸神沟通,于是女神女娲出现了,她抟泥造人,分出男女,使之阴阳交合,繁衍后代,生生不息。后来,水神共工与火神祝融争夺帝位,共工战败,怒而头触西北顶天立地的不周山,导致天柱折,地维绝,四极废,九州裂,天倾西北,地陷东南,洪水泛滥,大火蔓延,人民流离失所。女神女娲再次挺身而出,取大地五色土,借太阳神火,历时九天九夜,炼就五色巨石36 501块。然后又历时九天九夜,用36 500块五彩石将天补好,剩下的一块遗留在天台山中汤谷的山顶上。

东西方神话中对女神的崇拜,不仅折射出人类在远古时期母系社会中,女性主宰一切、地位崇高,而且表达出人类赖以生存的大地就是母亲的意识。大地承载万物,是人类生存发展所必不可少的物质资源。与大地相对应,天神总是男性。古人把自然界归于天和地,大自然就是天和地,并从中感悟和理解人与自然的关系。

### 1.1.1 《易》对资源环境的认知及其启示

#### 1.1.1.1 《易》的形成与演进

探寻中国古人对自然界以及人与自然关系的认识,可以从经典古籍的文字记载开始。其实早在文字产生之前,我们的祖先就用蓍草和石刻符号来认知自然现象了。用蓍草对自然现象进行抽象的记载,形成了"群经之首"的《易》。用石刻符号来记录自然现象,形成了流传至今的

岩画①。

传说《易》是由伏羲氏所创，他用一根长蓍草代表阳爻，两根短蓍草（或一组短蓍草）代表阴爻，将其组合称为"太极生两仪"，表示宇宙万物皆可分成阴阳两极，或曰世间万物皆由彼此相对应的两极结合而成；阳爻为乾，代表天，阴爻为坤，代表地，二者构成天地。世间万物相互之间是有联系的，爻跟爻之间发生关系，根据各爻组合排列自下而上的方式，产生出四种符号：在阳爻之上加阳爻为"太阳"，在阳爻之上加阴爻为"少阴"，在阴爻之上加阳爻为"少阳"，在阴爻之上再加阴爻为"太阴"。这就是"两仪生四象"，它在对应两极构成同一事物的基础上，进一步揭示出"你中有我，我中有你"的事物组合规律。接下来，伏羲在这四个符号上各自再分别加上阳爻和阴爻，将其组合排列成八个符号："太阳"之上加一阳爻为"乾"，"太阳"之上加一阴爻为"兑"，"少阴"之上加一阳爻为"离"，"少阴"之上加一阴爻为"震"，"少阳"之上加一阳爻为"巽"，"少阳"之上加一阴爻为"坎"，"太阴"之上加一阳爻为"艮"，"太阴"之上加一阴爻为"坤"。八个符号代表八个卦象，简称八卦。伏羲用八卦来了解和预测事物的变化，后人称作"小成之卦"。

《易》传到夏朝，名为《连山易》，用于解释天道时序，定二十四节气，指导农耕种植，始成夏历。《连山易》传到商朝以后改为《归藏易》。商人崇拜祖先，认为一切皆来源于共同的祖母简狄，所以要由坤卦开始，象征"万物莫不归藏其中"，引申为人类的文化与文明，都以大地为主，万物皆生于地，终又归藏于地。

到了西周，周文王认为《连山》《归藏》乃天道时序方位与地道物类属性之分别，如同天地乾坤，可以合二为一，他将先前的八卦（小成之卦）相重，八八六十四，重出六十四卦，名为大成之卦，再配以卦辞、爻辞，成为《易经》，传于后世。到东周末期，孔子"五十而学易"，著有"十翼"，称为《易传》。《易传》是对《易经》的进一步解释与发挥，二

---

① "原始人这种笨拙得很的记录行为，乃是开创绵绵不断的世界会计发展史的先声，今天人类的会计科学就是从这里开始的。"参见：文硕. 西方会计史：会计发展的五次浪潮［M］. 北京：经济科学出版社，2012：2.

者合称《周易》，传承至今。

**1.1.1.2　《易》的自然观及其启示**

《易》经过夏代的《连山》、殷商的《归藏》、西周的《易经》、春秋的《易传》，直至形成《周易》，历经近两千年，其间所创造出的以《易》为核心的哲学观念与思维逻辑，所凝聚的众贤智慧，一直深刻影响着后人，影响着人类对自然的认识。《易》不愧为"大道之源，群经之首"，不仅老子悟《易经》而成道家之说，管子学《易经》而开法家学说之先河，孔子释《易经》成《周易》而创儒家学派，而且对当今人类认识自然资源及其变化规律也有着深刻的启示。这些启示主要来自"阴阳二维""运动变化""对立转换""分合相成"等观念。

（1）阴阳二维观。通过对天地、男女、昼夜、寒暑、胜败、利害、上下、左右、前后、动静、大小、好坏、吉凶等生活中普遍存在的相互依存和对立现象的观察，《易》提出了"太极生两仪"的"阴阳"二维概念，并以此作为认识万千事物及其变化之始。阴阳二维继之阴阳平衡成为影响后人世界观与方法论的思维逻辑，不仅在中医典籍《黄帝内经》及中医理论体系中得到充分体现，而且在治国理政、科技创新等多个领域也得到充分印证。

（2）运动变化观。据东汉许慎的《说文解字》，"易"字之源的解释有两种：一是认为它是蜥蜴象形，其体色随环境而变；二是认为它是日月组合（上日下月）。其含义有三：简易、变易、不易。所以，"易"的本义就是变化与不变之统一。日月的位置无时不变，但其东升西落、昼夜交替、月有盈亏、周而复始的变化规律却又不变。

（3）对立转换观。各种卦象的设置皆有时空条件，吉与凶、险与夷是互相对立的概念，但对立双方之间并非绝对不变，在一定条件下是可以转换的。所谓化险为夷、避凶趋吉之说，正体现了对自然条件的认识。

（4）分合相成观。开始是"太极生两仪"，从混沌初开分为天地二维，有了乾坤二卦，形成阴阳概念。然后是阴阳交合，"两仪生四象，四象演八卦"。八卦各有不同的名称和阴阳组合，分别是乾、坤、震、巽、坎、离、艮、兑，对应的是自然界八种基本物质的具体象征，八种基本物质分别是天、地、雷、风、水、火、山、泽。最后是"八卦重八卦"，借助于阴爻和阳爻符号的细分与排列，组合成六十四卦，代表世间六十四种物象。六十四种卦象相互之间你中有我、我中有你，通过不断分化组合，可以把世间万物的具象都表现出来，即所谓"道生一，一生二，二生三，三生万物"（《老子》）。

由阴阳而来的二维观念，是人类认知事物的基本思维逻辑之一。本书对自然资源的核算，尤其是对自然资源的资产负债核算，正是根据"太极生两仪，两仪生四象"的逻辑，构建符合"清家底，明责任"要求的平衡公式，再依据分合相成观，对平衡公式两端进行分类分级，循序展开。

## 1.1.2 先秦典籍对资源环境的描述与记录

先秦时期，尤其是春秋战国时期，是中华文明精彩纷呈的重要历史时期，这个时期形成并传于后世的典籍极为丰富，如《周易》《尚书》《山海经》《道德经》《周礼》《管子》《论语》《孟子》《荀子》《左传》等。

据《尚书·舜典》所载，尧帝时期洪水为害，尧帝任命大臣鲧为负责治水的官员。鲧治水九年而无成效。舜帝继位之后便将鲧处死于羽山，又任命鲧的儿子禹来治水，还任命大臣益为掌管山林川泽鸟兽之官员。舜对官员实行了三年一考核的制度，连续九年，昏官庸官纷纷黜退，贤明之士得以晋升。这里值得关注的有两处：其一，舜任命益来掌管山林川泽鸟兽，所用之官名为"虞"，由此开创了中国历朝历代掌管山林川泽鸟兽的"虞衡"制度。其二，舜对官员实施三年政绩考核制，赏罚严明，既处死了鲧又重用了禹。《尚书·舜典》对今天的启示在于，将环境责任（治水）落实到位以后能够产生巨大的成效。一方面是鲧治水失败而招致杀身之祸；另一方面是禹兢兢业业，克勤克俭，励精图治，三过家门而不入，最终治水成功而成为天下至尊。

据《尚书·禹贡》，大禹治水功成之后，划九州，铸九鼎，定五服，任土作贡，从此奠定了中央财政和中华一统的基础。具体来说，疆域分九州，税赋分五服。九州分别是豫州、冀州、兖州、青州、徐州、扬州、荆州、梁州、雍州。铸九鼎分置于各州，上面镌刻该州的山川地域和物产。五服是以国都为中心，每方圆500里为一圈层，顺序依次为甸服（里圈）、侯服（第二圈）、绥服（第三圈）、要服（第四圈）、荒服（最外圈），自内向外扩展，每一圈层的税赋内容和形式均有不同。荒服实际上已近化外之地，贡赋也是象征性的。《禹贡》的田赋分九等：上上、上中、上下、

中上、中中、中下、下上、下中、下下。土地分五色：青、红、白、黑、黄。铜（金）分三品：青铜、白铜、赤铜。水的通称有江、海、泽、渚、汇、川、三江、潴。水的专称有河、漳、恒、卫、济、漯、灉、沮、潍、淄、汶、淮、沂、泗、菏、彭蠡、汉、沧浪、沱、潜、洛、伊、涧、瀍、荥波、黑水、沔、弱水、泾、渭、漆水、沣、降水、漾、澧、沇、大陆泽、雷夏泽、大野泽、震泽、九江、云梦、孟猪、和、桓等。特别值得一提的是《禹贡》里的"河"特指黄河。山的通称就是"山"。山的专称有梁、岐、岱、蒙、羽、嵎、华、岷、嶓、蔡、峄、恒、衡、荆、西倾、终南、三危、积石、龙门、壶口、雷首、太岳、厎柱、析城、王屋、太行、朱圉、太华、熊耳、外方、桐柏、陪尾、嶓冢、内方、大别、合黎、大伾、鸟鼠同穴等。有的山名与《山海经》的记载相同，如岐山、熊耳山、鸟鼠同穴山等。《禹贡》对土的通称有土、壤、斥、坟、流沙等。"流沙"在《山海经》里亦有出现，是对沙漠的表述。对土的专称有桑土、宅土、黑坟、白坟、涂泥、坟垆、青黎、黄壤、赤埴坟等。地（域）的通称有岛、邦。地（域）的专称则有冀、兖、青、徐、扬、荆、豫、梁、雍、壶口、太原、岳阳、覃怀、东原、衡阳、原隰、孟津、洛汭、三澨、东陵、陶丘等。用到的方位描述有阳、阴、东、南、西、北、四隩、四海。距离的计量单位是"里"，量词用到十、百。海洋作为自然资源的组成部分，在《尚书·禹贡》里有三种供人类开发利用的价值：一是通舟楫，可作交通运输；二是出产海盐；三是出产各类海洋生物。

  《山海经》可以算是中国古代最早专门对自然资源进行描述的著作。它涵盖上古时期的地理、天文、历史、神话、气象、动物、植物、矿藏、医药、宗教等方面的内容。传至今日，全书分十八卷，其中《山经》五卷、《海经》九卷、《大荒经》四卷。据统计，全书记载山名5 300多处，水名250余处，动物120余种，植物50余种。据西汉末年刘歆考证，《山海经》的作者是大禹及其属臣益，撰写时间为上古虞夏之际。在《山海经》里，为了记载和描述自然资源环境，用到的方位表述有东、西、南、北、中、西北、西南、东南、东北和左、右。尤其是具有了"中土"的概念，堪称"中国"概念之滥觞。对距离的计量单位用"里"来表述，所用的名数有万、千、百、十、有、无、多。对水资源的定名有河（特指黄河）、水、湖、泽、海等。用到的动词有临、望、流、注、出等。典型的

表述如下："南山之首曰鹊山。其首曰招摇之山，临于西海之上，多桂，多金玉。有草焉，其状如韭而青华，其名曰祝余，食之不饥。有木焉，其状如榖而黑理，其华四照，其名曰迷榖，佩之不迷。有兽焉，其状如禺而白耳，伏行人走，其名曰狌狌，食之善走。丽麂之水出焉，而西流注于海，其中多育沛，佩之无瘕疾。"《山海经》不仅对山川、河流、平原、海洋有方位记载，对各种动植物有所描述，而且对各种物产，尤其矿产资源也有大量记载，如记载矿物89种，记载矿产地309处。

《管子·地言》专讲土地分类及其物产。首先制定土地的质量标准——厚度。厚度的计量单位为"施"，以七尺为一施，土壤厚度从一施到二十施。九州的土壤有90种，每一种土壤都有其特性及不同的等级。在《管子·海王》中，管子认为朝廷税收可从海洋资源中获取。其海洋资源特指海盐，主张征收海盐税。如无靠海之地，则可以从其他海滨地区购买海盐回来高价卖出，以求获得财政收入。在《管子·山国轨》中，管子说："有莞蒲之壤，有竹箭檀柘之壤，有氾下渐泽之壤，有水潦鱼鳖之壤。今四壤之数，君皆善官而守之，则籍于财物，不籍于人"。此外，他还说："泰春民之功绪；泰夏民之令之所止，令之所发；泰秋民之所止，令之所发；泰冬民之所止，令之所发。此皆民所以时守也。"译作现代语言，这段话意思是："春天是人民从事农业生产与服徭役的时节，夏天要明令规定封禁和开发山林的时间，秋天也要明令规定封禁和开发山林的时间，冬天还要明令规定封禁和开发山林的时间，这是百姓掌握时机的原因。"

## 1.1.3 会计与审计的渊源

### 1.1.3.1 中国的官厅会计与审计

中国的会计成型于西周时期，"会计"二字也源于西周。周王朝在周天子之下有三公六卿。三公分别是太师、太傅、太保，"兹惟三公，论道经邦，燮理阴阳，官不必备，惟其人"（《尚书·周官》）。可见三公不是具体的职官，而是参政议政辅佐国王统揽全局。六卿则是天、地、春、夏、秋、冬六个系统的总管。其中，天官冢宰排序第一，天官系统是对整个朝廷事务的总管。天官由冢宰统属"掌邦治"，负责朝廷管理事务；地官由司徒统属"掌邦教"，负责地方管理事务；春官由宗伯统属"掌邦礼"，负责宗族礼仪事务；夏官由司马统属"掌邦政"，负责外交军事事

务；秋官由司寇统属"掌邦刑"，负责法度刑罚事务；冬官由考工统属"掌邦事"，负责工艺营造事务（见图1-1）。

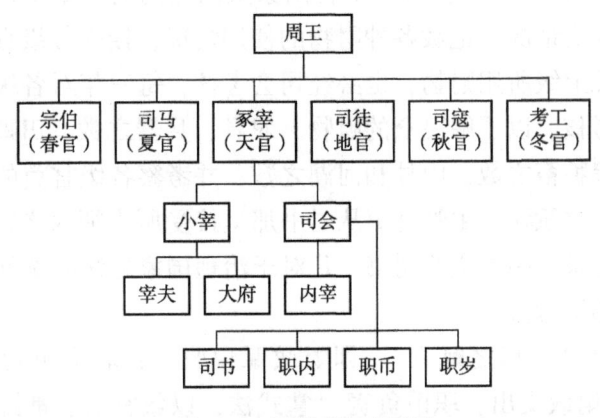

图1-1 西周的职官系列

在天官冢宰下面，分设了"小宰""司会"两个系列。

在小宰系列，小宰负责"掌建邦之宫刑，以治王宫之政令，凡宫之纠禁"，即掌管建立王宫中官吏的刑法，施行王宫中的政令，纠察一切违反王宫禁令者。宰夫负责"掌治朝之法，以正王及三公、六卿、大夫、群吏之位"[①]，即掌管治理朝政的法规，以督查和纠正周王及以下各级官吏的行为。

在司会系列，司会的职责是"掌国之官府郊野县都之百物财用。凡在书契版图者之贰，以逆群吏之治而听其会计。以参互考日成，以月要考月成，以岁会考岁成，以周知四国之治，以诏王及冢宰废置"[①]。即掌管王国各级官府以及郊野、县城的百物财用。用记载各种财物开支的账册和户籍地图的副本，来稽核各级官吏的呈报及其会计信息。以职内、职岁、职币的记录相互考证，用当月会计文书考核当月的办事结果，用年终结算的会计文书考核全年的办事结果。司会在全面了解各诸侯国的治理情况后，协助周王和冢宰决定对他们的惩罚与奖励。

司书的职责是"掌……邦中之版，土地之图，以周知入出百物，以叙其财，受其币，使入于职币。凡上之用财用，必考于司会。三岁，则大计

---

① 夏于权. 四库全书精华·周礼 [M]. 呼和浩特：内蒙古人民出版社，2002：132-148.

群吏之治。以知民之财器械之数，以知田野夫家六畜之数，以知山林川泽之数，以逆群吏之征令。凡税敛，掌事者受法焉。及事成，则入要贰焉，凡邦治，考焉"。也就是：司书掌管国家版图之内的户籍土地，全面了解各种财物的收支情况，记载各种财物的使用情况，接受各级官府的余财并交给职币。凡上级所用财物，也必经司会考核，每三年对各级官吏的政绩进行一次大考核，以了解民众的财物、农具、兵器之数，田地、各家的劳动力和牛马等牲畜之数，山林和河湖之数，并考察各级官吏的征敛命令是否合理。凡征收赋税，主管官吏从司书那里接受所当征收之数，到征收完毕，将征税记录的副本交给司书。凡对于治理国家之法有疑问或发生争执的就到司书那里考查。

职内负责"掌邦之赋入"，即财政赋税收入；职岁负责"掌邦之赋出"，即各项财政支出；职币负责"掌式法，以敛官府、都鄙与凡用邦财者之币"，即朝廷与地方通用的货币。

可见，在天官系列里，小宰掌管王宫政令，宰夫负责监督检查。司会掌管财政，司书负责核算，职内分管税赋收入，职岁负责朝廷开支，职币负责官币结算及收支平衡。五者之中，司会是总管，司书承上启下，节制职内、职岁、职币。根据职官的关系，司会用"听其会计"和各种"考"的形式，来行使对全国的"百物财用"状况的审计职能和监管职能。司书则用"书"（即核算）的形式来"周知入出百物"（记载）并且"以叙其财"（报告）。"宰夫的职责主要是两个方面：一是对诸臣群吏的政治监察和政绩考核，二是对诸官府的财物收支情况及其财计部门的财务、会计报告进行审计监督。"[①] 尽管"审计"二字直至南宋建炎元年（公元1127年）朝廷设置审计司方才出现，但是与之相关的"逆""贰""稽""计""勾""比""覆""勘"早已有之。尤其汉代司马迁在《史记》里所写的"会稽者，会计也"，直接将稽核之意追溯到夏禹在江南茅山开大会的场景。

在西周的地官系列里还专门设置了主管山林川泽的官员——山虞泽虞、林衡川衡。对官员（群吏）的履职情况有专门的记录与核查系统，并且设有专职官员从事此项工作。因此，《周礼》中不仅首次出现了"会

---

① 李金华. 中国审计史 [M]. 北京：中国时代经济出版社，2004：24.

计"二字，对会计的职能有清晰的描述，而且还设置了兼有审计职能的官员。《周礼》不仅规定了不同系列各级官吏的职责内容，而且还分别以旬、月、岁、三年为期对其进行履职考核。

"官吏对国王的责任基本上可分成政治责任、行政责任、法律责任和经济责任四种。为了检查各级官吏是否诚实地履行了经济责任，国家的各项开支、各项赋税收入是否符合国王的意愿，以国王为代表的统治者们会委派另一些兼职或专职的人员代替他们去检查工作。这种经济监督行为，就是最初的国家审计工作。"①

### 1.1.3.2 西方的民间会计与审计

伴随英国工业革命而来的不仅仅是现代公司制度，而且还有专门从事审计业务的注册会计师制度。1721年英国南海公司用虚假会计信息诱使投资人上当受骗，使其损失惨重。英国议会聘请会计师查尔斯·斯耐尔（Charles Snell）对南海公司进行审计。查尔斯以会计师的名义提出了具有法定证据效力的"查账报告书"。从此，具有独立于公司地位的注册会计师开始出现了。1844年英国议会颁布的《股份公司法》规定公司必须披露资产负债表等会计信息，并要求审计人员对资产负债表的准确性做出审计报告。1845年议会又对《股份公司法》进行修订，规定股份公司的账目必须经董事以外的人员审计。② 从此以后，注册会计师行业逐渐形成。到1853年，在苏格兰成立的爱丁堡会计师协会成为世界上第一个注册会计师的专业团体。以公司的资产负债表为依据对公司财务进行审计，成为公司治理机制的重要内容之一。"1917年，应美国联邦贸易委员会的要求，美国会计师协会制定了第一个关于审计范围的权威性公告，题为《统一会计》（Uniform Accounts），1918年改名为《编制资产负债表的公认方法》（Approved Methods for the Preparation of Balance Sheet Statements）。这本小册子旨在促进资产负债表编制方法和资产负债表审计的标准化。"及至今天，注册会计师的审计已成为支撑资本市场乃至现代经济社会发展的不可或缺的支柱。英国会计学者弗兰西斯·威廉·皮克斯利（Francis William Pixley）于1881年出版了《审计人员论》（Auditors，

---

① 文硕. 世界审计史[M]. 上海：立信会计出版社，2018：12.
② 翟新生. 审计学[M]. 北京：首都经济贸易大学出版社，2004：12

Duties and Responsibilities）一书，认为审计人员要从《公司法》对账簿、账户与报表的法定性要求出发开展审计工作。书中第7章和第8章专门研究资产负债表原理和损益账户的内容，将审计方法体系与会计方法体系衔接起来。皮克斯利的著作"成为一部具有跨世纪影响的专著和教科书"（郭道扬，2008）。与皮克斯利齐名的是英格兰及威尔士特许会计师协会会员、迪克西会计师事务所的合伙人劳伦斯·罗伯特·迪克西（Lawrence Robert Dicksee）。迪克西出版的《审计学》(1892)，也是从《公司法》对会计要求的角度来开展审计的，该书先后发行18版（至1969年），是世界上最著名的审计教科书之一。美国著名审计学家罗伯特·希斯特·蒙哥马利（Robert Hiester Montgomery）将迪克西的《审计学》略加修订以后在美国出版。蒙哥马利出版的《审计理论与实务》(1912)与迪克西的《审计学》"并称为誉满全球的经典审计文献"[①]。

综上所述，会计的产生基于责任尤其是经济责任，审计的产生亦基于责任尤其是经济责任。会计反映责任，审计验证对责任的反映。审计源于委托代理关系：官厅会计与审计——受天子之托；民间会计与审计——受利益相关者（权益拥有者）之托。无论是国家审计抑或是民间审计，都与会计密切相关。二者的发展和演进相互促进：官厅会计促成了官厅审计，民间会计或企业会计促成了民间审计，反之亦然。直到现在，从事民间审计的执业者，仍然被称为"注册会计师"。

## 1.2 研究的背景与现状

### 1.2.1 国际背景

第二次世界大战以后，鉴于之前多次经济危机的教训，世界各国都更加重视政府对经济发展的调控作用，伴随着东西方两种不同的经济管理体制衍生而来的是两种不同的国民经济核算体系。一种是着眼于市场交易行为的核算体系（The System of National Accounts，简称 SNA），另一种是着眼于经济部门平衡的核算体系（The System of Material Product Balance，简

---

[①] 郭道扬. 会计史研究：第三卷 [M]. 北京：中国财政经济出版社，2008：332-334.

称 MPS）。SNA 的主要指标有国内生产总值（Gross Domestic Product，简称 GDP）、国民生产总值（Gross National Product，简称 GNP）、国民收入（National Income）。我国从 1952 年开始在 MPS 体系下进行国民经济核算，后经过 1985—1992 年的转轨，1993 年开始转入 SNA 体系，实施《中国国民经济核算体系》，废止 MPS 体系。

  SNA 核算体系的主要特点是重增值，轻耗费，并不考虑经济增长对资源环境的影响，因此受到人们的诟病。1992 年联合国在巴西里约热内卢召开了有 183 个国家代表团、70 个国际组织代表、102 位国家元首和政府首脑出席的世界环境与发展大会，在会议通过的《21 世纪议程》里，要求制定一项"方案"，"以发展所有国家的国家综合环境和经济核算体系"。因此，在 1993 年推出的 SNA 里首次将自然资源资产纳入经济资产项下进行核算，同时推出了《综合环境与经济核算体系》（System of Integrated Environmental and Economic Accounting，简称 SEEA-1993）。SEEA-1993 是 SNA-1993 的辅助核算体系，它首次提出可系统核算环境资源存量和资本流量的框架，用于对经济可持续发展水平进行评估和测量。2003 年，联合国等组织对 SEEA-1993 进行了修订，推出了 SEEA-2003。将资源耗减、环境退化与环境保护纳入国民经济核算。2012 年，联合国等组织再次对 SEEA-2003 进行全面修订并推出 SEEA-2012。SEEA-2012 是一个多用途概念框架，描述经济与环境之间的相互作用，以及环境资产存量和存量变化，旨在指导各国开展对自然资源的核算。2021 年 3 月，联合国在 SEEA-2012 基础上，推出了环境经济统计与生态统计体系（SEEA EA），提出设置生态系统范围、生态系统状况、生态系统服务流量（实物）、生态系统服务流量（货币）、生态系统资产货币五个账户，旨在引导各国在其经济报告中体现森林、湿地和其他生态系统等自然资本的价值，体现自然资源对经济和人类的贡献，并更好地记录经济和其他人类活动对环境的影响。

## 1.2.2 国内背景

  改革开放后，尤其加入 WTO 国际贸易体系以来，我国的经济长期高速地增长，至 2010 年已发展成为世界第一制造业大国和第二大经济体。但是在经济高速增长的背后，是日趋严峻的资源紧缺和环境污染，人与自然之间的不和谐状况日趋严重。在这一背景下，2012年党的十八大首次提出了生态文明建设的理论，并将生态文明建设与经济建设、文化建设、社会建设、政治建设一道纳入"五位一体"的总体布局。2013年，继党的十八大提出建设生态文明的理论之后，十八届三中全会通过了《中共中央关于全面深化改革若干重大问题的决定》（以下简称《决定》）。《决定》进一步指明了生态文明建设具体的方向和路径，并明确提出了"探索编制自然资源资产负债表，对领导干部实行自然资源资产离任审计，建立生态环境损害责任终身追究制"的三项要求（以下简称"三项要求"）。"三项要求"的逻辑是：编制自然资源资产负债表，不仅可以"清家底——自然资源资产"而且可以"明责任——自然资源负债"，为领导干部自然资源资产离任审计提供依据；只有对领导干部开展自然资源资产离任审计，才能有效地落实环境责任，并建立起环境损害责任的追究制度；只有建立起对环境损害责任的终生追究制度，才能从根本上形成保障自然资源可持续利用和保护自然环境免遭污染的有效机制。这也是为什么《决定》提出的要求是"探索编制自然资源资产负债表"，不仅是"建立健全对自然资源资产存量与流量的动态核算"（SEEA-2012），而且是要在"编制自然资源资产负债表"基础上"对领导干部实行自然资源资产离任审计"，即不是脱离"自然资源资产负债"的环境审计，而是要为"建立生态环境损害责任终身追究制"提供长期记录，而不只是据以了解情况的报表。

### 1.2.3 现状及问题

#### 1.2.3.1 党的十八大以来的生态文明建设成果

习近平总书记多年来一直倡导绿色发展的理念，早在他担任浙江省委书记期间就提出了著名的"两山论"①。党的十八大以来，他发表了一系列关于生态文明建设的论述，强调保护环境就是保护生产力、改善生态环境就是发展生产力；建设生态文明，关系人民福祉和民族未来，要贯彻新发展理念，推动形成绿色发展方式和生活方式；环境保护和治理要以解决损害群众健康突出环境问题为重点；要将山水林田湖作为一个生命共同体，

---

① "绿水青山也是金山银山"，见习近平．之江新语[M]．杭州：浙江人民出版社，2007：153.

按照系统工程的思路全方位、全地域、全过程开展生态环境保护；要完善生态文明制度体系，用最严格的制度、最严密的法治保护生态环境；提出积极参与国际合作，尊重自然、顺应自然、保护自然，共建地球生命共同体，构建人与自然和谐共生的地球家园。不仅如此，他还亲力亲为，广泛深入基层考察调研，走遍祖国东西南北，在考察各地经济社会发展过程中念念不忘强调当地的资源环境保护和正确处理生态保护与经济发展、人与自然和谐相处的关系。尤其对京津冀地区、三江源地区、长江流域、黄河流域、祁连山、秦岭、青藏高原、云贵川三省和沿海经济开发区等，提出了一系列具体的要求和指示，自上而下全面有力地推动了我国的生态文明建设。

党中央、国务院和各有关部门自党的十八大以来密集出台和修订了一系列政策法规，为生态文明建设提供了制度保障。其中，党中央出台的相关政策性文件主要有（按时间顺序）：《中国共产党第十八次全国代表大会报告》（2012），《中共中央关于全面深化改革若干重大问题的决定》（2013），《推进生态文明建设纲要》（2013），《中共中央 国务院关于加快推进生态文明建设的意见》（2015），《生态文明体制改革总体方案》（2015），《开展领导干部自然资源资产离任审计试点方案》（2015），《党政领导干部生态环境损害责任追究办法（试行）》（2015），《关于完善农村土地所有权承包权经营权分置办法的意见》（2016），《关于全面推行河长制的意见》（2016），《关于设立统一规范的国家生态文明试验区的意见》（2016），《生态文明建设目标评价考核办法》（2016），《关于创新政府配置资源方式的指导意见》（2017），《关于划定并严守生态保护红线的若干意见》（2017），《建立国家公园体制总体方案》（2017），《中国共产党第十九次全国代表大会报告》（2017），《生态环境损害赔偿制度改革方案》（2017），《关于在湖泊实施湖长制的指导意见》（2018），《关于全面加强生态环境保护，坚决打好污染防治攻坚战的意见》（2018），《关于深化党和国家机构改革的决定》（2018），《关于统筹推进自然资源资产产权制度改革的指导意见》（2019），《关于深化生态保护补偿制度改革的意见》（2021），《关于全面推行林长制的意见》（2021），《关于建立健全生态产品价值实现机制的意见》（2021），《关于深化生态保护补偿制度改革的意见》（2021），《黄河流域生态保护和

高质量发展规划纲要》（2021），《关于进一步加强生物多样性保护的意见》（2021），《关于推动城乡建设绿色发展的意见》（2021），《关于完整准确全面贯彻新发展理念做好碳达峰碳中和工作的意见》（2021），《关于深入打好污染防治攻坚战的意见》（2021），《农村人居环境整治提升五年行动方案（2021—2025年)》(2021)，《中国共产党第二十次全国代表大会报告》（2022)，《关于加强新时代水土保持工作的意见》（2023），《关于全面加强新形势下森林草原防灭火工作的意见》（2023），《国家水网建设规划纲要》（2023），等等。同一时期，国务院及其所属各部委相应出台了大量的相关政策性文件，全国人大也出台和修订了相关法律。

在落实行动方面，最突出的是党政机构改革和生态文明建设活动的全面展开。根据2018年出台的《深化党和国家机构改革方案》，一是组建中央审计委员会，并强化和扩大国家审计机关的职能。组建由习近平总书记担任主任的中央审计委员会，旨在加强党中央对审计工作的领导，构建集中统一、全面覆盖、权威高效的审计监督体系，更好发挥审计监督作用。明确审计署专设的自然资源和生态环境审计司的主要职责是：组织开展领导干部自然资源资产离任审计以及自然资源管理、污染防治和生态保护与修复情况审计。二是组建自然资源部，将国土资源部的职责，国家发展和改革委员会的组织编制主体功能区规划职责，住房和城乡建设部的城乡规划管理职责，水利部的水资源调查和确权登记管理职责，农业部的草原资源调查和确权登记管理职责，国家林业局的森林湿地等资源调查和确权登记管理职责，国家海洋局的职责，国家测绘地理信息局的职责整合起来，统一行使全民所有自然资源资产所有者职责，统一行使所有国土空间用途管制和生态保护修复职责，着力解决自然资源所有者不到位、空间规划重叠等问题。对自然资源开发利用和保护进行监管，建立空间规划体系并监督实施，履行全民所有各类自然资源资产所有者职责，统一调查和确权登记，建立自然资源有偿使用制度，负责测绘和地质勘查行业管理等。三是组建国家林业和草原局，由自然资源部管理。将国家林业局的职责，农业部的草原监督管理职责，以及国土资源部、住房和城乡建设部、水利部、农业部、国家海洋局等部门的自然保护区、风景名胜区、自然遗产、地质公园等管理职责整合，负责监督管理森林、草原、湿地、荒漠和陆生、野

生动植物资源开发利用和保护，组织生态保护和修复，开展造林绿化工作，管理国家公园等各类自然保护地等。四是组建生态环境部，将环境保护部的职责，国家发展和改革委员会的应对气候变化和减排职责，国土资源部的监督防止地下水污染职责，水利部的编制水功能区划、排污口设置管理、流域水环境保护的职责，农业部的监督指导农业面源污染治理职责，国家海洋局的海洋环境保护职责，国务院南水北调工程建设委员会办公室的南水北调工程项目区环境保护职责整合起来，统一行使生态和城乡各类污染排放监管与行政执法职责，加强环境污染治理，拟订并组织实施生态环境政策、规划和标准，统一生态环境监测和执法工作，监督管理污染防治、核与辐射安全，组织开展中央环境保护督察等，保障国家生态安全，建设美丽中国。五是组建应急管理部。将国家安全生产监督管理总局的职责，国务院办公厅的应急管理职责，公安部的消防管理职责，民政部的救灾职责，国土资源部的地质灾害防治、水利部的水旱灾害防治、农业部的草原防火、国家林业局的森林防火相关职责，中国地震局的震灾应急救援职责以及国家防汛抗旱总指挥部、国家减灾委员会、国务院抗震救灾指挥部、国家森林防火指挥部的职责整合，负责组织编制国家应急总体预案和规划，指导各地区各部门应对突发事件工作，推动应急预案体系建设和预案演练。建立灾情报告系统并统一发布灾情，统筹应急力量建设和物资储备并在救灾时统一调度，组织灾害救助体系建设，指导安全生产类、自然灾害类应急救援，承担国家应对特别重大灾害指挥部工作，指导火灾、水旱灾害、地质灾害等防治。负责安全生产综合监督管理和工矿商贸行业安全生产监督管理等。

为了推动生态文明建设，环境保护部加大了生态环境监督执法力度，2013年出动环境执法人员183万人（次），检查企业81万家（次），查处环境违法问题及风险隐患近1万个。开展重点地区大气污染防治专项执法检查，仅2013年11月就出动执法人员7万多人（次），检查企业3.8万家，查处环境违法问题近1.1万件；对京津冀及周边地区开展专项督查，查处违法问题近200件。开展华北地区地下水污染专项检查，检查企业近2.6万家，查处环境违法问题558件。2020年受理转办群众举报1.05万余件，完成2018年和2019年警示片披露315个问题中283个问题的整改，开展执法检查58.74万家（次），下达行政处罚决定书12.61万份，罚没

款数额 82.36 亿元。

从 2016 年起，环境保护部根据掌握的国家级自然保护区空间数据，结合卫星遥感技术，建立自然保护区定期遥感监测制度，完成了对国家级自然保护区 2013 年至 2015 年人类活动遥感监测，并组织地方环境保护部门进行实地核查，将遥感监测和实地核查结果应用于中央环保督察工作。除了加大对生态环境的监测与执法力度之外，还根据党中央、国务院《关于设立统一规范的国家生态文明试验区的意见》及《国家生态文明试验区（福建）实施方案》，从 2017 年开展国家生态文明建设示范市县和"绿水青山就是金山银山"实践创新基地的授牌活动。截至 2021 年 10 月，共有五批 364 个地区获得国家生态文明建设示范市县授牌，五批 136 个地区获得"绿水青山就是金山银山"实践创新基地授牌。其中，青海三江源的生态环境保护、河北塞罕坝的植树造林、内蒙古库布齐沙漠的绿化改造、山西右玉县的绿化工程、浙江湖州的两山转化创新实践、云南善待亚洲象群的举措，成为举世瞩目的典型。而对祁连山生态环境破坏者的处罚、对秦岭山麓和滇池湖畔别墅群的拆除，则成为轰动一时的新闻。

党的十八大以来，我国的生态环境得到了显著改善。以全面开展生态文明建设的背景之年（2012 年）的资源环境数据与 2021 年数据相比（见表 1-1），可见其成效。

表 1-1　2012 年与 2021 年资源环境数据比较

| 资源环境指标 | | | 2012 年 | 2021 年 | 差量 | 备注 |
|---|---|---|---|---|---|---|
| 空气质量 | 天数比例 | 优 | 12.9% | 37.8% | +24.9 | 2012 年为 325 个地级及以上城市检测数。2021 年为地级及以上城市 1 734 个检测点 |
| | | 良 | 47.6% | 49.6% | +2 | |
| | | 轻度污染 | 22.9% | 9.4% | -13.5 | |
| | | 中度污染 | 8.0% | 1.8% | -6.2 | |
| | | 重度污染 | 6.2% | 0.7% | -5.5 | |
| | | 严重污染 | 2.4% | 0.7% | -1.7 | |
| | 废气排放（万吨） | 二氧化硫 | 2 117.6 | 274.8 | -1 842.8 | |
| | | 氮氧化物 | 2 337.8 | 988.4 | -1 349.4 | |

续表

| 资源环境指标 | | | 2012 年 | 2021 年 | 差量 | 备注 |
|---|---|---|---|---|---|---|
| 水体质量 | 水资源总量（亿立方米） | | 29 528* | 29 638 | +110 | *2012 年为水利部数据；2021 年为自然资源部数据 |
| | 地表水（亿立方米） | | 28 373* | 28 310 | -63 | |
| | 地下水（亿立方米） | | 8 296* | 8 196 | -100 | |
| | 地表水 | Ⅰ~Ⅲ类 | 68.9% | 84.9% | +16 | 2012 年为十大水系；2021 年为 3 632 个考核断面 |
| | | Ⅳ~Ⅴ类 | 20.9% | 13.9% | -7 | |
| | | 劣Ⅴ类 | 10.2% | 1.2% | -9 | |
| | | Ⅰ~Ⅲ类 | 61.3% | 87.0% | +25.7 | 3 117 个考核断面的全国江河水质 |
| | | Ⅳ~Ⅴ类 | 27.4% | 12.1% | -15.3 | |
| | | 劣Ⅴ类 | 11.3% | 0.9% | -10.4 | |
| | | 太湖 | 轻度污染 | 轻度污染 | 保持 | 重点湖泊治理 |
| | | 巢湖 | 轻度污染 | 轻度污染 | 保持 | |
| | | 滇池 | 重度污染 | 轻度污染 | 提升两级 | |
| | 地下水 | 优良 | 11.8% | Ⅰ~Ⅳ类：79.4% | | 2012 年为 4 929 个监测点；2021 年为 1 900 个监测点 |
| | | 良好 | 27.3% | | | |
| | | 较好 | 3.6% | | | |
| | | 较差 | 40.5% | Ⅴ类：20.6% | | |
| | | 极差 | 16.8% | | | |
| | 集中式生活饮用水水源 | 地表水达标 | — | 96.1% | | 876 个地级及以上城市监测点 |
| | | 地下水达标 | — | 90.3% | | |
| | | 总达标率 | 95.3% | 94.2% | | |
| | 废水排放（万吨） | 化学需氧量 | 2 423.7 | 2 531.0 | +107.3 | 2021 年排放源统计范围内共 182 167 家单位 |
| | | 氨氮 | 253.6 | 86.8 | -166.8 | |
| | | 总氮 | — | 316.7 | | |
| | | 总磷 | — | 33.8 | | |
| | | 其他污染物 | 1.73 | 0.22 | -1.51 | |
| | | 废水总排放 | 684.8 亿吨 | — | | |
| | | 工业废水 | 221.6 亿吨 | — | | |
| | | 城镇生活污水 | 462.7 亿吨 | — | | |
| | | 工业废水处理 | — | 301.4 亿吨 | | |
| | | 集中式废水处理量/率 | 416.2 亿吨/61% | 862.1 亿吨 | +445.9 | |

续表

| 资源环境指标 | | 2012年 | 2021年 | 差量 | 备注 |
|---|---|---|---|---|---|
| 水体质量 | 直排海污染源 | 56.0亿吨 | 72.8亿吨 | +16.8 | |
| | 近岸海域水质 Ⅰ~Ⅱ类 | 69.4% | 81.3% | +11.9 | 2012年301个监测点 |
| | 近岸海域水质 Ⅲ类 | 6.6% | 9.1% | +2.5 | |
| | 近岸海域水质 Ⅳ类劣Ⅳ类 | 23.9% | 9.6% | -14.3 | |
| 固体废物 | 工业固体 | 32.9亿吨 | 39.7亿吨 | +6.8 | 2021年生活垃圾处理量（根据日处理量×360确认） |
| | 综合利用率 | 60.9% | 57.18% | -3.72 | |
| | 危险废物 | — | 8 653.6万吨 | | |
| | 危险废物处理 | — | 8 461.2万吨 | | |
| | 生活垃圾 | 1.73亿吨* | 3.58亿吨 | +1.85 | |
| | 垃圾处理率 | 89.0%* | 99.9% | +10.9 | |
| 生态质量（EQI） | 优（一类） | 17.4%* | 27.7% | +10.3 | *2013年监测县域2 461个；2020年起监测县域2 583个 |
| | 良（二类） | 29.3%* | 32.1% | +2.8 | |
| | 一般（三类） | 23.0%* | 32.8% | +9.7 | |
| | 较差（四类） | 26.0%* | 6.6% | -19.4 | |
| | 差（五类） | 4.3%* | 0.8% | -3.5 | |
| | 总评 | — | 59.77 | | |
| 生物多样性 | 物种及种下单元 | — | 127 950种 | | |
| | 高等植物 | 34 792种 | 34 450种 | -342 | |
| | 脊椎动物 | 7 516种 | 4 357种* | | *除海洋鱼类 |
| | 受威胁物种 脊椎动物 | 受保护420种 | 932种 | +512 | |
| | 受威胁物种 植物 | — | 3 767种 | | |
| | 森林 面积 | 1.95亿公顷 | 2.83亿公顷 | +0.88 | |
| | 森林 覆盖率 | 20.36% | 23.04% | +2.68 | |
| | 森林 活立木蓄积 | 149.13亿立方米 | 175.6亿立方米 | +26.47 | |
| | 森林 总生物量 | 170.02亿吨 | 188.02亿吨 | +18 | |
| | 森林 总碳储量 | 84.27亿吨 | 91.86亿吨 | +7.59 | |
| | 自然保护区 陆地 | 14 979万公顷 | 13 638万公顷 | -1 341 | |
| | 自然保护区 国家级 | 9 415万公顷 | 9 834万公顷 | +419 | |

续表

| 资源环境指标 | | 2012年 | 2021年 | 差量 | 备注 |
|---|---|---|---|---|---|
| 土地管理 | 农用地 | | | | |
| | 耕地 | 1.35亿公顷 | 1.27亿公顷 | -0.08 | |
| | 园地 | 0.10亿公顷 | 0.20亿公顷 | +0.10 | |
| | 林地 | 2.53亿公顷 | 2.84亿公顷 | +0.31 | |
| | 草地 | 2.19亿公顷 | 2.64亿公顷 | +0.45 | |
| | 耕地质量 | | | | |
| | 1~3等 | 27.3% | 31.24% | +3.94 | |
| | 4~6等 | 44.8% | 46.81% | +2.01 | |
| | 7~10等 | 27.9% | 21.95% | -5.95 | |
| | 水土流失 | | | | |
| | 水力侵蚀 | 129.32万平方千米 | 112.0万平方千米 | -17.32 | |
| | 风力侵蚀 | 165.59万平方千米 | 157.27万平方千米 | -8.32 | |
| | 土地荒漠化 | — | 261.16万平方千米 | | |
| | 土地沙化 | | 172.12万平方千米 | | |

（资料来源：生态环境部官网，https://www.mee.gov.cn；国家统计局官网，http://www.stats.gov.cn；自然资源部官网，http://www.mnr.gov.cn；农业农村部官网，http://www.moa.gov.cn；水利部官网，http://www.mwr.gov.cn）

如表1-1所示，全面开展生态文明建设、坚持绿色发展以来，我国空气质量明显改善，废气排放有害物大幅度减少。淡水资源总量增加，地表水质改善显著。污水集中处理能力大幅提升，海洋近岸水质有所改善。垃圾处理能力得到提升。森林草原覆盖率扩大，林木蓄积量、森林总生物量、总碳储量增加；退耕还林（草）见到成效，林地草地湿地面积增加，国家自然保护区面积扩大，生物多样性条件改善，水土流失面积减少。政府行政透明度加大，实地观测布点更多更细，观测技术手段更先进，生态文明建设呈现出全域覆盖、全员参与和全过程管理的新局面。与此同时，也还存在废水排放增加（尤其直排海洋废水增加），固体废物危险物和生活垃圾增加，地下水质改善不显著，生态质量有所下降、统计指标口径变化频繁、公报内容时点不统一，部门之间协调不足等问题。

#### 1.2.3.2 资源环境核算现状及问题

作为生态文明建设基础工作的资源环境核算，在此时期也取得了长足的发展。从核算体系设计及其试点情况来看，分为两条主线：一是由国家统计局牵头开展的自然资源资产负债表编制试点工作，二是由中国科学院和环境规划院组织开展的生态环境核算试点工作。

由国家统计局牵头组织、各资源管理部门跟进配合的自然资源资产负债表编制的研究工作进展较快。2014年贵州赤水、荔波探索编制自然资源资产负债表；内蒙古赤峰、呼伦贝尔探索进行森林、草原和湿地资源实物量核算；2015年初内蒙古包头和鄂尔多斯开展对矿产资源和土地资源实物量核算。在凝聚了多数专家及一线工作者共识的基础上，2015年11月，国务院办公厅印发《编制自然资源资产负债表试点方案》（以下简称《试点方案》）。《试点方案》指出了试编自然资源资产负债表的指导思想、主要目标、基本原则、核算内容、基本方法、试点区域及其核算期间。在《试点方案》的指导下，试点地区由开始确定的内蒙古自治区呼伦贝尔市、浙江省湖州市、湖南省娄底市、贵州省赤水市、陕西省延安市扩展到北京怀柔、上海崇明、天津蓟州、河北承德、福建三明、江苏吴中、海南三亚等多个地区。在国家统计局牵头组织的试点之外，还有其他研究机构组织的试点，如中国科学院系统组织的浙江湖州、广东梅州、云南景东等地区；深圳市自然资源资产核算与评估中心组织的深圳市、内蒙古鄂托克前旗、山东青岛等地区。形成的成果是国家统计局等八部门、有关省政府办公厅印发《自然资源资产负债表编制制度（试行）》（国统字〔2018〕220号），要求各省依据本项制度文件及试点区编表经验，结合自身实际情况制定各省编制制度，如福建省自然资源资产负债表编制制度（试行）。核算内容包括土地资源、林木资源、水资源、矿产资源和海洋资源。根据自然资源现有资料条件，该制度编制的自然资源资产负债表为实物型、账户式。

自然资源部2018年成立以后，也将探索编制自然资源资产负债表的任务纳入工作职责范围。各种自然资源资产的分类标准、科目设置、计量确认、数据采集、报表编制、存量与增量的动态反映等问题基本上得到了解决。虽然根据国务院办公厅印发的《试点方案》进行多处试点并取得了重要进展，各级政府据此向人大报告自然资源资产的赋存及其变动情况的

要求不难实现。但是，当前与《决定》的要求还有距离。第一，在"清家底"方面未能做到明确各类自然资源资产的权利归属和环境负债；第二，在"明责任"方面未能做到明确自然资源资产的责任承担者及其责任大小。于是，与《试点方案》的技术路线相对应的另一条技术路线应运而生。这就是本课题组基于"自然资源资产＝自然资源权属"的平衡关系及其复式记账逻辑，从不同层次不同类型核算主体的视角来探索编制不同类型的自然资源资产负债表的技术路线。本书正是基于这样的技术路线对自然资源资产负债核算系统进行设计，以此作为超越 SEEA-2012 的迭代产品，弥补其在环境责任审计方面的视域之不足。

早在 2006 年，我国环境规划研究院的王金南院士及团队就持续地开展绿色总产值（Green Gross Domestic Product，GGDP）研究，其内容是从 GDP 中扣除环境损失成本（Pollution Damage Cost，PDC）和生态破坏成本（Ecology Degradation Cost，简称 EDC）。他们提交了 2004—2015 年共 12 年的年度环境经济核算报告，有力地推动了我国绿色国民经济核算体系研究。[①] 2013 年 11 月，中国科学院生态环境研究中心的欧阳志云等科学家提出"生态系统生产总值"（译为 Gross Ecosystem Product，GEP）概念，并设计了核算方法。GEP 由生态系统产品价值、生态调节服务价值和生态文化服务价值三部分构成。"生态系统产品包括生态系统提供的可为人类直接利用的食物、木材、纤维、淡水资源、遗传物质等。生态系统服务包括形成与维持人类赖以生存和发展的条件等，包括调节气候、调节水文、保持土壤、调蓄洪水、降解污染物、固碳、产氧、植物花粉的传播、有害生物的控制、减轻自然灾害等生态调节功能，以及源于生态系统组分和过程的文学艺术灵感、知识、教育和景观美学等生态文化功能。"[②] 在此基础上，王金南等（2015）又提出"经济-生态生产总值"（Gross Economic-ecological Product，GEEP）概念，GEEP = GGDP + ERS。ERS（Ecosystem Regulation Service）是生态系统服务价值。并且对我国内地 31 个省（自治区、直辖市）的 GEEP 进行了核算研究。与 GEEP 不同，GEP 的认同度在

---

① 王金南，等.2015年中国经济-生态生产总值核算研究 [J]. 中国人口·资源与环境，2018，28 (2)：1-7.

② 欧阳志云，等. 生态系统生产总值核算：概念、核算方法与案例研究 [J]. 生态学报，2013，33 (21)：6747-6761.

不断提升。截至2021年10月，中国已经广泛开展了覆盖31个省（自治区、直辖市）的2015—2020年GEP核算，其中20个城市和6个县区启动核算试点。不仅如此，王金南团队还对179个调研国家构成的全球陆地生态产品总值（GEP）进行了核算，得出"2017年全球陆地生态产品总值（GEP）总量达到148万亿美元，是2017年全球GDP的1.86倍。2011—2017年，全球陆地生态系统服务价值年均增长率约为12%"[1]的研究结论。在各地生态文明建设进程中，尤其是在生态文明建设示范区，GEP正在"进规划、进决策、进考核、进交易"[2]。虽然取得了以上巨大成果，但GEP的核算目前仍然面临着"核算的可重复性、核算的可推广性和核算结果的可应用性"三大问题。[3]

综上所述，我国的资源环境核算还处在探索和试点阶段，尚未形成相对成熟和得到大家公认的核算体系，其中的关键问题是"两个不清楚"：一是对自然资源权属尤其是自然资源负债和自然资源产权（资本）等要素、对现行企业资产负债表暨平衡公式的内在逻辑认识不清楚；二是对二维分类核算模式及其复式记账方法（加上不同核算主体之间往来便是四式记账）是否能够应用于自然资源资产负债核算认识不清楚。对此类问题，本书将进行系统的回答。

### 1.2.3.3 资源环境审计现状及问题

早在1998年，我国审计署就设立了农业与资源环境审计司。该司主要负责组织审计国务院主管部门和省级人民政府管理的环保资金、资源能源项目，并指导地方审计机关开展资源环境审计业务。2003年，审计署成立了环境审计协调领导小组，组织开展资源环境项目审计，将工作领域扩大到水资源、土地及矿产资源、大气环境和工程建设环保方面。2009年，审计署出台《关于加强资源环境审计工作的意见》，要求充分认识资源环境审计的重要性和紧迫性，明确资源环境审计的指导思想、主要任务和发

---

[1] 王金南：《迈向生物多样性保护的全球生态产品总值核算》，2020年联合国生物多样性大会生态文明论坛，中国昆明，2021年10月14日。

[2] 於方：《生态产品价值实现：从理论到实践》，2020年联合国生物多样性大会生态文明论坛·自然资本核算和生态产品价值实现分论坛，中国昆明，2021年10月15日。

[3] 郑华：《生态环境价值核算方法与应用》，2020年联合国生物多样性大会生态文明论坛·自然资本核算和生态产品价值实现分论坛，中国昆明，2021年10月15日。

展目标，因地制宜突出资源环境审计的重点，不断创新资源环境审计方式与方法，着力构建资源环境审计整体工作格局，进一步加强资源环境审计队伍建设，建立和完善资源环境审计工作制度和进一步加强资源环境审计理论研究。审计署 2008—2012 年审计工作发展规划提出于 2012 年初要初步建立资源环境审计评价体系。2011 年，审计署农业与资源环保审计司发布了《水环境审计指南》。该指南全面系统地阐述了水环境审计的定义、目标、任务、范围、内容、组织方式、技术方法、审计标准、审前准备、计算机审计以及审计程序（包括收集审计资料、整理审计证据、起草审计报告、落实审计报告）。

为落实党的十八大提出的生态文明建设的重大决策，十八届三中全会《决定》（2013）进一步提出了"探索编制自然资源资产负债表，对领导干部实行自然资源资产离任审计，建立生态环境损害责任终身追究制"三项要求。第一项"编表"要求，是"清家底，明责任"，为做好后两项工作提供前提条件并打好基础；第二项"审计"要求，则不仅是从形式上对"编表"的审核与鉴证，更是从内容上针对影响资源环境变化的关键对象——各级领导干部的作为，进行监督与评价，为第三项工作提供依据；第三项"追责"要求，是对前两项工作结果的应用，对有悖于生态文明建设、损害资源环境的责任主体依法依规进行责任追究，这对遏制各级领导干部管辖范围内的资源浪费和环境破坏问题的恶化具有决定性意义。根据党中央的三项要求和《国务院关于加强审计工作的意见》（2014）提出的"加强对土地、矿产等自然资源，以及大气、水、固体废物等污染治理和环境保护情况的审计，探索实行自然资源资产离任审计"要求，审计署调整内设机构，将农业与资源环保审计司分设为农业审计司和资源环境审计司。同年，审计署发布《审计常用定性表述及适用法规向导——资源环境审计（试行）》。

2015 年，中共中央、国务院印发《生态文明体制改革总体方案》。方案要求完善生态文明绩效评价考核和责任追究制度；探索编制自然资源资产负债表。制定自然资源资产负债表编制指南，构建水资源、土地资源、森林资源等的资产和负债核算方法，建立实物量核算账户，明确分类标准和统计规范，定期评估自然资源资产变化状况。在市县层面开展自然资源资产负债表编制试点，核算主要自然资源实物量账户并公布核算结果；对领导干部实行自然资源资产离任审计,在编制自然资源资产负债表和合理考虑客观自然因素基础上,积极探索领导干部自然资源资产离任审计的目标、内容、方法和评价指标体系;建立生态环境损害责任终身追究制。实行地方党委和政府领导成员生态文明建设一岗双责制;以自然资源资产离任审计结果和生态环境损害情况为依据,明确对地方党委和政府领导班子主要负责人、有关领导人员、部门负责人的追责情形和认定程序。同年,中央全面深化改革领导小组第十四次会议通过了《开展领导干部自然资源资产离任审计试点方案》和《党政领导干部生态环境损害责任追究办法(试行)》,前者决定从2015—2017年分阶段、分步骤开展领导干部自然资源资产离任审计试点,自2018年起形成经常性审计;后者指出地方各级党委和政府对本地区生态环境和资源保护负总责,党委和政府主要领导成员承担主要责任,其他有关领导成员在职责范围内承担相应责任。中央和国家机关有关工作部门、地方各级党委和政府的有关工作部门及其有关机构领导人员按照职责分别承担相应责任。

2017年,审计署办公厅发出《关于印发2017年地方审计机关开展领导干部自然资源资产离任审计试点工作指导方案的通知》,对试点的审计目标、审计对象范围和组织方式、审计内容和重点提出了工作要求。其中,审计内容和重点主要包括:贯彻落实党中央关于生态文明建设重大决策部署情况,遵守自然资源资产管理和生态环境保护法律法规情况,自然资源资产管理和生态环境保护重大决策情况,自然资源资产管理和生态环境保护目标完成情况,履行自然资源资产管理和生态环境保护监督责任情况。

2021年6月22日,中央审计委员会办公室、审计署印发《"十四五"国家审计工作发展规划》,明确提出资源环境审计以加快推动绿色低碳发展,改善生态环境质量,提高资源利用效率,助力美丽中国建设为目标,全面深化领导干部自然资源资产离任审计,加强对生态文明建设领域资金、项目和相关政策落实情况的审计。

2021年10月23日第十三届全国人民代表大会常务委员会第三十一次会议通过的《中华人民共和国审计法》明确规定,"审计工作报告应当报告审计机关对……国有资源、国有资产的审计情况"(第四条),"审计机关对国有资源、国有资产进行审计监督"(第二十四条),"审计机关履行

审计监督职责，可以提请……自然资源、生态环境……管理等机关予以协助"（第四十一条），"审计结果以及整改情况应当作为考核、任免、奖惩领导干部和制定政策、完善制度的重要参考"（第五十二条），"领导干部经济责任审计和自然资源资产离任审计，依照本法和国家有关规定执行"（第五十八条）。

自2003年审计署成立环境审计协调领导小组以来，资源环境审计在审计公告中的数量和占比呈现上升之势（见表1-2）。党的十八大之前的10年审计公告总数为160个，其中资源环境审计公告44个，占比27.5%；党的十八大以来10年的审计公告总数为224个，其中资源环境审计公告77个，占比34.4%。2020年遭遇新冠疫情，审计公告大幅减少，所发布的审计公告全都是资源环境审计。

表1-2 资源环境审计结果公告占比变化

| 年份 | 审计公告数 | 资源环境审计公告数 | 资源环境审计占比 | 年份 | 审计公告数 | 资源环境审计公告数 | 资源环境审计占比 |
| --- | --- | --- | --- | --- | --- | --- | --- |
| 2003 | 1 | 0 | | 2013 | 32 | 11 | 34.3% |
| 2004 | 7 | 3 | 42.9% | 2014 | 23 | 3 | 13.0% |
| 2005 | 5 | 2 | 40% | 2015 | 34 | 17 | 50% |
| 2006 | 7 | 3 | 42.9% | 2016 | 31 | 9 | 29.0% |
| 2007 | 9 | 3 | 33.3% | 2017 | 32 | 7 | 21.9% |
| 2008 | 14 | 4 | 28.6% | 2018 | 50 | 18 | 36% |
| 2009 | 18 | 8 | 44.4% | 2019 | 10 | 5 | 50% |
| 2010 | 26 | 6 | 23.1% | 2020 | 5 | 5 | 100% |
| 2011 | 38 | 9 | 23.7% | 2021 | 5 | 1 | 20% |
| 2012 | 35 | 6 | 17.1% | 2022 | 2 | 1 | 50% |
| 小计 | 160 | 44 | 27.5% | 小计 | 224 | 77 | 34.3% |
| | | | | 总计 | 384 | 121 | 31.5% |

（资料来源：根据审计署发布的审计公告加工整理，见审计署官网，http://xinxi.audit.gov.cn）

据吴勋、樊钰（2021）对审计公告的分析，"审计公告公开范围有限，主要集中在县级地方政府；审计内容主要是领导干部资金和项目管理情况、重大决策与履行监管责任情况，审计对象以土地资源和水资源

为主体、矿产资源为补充，大气资源审计存在缺失，审计类型以财务与合规审计为主，绩效审计不足；地理信息与大数据技术得到了一定程度的应用"[1]。

虽然我国的资源环境审计实务已取得了较明显的成效，理论研究也取得了较多的成果，但目前还存在三个主要问题：一是有关各方对审计概念和审计范围的认识不一致，泛化的审计概念尚未得到大家公认。行政监督和审计监督在一定程度上存在混淆，有的属于资源环境行政监督与执法的内容或事项也被视作审计。根据现行《中华人民共和国审计法实施条例》第二条规定，"审计法所称审计，是指审计机关依法独立检查被审计单位的会计凭证、会计账簿、财务会计报告以及其他与财政收支、财务收支有关的资料和资产，监督财政收支、财务收支真实、合法和效益的行为"。虽然其中也涉及有关资源环境项目的财政与财务收支，但是与后期所开展的资源环境审计，尤其是领导干部自然资源资产离任审计显然不是一个概念，由此导致的政府职能部门之间的职责分工不清在所难免。二是尚未形成有关资源环境实物量与价值量核算的成熟系统。自古以来，审计与会计核算系统之间就存在着相伴相生的关系。审计要通过被审计对象核算系统运行的过程及其结果来进行，即会计要提供审计所需的反映被审计对象活动的信息，审计要对会计提供信息的真实性、合法性、效益性等质量特征作出鉴证。如前所述，我国仍在对资源环境的核算进行探索，两大系统仍处在试点过程之中，即自然资源资产负债核算系统和生态系统生产总值核算系统。三是尚未形成基于资源环境核算系统的环境责任审计体系，即资源环境审计的主体、客体、内容、目标、方式、标准、流程、报告、评价等。

## 1.2.4 研究的现实起点与逻辑框架

根据党的十八届三中全会提出的"三项"的要求，在联合国倡导开展环境经济核算的国际背景和贯彻新发展理念、建设生态文明取得积极成效的国内背景下，针对资源环境核算现状中存在的"尚未形成相对成熟的得

---

[1] 吴勋，樊钰. 领导干部自然资源资产离任审计：制度梳理与实践[J]. 财会月刊，2021（3）：85-89.

到大家公认的核算体系"问题和资源环境审计现状中存在的"有关各方对审计概念和审计范围的认识很不一致、尚未形成有关资源环境实物量与价值量核算的成熟系统、尚未形成基于资源环境核算系统的环境责任审计体系"问题，进行深入而广泛的双向研究。

研究的逻辑框架（见图1-2）基于上述资源环境核算现状中存在的突出问题和资源环境审计现状中的三个主要问题，进行实务调研和文献梳理，形成资源环境核算和资源环境审计的基本概念，构建资源环境资产负债核算系统并在此基础上对资源环境审计问题进行研究，最后分别针对水资源、森林资源、土地资源、矿产资源开展核算与审计。

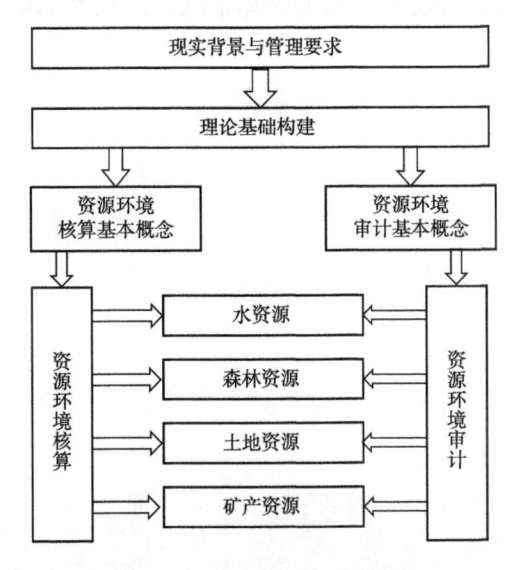

图1-2 本书研究的逻辑框架

[**本章小结**]

人类对自然资源的认识源远流长，中国古代先贤关于"二维分类"平衡的思想对于建立"以简驭繁"的资源环境资产负债核算系统，具有深刻的启发作用。早期的会计不仅核算财产税赋而且核算山水林田。有管理就有核算、有稽核，会计与审计相生相伴，相辅相成。

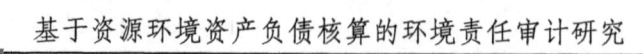

鉴于现有国民经济核算体系的欠缺，联合国推出了资源环境经济核算体系，该体系几经修改和完善，已成为世界各国开展资源环境核算的指导性文件。

党的十八大首提生态文明建设理念并将其纳入"五位一体"中国特色社会主义建设总布局以来，我国积极开展资源环境的核算与审计，生态文明建设取得了阶段性的巨大成就。为了响应和落实党的十八届三中全会《决定》明确提出的"探索编制自然资源资产负债表，对领导干部实行自然资源资产离任审计，建立环境损害责任终身追究制"三项要求，本书根据会计与审计的内在联系，探索自然资源资产负债核算与资源环境审计之间的关系，构建资源环境资产负债核算系统，并在此基础上进行资源环境审计研究。

# 2

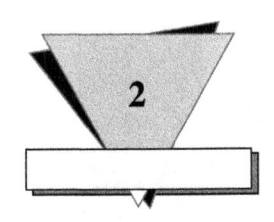

# 文献研究

## 2.1 国外文献研究

### 2.1.1 联合国等国际组织的指导性文献

#### 2.1.1.1 资源环境核算

1992年通过的联合国《21世纪议程》要求"扩大现有国民经济核算制度，以将环境和社会因素纳入会计体制，至少将所有会员国附属自然资源核算制度包括在内。因此，将尽早在所有会员国建立综合环境和经济会计制度，应将这种制度视为可预见的将来传统国民核算办法的补充，而不是取代这种办法。将把综合环境和经济会计制度设计为一种能够在国家发展决策过程中起重要作用的制度。国民核算机构应当同国家环境统计部门以及地理和自然资源部门密切协作"[1]。

联合国所指的"现有国民经济核算制度"就是System of National Accounts，简称SNA。SNA核算体系，尤其是该体系提供的国内生产总值（Gross Domestic Products，GDP）和国民生产总值（Gross National Products，GNP）指标，在促进各国经济社会发展的过程中发挥了巨大的作用，目前仍然是衡量各国（地区）经济发展水平的重要依据。但是SNA的特点是重增值、轻耗费，不计资源环境代价，其负面作用日益突显。所以联合国落实《21世纪议程》要求，会同欧盟委员会、经济合作与发展组织、国际货币基金组织、世界银行在1993年共同推出了System of Environmental-Economic Accounting 1993，简称SEEA-1993。SEEA是对SNA的补充，侧重于核算与SNA相关的自然资源耗费。经历两次修订，第三版SEEA于2012年推出，简称SEEA-2012。在SEEA-2012里，设置了七组自然资源资产账户，即矿产和能源资源账户、土地资产账户、土壤资源账户、木材资源资产账户、水生资源资产账户、其他生物资源账户和水资源资产账户。SEEA-2012是框架性文件，已成为各国开展自然资源资产核算的指导性文件。对于操作细则，通过列示附件和单独成文的形式给予介绍。例如《环境经济核算体系应用和扩展》（2012）、《环境经济核算体系试验性生

---

[1] UNITED NATIONS. Agenda21 [M]. Rio de Janerio: United Nations Publication, 1992.

态系统核算》(2012)、《国际水资源统计建议》(2012)、《国际能源统计建议》(2012)等。联合国在SEEA-2012基础上,于2021年3月通过了环境经济统计与生态统计体系(SEEA EA),提出设置生态系统范围、生态系统状况、生态系统服务流量(实物)、生态系统服务流量(货币)、生态系统资产货币五个账户,旨在引导各国在其经济报告中体现森林、湿地和其他生态系统等自然资本的价值,体现自然资源对经济和人类的贡献,并更好地记录经济和其他人类活动对环境的影响。欧盟在总结挪威、芬兰两国实践经验的基础上,提出了包括环境账户的国民核算矩阵(NAMEA)。[①]

### 2.1.1.2 水资源资产核算

联合国针对水资源核算专门推出了《水环境-经济核算体系》(System of Environmental Economic Accounting for Water,简称SEEAW-2012)。SEEAW-2012核算的主体是"经济体",即某地区或国家。核算对象为水资源资产及其质量和利用状况。其对水资源资产的定义是:"从本国领土淡水、地表苦咸水和地下水体中发现的、可在目前或将来以原材料形式提供直接使用、但由于人类使用可能会耗尽的水。"[②] 核算期间是会计年度,与SNA保持一致。核算范围是"经济体"主权领土范围内的水资源。计量属性是物理单位计量和货币计量。账户设置有五类:第一类"以物理单位计量的供应与使用表以及排放账户"(提供经济体使用并排放到环境中的水量水文数据以及排放到水中的污染物数量数据)、第二类"混合账户和经济账户"(提供用物理单位计量和货币单位计量的供应和使用水量数据)、第三类"资产账户"(提供水资源在期初期末的存量数据,以及核算期间发生的存量变化及其由于自然原因和人类活动引起的存量增减)、第四类"水质账户"(提供水资源存量的质量数据)、第五类"水资源的计值账户"(提供水资源产品和服务的价格计算方法)。第一、二类账户的平衡公式是"来源=去向","来源"为主词栏,"去向"为宾词栏;主词

---

[①] HANS W HOLUB, GOTTFRIED TAPPEINER, ULRIKE TAPPEINER. Some remarks on the "System of Integrated Environmental and Economic Accounting" of the United Nations [J]. Ecological Economics, 1999, 29: 329-336.

[②] UNITED NATIONS. System of Environmental Economic Accounting for Water [M]. New York: United Nations Publication, 2012.

栏的平衡公式为"总取水+从经济体内其他经济单位获得的用水=向经济体内其他经济单位的供水+总回归水+耗水",如果将"从经济体内其他经济单位获得的用水"与"向经济体内其他经济单位的供水"相互抵消,则平衡公式变为"总取水=总回归水+耗水"。其中,总取水=自用取水+给水用取水=取自内陆水资源+收集降水+取自海洋,总回归水=至内陆水资源(地表+地下+土壤)+其他水资源(海洋)。宾词栏的去向是各行业用水+住户+其他经济体,其中各行业用水也可以按用途分为水力发电、灌溉用水、采矿用水、城市径流、冷却用水等。第三、四类账户的平衡公式是"期初存量+期内增量(由于人为和自然原因)=期内减量(由于人为和自然原因)+期末存量",依此平衡关系编制的水资源资产分类暨账户格式见表2-1。

表2-1 SEEAW-2012水资源资产分类暨账户格式

| 项目 | 地表水 | | | | 地下水 | 土壤水 | 合计 |
|---|---|---|---|---|---|---|---|
| | 人工水库 | 湖泊 | 河流 | 雪和冰 | | | |
| 1. 期初存量 | | | | | | | |
| 存量的增加 | | | | | | | |
| 2. 回归水 | | | | | | | |
| 3. 降水 | | | | | | | |
| 4. 入流 | | | | | | | |
| 4.a 自上游领土 | | | | | | | |
| 4.b 自领土内其他资源 | | | | | | | |
| 存量的减少 | | | | | | | |
| 5. 取水 | | | | | | | |
| 6. 蒸发 | | | | | | | |
| 7. 出流 | | | | | | | |
| 7.a 至下游领土 | | | | | | | |
| 7.b 至海洋 | | | | | | | |
| 7.c 至领土内其他资源 | | | | | | | |
| 8. 其他总量变化 | | | | | | | |
| 9. 期末存量 | | | | | | | |

(资料来源:SEEAW-2012表6.1)

从表 2-1 和前述第一类账户的平衡关系可见，支持账户记录的记账方法必须是复式记账法。如果是两个不同的主体之间发生供给与使用关系，则复式记账便成为四式记账。利用上述核算系统可以进行水资源利用效率分析。水资源利用效率分析指标见表 2-2。

表 2-2　SEEAW-2012 水资源利用效率分析指标

| 指标性质 | 具体指标 | 备注 |
| --- | --- | --- |
| 可用的水资源 | 境内可再生水资源，境外可再生水资源，天然可再生水资源，实际可再生水资源总量，可开采水资源，水资源对外依存度，人均可再生水资源，境内水资源密度，地下水和地表水年取水量占可再生水资源总量的比例，开采指数，消耗指数 | 依存度=境外可再生资源和天然可再生资源总量之间的比率；水资源密度=平均境内流量和领土面积之间的比率；消耗指数=水消耗和可再生水资源总量之间的比率 |
| 人类活动用水（用水强度和水生产率） | ①用水和污染强度（物理单位）：每单位产出的用水量或污染排放吨数；②水和污染物强度：每单位增加值的用水量和污染排放吨数；③水生产率：国内生产总值÷已使用水量的立方米数，各行业增加值÷已使用水量的立方米数；④水污染率：行业的污染占比÷行业的增加值占比 | ①用水的立方米数÷物理单位的产出，产生污染的吨数÷物理单位的产出；②用水量的立方米数÷增加值，污染的吨数÷增加值 |
| 增加有效供水的机会 | ①回归水，回归水的量，按来源开列②回用水，回用水占工业用水总量比重③-1 流失，给水流失占供水总量的比重③-2 流失，未列入的流失占用水总量的比重（这些流失由各种原因造成，通常无法确定每种原因对流失的作用程度） | ①可区分已处理回归水流量和未处理回归水流量②可区分一个工厂内的回用水和《国际标准产业分类》第 36 类"水的收集、处理和供应"的供水 |
| 水的成本、定价和保护激励措施 | ①隐性水价②供水成本③隐性废水处理价格④每立方米废水的平均处理成本 | ①供水成本÷所购买的水量②该行业供水的成本÷所购买的水量③已处理水量÷供水成本④废水量÷该行业的处理成本 |

（资料来源：作者根据 SEEAW-2012 整理）

SEEAW-2012 是 SNA-2008 的补充和延伸，它立足于国家或地区的经

济核算，以经济价值为导向，并不考虑资源与环境的负债，遑论自然资源的生态价值和社会价值，更不反映资源的权责关系。

#### 2.1.1.3 森林资源资产核算

在SEEA-2012设置的七组账户里，木材资源资产账户，就是专门核算与国民经济核算密切相关的森林资源的账户。SEEA-2012将林地纳入土地资产的范畴，而将林木（含天然培育和人工培育）纳入木材资产账户进行核算。此外，SEEA还设置了实验账户对森林生态系统服务进行核算。土地资产账户中的森林资源林地实物型核算内容与格式见表2-3。对于森林林地和其他林地的价值量账户，SEEA-2012并没有单独设置核算账户，而是和建筑、农业、水产养殖用地等分别作为一个整体来核算土地的价值量。其中，针对林地的估价，SEEA-2012建议采用市场价格法或净现值法，并且与木材价值分开。实物型木材资产账户的核算内容与格式见表2-4。

表2-3 森林和其他林地的实物型资产账户　　　单位：公顷

| 项目 | 森林和其他林地类型 ||||| 
|---|---|---|---|---|---|
| | 原生林 | 其他天然再生林 | 人工林 | 其他林地 | 合计 |
| 森林和其他林地期初存量 | | | | | |
| 存量增加 | | | | | |
| 　造林 | | | | | |
| 　自然扩张 | | | | | |
| 　存量增加合计 | | | | | |
| 存量减少 | | | | | |
| 　伐林 | | | | | |
| 　自然缩减 | | | | | |
| 　存量减少合计 | | | | | |
| 森林和其他林地期末存量 | | | | | |

（资料来源：联合国. 环境经济核算体系中心框架SEEA-2012 [M]. 5.290, ST/ESA/STAT/Ser. F/109）

表 2-4  木材资源的实物型资产账户　　　　单位：千立方米

| 项目 | 木材资源类型 ||| 
|---|---|---|---|
| | 人工培育木材资源 | 天然木材资源 ||
| | | 可供应木材 | 不可供应木材 |
| 木材资源期初存量 | 8 400 | 8 000 | 1 600 |
| 存量增加 | | | |
| 　自然增长 | 1 200 | 1 100 | 20 |
| 　重新分类 | 50 | 150 | |
| 　存量增加合计 | 1 250 | 1250 | 20 |
| 存量减少 | | | |
| 　伐取量 | 1 300 | 1 000 | |
| 　砍伐残余物 | 170 | 120 | |
| 　自然损失 | 30 | 30 | 20 |
| 　灾难性损失 | | | |
| 　重新分类 | 150 | | 150 |
| 　存量减少合计 | 1 650 | 1 150 | 170 |
| 木材资源期末存量 | 8 000 | 8 100 | 1 450 |
| 补充信息 | | | |
| 砍伐量 | 1 250 | 1 050 | |

（资料来源：联合国．环境经济核算体系中心框架 SEEA-2012 [M]．5.359，ST/ESA/STAT/Ser. F/109）

对于不可供应木材，SEEA-2012 不将其纳入价值核算。木材的估值采用基于净现值法的平均价格。计算净现值涉及的净现金流入用资源租金确认。价值型木材资产账户核算内容与格式见表 2-5。

表 2-5  木材资源价值型资产账户

| 项目 | 木材资源类型 |||
|---|---|---|---|
| | 人工培育木材资源 | 天然木材资源（可供应） | 合计 |
| 木材资源期初存量 | | | |
| 存量增加 | | | |
| 　自然增长 | | | |
| 　重新分类 | | | |

续表

| 项目 | 木材资源类型 ||  |
|---|---|---|---|
|  | 人工培育木材资源 | 天然木材资源（可供应） | 合计 |
| 存量增加合计 |  |  |  |
| 存量减少 |  |  |  |
| 伐取量 |  |  |  |
| 砍伐残余物 |  |  |  |
| 自然损失 |  |  |  |
| 灾难性损失 |  |  |  |
| 重新分类 |  |  |  |
| 存量减少合计 |  |  |  |
| 重新估值 |  |  |  |
| 木材资源期末存量 |  |  |  |

（资料来源：联合国．环境经济核算体系中心框架 SEEA-2012 [M]．5.373，ST/ESA/STAT/Ser. F/109）

在国际组织提供的森林资源资产核算指南性文件方面，欧盟统计局编写了《欧洲森林环境与经济核算框架-2002》（The European Framework for Integrated Environmental and Economic Accounting for Forest，简称 IEEAF-2002）（European Commission，2002），是国际组织针对森林资源核算提出的第一个文件，为森林生态系统服务核算构造了相对完整的框架，具有广泛的国际影响力，并在丹麦、德国、法国、奥地利、芬兰和瑞典等国家进行了具体试点推广。

此外，联合国粮食及农业组织（Food and Agriculture Organization of the United Nations，FAO）推出的《土地覆被分类系统》依据不同的土地覆被特征，建立了一个由 14 个类别构成的分类：人工地表（包括城市和相关区域），草本作物，木本作物，多种或分层作物，草地，树木覆被区，红树林，灌木覆被区，水生或定期淹没的灌木和/或草本植被，天然植被稀少的区域，陆地荒原，永久积雪和冰川，内陆水体，近岸水体和潮间带。

### 2.1.1.4 土地资源资产核算

SNA-2008 将土地资源定义为"包括覆盖的土层和附属的地表水，所

有者通过持有或使用它们可以对其行使所有权并获取经济利益"[①]。SEEA-2012则把土地和土壤分开，认为土地"是一种独特的环境资产，是经济活动和环境演变的场所，是环境资产和经济资产的所在地"[②]。土壤资源"提供支持生物资源生产和循环所需的物质基础，为建筑物和基础设施提供地基，是农业和森林系统的营养素和水的来源，为多种多样的生物提供生境，在碳固存方面发挥至关重要的作用，对环境变化起到复杂的缓冲作用"[②]。SEEA-2012对土地资源资产的分类分两种：一种是根据用途分类，将土地资源资产分为土地和内陆水域，土地下面有农业、林业、水产养殖、建筑和相关区域、维护和恢复环境功能、未予分类的其他用途、未使用地七类（核算账户格式见表2-6）；内陆水域下面有用作水产或容留设施的内陆水域，用于维护和恢复环境功能的内陆水域，别处未作分类的其他用途内陆水域，以及未加使用的内陆水域。另一种是根据土地覆盖物分类，分为人工地表、草本作物、木本作物等14种土地。SEEA-2012对土壤资源没有具体的限定，各国可以根据实际需要来分类，如根据土壤的物理化学和生物特征进行分类。核算的重点是不同类型的土壤分布及其增减变化数量（见表2-7）。

表2-6 土地资产账户（价值型）

| 项目 | 土地使用类型 ||||||| 合计 |
| --- | --- | --- | --- | --- | --- | --- | --- | --- |
|  | 农业 | 林业 | 水产 | 建筑 | 环保 | 未分类 | 未使用 | 内陆水域 |  |
| 期初土地存量价值 |  |  |  |  |  |  |  |  |
| 存量增加 |  |  |  |  |  |  |  |  |
| 　获得土地 |  |  |  |  |  |  |  |  |
| 　重新分类 |  |  |  |  |  |  |  |  |
| 　存量增加合计 |  |  |  |  |  |  |  |  |
| 存量减少 |  |  |  |  |  |  |  |  |
| 　处置土地 |  |  |  |  |  |  |  |  |

---

① UNITED NATIONS. System of National Accounts 2008 [M]. New York：United Nations Publication，2009.

② UNITED NATIONS. System of Environmental Economic Accounting for Water [M]. New York：United Nations Publication，2012.

续表

| 项目 | 土地使用类型 ||||||||合计 |
|---|---|---|---|---|---|---|---|---|---|
| | 农业 | 林业 | 水产 | 建筑 | 环保 | 未分类 | 未使用 | 内陆水域 | |
| 重新分类 | | | | | | | | | |
| 存量减少合计 | | | | | | | | | |
| 重计值 | | | | | | | | | |
| 期末土地存量价值 | | | | | | | | | |

（资料来源：联合国 SEEA-2012，表 5.16）

表 2-7 土壤资源实物型资产账户

| 项目 | 土壤资源类型 |||| 总面积 |
|---|---|---|---|---|---|
| | 类型 1 | 类型 2 | 类型 3 | …… | |
| 土壤资源期初存量 | | | | | |
| 存量增加 | | | | | |
| 　由于土地覆被变化 | | | | | |
| 　由于土地质量变化 | | | | | |
| 　由于土壤环境变化 | | | | | |
| 存量增加合计 | | | | | |
| 存量减少 | | | | | |
| 　由于土地用途变化 | | | | | |
| 　由于土地质量变化 | | | | | |
| 　由于土壤环境变化 | | | | | |
| 存量减少合计 | | | | | |
| 土壤资源期末存量 | | | | | |

（资料来源：联合国 SEEA-2012，表 5.17）

#### 2.1.1.5 资源环境审计

1995 年 9 月，世界审计组织（INTOSAI）在埃及的开罗召开第十五届大会，将环境和可持续发展问题的审计正式列为主要议题。据统计，包括我国在内的各国最高审计机关开展的环境审计项目迄今已超过 2 000 项，涉及了能源、水、固体废弃物、采掘业、大气、生物多样性等所有重要的生态环境领域。国外环境审计实务主要强调环境管理系统是实现环境绩效

目标的原动力，从而为组织环境目标的实现提供支撑。INTOSAI 所采取的环境审计模式之一的系统导向方法，强调了管理系统的重要性。因此，在完善环境绩效审计实务时，应将环境管理系统的审计作为一个重点内容。

经历了近 20 年发展和经验积累，由 1993 年原欧共体（EEC）公布的《生态管理审核规则》（Eco-Management and Audit Scheme，EMAS）、美国环保局于 1996 年颁布的《联邦机构执行环境审计的通用行为准则——第 3 阶段：环境管理系统审计》（EPA）、国际标准化组织（ISO）公布的管理标准——ISO14000 系列等均对环境管理系统审计提供了有效的参照标准。无论是 INTOSAI、EMAS、EPA 还是 ISO14000，均非针对环境审计的某一领域进行审计，而是鼓励综合审计，通过统筹安排，实现审计资源整合，提高审计效率。此外，环境审计应作为环境管理和改进的工具，比如 INTOSAI 对审计报告的后续跟踪，ISO14031 使用 PDCA 循环进行环境绩效评价的做法，均有重要的参考价值。

## 2.1.2 国外研究文献

### 2.1.2.1 国外研究概况

资源环境核算暨自然资源资产核算属于资源会计（Resource Accounting）范畴。在国外与之相关的是环境会计（Environmental Accounting）或绿色会计（Green Accounting）。对应资源环境审计的概念是环境审计（Environmental Auditing）。

关于自然资源核算的相关研究由来已久。早在 1798 年，托马斯·罗伯特·马尔萨斯（Thomas Robert Malthus，1766—1834）就在《人口原理》（An Essay on the Principle of Population）中提出，按当时人类对自然资源的挥霍程度，将会导致未来自然资源的枯竭，强调了自然资源的重要性。但是直到 20 世纪中后叶，西方国家及部分发展中国家才相继展开资源环境核算研究。成立于 1968 年的罗马俱乐部，于 1972 年出版了《增长的极限》（Limits to Growth）一书，书中预言人类经济增长不可能无限持续下去，因为石油等自然资源的供给是有限的。F. A. Beams（1971）在《会计学杂志》（Journal of Accountancy）上发表了《控制污染的社会成本转换研究》一文，他认为，由企业决策导致的环境破坏，会计在一定程度上要为之负责，并提出通过转换控制污染的社会成本探索企业承担污染成本的方

法及计量标准。① J. T. Marlin（1976）在同一杂志发表的《污染的会计问题》中通过实证的研究方法得出投入的资金和环境改善有必然联系，提出对环境污染进行会计计量的合理性。② 这两篇文章开启了环境会计研究的先河并引发了西方国家 20 世纪 80 年代对于环境会计的理论方法、核算方法、指导规范、核算体系等的系统研究。

Tomlinson & Atkinson（1987）则通过对环境预测在审计领域的应用进行归纳并对环境审计进行全面定义，为环境审计研究奠定了理论基石。③ 表 2-8 是本书了解到的国外学者对资源环境核算与资源环境审计所进行研究的概况。

表 2-8　国外学者对资源环境核算与资源环境审计的研究概况

| 研究视角 | 研究者（研究年份） | 内容概述 |
| --- | --- | --- |
| 环境成本管理 | F. A. Beams, 1971; J. T. Marlin, 1973; Eurostat, 1994; Ditz et al., Lawrence & Cerf, 1995; Rebecca A. Gallun, Mobus, 1997; Elkington, 1998; Mathews, 2000; Herbohn, Sumaila & Walters, 2005; Mylonakis & Tahinakis, Burritt & Saka, Beer & Friend, 2006; Kunsch et al., Ruttiens & Chevalier, 2008; Lohmann, 2009; Lee, 2011; Ambec, 2013; Xiong & Wu, 2021 | 对环境成本进行有效控制和管理，有利于企业降低成本和解决环境问题，能用于追溯和跟踪环境成本和自然环境的流动。许多环境成本管理文献的研究目的在于提高企业的利润，而不是改善环境，不过依然也能起到预防环境成本和损失的作用。"从成本管理视角对环境会计进行研究，重点在于如何确认环境成本、如何控制环境成本以及如何利用。一些学者对环境成本的确认和计量进行了研究。认为环境成本是环境会计中最重要的要素，并把环境成本分为内部成本和外部成本分别进行讨论。"有学者认为缺乏合适的计量技术限制了全成本环境会计的发展，还有学者研究了环境成本的贴现率的计算与选择，"另外一些学者通过成本收益分析法讨论企业采取的环境保护措施是否能带来经济收益，或是采取何种环保措施能使企业环境成本最低"④。有的学者检验了企业污染情况、经济业绩和恢复成本披露之间的关系。有的通过案例分析的形式讨论了京都协议对成本收益原则的应用和碳会计技术的要求。有的还提出了一个考虑时间因素的扩展的成本效益分析模型，用于进行环境成本分析 |

---

① FLOYD A BEAMS, PAUL E FERTIG. Pollution control through social cost conversion [J]. Journal of Accountancy, 1971, 132: 37.
② JOHN T MARLIN. Accounting for pollution [J]. Journal of Accountancy, 1973, 135: 41-41.
③ PAUL TOMLINSON, SAMUEL F ATKINSON. Environmental audits: Proposed terminology [J]. Environmental Monitoring and Assessment, 1987, 8: 187-198.
④ 周守华，陶春华. 环境会计：理论综述与启示 [J]. 会计研究，2012（2）：3-10.

续表

| 研究视角 | 研究者（研究年份） | 内容概述 |
|---|---|---|
| 环境污染控制 | Montgomery, 1972; Maeda, 2001; Woerdman, 2002; Sijm et al., 2006; Bebbington & Larrinaga-gonzalez, 2008; Lohmann, 2009; Linaquist & Goldberg, Kijima et al., Davis & Muehlegger, 2010; Perdan & Azapagic, 2011; Liu et al., 2015; Safi et al., 2021 | 主要是围绕排放权许可证和交易市场、环境税等问题展开研究。涉及的有："排放权初始分配的不合理性、定价的随意性和主观性以及后期交易价格的盲目性均可能导致市场无效的情况出现。定价过低，必然失去对低污、无污企业的激励作用；定价过高，又会妨碍排放权交易市场的有效运行。开发 GHG（Greenhouse Gas，温室气体）市场远期合同定价模型的分析框架，同时也考察了引入储存机制对现货市场和远期市场价格的影响，碳排放许可证的定价方式，以及许可证的机会成本。认为排放权交易制度的基础是市场成为碳许可权资源的有效分配方式。排放权交易系统会产生会计舞弊的问题，例如加大基数、不充分报告碳排放权、过度报告弥补碳排放信用以及贪污等弊端。开征环境税来控制环境污染，外部成本内部化是解决环境问题的方法，而外部性内部化的具体办法就是实施排放权交易许可权制度和征收环境税。"① |
| 环境会计信息披露 | Dowling & Pfeffer, 1975; Ullmann, 1985; Hunt & Auster, 1990; Roberts, 1992; Gray, 1993; Ditz et al., 1995; Bennrtt & James, Schaltegger, Gray et al., 199; Li et al., 1997; Burritt, Judge & Douglas, Stagliano et al., 1998; Bewley & Li, 2000; Buhr & Freedman, Buhr & Freedman, 2001; Deegan, Weidman, 2002; Maltby, 2004; Freedman & Jaggi, 2005; Deegan & Blomquist, 2006; Frost, 2007; Clarkson et al., 2008; Freedman & Jaggi, Romi, Ball & Craig, 2010; Li et al., 2018; Senn & Giordano-Spring, 2020 | 企业的环境信息披露行为分为两类：一类是自愿披露、一类是外界要求披露，研究前者的是自愿披露理论，研究后者的是社会-政治理论。前者认为企业自愿披露环境业绩的目的是要向股东传递信息，期望披露的信息内容能与环境业绩正相关。社会-政治理论认为"企业披露社会环境报告不仅仅是显示他们对已有规范的顺从，而且为了展示企业特殊且重要的价值，所以企业是主动提升他们对社会的价值而不仅仅是响应社会的需求。后者又分为股东理论和合法性理论。二者主要差别在于披露的本质不同。在股东理论中，公司披露那些能被股东接受的信息，且这些信息与公司的实际相一致；而合法性理论中，公司提供的信息能使股东满意，但这些信息并不反映真实的业绩，也不利于股东制定正确的决策"。实证研究结果表明，政策因素首先在环境信息披露中起着举足轻重的作用。其次，制度因素也会对环境信息披露产生重要影响。"此外，学者们还认为社会因素能影响环境信息披露。最后，一些学者认为企业自身因素也会对环境信息披露产生影响。研究发现，污染披露与公司规模正相关。"② |

---

① 周守华，陶春华. 环境会计：理论综述与启示 [J]. 会计研究，2012（2）：3-10.
② 周守华，陶春华. 环境会计：理论综述与启示 [J]. 会计研究，2012（2）：3-10.

续表

| 研究视角 | 研究者（研究年份） | 内容概述 |
|---|---|---|
| 环境会计基本理论 | Hines, 1988; Rob Gray, 1990; Schahegger, 2000; Gray & Bebbington, Peskin & Angeles, 2001; Steele & Powell, 2002; Solomon & Thomson, 2009; Muller et al., 2011; Bebbington & Larrinaga, 2014 | 环境会计是"一种关于人造资产和自然资产增减的会计，最为重要的是在二者之间转换的会计"。对环境会计的定义有两种主流观点，一种认为环境会计起到的是"簿记"作用，不仅局限于企业，它是对经济业绩的传统计量（如GDP、GNP）进行的调整，使之更能反映自然环境的改变。"另一种观点强调环境会计的管理作用，认为环境会计是通过使用环境会计管理系统来对物流及其相关的现金流进行确认、分配和分析，使管理者认识到企业的环境影响和财务影响。"环境管理会计是借助于环境成本的核算原理向环境管理领域进行延伸扩展而逐步独立出来的分支学科。"环境会计信息应具有一定特征，如实证性、系统性、透明性、客观性、可靠性、可理解性、可验证性、可审计性和公平性等。"① |
| 环境会计的必要性 | Rob Gray, 1990; WWI, 1995; Bedder, 1996; Shell, 1997 | 传统会计不能为企业的可持续发展提供足够的相关信息，也不能反映企业对可持续发展作出的特定贡献；人类对于自然的影响不仅是当地性和区域性的，而且是全球性的。因此，正在进行的环境退化与此相关经济活动的环境会计信息就变得日益重要 |
| 可持续发展 | Maunders & Burritt, 1991; Schaltegger & Sturm, 1992; Gray, 1992; Mathews, 1997; Lehman, 1999; Schaltegger et al., 2005; Gray, 2006; Cooper & Owen, Gunningham, Ashman & Winstanley, 2007; Schaltegger & Burritt, 2010; Maas et al., 2016; Hörisch et al., 2020 | 提出"可持续会计（Sustainability accounting）"概念，"指出可持续会计是会计的一个分支，是为生态系统和社会服务的会计，而且可持续会计作为一种信息管理工具和方法，能促进企业的可持续性和企业责任的发展。可持续会计与传统会计的区别在于，可持续会计提供了关于企业可持续发展的足够多的相关信息，以及企业对可持续发展所作的具体贡献。可持续性关注的是社会、环境和经济可持续发展问题之间的联系和相互作用，例如一个特定的经济系统（如企业或国家等）会对生态和社会产生影响，环境和社会对财务也会产生影响，可持续会计的作用就是运用相关方法和系统来记录、分析和报告这些影响。"② |

---

① 周守华，陶春华. 环境会计：理论综述与启示 [J]. 会计研究，2012（2）：3-10.
② 周守华，陶春华. 环境会计：理论综述与启示 [J]. 会计研究，2012（2）：3-10.

续表

| 研究视角 | 研究者（研究年份） | 内容概述 |
|---|---|---|
| 环境审计基本理论 | Thomlinson, 1987; Boivin, 1991; Tozer, 1994; Thompson, 1994; Gabel, 1994; Hillary, 1995; Collison, 1996; Mishra, 1997; Black, 1998; Tucker, 1998; Elliott, 1998; Stensvaag, 1998; Visvanathan, 1998; Diamantis, 1999; Lang, 1999; Natu, 1999; Lightbody, 2000; Stanwick, 2001; Ammenberg, 2001; Cahill, 2002; Hepler, 2003; Dixon, 2004; Moor, 2005; Bae, 2006; Stafford, 2006; Ozbirecikli, 2007; Alvarez-Larrauri & Fogel, 2008; Darnall, 2009; Kolk, 2010; Lyon, 2011; Earnhart & Leonard, 2013; Cook et al., 2016; He et al., 2017; Kluczek & Olszewski, 2017; Hummel et al., 2019; Khodjaeva, 2019; Stanescu et al., 2020; Castka et al., 2020; Jiang & Tan, 2021 | 国外学者对环境审计基本理论的关注主要集中于环境审计的基本概念、审计主体、政策选择、成本收益、立法研究、程序方法与具体应用六个方面。国外对环境审计基本概念的定义比较灵活和宽泛，多数学者倾向于将环境审计看作一种有用的环境管理工具；环境审计的目的主要是评价公司对有关法律的遵守以及评估和弥补环境风险，内容不局限于设备审计、废料审计、财产转让审计等。传统的环境审计的驱动力来自法律和监管部门，之后，环境审计逐渐开始关注环境管理系统的有效性。环境审计工作主体在早期主要为科学家和工程专家，后来注册会计师和内部审计师逐渐加入到环境审计工作中，并与科学家、工程专家共同对企业流程和环境后果进行深入了解和评价，从而实施全面审计。环境审计政策选择的影响因素主要包括：法律理念与法律地位、环境审计的成本、所处行业及外部环境、监管部门的评估能力、管理层激励、使用不同政策对利益相关者的影响差异、政治关系、预期对环境绩效的提升效果。环境审计收益主要包括：使公司易于获得投资者信任、易于融资和发行证券、改进降低环境成本、减少污染、降低环境风险、提高声誉、促使公司遵守法律减轻法律责任、易于获得政府订单、扩大国际市场份额、提升产品质量、避免环境危机和突发事件、促进技术革命和产品革新、提升能源效率和增加公众环保意识；环境审计成本包括支付给审计师的费用、潜在经济或非经济损失、公司既往违规机密泄露是否追责与法律豁免权。国外学者们还通过对欧盟、美国、英国等环境审计规则立法的过程与内容进行对比分析，对环境审计师针对相关规则的具体实施情况进行访谈，从而对环境审计可以采用的权威性依据和准则作出系统归纳。环境审计程序和技术方法及具体应用研究主要包括在实施环境审计时如何选择适当的环境指标的程序、如何制定审计计划与撰写审计报告、如何对相关环境管理计划进行全面评估，并结合不同行业不同部门的具体案例对不同的环境评估技术方法予以介绍和分析 |

续表

| 研究视角 | 研究者（研究年份） | 内容概述 |
|---|---|---|
| 环境信息审计 | Cahill et al., 1996; Power, 1997; UNER, 1998; IISD, 1998; Ball, 2000; Leontina, 2008; Humphrey, 2008; Whitford, 2008; P Kolk & Perego, 2010; Armigiani et al., 2011; Kells, 2011; Zorio et al., 2013; Al-Shaer & Zaman, 2018; Boiral et al., 2019; Gu et al., 2023 | 通过环境符合性审计可以促进和提高环境信息的透明度，随着政府对不利环境影响的处罚增加，环境保险和验证的服务需求也随之增加。近年来，环境审计研究更加关注环境评估、风险评估、促进信息共享和利益相关者责任的交叉研究领域，环境审计中与公司管理相关的信息披露目标和信息透明度日趋重要。环境审计报告是环境审计程序中最关键的文件，反映了被审计单位对既定标准遵循程度的审计结论。环境审计报告内容应包括相关制度准则、环境审计计划和审计过程，以及审计中发现的问题。为了达到清晰的目的，环境审计报告需要一定的灵活性，但也有结构、要素、内容的规范。审计报告应该简洁、有效 |
| 环境责任 | Sethi, 1975; Patten, 1992; Patten, 1992; Lindblom, 1994; Deegan & Rankin, 1996; Walden & Schwartz, 1997; Brown & Deegan, 1998; Neu, 1998; Patten, 2000; Hughes et al., 2001; Patten, 2002; Deegan et al., 2002; Milne & Patten, 2002; Al-Tuwaijri et al., 2004; Patten, 2005; Villiers & Staden, 2006; Cho & Patten, 2007; Clarkson et al., 2008; Lyon & Maxwell, 2011; Cormier & Magnan, 2015; Kraus et al., 2020 | 环境责任是指一个实体对其经营活动引致环境影响的责任，包括为承担该责任所制定的战略、政策、规则和目标。虽然环境责任不同于实际环境绩效，但它是促使实体拥有良好环境业绩所不可或缺的驱动力。对环境责任的理解存在"主动适应"和"被动适应"两种派别，即通过加强环境责任来主动还是被动避免违背法律规范。被动环境责任学派进行的大量实证研究发现，公司披露更多环境信息是被动响应环境信息公开或环境事件。此外，环境披露与环境绩效的关系研究也证实了被动环境责任假设，有更多有毒物质排放的公司通常具有较高环境披露程度，其披露目的是减轻管理机构对其经营生产引发的负面环境影响的关注。主动环境责任学派则质疑公司的主动责任和被动责任无法绝对分割开来，认为事先预防性或积极地进行关于环境责任的沟通和规划安排远比事后被动地改变经营目标和生产流程要简单得多，环境责任与环境披露是正向关系，即具有较高环境责任的公司将会积极主动地按照规则披露更多环境信息 |

（资料来源：作者归纳整理）

## 2.1.2.2 国外研究文献综述

### 2.1.2.2.1 国外资源环境核算研究文献综述

国外对资源环境核算（亦称环境会计）的研究虽然起源于20世纪70年代，但兴起却是在20世纪80年代。以联合国世界环境和发展委员会的

报告《我们共同的未来》（1987）为标志，资源环境核算的理论研究渐渐成为热点。从 1990 年起，联合国国际会计和报告标准政府间专家工作组（ISAR）每届会议都要讨论环境会计议题。除了对于实施资源环境核算的必要性和学科属性所进行的基础性研究以外，资源环境核算面向解决实务问题的研究主要是沿着两个层面三个方向展开的，分别是宏观层面的环境经济综合核算（SEEA）和微观层面的企业信息披露（ESG）[①]与企业环境管理会计。

在宏观层面的两个方向：一是将会计账户核算的方法原理引入环境经济综合核算（SEEA）；二是基于可持续发展视角，关注企业与社会、环境、经济之间的相互联系和作用。前者虽然涉及资源核算中的自然资源资产负债平衡关系，但却并非企业运行中的资产负债表的逻辑。后者侧重于规范企业关于环境、社会和公司治理（ESG）的信息披露。

在微观层面对应两个分支：一是环境财务会计，二是环境管理会计。前者主要是基于外部性理论视角和环境信息披露视角进行研究。其内容包括气候变化、排放物处置、资源能源利用等。"基于外部性理论视角研究环境会计的目的主要在于解决由于污染企业的负外部性带来的环境问题，为解决外部性问题提供了具体的办法和措施"[②]，这对实现碳排放权交易和开征环境税具有重要现实意义。后者主要是基于成本管理视角，侧重于内部管理和成本控制的技术和方法，用于为管理人员提供环境决策依据。

### 2.1.2.2.2 国外资源环境审计研究文献综述

国外对资源环境审计研究的视角更加广，有关的研究相当丰富。从研究内容上，国外资源环境审计研究的论题更加广泛和多样化，着重于环境审计应用问题；"从研究视角上看，国外研究视角较微观，多从企业环境管理系统和环境审计的某一具体问题展开；由于政府审计机关、外部职业团体和内部审计机构在环境审计实务中的发展情况有异，国外对会计职业界和内部审计师在环境审计中作用的发挥和所处的地位状况更为关注"[③]；

---

[①] 环境、社会和公司治理报告的简称（Environmental, Social and Governance）。
[②] 周守华，陶春华. 环境会计：理论综述与启示 [J]. 会计研究，2012（2）：3-10.
[③] 程亭，张龙平. 环境审计国内外研究综述 [J]. 经济问题探索，2012（11）：183-190.

"从研究方法上看规范研究与实证研究并重：规范研究中，既有环境经济学、公共选择、法学、审计学相关理论进行逻辑推理，也有运用数理模型进行推演、证明；实证研究中，既有建立在问卷调查或档案数据基础上的经验研究，也有实地研究、案例研究，尤其是有大量关于运用环境审计程序和方法的案例研究"[①]。

"国外的环境审计研究不仅涉及环境审计的基本概念，而且涉及环境审计政策选择、环境审计的成本与效益分析、环境审计立法与准则、环境审计的程序和方法以及具体应用等。从所研究的环境审计主体来看，相关研究既涉及政府环境审计，也涉及企业内部环境审计以及注册会计师对环境审计的介入问题；从所研究的环境审计的对象来讲，相关研究既包括区域性或群落的环境审计问题，也包括企业、政府部门、医院、大学等微观主体内部的环境审计问题。尽管也有一些组织和学者关注政府环境审计问题（包括区域环境审计以及政府对微观组织环境问题实施的审计），但国外多数研究大都关注企业内部环境审计问题，这实际上反映出国外环境审计已经由外部强制式审计发展为强制式审计与自愿式审计并重的模式。事实上，环境审计的深入发展必须依靠众多微观市场主体，尤其是众多企业。"[③]

此外，由于国外环境审计实务的发展已经不局限于对环境法规的遵循性和财务报表中环境事项的处理和披露，对环境绩效审计、遵循性审计、环境财务审计均有所涉及，学者更关注环境审计的程序与方法等应用理论，或者是对环境审计的成本效益、自愿性环境审计。关于环境信息审计报告内容的研究成果，虽然在表达和措辞上有所区别，但大都明示或暗示了应包含以下内容：标题、收件人、业务范围和目标、相关方责任认定、采用的标准、提供的保证水平、执行的审计程序和方法、存在的局限性、审计结论、问题建议、签名/地址和日期等。研究还提到了需要特别在环境信息审计报告中说明的内容。

环境信息审计报告指引在国外的研究较多，这主要得益于国外的相关职业团体在指引制定和公布方面所发挥的作用，但各职业团体间在制定指

---

① 李明辉，张艳，张娟. 国外环境审计研究述评[J]. 审计与经济研究，2011，26（4）：29-37.

引上缺乏合作，这样既造成了重复进行研究工作，也不利于形成国际通用的指引，使得目前国外审计人员在选择环境信息审计报告的编制依据时随意性较大，已有的环境信息审计报告缺乏可比性，制约了环境信息审计报告的普及发展。

综上所述，国外的相关研究不仅涉及环境审计的基本概念，而且涉及环境审计政策选择、环境审计的成本与效益分析、环境审计立法与准则、环境审计的程序和方法以及具体应用等各个方面。从所研究的环境审计主体来看，相关研究既涉及政府环境审计，也涉及企业内部环境审计以及注册会计师对环境审计的介入问题；从所研究的环境审计的对象来讲，相关研究既包括区域性或群落的环境审计问题，也包括企业、政府部门、医院、大学等微观主体内部的环境审计问题。尽管也有一些组织和学者关注政府环境审计问题（包括区域环境审计以及政府对微观组织环境问题实施的审计），但总体而言，国外学者大多都关注企业内部环境审计问题，这也从侧面反映出国外环境审计已经由外部强制式审计发展为强制式与自愿式审计并重的局面。

## 2.2 国内文献研究

### 2.2.1 国内指导性文献暨实务述评

#### 2.2.1.1 党的十八大以来资源环境核算与审计政策法规概览

自党的十八大把生态文明建设纳入中国特色社会主义事业"五位一体"总体布局以来，党中央、国务院以及政府职能部门和各省市自治区、全国人大出台和修订了一系列与生态文明建设相关的政策法规文件。基本步骤是党中央提出方向性的指导意见，或是党中央、国务院联合提出总体方案，国务院提出具有操作性的指导意见，政府职能部门和各省市自治区出台贯彻落实上级文件的实施细则（条例），试点推广成功或取得共识之后，全国人大通过立法程序进行相关法律的立法或修订。其中与资源环境核算和资源环境审计相关的国家层面的政策法规文献见表2-9。

## 2 文献研究

**表 2-9 相关政策法规文献概览**

| 年份 | 发文主体 | 文件名称 | 文件编号或出台日期 |
|---|---|---|---|
| 2012 | 中共中央 | 坚定不移沿着中国特色社会主义道路前进，为全面建成小康社会而奋斗 | 2012年11月8日中国共产党第十八次全国代表大会报告 |
| | 国务院 | 关于实行最严格水资源管理制度的意见 | 国发〔2012〕3号 |
| | 全国人大 | 中华人民共和国农业法 | 2012年12月8日修正 |
| 2013 | 中共中央 | 关于全面深化改革若干重大问题的决定 | 2013年11月12日 |
| | 国务院 | 实行最严格水资源管理制度考核办法 | 国办发〔2013〕2号 |
| | | 关于加快发展节能环保产业的意见 | 国发〔2013〕30号 |
| | | 大气污染防治行动计划 | 2013年9月10日 |
| | | 中华人民共和国水生野生动物保护实施条例 | 2013年12月7日修订 |
| | | 城镇排水与污水处理条例 | （国务院令第641号），2013年12月2日 |
| | 政府职能部门 | 国家生态文明先行示范区建设方案（试行） | 国家发展改革委联合财政部、国土资源部、水利部、农业部、国家林业局制定 |
| | | 推进生态文明建设纲要（2013—2020年） | 国家林业局，2013年9月 |
| | | 国家重点监控企业自行监测及信息公开办法（试行） | 环保部，2013年 |
| | 全国人大 | 中华人民共和国草原法 | 2013年6月29日修正 |
| 2014 | 国务院 | 关于支持福建深入实施生态省战略加快生态文明先行示范区建设的若干意见 | 国发〔2014〕12号 |
| | | 关于加强审计工作的意见 | 国发〔2014〕48号 |
| | | 大气污染防治行动计划实施情况考核办法（试行）的通知 | 国办发〔2014〕21号 |
| | | 探矿权采矿权转让管理办法 | 2014年7月29日修正 |
| | | 关于推行环境污染第三方治理的意见 | 国办发〔2014〕69号 |
| | | 国家森林资源连续清查技术规定 | 国家林业局2014年 |

续表

| 年份 | 发文主体 | 文件名称 | 文件编号或出台日期 |
|---|---|---|---|
| 2014 | 政府职能部门 | 国土资源行政处罚办法 | 国土资源部令 60 号 |
| | | 审计常用定性表述及适用法规向导——资源环境审计（试行） | 审计署 2014 年 5 月 |
| | | 关于推进土地节约集约利用的指导意见 | 国土资发〔2014〕119 号 |
| | | 国家生态保护红线——生态功能红线划定技术指南（试行） | 环境保护部（环发〔2014〕10 号） |
| | | 水质较好湖泊生态环境保护总体规划（2013—2020 年） | 环境保护部、国家发展改革委、财政部（环发〔2014〕138 号） |
| | | 江河湖泊生态环境保护项目资金绩效评价暂行办法 | 财政部、环境保护部（财建〔2014〕650 号） |
| | | 企业事业单位环境信息公开办法 | 环境保护部 2014 年 12 月 19 日发布 |
| | 全国人大 | 中华人民共和国环境保护法 | 2014 年 4 月 24 日修订 |
| 2015 | 中共中央 | 关于开展领导干部自然资源资产离任审计试点方案 | 2015 年 7 月 |
| | | 关于加快推进生态文明建设的意见 | 2015 年 4 月 25 日 |
| | | 生态文明体制改革总体方案 | 2015 年 9 月 11 日 |
| | 中共中央国务院 | 党政领导干部生态环境损害责任追究办法（试行） | 2015 年 8 月 17 日 |
| | | 关于完善审计制度若干重大问题的框架意见 | 2015 年 12 月 |
| | 国务院 | 水污染防治行动计划 | 国发〔2015〕17 号 |
| | | 生态环境监测网络建设方案 | 国办发〔2015〕56 号 |
| | | 全国海洋主体功能区规划 | 国发〔2015〕42 号 |
| | | 编制自然资源资产负债表试点方案 | 国办发〔2015〕82 号 |
| | 政府职能部门 | 生态保护红线划定技术指南 | 环境保护部环发〔2015〕56 号 |
| | | 关于开展政府环境审计试点工作的通知 | 环境保护部，2015 年 3 月 |
| | | 国土资源统计报表制度（审批） | 国土资源部，2015 年 3 月 23 日 |
| | 全国人大 | 中华人民共和国港口法 | 2015 年 4 月 24 日修正 |
| | | 中华人民共和国大气污染防治法 | 2015 年 8 月 29 日修订 |

续表

| 年份 | 发文主体 | 文件名称 | 文件编号或出台日期 |
|---|---|---|---|
| 2016 | 中共中央 | 关于设立统一规范的国家生态文明试验区的意见 | 2016年8月22日 |
| | | 国家生态文明试验区（福建）实施方案 | 2016年8月22日 |
| | | 健全国家自然资源资产管理体制试点方案 | 2016年12月5日 |
| | 中共中央国务院 | 关于设立统一规范的国家生态文明试验区的意见 | 2016年8月22日 |
| | | 关于完善农村土地所有权承包权经营权分置办法的意见 | 2016年10月30日 |
| | | 生态文明建设目标评价考核办法 | 2016年12月22日 |
| | | 关于全面推行河长制的意见 | 2016年12月22日 |
| | 国务院 | 土壤污染防治行动计划 | 国发〔2016〕31号 |
| | | "十三五"生态环境保护规划 | 国发〔2016〕65号 |
| | | 关于健全生态保护补偿机制的意见 | 国办发〔2016〕31号 |
| | | 土壤污染防治行动计划 | 国发〔2016〕31号 |
| | | 湿地保护修复制度方案 | 国办发〔2016〕89号 |
| | | 关于全民所有自然资源资产有偿使用制度改革的指导意见 | 国发〔2016〕82号 |
| | 政府职能部门 | "十三五"国家审计工作发展规划 | 审计署公告 |
| | | 绿色发展指标体系 生态文明建设考核目标体系 | 国家发展改革委、国家统计局、环境保护部、中央组织部 |
| | | 国家生态文明建设示范区管理规程（试行） | 环境保护部环生态〔2016〕4号 |
| | | 国家生态文明建设示范县、市指标（试行） | |
| | | 关于加强资源环境生态红线管控的指导意见 | 国家发展改革委等九部门（发改环资〔2016〕1162） |
| | | 国土资源标准体系（2016年版） | 国土资源部2016年5月 |
| | | 土地利用现状分类（GB） | 国家质量监督检验检疫总局 |
| | | 水权交易管理暂行办法 | 水利部（水政法〔2016〕156号） |

续表

| 年份 | 发文主体 | 文件名称 | 文件编号或出台日期 |
| --- | --- | --- | --- |
| 2016 | 政府职能部门 | 自然资源统一确权登记办法（试行） | 国土资源部等七部门，国土资发〔2016〕192号 |
| | | 土地利用年度计划管理办法 | 国土资源部令66号 |
| | | 建设项目用地预审管理办法 | 国土资源部令68号 |
| | | 国土资源部关于全面实行永久基本农田特殊保护的通知 | 国土资规〔2018〕1号 |
| | | 国土资源部关于补足耕地数量与提升耕地质量相结合落实占补平衡的指导意见 | 国土资规〔2016〕8号 |
| | | 关于落实"十三五"单位国内生产总值建设用地使用面积下降目标的指导意见 | 国土资发〔2016〕120号 |
| | | 产业用地政策实施工作指引（2016年版） | 国土资厅发〔2016〕38号 |
| | | 关于构建绿色金融体系的指导意见 | 中国人民银行等 |
| | 全国人大 | 中华人民共和国深海海底区域资源勘探开发法 | 2016年2月26日 |
| | | 中华人民共和国水法 | 2016年7月2日修正 |
| | | 中华人民共和国防洪法 | 2016年7月2日修正 |
| | | 中华人民共和国节约能源法 | 2016年7月2日修正 |
| | | 中华人民共和国煤炭法 | 2016年11月7日修正 |
| | | 中华人民共和国环境保护税法 | 2016年12月25日通过 |
| 2017 | 中共中央 | 习近平：《决胜全面建成小康社会，夺取新时代中国特色社会主义伟大胜利》 | 2017年10月18日在中国共产党第十九次全国代表大会上的报告 |
| | | 关于创新政府配置资源方式的指导意见 | 2017年1月11日 |
| | | 生态环境损害赔偿制度的改革方案 | 2017年12月17日 |
| | | 关于在湖泊实施湖长制的指导意见 | 2017年12月26日 |

续表

| 年份 | 发文主体 | 文件名称 | 文件编号或出台日期 |
| --- | --- | --- | --- |
| 2017 | 中共中央 国务院 | 关于创新政府配置资源方式的指导意见 | 2017年1月11日 |
| | | 关于划定并严守生态保护红线的若干意见 | 2017年2月 |
| | | 关于建立资源环境承载能力监测预警长效机制的若干意见 | 2017年9月20日 |
| | | 关于深化环境监测改革提高环境监测数据质量的意见 | 2017年9月21日 |
| | | 建立国家公园体制总体方案 | 2017年9月26日 |
| | | 国家生态文明试验区（江西）实施方案 | 2017年10月2日 |
| | | 国家生态文明试验区（贵州）实施方案 | 2017年10月2日 |
| | | 领导干部自然资源资产离任审计规定（试行） | 2017年11月28日 |
| | | 生态环境损害赔偿制度的改革方案 | 2017年12月17日 |
| | 国务院 | 全国国土规划纲要（2016—2030年） | 国发〔2017〕3号 |
| | | 矿产资源权益金制度改革方案 | 国发〔2017〕29号 |
| | | 中华人民共和国统计法实施条例 | 国务院令第681号 |
| | | 城市绿化条例 | 2017年3月1日修订 |
| | | 中华人民共和国水文条例 | 2017年3月1日修正 |
| | | 取水许可和水资源费征收管理条例 | 2017年3月1日修正 |
| | | 中华人民共和国野生植物保护条例 | 2017年10月7日修订 |
| | | 中华人民共和国自然保护区条例 | 2017年10月7日修订 |
| | | 中华人民共和国环境保护税法实施条例 | 国务院令第693号 |
| | | 资源环境综合统计报表制度 | 国家统计局，2017年1月9日 |
| | 政府职能部门 | 关于印发2017年地方审计机关开展领导干部自然资源资产离任审计试点工作指导方案的通知 | 审计署，2017年6月6日 |

续表

| 年份 | 发文主体 | 文件名称 | 文件编号或出台日期 |
| --- | --- | --- | --- |
| 2017 | 政府职能部门 | 关于加快建设绿色矿山的实施意见 | 国土资源部等六部门（国土资规〔2017〕4号） |
| | | 全国湿地保护"十三五"实施规划 | 国家林业局等三部门（林函规字〔2017〕40号） |
| | | 地质遗迹调查规范 | DZ/T 0303—2017 |
| | | 生态红线划定指南 | 环境保护部、国家发展改革委（环办生态〔2017〕48号） |
| | | 中国气象局关于加强生态文明建设气象保障服务工作的意见 | 气象局气发〔2017〕79号 |
| | | 国家级自然保护区监督检查办法 | 国家环保总局2017年12月12日修正 |
| | | 矿业权交易规则 | 国土资源部（国土资规〔2017〕7号） |
| | | "生态保护红线、环境质量底线、资源利用上线和环境准入负面清单"编制技术指南（试行） | 环境保护部，12月25日 |
| | | 土地利用现状分类（GB/T 21010—2017） | 国家质量监督检查检疫总局、国家标准化管理委员会 |
| | | 地下水质量标准（GB/T 14848—2017） | |
| | 全国人大 | 中华人民共和国水污染防治法 | 2017年6月27日修订 |
| | | 中华人民共和国海洋环境保护法 | 2017年11月4日修正 |
| | | 中华人民共和国会计法 | 2017年11月5日修正 |
| 2018 | 中共中央 | 关于深化党和国家机构改革方案 | 2018年2月28日 |
| | 中共中央国务院 | 关于全面加强生态环境保护，坚决打好污染防治攻坚战的意见 | 2018年6月16日 |
| | 国务院 | 省级政府耕地保护责任目标考核办法 | 国办发〔2018〕2号 |
| | | 中华人民共和国森林法实施条例 | 2018年3月19日修改 |
| | | 防治海洋工程建设项目污染损害海洋环境管理条例 | 2018年3月19日修订 |
| | | 防治船舶污染海洋环境管理条例 | 2018年3月19日修订 |

续表

| 年份 | 发文主体 | 文件名称 | 文件编号或出台日期 |
|---|---|---|---|
| 2018 | 政府职能部门 | 国土资源执法监督规定 | 国土资源部，2018年1月2日 |
| | | 自然资源资产负债表编制制度（试行） | 国家统计局等八部门（国统字〔2018〕220号）、有关省政府办公厅 |
| | 全国人大 | 中华人民共和国宪法 | 2018年3月修订 |
| | | 中华人民共和国土壤污染防治法 | 2018年8月31日通过 |
| | | 中华人民共和国环境影响评价法 | 2018年12月29日修正 |
| 2019 | 中共中央 | 关于坚持和完善中国特色社会主义制度、推进国家治理体系和治理能力现代化若干重大问题的决定 | 2019年10月31日中国共产党第十九届中央委员会第四次全体会议 |
| | 中共中央国务院 | 国家生态文明试验区（海南）实施方案 | 2019年5月 |
| | | 关于统筹推进自然资源资产产权制度改革的指导意见 | 2019年4月14日 |
| | 政府职能部门 | 自然资源统一确权登记暂行办法 | 自然资源部、财政部、生态环境部、水利部、国家林业和草原局，2019年7月11日 |
| | 全国人大 | 中华人民共和国森林法 | 2019年12月28日修订 |
| | | 中华人民共和国土地管理法 | 2019年8月26日修改 |
| 2020 | 中共中央 | 关于制定国民经济和社会发展第十四个五年规划和二〇三五年远景目标的建议 | 2020年10月29日经中国共产党第十九届中央委员会第五次全体会议审议通过 |
| | 中共中央国务院 | 关于构建现代环境治理体系的指导意见 | 中共中央办公厅、国务院办公厅，2020年3月3日 |
| | | 中央和国家机关有关部门生态环境责任保护清单 | 中共中央办公厅、国务院办公厅，2020年3月4日 |
| | | 深圳建设中国特色社会主义先行示范区综合改革试点实施方案（2020—2025年） | 中共中央办公厅、国务院办公厅，2020年10月12日 |
| | 国务院 | 国务院办公厅关于印发生态环境领域中央与地方财政事权和支出责任划分改革方案的通知 | 国办发〔2020〕13号 |
| | | 国务院办公厅关于生态环境保护综合行政执法有关事项的通知 | 国办函〔2020〕18号 |
| | 政府职能部门 | 生态环境保护综合行政执法事项指导目录 | 生态环境部（环人事〔2020〕14号） |
| | 全国人大 | 中华人民共和国民法典 | 2020年5月28日通过 |

续表

| 年份 | 发文主体 | 文件名称 | 文件编号或出台日期 |
|---|---|---|---|
| 2021 | 中共中央国务院 | 关于全面推行林长制的意见 | 2021年1月12日 |
| | | 关于深化生态保护补偿制度改革的意见 | 2021年9月12日 |
| | | 关于完整准确全面贯彻新发展理念 做好碳达峰碳中和工作的意见 | 2021年9月22日 |
| | | 关于推动城乡建设绿色发展的意见 | 2021年10月21日 |
| | | 关于深入打好污染防治攻坚战的意见 | 2021年11月2日 |
| | 全国人大 | 中华人民共和国长江保护法 | 2021年3月1日 |
| | | 中华人民共和国审计法 | 2021年10月23日 |
| 2022 | 政府职能部门 | 生态环境损害赔偿管理规定（中央深改委审议） | 生态环境部等14部委发布，环法规〔2022〕31号，2022年4月26日 |
| | | 关于印发《减污降碳协同增效实施方案》的通知 | 生态环境部、发改委等七部委，2022年6月10日 |
| | | 中央企业节约能源与生态环境保护监督管理办法 | 国资委，2022年6月29日 |
| | | 关于推进用水权改革的指导意见 | 水利部、发改委、财政部，2022年8月26日 |
| | | 工业领域碳达峰实施方案 | 工信部、发改委、生态环境部，2022年7月7日 |
| | | 水利工程供水价格管理办法水利工程供水定价成本监审办法 | 发改委，2022年12月22日 |
| | | 生态保护红线生态环境监督办法（试行） | 生态环境部，2022年12月27日 |
| 2023 | 政府职能部门 | 矿业权出让交易规则 | 自然资源部，2023年1月3日 |
| | | 生态环境统计管理办法 | 生态环境部，2023年1月18日 |
| | 中共中央国务院 | 关于加强新时代水土保持工作的意见 | 2023年1月3日 |

（资料来源：作者归纳整理）

## 2.2.1.2 资源环境核算相关文献暨实务述评

开展资源环境核算是生态文明建设的基础工作。我国的资源环境核算

可以分为侧重于资源的核算和侧重于环境的核算两个方面，前者发展为自然资源资产负债核算，后者发展为生态环境核算。从前者的视角看，自新中国成立以来，我国对自然资源的核算是基于科学技术手段的发展和对自然资源的分类管理要求而进行的。根据自然资源的用途和特点，将其分为水资源、林业资源、土地资源、矿产资源和海洋资源等，并且将这些资源划归到不同的职能部门，由其负责组织勘测、调查、登记与统计。自然资源的种类和特点纷繁复杂、千差万别，如何科学地反映其赋存质量、数量及其增减变化，一直以来是对自然资源实施科学管理所要解决的首要问题。回顾1949年以来对于自然资源进行核算与研究的历史，可以大致分为互相衔接且不断深化的三个阶段：从中华人民共和国成立到"文革"结束为第一阶段（1949—1978年）；从改革开放开始到2012年中国共产党的十八大将生态文明建设列入"五位一体"的总体布局时为第二阶段（1979—2012年）；从2013年中国共产党十八届三中全会提出"探索编制自然资源资产负债表"的要求以来为第三阶段（2013年至今）。

第一阶段（1949—1978年），自然资源核算阶段。主要是国家有关部门对自然资源的分布状况进行勘测、调查、登记、记录与报告，同时，不断加大对自然资源开发利用的强度。新中国成立之初，国家急需战后重建，百废待兴，政府迫切希望大力发展经济，早日实现工业化和现代化，改变国家贫穷落后的面貌。自然资源——无论是水、土、林资源还是各种能源矿产资源，都是发展工农业生产的物质基础，尤其是工业经济发展的物质基础。新中国成立初期，我国学习苏联，国家建立的是高度统一的计划经济管理体制。在这个体制下，各种自然资源分属于水利、农业、林业、地质矿产、冶金、有色、石油、煤炭、建材、黄金、化工、核工业等部门管辖。每个部门都拥有专门的核算机构。自然资源核算属于业务核算，与当时的统计核算、会计核算并称三大核算系统。顺便提及，当时的统计核算实行的是MPS系统（物质生产核算系统），会计核算仅限于微观层面的单位内部经济核算。计划经济管理体制下分门别类地组织自然资源核算，其优点是责任边界清晰，核算细致。可形成自下而上层层汇总地反映自然资源赋存状态及其变化的信息系统。这个信息系统有力地支持了我国工业体系的建立和自然资源的开发利用。虽然我国从1949年以后就开始了各种资源的调查工作，但是获取早期对于自然资源核算的指导性文献

并不容易，目前从公开渠道所能得到的主要是有关森林资源清查的一些文献。农林部1962年在全国范围内组织开展了1950—1962年森林资源调查资料的整理统计。1973年开始组织开展第一次森林资源的全面清查，至目前已经连续进行了18次清查。清查内容分为林地和林木两大类。林地分为有林地、疏林地和灌木林地；林木分为公益林和商品林两大类，类下面是防护林、特种用途林、用材林、薪炭林、经济林五种，种下面是水源涵养林等23个亚林种。计量单位分别采用面积（公顷）和体积（立方米）。而且还要对动态部分的主要种类面积变化、各类林木蓄积变化、森林资源结构变化、质量变化和消长变化以及森林生态状况变化进行分析。但这个系统有两个主要缺点，一是侧重于实物核算而缺乏价值核算，对自然资源的开发利用不计资源价值；二是部门分割、九龙治水，数据获取多头并进，有关数据难于共享，相互之间缺乏稽核。

第二阶段（1979—2012年），自然资源资产核算与研究阶段。在这个阶段，我国开启了改革开放的历史进程。随着经济管理体制改革的不断深化，自然资源的经济价值被不断地发现和利用，有偿使用自然资源和对自然资源实施资产化管理的呼声越来越高，其实践越来越广泛，核算自然资源资产的经济价值成为实施自然资源管理必不可少的重要内容。这个阶段是各项立法的高峰期，也反映出改革开放以来我国依法治国的进程。进入21世纪，尤其是加入世界贸易组织（WTO）以后，我国经济发展加速。这期间，虽然出台了《森林法实施条例》《地表水环境质量标准》《环境经济核算技术指南》《全国污染源普查条例》《物权法》《关于加强资源环境审计工作的意见》等相关权威性指导文件，但是与建设"资源节约、环境友好"型社会的要求相比，其作用远远不够。2010年，我国GDP超越日本成为世界第二大经济体，制造业规模也超越美国成为全球第一，标志着进入21世纪的第一个十年，我国经济发展成就斐然。与此同时，国内资源紧缺和环境污染所造成的负面压力和国际上要求中国承担更多环境责任的呼声也空前凸显。面对来自两个方面的压力，在SEEA推出第三版本的2012年，党的十八大召开并首次提出生态文明建设的命题和要求。

第三阶段（2013年至今），自然资源资产负债核算与研究阶段。2013年11月，党的十八届三中全会《中共中央关于全面深化改革若干重大问

题的决定》(以下简称《决定》)要求"探索编制自然资源资产负债表"。2015年11月,国务院办公厅印发《编制自然资源资产负债表试点方案》(以下简称《试点方案》)。《试点方案》内容分成总体要求、试点内容、基本方法、试点地区、时间安排、保障措施六个方面。在总体要求中,指导思想是"全面加强自然资源统计调查和监测基础工作,坚持边改革实践边总结经验,逐步建立健全自然资源资产负债表编制制度";主要目标是"推动建立健全科学规范的自然资源统计调查制度,努力摸清自然资源资产的家底及其变动情况,为推进生态文明建设、有效保护和永续利用自然资源提供信息基础、监测预警和决策支持";基本原则的第一条要求"将自然资源资产负债表编制纳入生态文明制度体系,与资源环境生态红线管控、自然资源资产产权和用途管制、领导干部自然资源资产离任审计、生态环境损害责任追究等重大制度相衔接",第四条明确"编制自然资源资产负债表,不涉及自然资源的权属关系和管理关系",第五条要求借鉴国际经验,参照SEEA-2012。根据试点方案,自然资源资产负债表的编制主体是政府,主要是市一级的地方政府。第一批试点地区是内蒙古自治区呼伦贝尔市、浙江省湖州市、湖南省娄底市、贵州省赤水市、陕西省延安市。2017年底,试点地区上报了本地区自然资源资产负债表,并总结了试点工作经验。2018年3月,国家统计局试编了2015年全国自然资源资产负债表。后来,试点不仅扩大到县级(如内蒙古自治区的鄂托克前旗、深圳大鹏区、北京怀柔区等),而且扩大到省级(如贵州省、江西省、福建省)。规定报表的基本平衡关系为:期初存量+本期增加量-本期减少量=期末存量。对自然资源的分类,原则上采用国家标准(不按SEEA标准),若无国家标准,则暂时采用行业标准。数据来源于统计调查与行政记录。其计量属性以实物型为主,也有价值型。最后,将引起自然资源增减变化的影响因素分为自然因素和人为因素。

**2.2.1.3 资源环境审计相关文献暨实务述评**

中华人民共和国成立以来,我国的审计尤其是政府审计主要是针对财政收支预算及其落实情况而来的,其性质是财政财务收支审计。改革开放以后,不仅"经济越发展,会计越重要",而且与会计相伴相生的审计也随着经济社会的发展其重要性日益彰显。审计的主体从政府审计扩大到社会审计和内部审计,审计的客体从行政事业单位扩大到所有的经济体和党

政领导干部，审计的内容也扩大到经济责任和环境责任。受国外审计团体及其审计实践与研究的影响，我国也从20世纪90年代开始了环境审计的实践与研究。大致来说，我国环境审计的发展经历了三个阶段：第一阶段是1979—1996年，其间虽然没有环境审计的概念，却有对环保资金的审计事项。第二阶段是1997—2013年，这个时期，一是从国外介绍和引进了环境审计的概念，二是审计署成立了农业与资源环保审计司，之后又成立了环境审计协调领导小组，将环境审计列入了国家审计的范围。第三阶段是从党的十八届三中全会《决定》发布以来，围绕如何开展领导干部自然资源资产离任审计并建立生态环境损害责任终身追究制问题展开了全面而深入的讨论。在实践上，与编制土地、水、森林资源资产负债表试点工作和开展领导干部自然资源资产离任审计相适应，着重于进行水资源、森林资源和土地资源的环境审计。党的十八大以来与资源环境审计及责任追究直接相关的主要文献见表2-10（到省市自治区一级）。

表 2-10 资源环境审计相关政策文件

| 发布机构 | 文件名称 | 发布时间 |
| --- | --- | --- |
| 中央全面深化改革领导小组 | 关于开展领导干部自然资源资产离任审计的试点方案 | 2015年7月 |
|  | 党政领导干部生态环境损害责任追究办法（试行） | 2015年7月 |
| 中共中央、国务院 | 关于完善审计制度若干重大问题的框架意见 | 2015年12月 |
| 审计署法规司、农业与资源环境审计司 | 审计常用定性表述及适用法规向导——资源环境审计（试行） | 2014年5月 |
| 审计署 | "十三五"国家审计工作发展规划 | 2016年6月 |
| 审计署办公厅 | 关于印发2017年地方审计机关开展领导干部自然资源资产离任审计试点工作指导方案的通知 | 2017年6月 |
|  | 关于做好2018年领导干部自然资源资产离任审计相关工作的通知 | 2018年6月 |
| 中央审计委员会办公室、审计署 | 领导干部自然资源资产离任审计规定（试行） | 2017年11月 |
|  | "十四五"国家审计工作发展规划 | 2021年6月 |
| 贵州省审计厅 | 赤水河流域（贵州境域）自然资源资产责任审计工作指导意见（试行） | 2014年7月 |
|  | 贵州省自然资源资产责任审计工作指导意见 | 2015年4月 |

续表

| 发布机构 | 文件名称 | 发布时间 |
| --- | --- | --- |
| 广西壮族自治区审计厅 | 自治区本级 2014 年领导干部自然资源资产试点审计工作方案 | 2014 年 |
| 福建省委办公厅、省政府办公厅 | 贯彻落实开展领导干部自然资源资产离任审计试点方案的实施意见 | 2016 年 2 月 |
| 云南省委办公厅、省政府办公厅 | 开展领导干部自然资源资产离任审计试点实施方案 | 2016 年 2 月 |
| 贵州省委办公厅、省政府办公厅 | 贵州省开展领导干部自然资源资产责任审计试点实施方案 | 2016 年 3 月 |
| 北京市委办公厅、市政府办公厅 | 关于深入推进领导干部自然资源资产离任审计试点工作的意见 | 2016 年 5 月 |
| 湖南省委全面深化改革领导小组 | 湖南省开展领导干部自然资源资产离任审计试点实施方案 | 2016 年 6 月 |
| 湖北省审计厅 | 关于在全省全面推开领导干部自然资源资产离任审计的实施方案 | 2016 年 11 月 |
| | 领导干部自然资源资产离任审计操作指南 | 2017 年 1 月 |
| 海南省人民政府 | 海南省市县党政领导干部自然资源资产离任审计试点方案 | 2017 年 1 月 |
| 天津市委办公厅、市政府办公厅 | 关于开展领导干部自然资源资产离任审计试点工作的实施意见 | 2017 年 1 月 |
| 四川省委办公厅、省政府办公厅 | 四川省领导干部自然资源资产离任审计试点实施方案 | 2017 年 1 月 |
| 江西省委办公厅、省政府办公厅 | 关于开展领导干部自然资源资产离任审计的实施意见 | 2017 年 1 月 |
| | 江西省党政领导干部生态环境损害责任追究实施细则（试行） | 2017 年 3 月 |
| 江苏省委办公厅、省政府办公厅 | 江苏省实行审计全覆盖实施意见 | 2017 年 2 月 |
| 浙江省委办公厅、省政府办公厅 | 浙江省开展领导干部自然资源资产离任审计试点实施方案 | 2017 年 5 月 |
| 宁夏回族自治区党委办公厅、自治区政府办公厅 | 宁夏回族自治区市县（区）领导干部自然资源资产离任审计试点方案 | 2017 年 |

续表

| 发布机构 | 文件名称 | 发布时间 |
|---|---|---|
| 安徽省人民政府办公厅 | 关于进一步完善审计整改工作机制的意见<br>关于进一步完善审计整改工作机制的意见政策解读 | 2017年9月 |
| 云南省审计厅 | 2018年九大高原湖泊"十三五"水环境保护治理规划实施情况跟踪审计工作方案 | 2018年6月 |
| 浙江省审计厅 | 部门领导干部自然资源资产离任审计意见 | 2018年7月 |
| 山东省审计厅 | 山东省领导干部自然资源资产离任审计业务规程（试行） | 2018年8月 |
| | 2018年度省管党政主要领导干部自然资源资产审计工作方案 | |
| 京津冀三地审计厅 | 京津冀审计协同发展合作框架协议（2018—2020年） | 2018年9月 |
| 北京市委办公厅、市政府办公厅 | 北京市贯彻落实《领导干部自然资源资产离任审计规定（试行）》实施细则 | 2018年10月 |
| 河北省林草局 | 河北省国有林场森林资源监督管理办法（试行） | 2018年12月 |
| 江苏省审计厅 | 江苏省领导干部自然资源资产离任审计办法（试行） | 2019年1月 |
| 江西省审计厅 | 领导干部自然资源资产离任审计项目操作规程（试行） | 2019年3月 |

（资料来源：董战峰，等．中国环境审计进展报告（2018）[M]．北京：中国环境出版集团，2019：170-176．）

按照党的十八届三中全会《决定》关于"对领导干部实行自然资源资产离任审计"的要求和党中央出台的《开展领导干部自然资源资产离任审计试点方案》（2015），审计署牵头负责实施的资源环境审计重点转移到对领导干部自然资源资产离任审计试点上来。据审计署发言人披露，2015年以来，审计署围绕建立规范的领导干部自然资源资产离任审计制度，坚持边试点、边探索、边总结、边完善。2015年在湖南省娄底市实施了领导干部自然资源资产离任审计试点；2016年组织在河北省、内蒙古呼伦贝尔等40个地区开展了审计试点；2017年上半年又组织对山西等九省（市）党委和政府主要领导干部进行了审计试点。审计试点连续围绕"审什么、怎么审、如何进行评价"进行了积极探索和经验总结，截至2017年10月，全国审计机关共实施审计试点项目827个，涉及被审计领导干部1 210人。[①] 在此

---

[①] 审计署负责人就《领导干部自然资源资产离任审计规定（试行）》答记者问，中华人民共和国中央人民政府官网，http://www.gov.cn。

基础上，出台了《领导干部自然资源资产离任审计规定（试行）》。

如表2-10所示，审计试点主要是京津冀鲁、云贵川琼、苏浙桂皖、湘鄂赣闽和内蒙古、宁夏等省市自治区。在审计试点期间，审计对象主要是地方各级党委和政府主要领导干部。审计涉及的重点领域包括水资源、森林资源、土地资源以及矿山生态环境治理、大气污染防治等领域。要求对被审计领导干部任职期间履行自然资源资产管理和生态环境保护责任情况进行审计评价，以界定领导干部应承担的资源环境责任。广泛的试点工作取得的积极成效体现在：强化了各级领导干部资源环境管理意识，促进形成和坚持党中央所要求的"尊重自然顺应自然保护自然、发展和保护相统一、绿水青山就是金山银山、自然价值和自然资本、空间均衡、山水林田湖是一个生命共同体"等理念；有力地推动了试点地区的生态文明建设；扩大了审计范围，强化了审计职能，提升了审计机关的权威性；大数据信息、遥感测绘、现场勘验等技术应用于审计工作，促进了审计技术的发展；试点地区的审计实践，正在促进和健全资源环境审计的法规制度。

审计署《"十四五"国家审计工作发展规划》将资源环境审计的目标确认为"加快推动绿色低碳发展，改善生态环境质量，提高资源利用效率，助力美丽中国建设"，并将资源环境审计分为三个方面：一是领导干部自然资源资产离任审计，二是资源环境专项资金审计，三是生态文明建设政策落实情况审计。

党的十八届三中全会《决定》提出"探索编制自然资源资产负债表，对领导干部实行自然资源资产离任审计，建立生态环境损害责任终身追究制"的生态文明建设改革任务。三项改革任务的逻辑关系为："编表是领导和政府部门履职尽责的基础性工作，是实施审计和进行追责的前提；审计是对责任的认定，是追责的依据；追责是干部管理、人事管理科学化和法制化的重要手段，是加快推进自然资源治理的重要抓手。"[①] 无论是编表还是审计，最终要落实的是环境责任。环境是特定资源赋存与使用的空间集合，环境的优劣取决于特定空间范围内资源赋存与使用状态，把审计客体确认为党政领导干部、审计内容确认为自然资源资产、审计依据确认为

---

① 审计署课题组. 审计视域下自然资源治理体系现代化的三部曲 [J]. 贵州省党校学报，2016 (5)：99-104.

自然资源资产负债表，抓住了问题的关键和根本。我国是社会主义国家，《宪法》规定自然资源属于公有——主要是全民所有和部分集体所有。党和政府既是自然资源权属的受托人，又是环境优劣责任的最终承担者，党政领导干部是党和政府行为的主导者，将其确认为资源环境责任审计客体，对其进行自然资源权属附着体——自然资源资产的离任审计并终身追究其生态环境的损害责任，确实是落实生态文明建设责任的有效举措。自然资源资产负债表是反映自然资源资产及其权属关系赋存状态及其变化的信息来源，它不仅能够为领导干部自然资源资产离任审计，也能为资源环境专项资金审计、生态文明建设政策落实情况审计和追究环境责任提供审计依据和审计切入点。

### 2.2.2 国内研究文献

#### 2.2.2.1 资源环境核算研究文献梳理

新中国成立以后，我国就开始了对自然资源进行系统的勘测、调查、确认、计量、登记、统计与报告工作。但是在计划经济体制下，由于自然资源产权不清晰，致使各地无偿地开发与使用，缺乏科学合理开发利用自然资源的产权制度安排，资源性国有资产流失严重。[①] 改革开放以后，对自然资源实行资产化管理和有偿使用自然资源逐渐成为常态。党的十八届三中全会《决定》掀起了探索自然资源资产负债表编制暨自然资源资产负债核算的研究热潮，相关研究文章呈现井喷态势，尤其是2014年至2018年这四年最多。本书对与自然资源资产负债核算相关的资源环境研究文献梳理见表2-11。

表2-11 资源环境核算主要研究者与研究年份概览

| 研究内容 | 主要研究者与研究年份 |
| --- | --- |
| 环境会计基本理论暨准则制定 | 葛家澍、李若山，1992；吴丽雅，1996；陈毓圭，1998；王立彦、周守华，1998、2008；朱学义、孟凡利，1999；谢德仁、李心合、孙兴华、王兆蕊、张百玲、白英防，2002；许家林，2003、2004；许家林、王昌锐、黎精明，2006；肖序，2007；陈璇，2008；许家林，2009；李红娟、袁广达，2010；唐国平等、周守华、陶春华，2012；吴杰、祁芳梅、张俊瑞，2020 |

---

[①] 杨世忠. 市场经济与国有资产管理 [M]. 北京：中国社会科学出版社，1998：196-200.

续表

| 研究内容 | 主要研究者与研究年份 |
| --- | --- |
| 宏观环境会计核算 | 李金昌，1993；阎达五、耿建新、翟新生、张瑞彬，1997；吴优、曹克瑜，1998；黄小玉、梁兵，1999；沈振宇，2000；张百玲，2003；张英，2005；丁丁，2007；汤琦瑾、郑石桥，2008；於方，2009；杨世忠、曹梅梅，2010；袁广达，2022 |
| 环境会计信息披露与报表结构分析 | 王立彦，2001，2003；李建发、肖华、宋子义等，2002；耿建新、刘长翠，2003；袁广达，2005，2007，2012；郭道扬、黄溶冰、王丽艳、王军等，2008；孙兴华、张宏亮、黄群慧等，2009；张新民，2009，2012，2014；周守华、于增彪，2011；谢志华，2012 |
| 绿色 GDP 与环境经济核算 | 王立彦，1992；雷明，1996；李金华、高敏雪，1997；雷明，1998；朱启贵、许宪春、郭秀云，1999；高敏雪、雷明、金德凌、刘红艳、张志英、李希婕、李金华，2000；王树林、陈杏根、张白玲、温作民、孟祥兰，2001；肖序，2002；朱家位、高敏雪、宋旭光，2003；潘岳、王金南、王德发、牛文元、高敏雪、曹俊文、吕宾等、卢治飞，2004；王金南、解三明、侯元兆、张白玲、李茂、吴优，2005；耿建新、张宏亮、孙娟、刘素珍、张劲松、杨缅昆、邱琼，2006；修瑞雪等，2007；王秀丽、龚福和，2008；李金华、於方等，2009；李金华，2012；王金南等，2013；杨华，2017；王燕等、范金等、倪艳、秦臻、金兴华、严金强、刘泽群、王立海，2019；尹向飞，2021 |
| 自然资源会计 | 许家林，1998，1999，2000，2001，2005，2008；沈振宇等、崔瑛、徐涛，2000；叶慧娜等，2005；王晓琳、谭晓铁，2008；王富炜等，2011；杜爱文，2017；马儒慧、曹玉珊，2020 |
| 自然资源核算 | 李金昌、高振刚，1987；段智勇，1988；钟兆修，1989；李金昌，1990、1991；孔繁文、高岚、李金昌、钟兆修、高振刚、扬之，1991；高振刚、李凤梧、池金明、李金昌，1992；李金昌、蒋振球，1993；谢秀芳、钱阔，1994；郝晓辉，1995；杜东海、王志雄，1996；赫维人，1997；吴优、曹克瑜、吴优、朱启贵、宇宏、郭凤芝，1998；姜文来、龚良发、陈红，1999；朱力崎，2000；李鸿举、吴奋超，2001；潘振宇、高清平、权贤佐，2002；魏和清、韩瑞光、屈满学、路兴，2003；丁玲丽、裴辉儒，2005；郑重等，2006；丁丁、周囝、林向阳、周囝，2007；周成敏，2016；孙宝厚，2018；崔海红、黄良杰，2023 |
| 自然资源资产负债表理论 | 胡文龙、杨双惠，2014；陈艳利、弓锐、赵红云、封志明、杨艳昭、陈玥、耿建新、胡天雨、刘祝君、黄溶冰、赵谦、李丰杉、杨睿宁、杨世忠、姚霖、余振国，2015；高敏雪、韩东方、刘明辉、孙冀萍、孙志梅、李秀莲、高强、汪佑德、张敦力、王蔚君、杨世忠，2016；姚霖、董毅、仲可、谢莹莹、吴菲、封志明、杨艳昭、闫慧敏等、汪佑德，2017；肖继辉、张沁琳、杜文鹏、闫慧敏、杨艳昭、陶建格、沈镭、何利等、何利、沈镭、陶健格等、徐子蒙、贾丽、匡小国，2018；赵海燕、张山、杨柳等、侯淑涛、丁玲、李志富、耿建新、李英、刘国强，2019；王世杰、杨世忠、赵梦、梁湘波、周守华、陶春华、吴春雷等、谭振华、史丹、王俊杰，2020 |

续表

| 研究内容 | 主要研究者与研究年份 |
| --- | --- |
| 自然资源资产负债表平衡公式 | 李金昌，1991；蒋洪强等、张友棠等，2014；耿建新、乔晓楠等、胡文龙、史丹、陈艳利等，2015；高敏雪，2016；陈龙等，2017；杨艳昭等，2018；徐子蒙，2019；吕晓敏、刘尚睿、耿建新，2020 |
| 自然资源资产负债表编制框架 | 洪燕云、俞雪芳、袁广达、黄溶冰、蒋洪强、王金南、吴文俊、张友棠、刘帅、卢楠，2014；操建华、孙若梅、胡文龙、史丹、刘西友、肖序、王玉、周志方，2015；胡杰、孙玥瑶、武艳萍、胡洋、王冰、牛海龙、熊玲、万大娟、沈晨等，2016；杨世忠、陈波、杨睿宁、徐琪霞、韩冬芳、刘毅、张翠红、吴虹雁、吕芳茹、顾义军，2017；邹萌萌、刘影、张静静等，2018；邓碧华、高亚楠、张瑞琛，2020 |
| 自然资源资产负债表编制方法 | 陈红蕊、黄卫果、封志明、杨艳昭、李鹏等、耿建新、王晓琪、李春瑜、荆新、孟晓俊、张陵龙、王智飞、赫雁翔、王姝娥、程文琪、张航燕，2014；陈玥、杨艳昭、闫慧敏等、杜方、高志辉、耿建新、胡天雨、刘祝君、黄溶冰、赵谦、李清彬、林莹、刘思旋、崔琳、江东、卓君、付晶莹等，赵策，2015；李金华、张复生、刘芷蕙、张宏亮、朱雅丽、蒋洪强，2016；盛明泉、姚智毅、李丰杉、成思思、杨世忠、李素英、闫秀丽、罗宾、唐洋，2017；张颖、白琪阶、焦志倩、王红瑞等，2018；徐素波、张山、陈丽芬、何利、沈镭、陶建格等、陈思、朱道林，2019；乔永波、陶建格等，2020；王湛等，2021；韩鹏，2023 |
| 自然资源资产负债表编制案例 | 叶有华、赵栩，2015；深圳环科院，2016；齐亚芬、姚霖、耿建新、李志坚、胡天雨等、苗强、张建军、杨艳昭、封志明、闫慧敏等、陈龙、叶有华、孙芳芳等，2017；孙宝厚等、吴琼、马国霞、高阳等，2018；徐子蒙、贾丽、李娜，2019；王智晨、张颖，2020；周霞、史文斌、齐果等，2021 |
| 自然资源资产负债表应用 | 封志明、杨艳昭、江东等、洪昊、孙巍、谷树忠、焦栋、孙玥瑶、徐灿宇、唐洁珑、伍格致、杨亦民、周慧滨、智静、乔琦、张玥，2016；陈燕丽、王普查，2017；孙宝厚等、胡勇、江冰婷、郑晟祺，2018；马慧敏、刘娜、吕晓敏、刘尚睿、耿建新，2020；王湛等、胡中华、陈春博，2021 |
| 自然资源资产负债表编制的问题 | 蒋洪强、史丹、张金昌、武音茜、周志方、王玉，2014；李伟、陈珂、胡玉可、刘英明、苏一丹、熊学华、姚霖、侯冰，2015；陈淑扬、高吉喜、孔含笑、沈镭、钟帅等、姚霖，2016；林进添、彭晓英、戚梦雪、胡文龙、王蕾，2017；孙宝厚等、张晓晶、刘磊、金梦蝶、任洪涛，2018；吕晓敏、刘尚睿、耿建新，2020 |

续表

| 研究内容 | 主要研究者与研究年份 |
|---|---|
| 自然资源资产负债表国际借鉴 | 李金昌，孔繁文、高岚，1991；马永欢、陈丽萍、沈镭等，王泽霞、江乾坤，2014；陈波、杨世忠、冯春涛、余振国、胡资骏，2015；黄明林等，雷进贤、王毅、王乐锦、朱炜、王斌、姚霖、黎禹，2016；刘利，2017；周龙、方锐，耿建新、丁含、吕晓敏、刘丽、陈丽萍、吴初国，2018；骆良彬、陈文涛，2020 |
| 自然资源资产 | 李四能，向书坚、郑瑞坤，2015；汤健、姚小娴、王仙、刘兰，2016；耿建新、范长有、唐洁珑，2017；孙宝厚等，嵇大海、孟爱仙，2018；张文驹，韩爱惠、常纪文、俞忠，2019；曹炜，李雪敏，2023 |
| 自然资源资产价值评估与计量 | 蒋葵、雷宇羚、吴致远，2015；王乐锦、朱炜、王斌，2016；孙宝厚等，2018；樊笑英、姚霖、余振国、刘伯恩，2019；罗曼、林爱文、金添等，2020 |
| 自然资源负债 | 许家林，2004；王芳，2007；耿建新、唐洁珑，向书坚、郑瑞坤，商思争，2016；陈红、祖笠、黄艳玲等，2017；孙宝厚等，杨世忠、同慧敏、杜文鹏、封志明等，2018；杨世忠等，2020；杨燕燕、王永瑜、徐绮阳，2022 |
| 自然资源产权与权益 | 张运章，1990；肖国兴，1997；李胜兰、曹志兴，2000；沈振宇，2000；晁坤、孟昌，2003；伍中信、龚慧云、汤琦瑾，2005；宋梅、谢地，2006；陆正飞、叶康涛、张白玲，2007；郑石桥、左正强、刘灿、吴垠，2008；曹越、伍中信，2011；雷彪，2012；崔建远、董金明、王涌、徐祥民、税兵、王旭，2013；刘超、王克稳，2014；马永欢，刘清春、杨海龙、杨艳昭、封志明，巩固，汪庆华，2015；景佩佩，汤吉军、张壮、叶椴平、杜群、康京涛，2016；邹爱华、储贻燕，2017；杨世忠、王世杰、陈晓梅、刘尚希、王克稳、叶椴平、郭军武、黄萍、程雪阳，2018；刘守君、李素英、张志宇、崔莉、厉新建、程哲、王克稳，2019；乔永波，2020；康爱香、宋旭阳，2021 |
| 水资源资产负债核算 | 李文治，1988；朱耀琪，1989；刘人和等，1991；张富堂，1994；张志乐、韩国刚，1995；姜文来、王华东，1996；黄岩等，朱庚申、李克国，1997；张壬午等，1998；姜文来，1999；张波等，王舒曼，2000；王舒曼、姜文来，2001；杨美丽等，2002；陈东景等，2003；倪红珍，2004；吕雁琴，徐晓鹏、武春友、沈菊琴等，刘丙军、邵东国，2005；冯利华、许douglas等，2006；周臻峰、叶压香、卢亚卓等，2007；甘泓、高敏雪，许家林、王昌锐，2008；陈卫、裴源生等，2009；卢琼等，李花菊，2010；马俊、陈芊舟，2011；周同藩，2012；甘泓等，2014；陈波、杨世忠、刘汗、张岚、焦若静等，2015；简富缋等，刘大海等，韦凤年、董明锐，商思争，金志刚等，柴雪蕊等，2016；周普等，贾玲等，高阳等，王腾飞、马仁锋，董光华等，倪书阳等，贾亦真等，黄晓荣等，孙萍萍等，秦长海等，2017；田贵良等，宋晓谕等，杨艳昭等，2018；王世杰等，贾小雷，周志方等，殷佩铉，2019；张嶷等，黄晓荣等，唐勇军、张鹭鹭，吴芳等，宋宝，2020；石薇、汪劲松，2021；贾亦真、沈菊琴，2022 |

续表

| 研究内容 | 主要研究者与研究年份 |
|---|---|
| 森林资源资产负债核算 | 王瑞娟，1988；孔繁文等，1990；徐为环，1991；孔繁文，1992、1993、1994；王荣、孔繁文、戴广翠、马天乐、侯元兆、王琦、栗树森，1995；聂耿青等、孔繁文等、罗光斗，1996；陈钦、魏远竹、孔繁文，1998；孔繁文等、葛守中，1999；张颖、李静江、刘治兰、魏远竹等，2001；孟全省，刘鸣镝、杨旭东，刘俊昌、牛继宗等，曹建华、聂华，2002；杜丽娟、陈钦、张颖、单胜道，2003；刘鸣镝、于桂娥，张卫民等，岳泽军、陈钦、陈春婵、曾华锋、张颖，2004；姚利辉，许家林等，侯元兆等，2005；米锋、张宏亮、樊策轩，2006；王姝，王天东、周少舟，雷新途等，2007；石道金、闫秀婧等、张颖等、曾华锋等，2008；刘梅娟，张长江，2009；邢彦文，2010；袁畅彦、孟祥江、谢帮生、魏远竹、蔡炯等，2011；赵媛、王富炜等，2012；冯树清、艾畅，2014；柏连玉、中国森林资源核算研究项目组、内蒙古自治区林业厅，赵媛、房林娜，2015；柏连玉、金宏伟、耿国彪、张颖、潘静，2016；蒋立、张志淘、朱婷等、王骁骁、耿建新等，2017；张志涛等、石薇等，2018；魏钰琼等、王智晨、张颖、袁继安等、张为民、李辰颖、魏钰琼等，2019；胡耀升等，2020；范梦娟、熊胜绪、郭林英，2023 |
| 草原资源资产负债核算 | 李金昌等，1988；于中流等，1993；于明霞等，2003；刘欣超等，张心灵、刘宇晨，吕燕飞、张心灵、卞晓姗，2016；李鑫等，刘宇晨、张心灵，2018；颉茂华、王乾、孟佳等，2022 |
| 土地资源资产负债核算 | 王顺金等，刘容子，1994；刘世斌、刘智鹏，1995；周贵荣等，1997；许家林等，2005；王永德等，2008；张富刚，2009；张颖，2010；何森、程晓佳，2012；耿建新、王晓琪，2014；耿建新等、薛智超等、韩德军，2015；姚霖、于振国、杨晓慧、崔瑛，2016；向书坚、朱贺、王克强等、张玮等、朱道林、杜挺、张卫民、王会，2017；刘尚敏、薛志超等、耿建新等，2018；徐子蒙等、朱道林等、周宾，2019；杨世忠、杨梦凡、陶建格等、于志鹏、谭荣建，2020；汪劲松、石薇，2021 |
| 矿产资源资产负债核算 | 李金昌等，1988；何贤杰，1989；何贤杰，1990；韦天蛟、王振拴，1992；王广成等，1996；朱学义，1999；王广成、刘效参，2000；王广成，2001；王广成等，2002；孙家平、夏青、王立杰等、成金华、吴巧生，2003；潘旭红、裘宗舜、柯东昌、曹新元、吴杰、许家林、谭旭红、方敏，2005；谭旭红，2006；高明辉等，2007；李恩柱，2008；吴杰，2009；龙海纶、吕文超，2010；荣树新、贾玉华，2011；黎敏等、张帆，2012；张帆，2013；范振林，2014；耿建新等、唐金荣等、李慧霞、张雪梅，2015；伍世安、张艺、季曦、刘洋轩，2016；范振林、唐洁珑、李裕伟、耿建新等、葛振华等、季曦、熊磊，2017；鲁芳、谢晓燕等、段宏、邱梦瑶、王健姝，2018；范振林、李晶、姚霖、余振国、耿建新等，2019；葛振华等，2020；唐洋、舒祎祎、阳秋林，2022 |

（资料来源：作者归纳梳理）

从表2-11看出，我国的资源环境核算研究是全方位展开的，涉及宏观政府层面和微观企业层面，研究对象和主题也很丰富。研究者主要为学校师生、科研院所研究人员、政府部门管理者、社会中介组织与学术团体成员、企业管理者。从研究文献篇数看，研究自然资源资产负债表以及各分项资源资产负债表的文章数量高居榜首。在2013年以前，研究自然资源核算使用的通常是环境会计和资源会计以及绿色GDP核算等范畴。2013年以后，业界的研究聚焦于自然资源资产负债表编制。本书亦是以自然资源资产负债核算系统构建为基础，所以侧重于对相关程度较高的研究文献进行梳理和述评。

#### 2.2.2.2 资源环境核算研究文献述评

改革开放以来，各类资源核算研究的公开文献的数量呈井喷式增加。过去40年各研究主题文献根据数量划分，自然资源核算研究大体出现过三次热潮，并伴随着三大主题。第一次热潮侧重于宏观资源核算研究。我国学者跟随国际学术潮流，以生态环境保护为契机，将自然资源核算纳入国民经济核算体系（SNA）、弥补其缺陷作为研究出发点和目标（李金昌，1987），随后则主要以介绍SEEA和绿色GDP理论、将其与中国具体实际相结合作为研究侧重点（雷明，1996；李金华，2001）。绿色GDP理论中主张扣除的资源耗费项，因为只涉及资源减量核算，不包含资源存量和增量，所以该理论仅与资源核算部分相关，SEEA则是完全相关。第二次热潮是微观资源会计研究。前面主要是资源环境学者和经济学家站在宏观国家层面进行研究，而这次则是会计学者立足微观企业主体，运用会计学思维和视角对企业拥有或控制的自然资源进行会计核算，以便为投资者提供相关资源信息，同时也为环保事业作出贡献（许家林，1998）。资源会计是环境会计（或"绿色会计"，葛家澍、李若山，1992）的延伸细化，更加侧重资源核算，并不太关注环境污染成本计量。第三次热潮就是自然资源资产负债表编制研究。由于"资产负债表"属于会计学范畴，所以有大量会计学者抱着"计利当计天下利"的初心（周守华，2015），跳出微观企业层面，根据会计基本平衡公式，与资源环境学者一起加入到宏观国家层面的资源核算研究当中。此次创新点在于"资源负债""资源权益"等概念的出现，并且，学者尝试在统一核算框架下确认、计量、报告综合的自然资源资产、负债、权益以及其他要素。三次研究热潮在时间上有所重

叠，并非完全相互继起。由于自然资源资产负债表是对先前资源核算研究的综合与创新，因此，下面本书将以编制自然资源资产负债表所依据的会计框架为综述范式，全面回顾之前资源核算研究的观点内容与演进脉络。

回顾以往资源环境核算文献数量，无论是新中国成立以来还是改革开放之后，宏观层面的资源核算研究一直占据主导地位，微观企业资源会计始终未能成为主流，甚至没有突破原有财务会计对自然资源的账务处理原则。长久以来，虽然我国总是跟随国外资源核算研究脚步前行，但对自然资源资产负债表编制的探索，表明国内许多学者开始以解决本国问题为导向，脱离 SNA 和 SEEA 的既有路径进行研究。

应当注意的是，当前自然资源资产负债表编制实践和学术研究存在诸多问题。第一，入表资源类型没有正式确定，即使确定核算某一类型资源（比如矿产资源），也不确定是否有必要核算不具有战略重要性的矿产资源（比如各种岩石类矿物）。另外，地下水和矿泉水到底是纳入水资源核算，还是纳入矿产资源核算，也有待商榷。第二，编表内容主要限于实物计量，货币价值计量缺乏统一的计算方法和数据来源口径，导致试点地区资源价值评估差异极大，已经超出误差容忍范围。第三，争议最大的地方还是资源负债与权益的定义、内涵、确认和计量标准，这直接导致试点地区仅编制资源资产平衡表，并不涉及其他要素。第四，由于编表周期长，数据质量差，加之目标不明确，导致在实践中，自然资源资产负债表既没有大规模运用于领导干部离任审计，也没有与政策决策和资源管理适当结合，编表成效不够明显。第五，由于编制实践仍然处于起步阶段，资源报表数据还没有向社会公众披露，导致目前编表规范研究较多，数据利用和实证研究较少。第六，能否在分项资源层面单独编制资产负债表，总体自然资源资产负债表仅是分项报表的汇总还是其他关系，各分项资源负债是否可以有不同界定标准，这些问题仍待解决。接下来，需要学者和政策制定者对上述问题与难点进行更深层次的研究与实践探索。

### 2.2.2.3 资源环境审计研究文献梳理

本书通过中国知网检索有关专业期刊而获得相关论文，发现所有论文均认为开展环境审计有必要，2013 年党的十八届三中全会《决定》出台以后，开展领导干部自然资源资产离任审计更是抓住了关键。相关文献从不同角度对资源环境责任暨领导干部自然资源资产离任审计的积极意义进

行阐述。表 2-12 是对论文观点的简要梳理。

表 2-12 资源环境审计文献概览

| 内容 | 主要观点 | 论文作者 |
| --- | --- | --- |
| 理论基础 | 公共受托责任、可持续发展 | 江苏省审计厅课题组，2011；陈尘肇，马志娟、梁思源、韩梅芳、张琴、王玮，2015；刘明辉、孙冀萍、张彩林、耿泽涵、孙玥璠、胡洋、武艳萍，2016；谭真、许亮，2017；张海涛、孙永军，2020 |
| | 受托环境责任、环境伦理学、可持续发展、外部不经济、环境压力承载 | 马志娟、韦小泉，2014；赵彩虹，2018 |
| | 审计学、会计学、可持续发展、环境经济、大循环成本、经济计量学与统计学 | 蔡春、毕铭锐，2014 |
| | 绿色经济学、环境经济外部性、资源环境价值计量、大循环成本、委托代理、权力监督理论 | 李博英、尹海涛，2016 |
| | 公共受托责任、产权理论 | 顾奋玲，2017 |
| | 公共受托责任论、委托代理论、民主政治论、"免疫系统"论、权力制约论、国家治理理论 | 董大胜，2020 |
| 审计主体 | 审计主体仅仅是政府机关 | 安徽审计厅课题组，江苏省审计厅课题组，周曦、牛鸿斌、崔胜辉、赵景柱，2011；祝素月、夏晶晶、马志娟、韦小泉、刘笑霞、李明辉、刘迎祥，2014；李兆东，2015；刘明辉、孙冀萍、孙玥璠、胡洋、武艳萍、牛晓叶、曹志文、赖志花、商思争、钱水祥、张友棠、刘帅、郝亚平、薛芬、李欣，2016；谭真、许亮、刘桂春、杨磊、王凤、王莲、陈希晖、崔伦刚、王振铎、张心灵，2017；郭秀妹、洪宇、张群、张珊、胡文霞，2018；辛庆玲、杨森、林爱梅，2019；楚晨，2020 |
| | 审计主体是政府机关和社会组织（也包括内部审计） | 徐泓、曲婧、袁广达、袁玮，2012；蔡春、毕铭悦、陈献东，2014；黄溶冰、赵谦，2015；张彩林、李翼恒、高青松、彭嘉逸、王嘉发，2016；刘儒昞，2017；崔彬、赵彩虹，2018；沈丽丽，2019；李四能、赵岩，2020 |

续表

| 内容 | 主要观点 | 论文作者 |
|---|---|---|
| 审计客体 | 党政主要领导干部 | 刘明辉、孙冀萍，2016 |
| | 党政主要领导干部和国有资源型企业负责人 | 郭秀妹，2018 |
| | 各级党委和地方政府、企事业单位、其他相关组织 | 马志娟、韦小泉、陶玉侠、谢志华，2014 |
| | 各级党委、政府的主要领导 | 杨斌，2014；张沁琳，2015；孙玥璠、胡洋、武艳萍、钱水祥，2016；陈敏竹、朱梁，2017；张群、张珊、崔彬，2018 |
| | 地方政府党政领导人、政府自然资源主管部门负责人和资源型国有企业负责人 | 刘笑霞、李明辉，陈波、卜璠琦，2014；陈尘肇，2015；黄溶冰、陈平泽、卞春艳，牛晓叶、曹志文、赖志花，2016；刘桂春、杨磊、郭旭、刘儒晒，2017；郭秀妹，2018；沈丽丽、杨森、林爱梅，2019 |
| 审计对象 | 自然资源资产负债核算系统 | 孙宝厚，2018 |
| | 自然资源现状及其变动情况 | 陈献东，刘迎祥，2014；黄溶冰、赵谦，2015；耿泽涵、钱水祥、陈朝豹、耿翔宇、孟春、郝亚平、薛芬、李欣，2016；王振铎、张心灵，2017 |
| | 领导干部受托自然资源资产管理和生态环境保护责任的履行情况 | 牛鸿斌、崔胜辉、赵景柱，2011；祝素月、夏晶晶、蔡春、毕铭悦，2014；刘明辉、孙冀萍、张彩林、张友棠、刘帅，2016；谭真、许亮，2017；赵彩虹，2018；黄溶冰、谢晓君，2022；唐勇军、马欣钰、马文超、房巧玲、孙薇，2023 |
| | 政府环境治理体系 | 马志娟、梁思源、冉春芳、刘学志，2015；李翼恒，2016；胡文霞，2018；辛庆玲，2019 |
| | 责任主体及经济活动的信息载体 | 张海涛、孙永军，2020 |

续表

| 内容 | 主要观点 | 论文作者 |
|---|---|---|
| 审计目标 | 根本目的是为了建设生态文明，实现绿色可持续发展 | 贺宝成、冯亚倩，2021 |
| | 生态环境损害责任评判 | 孙宝厚，2018 |
| | 真实性和公允性 | 董贤磊，2014；黄溶冰、赵谦，2015 |
| | 真实性、合法性、效益性 | 陈波、卜璠琦、陶玉侠、谢志华，2014；王凤、王莲、叶广茂，2017 |
| | 评价领导干部实现环境正义的程度 | 张群、张珊，2018 |
| | 分为宏观与微观两重目标 | 徐泓、曲婧，2012 |
| | 最终目标为推动可持续发展，具体目标依据实际情况动态调整 | 高青松、彭嘉逸，2016；沈丽丽，2019 |
| | 推动领导干部守纪尽责，促进资源节约和生态环境安全（机制问责、国家治理） | 蔡春、毕铭悦，2014；陈尘肇，2015；刘明辉、孙冀萍、张彩林、耿泽涵、孙玥璠、胡洋、武艳萍、薛芬、李欣，2016；谭真、许亮、陈敏竹、朱梁、曹素芳，2017；张海涛、孙永军，2020；李兆东、李雪颖，2021 |
| | 分为最终目标和直接目标 | 郑石桥、吕君杰，2018 |
| | 根本目标（国策推进），现实目标（领导干部任期受托履责），具体目标（真实、合规、效益） | 陈献东，2014；黄溶冰、马志娟、邵钰贤、张友棠、刘帅，2016 |
| | 构建审计目标体系（内、外部、本质、具体、项目，政府、内审、民间） | 李雪、石玉、王纪瑞，2011；戴春莉、郭三杰、付义勋等，2021 |
| | 摸清资源家底、明确责任意识、完善制度体系、促进生态发展 | 许萍、何畅、李先秋，2015；钱水祥，2016；王振铎、张心灵，内蒙古自治区审计学会课题组，2017；胡文霞，2018 |
| | 评价执行情况，促进完善资源环境立法，提高各级资源环保部门的执法水平 | 林忠华，2014 |
| | 责任观、国家治理观、资源管理观、"免疫系统"观、机制完善观等 | 张宏亮、刘恋、曹丽娟，2014 |
| | 改变地方政府官员长期存在的追求地区经济增长，忽略甚至放纵辖区内企业严重污染环境行为 | 李秀珠，2020 |

续表

| 内容 | 主要观点 | 论文作者 |
|---|---|---|
| 审计依据 | 自然资源资产负债表系统 | 蔡春、毕铭悦、马志娟、宗新星、林忠华、陶玉侠、谢志华，2014；黄溶冰、赵谦、王社庭，2015；马志娟、邵钰贤、孙玥璠、胡洋、武艳萍、耿泽涵、王涛、张友棠、刘帅、陈朝豹、耿翔宇、孟春、李博英、尹海涛，2016；陈希晖、崔伦刚，审计署上海特派办理论研究会课题组、曹素芳、徐思远，2017；洪宇、孙宝厚，2018；黄也平、石德金，2021 |
| | 资源环境事项涉及的相关法规制度 | 周曦，2011；陈献东，2014；冉春芳、刘学志、申卓，2015；刘明辉、孙冀萍、牛晓叶、曹志文、赖志花，2016；刘桂春、杨磊、王凤、王莲，2017；张群、张珊，2018 |
| 审计内容 | 政策落实、制度建设、资源管理、环境质量、资源利用效率、合法合规 | 陈献东，2014；李先秋，2015；钱水祥，2016；岳晶晶，2017；崔彬，2018 |
| | 状态改善、政策响应落实、开发压力削减 | 黄溶冰，2016 |
| | 经济效益、生态效益、社会效益、规章落实 | 李翼恒，2016；郭秀妹，2018 |
| | 决策审计（政策制定）、执行审计（环保资金、工程项目）、监管审计（环境影响评估、履责） | 江苏省审计厅课题组，2011；马志娟、韦小泉，2014；马志娟、梁思源，2015；牛晓叶、曹志文、赖志花，2016；张群、张珊，2018 |
| | 政策执行、相关资金使用、项目管理、资源损害和治理情况、污染防治、生态修复、领导干部履责、环境质量等政府的环境行为 | 牛鸿斌、崔胜辉、赵景柱，2011；徐清，2014；陈尘肇、冉春芳、刘学志、许萍、何畅，2015；邓玉英，2019；李四能、赵岩，2020 |
| | 自然资源资产法规政策执行情况、重大决策事项、自然资源资产管理情况、自然资源资产负债表 | 蔡春、毕铭悦、林忠华、张宏亮、刘恋、曹丽娟，2014；马钰、郝亚平，2016；徐思远，2017 |
| | 自然资源的保护和开发利用、生态环境的变化情况 | 陈敏竹、朱梁，2017 |

续表

| 内容 | 主要观点 | 论文作者 |
| --- | --- | --- |
| 审计内容 | 战略与政策的有效性、环境政策制度的遵循性、环境公共产品投资的效率、受托履责情况、环保资金的财务情况 | 黄溶冰、赵谦，2010；陈波、卜璠琦，2014；韩梅芳、张琴、王玮，2015；陈平泽、卞春艳，2016；高青松、彭嘉逸，2016；辛庆玲，2019 |
| | 环境保护目标责任落实情况、环境保护基本制度执行责任落实情况、阶段性环保责任落实情况 | 周曦，2011；唐秋凤、谷爱明，2014 |
| | 受托责任（财务、法律、项目、过程、结果、可持续性、报告） | 商思争，2016 |
| | 自然资源的基本情况、主要责任人的受托履责情况 | 薛芬、李欣，2016；内蒙古自治区审计学会课题组，郭旭，2017 |
| 审计方法 | 资料审阅、实地调查、访谈询问、统计分析、测量计算（传统） | 李先秋，2015；段瑞，2016；汉中市审计局，2018 |
| | 传统审计方法、系统分析、模糊综合评价法、遥感测绘、地理信息系统、利用专家工作、网络数据审查（现代+传统） | 江苏省审计厅课题组，2011；徐清、马志娟、韦小泉、陶玉侠、谢志华，2014；陈尘肇，2015；刘明辉、孙冀萍、黄溶冰、陈平泽、卞春艳、王涛、牛晓叶、曹志文、赖志花、李博英、尹海涛、钱水祥、马志娟、邵钰贤，2016；刘桂春、杨磊、王醒无、内蒙古自治区审计学会课题组、王凤、王莲、审计署上海特派办理论研究会课题组、郭旭、徐思远，2017；洪宇，2018；沈丽丽，2019；邓晓岚等、张丽达、谢宸湘，2021 |
| | 应用PSR模型 | 李春瑜，2014；黄溶冰，2016；房巧玲、李登辉，2018 |
| 审计评价 | 设置评价指标 | 周曦，2011；徐泓、曲婧，2012；徐清、马志娟、韦小泉、唐秋凤、谷爱明，2014；张宏亮、刘长翠、曹丽娟，2015；黄溶冰、马钰、孙玥璠、胡洋、武艳萍、陈朝豹、耿翔宇、孟春、薛芬、李欣，2016；郭江平、陈敏竹、朱梁、王振铎、张心灵、郭旭，2017；内蒙古自治区审计学会课题组、王帆、房巧玲、李登辉，2018；崔彬，2018；岑磊、杨迎静等、杨森、林爱梅，2019；韩磊、李四能、赵岩、黄溶冰，2020；冯颖、冯均科、刘鹏伟、郭三杰等、谭佩、张卫民，2021 |

续表

| 内容 | 主要观点 | 论文作者 |
| --- | --- | --- |
| 审计评价 | 自然资源资产负债表+N | 马志娟、宗新星、林忠华、陶玉侠、谢志华，2014；韩梅芳、张琴、王玮、陈尘肇，2015；张友棠、刘帅、邓启稳、李奇霞，2016；审计署上海特派办理论研究会课题组、曹素芳、徐思远，2017；孙宝厚，2018 |
| 审计报告 | 出具规范意见 | 黄溶冰、赵谦、张沁琳，2015 |
| | 审计报告、审计建议、审计处理决定 | 陶玉侠、谢志华，2014；许萍、何畅，2015；刘明辉、孙冀萍，2016 |
| | 审计报告+结果公告 | 马志娟、韦小泉，2014 |
| | 构建分类报告体系 | 张红、贾凌轩，2018 |
| | 多种形式反映审计成果 | 陈朝豹、耿翔宇、孟春，2016 |
| 经验总结 | 长江经济带环境保护审计实践，新安江环境审计实践，京津冀江浙沪云贵川桂闽赣湘鄂徽陕宁吉新等地环境审计实践 | 董占峰等，2019 |

（资料来源：作者归纳梳理）

#### 2.2.2.4 资源环境审计研究文献述评

环境审计起源于西方发达国家，我国对这一话题的研究相较国外起步稍晚。王金光在1988年发表的文章《要重视城建环保审计》中首次提出城市建设要重视环保审计，正式拉开了国内环境审计研究的帷幕。王德升等（1997）在《审计研究》撰文介绍国际商会公布的《关于环境审计的意见书》（1989）以及欧盟、美国、英国、国际标准化组织的环境审计定义、目标和内容。[①] 随后，关于环境审计的文章和专著便在国内开始涌现。在2013年《决定》出台之前，审计界提出的相关概念是企业环境责任审计（代凯，1997）和环境审计（张以宽，王德升，杨树滋，刘力云，陈汉文，池晓勃，1997）。《决定》出台以后，领导干部自然资源资产离任审计成为热门话题，其定义和内容往往超出自然资源资产本

---

① 王德升，杨树滋，刘力云. 借鉴国际经验 研究环境审计 [J]. 审计研究，1997 (4)：1-7.

身，延伸到了环境责任，甚至成为环境审计的替代词和环境责任审计的同义词。

通过梳理国内学者的相关研究文献不难看出，国内环境审计研究涉猎广泛，包括环境审计的基本理论、环境审计规范、环境审计方法和环境审计实务等多个方面，几乎涵盖了环境审计的所有研究门类。党的十八届三中全会《决定》出台以后，学界开始聚焦领导干部的环境责任，相关研究也日益丰富。从研究内容上看，我国环境审计研究的特点有三强两弱。三强：一是借鉴性强。这与我国实行改革开放和会计法规与国际趋同相关，无论研究的内容、关注的重点，还是研究的方法，均体现出了借鉴性，文献中不乏对于国际同行的观点介绍、思路应用和方法模仿。二是针对性强。大多数文献均针对我国现实中存在的问题进行研究，基本上都言之有物、有感而发，那种无病呻吟、空洞无物的文章在公开发表的文献中并不多见。三是行政性强。党和政府的政策导向及其影响处处可见。这在环境责任审计研究方面体现得最为明显。国外的审计与会计一样，更重视企业、重视微观。我国则是强调政府主导。对于宏观环境会计和环境责任审计而言，这是优势所在。两弱：一是应用性弱。突出地表现在环境会计研究方面，尤其是微观层面。企业基本上是被动状态，鲜有主动积极承担环境责任、扩大环境成本开支范围的，无论是环境信息披露规则制定还是环境成本管理，学术界与实务界相互脱节现象比较普遍。二是协同性弱。不仅是理论界与实务界之间的协同性弱，不同学科专业背景之间的协同性也较弱。导致的结果有二，一是研究成果的深度广度不足，表现为视野不够宽、眼光不够远；二是研究成果的被接受程度有限，最终影响到成果的应用。作为资源环境责任审计的重要依据——自然资源资产负债核算系统尚未建立健全，本书也对此进行了研究。

[本章小结]

联合国及有关国际组织自20世纪70年代起陆续出台有关资源环境核算与审计相关的文件，尤其是SEEA系列文件对各国影响至深。北欧的森林资源核算和澳大利亚的水资源核算与审计走在了世界前列。国外对资源

环境核算的研究，在宏观层面侧重于开展对资源环境经济价值核算；在微观层面侧重于开展对环境成本的核算与相关信息披露。在我国，随着党的十八大提出生态文明建设的总体布局以来，围绕生态文明建设出台了一系列政策法规，频度之密、力度之大，在我国社会发展史甚至世界各国发展史上都是空前的。党的十八届三中全会《决定》的出台，形成了资源环境核算与审计发展的分水岭。对资源环境核算而言，《决定》出台之前是对自然资源资产化管理及其核算进行探讨，《决定》出台之后则是深化和推广自然资源资产核算试点与生态资源产品价值核算试点，并探索自然资源资产负债核算；对资源环境审计而言，《决定》出台之前是对资源环境审计问题进行广泛研究，《决定》出台之后则是聚焦于领导干部自然资源资产离任审计。

# 3

# 资源环境核算

# 3.1 资源环境资产负债核算模式探索

自党的十八届三中全会要求探索编制自然资源资产负债表以来，相关试点工作和对自然资源资产及其负债和权益核算的研究文献呈爆发式增长。根据编制自然资源资产负债表所依据的平衡公式及其要素含义表达的不同，国内研究者形成了四种核算模式："自然资源资产核算模式""自然资源净资产核算模式""自然资源资产负债核算模式""资源环境资产负债核算模式"。

## 3.1.1 自然资源资产核算模式

### 3.1.1.1 我国自然资源资产核算模式的形成过程

新中国成立以来，我国对自然资源的核算是基于科学技术手段的发展和对自然资源的分类管理要求而进行的。根据自然资源的用途和特点，将其分为土地资源、水资源、林业资源、矿产资源和海洋资源等，并且划归到不同的职能部门，由其负责组织勘测、调查、登记与统计。

有的学者认为国外自然资源核算早于我国，理由是1972年挪威环保部就开始建立自然资源核算体系，随后芬兰、美国等发达国家相继跟进（封志明等，马永欢等，2014；孔含笑等，2016；陶建格等，2018）。但这种观点值得商榷，我国早在20世纪50年代初期就建立了国家矿产储量平衡表制度，这比联合国环境经济核算体系（SEEA）自然资源实物资产表要早近40年。1959年全国地质资料局还印发了《中华人民共和国矿产储量平衡表编制规程》。这表明，在世界上我国是核算矿产资源储量过程中较早建立实物账户和报表的国家（李裕伟，2018）。而且，我国的集体土地、耕地、林地伴随着全国性的土地改革和随后一系列的集体化运动得到了全面和连续不断的勘察与核实。对江河湖海的水资源调查也一直随着水利工程的建设而全面深入细致地开展起来。

改革开放以后，随着经济管理体制改革的不断深化，自然资源的经济价值被不断地发现和利用，有偿使用自然资源和对自然资源实施资产化管理的呼声越来越高，其实践也越来越广泛，核算自然资源资产的经济价值成为实施自然资源管理必不可少的重要内容。虽然我国改革开放以来经济

发展成就斐然，但与此同时，国内资源紧缺和环境污染所造成的负面压力和国际上要求中国承担更多环境责任的呼声也日益凸显。面对来自国际国内两个方面的压力，在联合国推出SEEA-2012的同时，党的十八大首次提出生态文明建设，并将其纳入"五位一体"建设中国特色社会主义的总体布局。紧接着，党的十八届三中全会提出"探索编制自然资源资产负债表"。

国家统计局等八部门按照党的十八届三中全会要求，组织力量探索自然资源资产负债表的编制，在立足本国实际（侧重于水土林）、借鉴国际经验（主要是SEEA-2012）的前提下，2015年11月推出了《编制自然资源资产负债表试点方案》。根据试点方案，自然资源资产负债表的编制主体是政府，主要是市一级的地方政府。第一批试点地区是内蒙古自治区呼伦贝尔市、浙江省湖州市、湖南省娄底市、贵州省赤水市、陕西省延安市。后来又扩大试点，在省、市、县三级展开。2017年底，试点地区上报了本地区自然资源资产负债表，并总结了试点工作经验。2018年3月，国家统计局试编了2015年全国自然资源资产负债表；2018年12月，国家统计局等八部门联合印发了《自然资源资产负债表编制制度（试行）》（以下简称《试编制度》），在全国和31个省（区、市）全面开展自然资源资产负债表的试编工作；2019年完成了全国和省级报表试编。

### 3.1.1.2 核算对象及其相关概念

本模式的核算对象是自然资源资产，它是自然资源和资产两个概念的组合与延伸。

#### 3.1.1.2.1 自然资源

《现代汉语词典》认为"自然"有四重含义：一是指自然界，即无机界和有机界；有时也指包括社会在内的整个物质世界。二是指自由发展，听其~，~而然。三是理所当然，只要认真学习，~会取得好成绩。四是不局促、不勉强，态度很~。

广义的"自然"泛指客观存在的所有事物，将人类社会也视作大自然的组成部分。狭义的"自然"则是指与社会相对应的范畴。本书的"自然"就属于狭义的范畴，作为资源的定语或限定词。由此，自然资源也符合《辞海》中的定义，"在自然界中形成的，并且在现代的技术条件下能

被人类所利用的各种自然物及自然条件，如土地、矿产、气候、水、生物、海洋等资源"。我们认为，资源可分为自然资源和社会资源两大类。社会资源是由自然资源概念延伸而得到的与之相对应的范畴，指在人类社会组织中可以被组织或个人所利用的各种关系和劳动产品，包括人力资源、信息资源、财务资源、客户资源、关系资源等。

人们对自然资源主要有三种分类方法。一是根据人为干预的程度分为原始自然资源和人为自然资源两大类。原始自然资源亦称天然资源，是指天然存在于客观世界中的一切物质，如原始森林等；人为自然资源是指经过人工开发利用的自然资源，如次生林、经济林、水库、草场等。例如，联合国将木材资源分为天然木材和培育木材，将水生资源分为天然水生生物资源和培育水生生物资源。二是根据自然资源形态的转化方式分为可再生资源和不可再生资源两类。可再生资源是指人类可以循环利用的自然资源，如地表水、林木、草原、风力、阳光等；不可再生资源亦称耗竭性资源，是指人类加工利用之后不能够还原到初始形态的资源，如石油资源、矿产资源等。三是按照自然资源的存在方式及其政府管理职能分为水资源、林木资源、土地资源、矿产资源、海洋资源、生物多样性资源、地质遗迹资源等。

#### 3.1.1.2.2 资产

"产"字在东汉时期的《说文解字》里解释为"生也"。在清代《康熙字典》里，"产"字又多出几重含义：妇女~子，天~动物，地~植物，民业曰~，生~作业，有恒~者有恒心。清末《澄衷蒙学堂字课图说》对"产"字的解释为："生育也，泛言之为财产恒产之~，专言之为生产物产之~，故~为万物滋生之总名。"《现代汉语词典》认为"产"字解释有五重含义：一是幼体从母体中分离。二是创造物质或精神财富。三是出产：~粮，~煤。四是物产：~品。五是产业：家~，财~。《新华字典》的解释与之相近。

"资产"将"资""产"二字连用，《辞海》的解释是："资金运用的同义词。"《现代汉语词典》将"资产"解释为"财产，企业资金，资金的运用"。《简明会计词典》从会计视角进行了解释："过去的交易、事项形成并由企业拥有或者控制的资源，该资源预期会给企业带来经济利益。资产具有三个重要特征：①带来经济利益。②会计主体拥有。③过去交易

或事项形成。"

另有诸多定义还提及了拥有资产的主体。《中国国民经济核算体系》中的"资产"定义是:"根据所有权原则界定的经济资产,即资产必须为某个或某些经济单位所拥有,其所有者因持有或使用它们而获得经济利益。"我国《企业会计准则——基本准则》将企业"资产"定义为,"企业过去的交易或者事项形成的、由企业拥有或者控制的、预期会给企业带来经济利益的资源"。我国《政府会计准则——基本准则》将"资产"定义为,"会计主体过去的经济业务或者事项形成的,由政府会计主体控制的,预期能够产生服务潜力或者带来经济利益流入的经济资源"。

综上所述,我们认为资产具有经济性、权属性和可控性三大属性。经济性即资产能够为主体带来经济利益或有助于履行社会职能,并且可以交易。权属性是指资产上附着一定的权属关系,即主体所有或拥有或可用。可控性即资产可以认知、可以确认、可以计量、可以记录、可以报告、可以获取。现实中,资产的存在形态多种多样,既有有形资产也有无形资产,既有实体形态的各种财产物资,也有非实体形态的各种债权和其他权利。

### 3.1.1.2.3 自然资源资产

自然资源资产同样具有资产的三重属性:经济性体现为能够为自然资源资产的拥有者带来经济利益或有助于履行社会职能。权属性体现为自然资源资产具有一定的权属关系,没有权属关系的自然资源不能成为资产。例如,自然界的空气没有权属关系,因而不是任何人或组织的资产。可控性体现为自然资源资产是人类能够认识到的客观对象,可以对其进行确认、计量、记录、报告,以及获取。此外,自然资源资产还具有比较突出的两重属性:动态性和发展性。动态性是指自然资源资产同自然资源一样处于运动变化的过程之中,或增加或减少、或消失或出现。正是因为其具有动态性,才有了解和掌握自然资源资产质量、数量及其变化的必要。发展性是指随着人类对客观世界认识的不断深化和科学技术的发展,自然资源资产的内容、用途和种类也在不断发展。譬如,现代工业和科技的发展使得人们对能源的认识和开发不断深入、不断变化。过去无法利用或一钱不值的东西,今天可能成为生产生活必不可少的能源,如风能、光能等;今天价值连城的重要资源,未来也可能变得一钱不值。

相较于经济学意义上的资产,自然资源资产不仅具有经济价值,还具

有文化价值和生态价值，即自然资源资产是经过专业判断存在经济、生态、文化三重价值并具有一定权属关系的自然资源。

**3.1.1.2.4 纳入核算的自然资源资产**

自然资源具有的三重价值，是可以识别、确认、计量与记录的。目前，人们对自然资源资产三重价值的实物计量技术日臻成熟，对其价值计量（用货币标准抑或其他资源当量标准）尚在探索之中。

由于管理的视角和目的不同，对自然资源资产的核算主体、核算内容、核算范围、核算程度、核算方法、核算程序就会不同，由此形成不同的核算体系。我国目前涉及自然资源资产的核算体系，主要有国民经济核算体系、自然资源资产核算体系、生态系统生产总值核算体系、会计核算体系。国民经济核算体系和自然资源资产核算体系由国家统计局牵头制定核算标准并组织运行，涉及的自然资源资产列入非金融资产项目下的非生产资产内，其增量表现为自然资源发现和非培育性生物资源自然生长，其减量表现为自然资源开采和非培育性生物资源收获。生态系统生产总值核算体系在生态环境部环境规划院和中国科学院生态环境研究中心联合颁布的《陆地生态系统生产总值（GEP）核算技术指南》指导下形成，涉及的自然资源资产有水资源、森林、土壤、海岸、景观等。会计核算体系由财政部牵头制定核算标准并组织运行，涉及的自然资源资产主要有生物资产（含动植物）、土地使用权、油气资产等。

**3.1.1.3 自然资源资产核算模式的内容及其平衡公式**

根据《试编制度》，我国现阶段各级政府编制的自然资源资产负债表将土地、林木、水和固体矿产纳入核算，采用行业标准分类和实物计量，从数量和质量两个方面反映自然资源的存量（质量）及变动。报表名称为《土地资源存量及变动表》《耕地质量等别及变动表》《耕地质量等级及变动表》《天然草原质量等级及变动表》《林木资源存量及变动表》《森林资源质量及变动表》《水资源存量及变动表》《水环境质量及变动表》《固体矿产资源存量及变动表》《石油、天然气存量及变动表》。以土地资源为例，将土地分为湿地、耕地、园地、林地、草地、城镇村及工矿用地、交通运输用地、水域及水利设施用地、其他土地九类，每一类又可以根据管理部门（地区）编制存量及变动表和质量及变动表，这就形成了一个报表体系。如果能够对各类资源进行价值评估，还可以编制出相应的价值量表

(不含质量及变动表）。实物量报表的基本平衡公式为四柱平衡，即：期初存量+本期增加量-本期减少量=期末存量，以下简称公式1。编表资料主要来自国土资源、水利、农业、林业、环保等部门的统计调查与统计台账。

#### 3.1.1.4 自然资源资产核算模式的优缺点

在自然资源资产核算模式下编制的自然资源资产负债表，其优点是：①与现有自然资源核算体系衔接度好，平衡关系清楚，编表方法简单易学，且有政府文件背书，权威性高，易于推广应用；②符合自然资源资产化管理要求；③与联合国核算框架接轨，与现行国民经济核算体系之间的衔接度高；④有多地试点经验，基层接受程度高；⑤其资源质量附表能够为环境责任审计和生态文明建设绩效考核提供依据。但也存在缺点：一是名实不符（没有自然资源负债），因此耿建新等（2015）认为称作自然资源资产平衡表更合适；二是不反映自然资源负债，达不到通过报表编制来揭示资源环境负债、促进改善生态环境和可持续发展的要求；三是未能明确自然资源的权属关系和资本化管理要求。尽管如此，此核算框架加速了我国自然资源资产化管理进程，其报表体系极大地促进了对试点地区自然资源赋存、分布和开发利用及其质量变化情况的了解，在很大程度上达到了"清家底、明责任"的要求。

### 3.1.2 自然资源净资产核算模式

由于在试行的自然资源资产核算模式下还不能确认自然资源负债并编出名副其实的自然资源资产负债表，大家的关注点便聚焦于自然资源负债及其相关的自然资源净资产。

#### 3.1.2.1 自然资源负债

学者对自然资源负债的认识主要有四种观点：一是资源耗减观，二是资源环境补偿观，三是现时义务观，四是权属责任观。

##### 3.1.2.1.1 资源耗减观

马永欢等（2014）认为，自然资源资产虽不同于一般的固定资产，但也存在折旧问题。肖序等（2015）认为，自然资源负债是由于社会生产活动导致的自然资源过度消耗，使环境遭到破坏后，需要进行资源恢复和环境治理所付出的代价。李金华（2016）认为，自然资源负债是一定时期内

由于人类各类活动以及不可预期、不可抗力灾害导致的自然资源资产耗减、损失的价值量。高敏雪（2016）认为，自然资源负债是基于资源过度耗减而定义的。肖继辉、张沁琳（2018）认为，自然资源负债账户记录人类活动对自然资源环境的责任。自然资源负债与自然资源资产的非正常变动相对应。徐子蒙等（2018）认为，按照现有的条件预留一部分生存和发展的自然资源，这就是自然资源负债。邓碧华等（2020）认为，"可再生资源负债=资源消耗量-再生量"，"不可再生资源负债=实际利用效率下消耗量-标准利用效率下消耗量"。

#### 3.1.2.1.2 资源环境补偿观

洪燕云等（2014）认为，由于过去的开采、使用破坏等行为导致的自然资源的匮乏或环境的污染，而应在将来承担经济支出的现时义务。张友棠等（2014）认为，自然资源负债是指政府过去决策对自然资源开发产生的破坏而导致现有自然资源的净损失或净牺牲，是恢复原有生态的价值补偿。封志明等（2015）认为，自然资源负债是由于核算主体以往的经营活动、意外事故或预期可能发生的事项导致自然资源的净损失，以及对环境、生态造成的影响，是核算主体未来将要发生的支出，包括资源耗减、环境损害与生态破坏三方面内容。黄溶冰、赵谦（2015）认为，自然资源负债是由于对自然资源的过度开采和环境污染而形成。操建华、孙若梅（2015）认为，自然资源负债是由于自然或人为因素造成的生态资源和环境的价值损失。李清彬（2015）认为，从负面影响的属性来看，人类对大自然的负债可以分为三种：污染治理、生态修复和生态环境的维护。盛明泉、姚智毅（2017）认为，自然资源负债从经济本质上来看是自然资源权益主体在某时点应当承担的现时义务，是对过去自然资源开发利用所造成的环境污染和破坏的一种生态价值补偿，特别是人类经济活动对环境的负外部影响超出了生态环境本身的可恢复程度。陶建格等（2018）认为，自然资源负债是由于资源过度损耗、环境污染和生态破坏而导致的应该由经济社会付出经济利益开展生态与资源保护和资源修复。樊笑英（2019）认为，应将生态价值维护成本纳入资源环境负债，作为自然资源有偿使用和生态补偿的参考依据。徐素波（2019）认为，自然资源负债是"资源耗减+环境负债"。潘韬等（2019）认为，根据自然资源负债的内涵，负债核算一般包括资源过耗、环境损害和生态破坏三个部分。

#### 3.1.2.1.3 现时义务观

胡文龙、史丹（2015）认为，自然资源负债从经济本质上看是生态责任主体在某一时点上应该承担但尚没有履行的自然资源"现实义务"。向书坚、郑瑞坤（2016）认为，自然资源负债是经济主体对公共产权资源的过度使用、消耗而导致未来生产条件受阻、经济产出减少所必须承担的一种现时义务。这种现时义务表现为一种推定义务，其确认取决于公共产权资源承载力的临界点。孙宝厚等（2018）认为，自然资源负债反映在某一特定日期应由所有责任主体承担的、预期会导致经济、社会、生态效益减少的现实义务总和。闫慧敏等（2018）认为，在过去自然资源开发利用过程中，因自然资源过度消耗和生态环境污染破坏所形成的核算主体的现时义务，包括资源负债和环境负债两个部分。乔永波（2018）认为，自然资源负债是指一个国家或地区中的各自然资源权益主体由于过去不当的经济行为造成自然资源耗减或生态系统质量退化，为恢复自然资源耗减或生态系统质量该国家或地区而背负的现时义务。张卫民、李辰颖（2019）认为，应以政府等责任主体在自然资源管理和生态环境保护修复方面尚未履行的法定责任、尚未完成的底线任务为基准，界定和确认自然资源负债。骆良彬、陈文涛（2020）认为，自然资源负债是由于资源过度开发、环境破坏而使人类所付出的经济代价，反映的是对过去人类活动行为造成环境破坏的现时义务。

#### 3.1.2.1.4 权属责任观

周志方、王玉（2014）认为，编制自然资源资产负债表的用途，一是核算领导干部任期内自然资源资产状况，二是披露其生态环境损害状况，为考核其资源环境绩效服务。商思争（2016）认为，自然资源负债是"自然资源资产受益者对受损者的负债，债务主体是自然资源资产的代理人——政府及其职能部门，负债的成因属于不当得利，债务大小取决于法律规定的红线或者均衡线，债务的成立取决于债务人对给付义务的认可"。陈燕丽、王普查（2017）认为，确认自然资源负债有两个要点：一是明确权责划分，二是可以用货币计量。陶建格等（2018）认为自然资源负债的确认依据是区域的资源环境承载力、区域生态功能区规划、国土资源空间规划等相关专项规划。杨世忠等（2020）认为，自然资源负债的实质是基于自然资源资产的一种权属关系。对于核算主体而言，其所核算的自然资

源资产是具有权属的。权属分两种：一是属已，二是属他。属已表明权属所依附的自然资源资产归核算主体所有（或受托所有）；属他表明权属所依附的自然资源资产不归核算主体所有。至于归谁，要看成因。成因主要有两类，一类涉及数量，一类涉及质量。当代人超耗的自然资源资产，涉及数量成因，其权属归后代，即子孙后代是债权人；当代人污染环境而降低的自然资源资产品质，涉及质量成因，其权属归生态环境，即大自然是债权人。其余类推。政府作为自然资源资产的受托监管人，有权甄别出哪些自然资源资产属于过度开采（耗用），哪些自然资源资产的品质属于人为降级，然后基于可持续发展和改善生态环境的管理要求，命其名为自然资源负债，以表明核算主体应承担的现时义务。

综上所述，人们对自然资源负债的认识可以归纳为狭义的自然资源负债和广义的自然资源负债两个概念。前者主要是指自然资源资产的耗费，后者则包括了资源环境补偿、现实义务和权属责任所涉及的内容，亦称资源环境负债。在自然资源净资产核算模式中应用到的是狭义的自然资源负债，将在后述资源环境资产负债核算模式中加以应用。

### 3.1.2.2 自然资源净资产

对自然资源净资产的认识可以概括为三种观点，分别是自然属性观、模糊属性观、社会属性观。

#### 3.1.2.2.1 自然属性观

该观点立足于资产视角，认为自然资源净资产就是自然资源资产的"净值"，是自然资源资产耗减之后的剩余。该观点与前述自然资源资产耗减观相衔接，其依据来源于 SNA 资产负债表中的资产净值和政府资产负债表中的资产净值。

#### 3.1.2.2.2 模糊属性观

该观点既不考虑资产的自然属性也不考虑资产的社会关系属性，而是立足于双重视角，认为自然资源净资产是自然资源资产与自然资源负债的平衡项（差额）。封志明等（2015）认为应借助于国家资产负债表中的概念，将其表述为"自然资源资产负债差额"。盛明泉、姚智毅（2017）认为，自然资源净资产只能通过自然资源资产扣减自然资源负债的方式间接得出。赵海燕等（2019）认为，自然资源净资产只能是自然资源资产与自然资源负债的平衡项。

#### 3.1.2.2.3 社会属性观

社会属性观立足于资产权属视角，认为自然资源资产扣除了自然资源负债之后的余额虽然被表述为自然资源净资产，但是其本质是权益。如陈艳利等（2015）认为，自然资源净资产是指自然资源资产扣除自然资源负债后可为自然资源权益主体拥有或控制的相关资源的剩余权益，它反映了国家对自然资源的拥有或控制情况及其程度，是国家对自然资源所有权的体现。邓碧华、高亚楠（2020）认为，自然资源净资产是国家因经济发展导致的生态破坏、环境污染等不合理行为投入后剩余拥有的部分，反映对一定区域自然资源的最终掌控量。

### 3.1.2.3 自然资源净资产核算模式的内容及其平衡公式

从核算内容看，自然资源净资产核算模式不仅可以核算水土林矿等自然资源资产，还可以核算与自然资源资产相对应的自然资源负债和自然资源净资产。胡咏君、谷树忠（2018）认为，编制自然资源资产负债表所依据的平衡关系有两种，一种是"平衡式"，即SEEA-2012的"资产来源=资产使用"或"期初存量+本期增量=本期减量+期末存量"；一种是"恒等式"，即"自然资源资产-自然资源负债=自然资源净资产"（以下简称公式2）。如果说依据"平衡式"来编制自然资源资产负债表的自然资源资产核算模式能够很好地与SEEA系统相衔接的话，那么依据"恒等式"来编制自然资源资产负债表的自然资源净资产核算模式则可以与SNA系统相衔接。

值得注意的是，平衡式与恒等式（即公式1与公式2）之间存在互相转化与互相稽核的关系。根据公式1，设本期自然资源的增减量分别为自然增减量和人为增减量，则公式1可以表述为"自然资源资产期初存量+本期自然资源资产自然增量+本期自然资源资产人为增量-本期自然资源资产自然减量-本期自然资源资产人为减量=自然资源资产期末存量"。经过整理，公式1可以表述为"自然资源资产期初存量±本期自然资源资产自然变化量±本期自然资源人为变化量=自然资源资产期末存量"。从追究资源环境责任的角度，可以将"本期自然资源资产人为变化量"视为自然资源负债，当本期自然资源资产人为增量>本期自然资源资产人为减量，表明自然资源负债减少，减少额是二者之差；当本期自然资源资产人为增量<本期自然资源资产人为减量，表明自然资源负

债增加，增加额是二者之差。这时，公式变形为"自然资源资产期末存量＝自然资源资产期初存量±本期自然资源资产自然变化量—自然资源负债"。期末，将公式中"自然资源资产期初存量±本期自然资源资产自然变化量"视同为尚未扣除自然资源负债的自然资源资产，则公式中的"自然资源资产期末存量"就是扣除了自然资源负债之后的自然资源净资产。最终，"自然资源净资产（期末存量）＝自然资源资产（期初存量±本期自然变化量）－自然资源负债（本期人为变化量）"。可见，自然资源资产核算模式的基本平衡公式与自然资源净资产核算模式的基本平衡公式之间是可以相互转化的。正是由于两种核算模式所依据的基本平衡公式存在可以相互转化的关系，自然资源净资产核算模式的自然资源负债仅仅是自然资源资产的扣除项（类似于企业会计中固定资产核算的折旧），所以当大家对自然资源负债的认识都统一到自然资源资产耗减上面，而不考虑环境补偿或环境改善的现时义务时，两种核算模式之间是相通的，所依据的平衡公式都是单一维度平衡，不同的是，公式1是四柱平衡，公式2是三柱平衡。在自然资源净资产核算模式中，自然资源负债充当了折旧的角色。表3-1是自然资源净资产核算模式下的林木资源资产负债表格式。

表3-1　林木资源资产负债表（部门）　　　　　计量单位：立方米

| 项目 | A部门 | B部门 | C部门 | D部门 | E部门 | 合计 |
|---|---|---|---|---|---|---|
| 林木资源资产 | | | | | | |
| 　商品林 | | | | | | |
| 　（天然商品林） | | | | | | |
| 　公益林 | | | | | | |
| 　（保护地公益林） | | | | | | |
| 　竹林 | | | | | | |
| 　其他林木 | | | | | | |
| 林木资源资产合计 | | | | | | |
| 林木资源自然耗减 | | | | | | |
| 自然灾害 | | | | | | |
| 下调估计 | | | | | | |

续表

| 项目 | A部门 | B部门 | C部门 | D部门 | E部门 | 合计 |
|---|---|---|---|---|---|---|
| 林木资源负债 | | | | | | |
| 　超限额采伐林木 | | | | | | |
| 　盗伐林木 | | | | | | |
| 　其他 | | | | | | |
| 　林木资源负债合计 | | | | | | |
| 林木资源耗减合计 | | | | | | |
| 林木资源净资产 | | | | | | |
| 　商品林 | | | | | | |
| 　（天然商品林） | | | | | | |
| 　公益林 | | | | | | |
| 　（保护地公益林） | | | | | | |
| 　竹林 | | | | | | |
| 　其他林木 | | | | | | |
| 　林木资源净资产合计 | | | | | | |

### 3.1.2.4　自然资源净资产核算模式的优缺点

除了可以编制实物量表以外，该模式同样也可以编制价值量表。除了反映自然资源资产负债数量情况以外，还可以编制质量及变动表等附表，以及补充文字说明，同样形成一个报表体系。该模式优点是：第一，与联合国核算框架接轨，与现行国民经济核算体系之间的衔接度高；第二，符合自然资源资产化管理要求；第三，进一步明确了自然资源负债的概念（虽然只是狭义的），有利于促进落实环境责任，有利于开展环境责任审计和领导干部自然资源资产离任审计。该模式的缺点是：第一，尚处于试点阶段，并未得到政府主管部门的认可和推广应用；第二，核算对象（要素）之间仍然是单一维度的平衡，缺少对报告提供数据之间相互稽核的试算平衡。

## 3.1.3　自然资源资产负债核算模式

由于前两种核算模式均未将自然资源资产的权属关系（或曰产权）纳入核算系统，这离《决定》关于编制自然资源资产负债表和健全自然资源产

权制度的要求以及国务院办公厅印发的《关于统筹推进自然资源资产产权制度改革的指导意见》中"在福建、江西、贵州、海南等地探索开展全民所有自然资源资产所有权委托代理机制试点，明确委托代理行使所有权的资源清单、管理制度和收益分配机制"的要求，尚有差距，不少学者尤其是会计学者认为有必要探索基于会计恒等式逻辑下的自然资源资产负债表的编制。

刘明辉、孙冀萍（2016）认为，自然资源资产负债表是借鉴会计学的平衡原理，以国家和或地区所有自然资源的存量为考察对象，反映某一特定时点上相关责任主体的自然资源内资产负债总规模及结构状况，旨在评价责任主体的生态建设成效的报表。

#### 3.1.3.1 自然资源资产负债核算模式涉及的核算要素

##### 3.1.3.1.1 自然资源权属

杨海龙等（2015）认为，自然资源资产产权制度是探索编制自然资源资产负债表的制度前提。李英、刘国强（2019）认为，编制自然资源资产负债表不外乎也是从存量与权属两方面来描述自然资源相关情况。杨世忠等（2020）认为，自然资源权属与自然资源资产相向而生、互相对应，是自然资源资产所承载的归属于一定主体的权力与利益，其本质是附着于自然资源资产之上的人们之间的利益关系。其数量关系是"自然资源资产=自然资源权属"。根据权属性质的不同，自然资源权属由自然资源负债和自然资源权益构成。王书宏等（2021）认为，自然资源产权指的是权利主体围绕自然资源存在的权利义务。王湛等（2021）认为，并不存在自然资源负债，对应于自然资源资产的自然资源所有者权益由自然资源资本和自然资源留存收益构成。

##### 3.1.3.1.2 自然资源权益

胡文龙、史丹（2015）认为，自然资源所有者权益，是一国或地区所拥有的全部自然财富总和，它在数量上应该等于自然资源资产减去自然资源负债。操建华、孙若梅（2015）认为，自然资源的所有者权益可以定义为自然资源所具有的资本价值归谁所有。乔晓楠等（2015）认为，对于狭义自然资源层次的所有者权益，是指一个国家或地区在一定时期内实际拥有并具备能力加以开发利用的自然资源总量中在当期被实际开发利用的数量。陶建格等（2018）、何利（2019）认为，与自然资源资产相对应的权益分为资源生态权益和资源经济权益。

### 3.1.3.2 自然资源资产负债核算模式的内容及其平衡公式

自然资源权责核算模式的核算内容可以在水土林矿的基础上扩大至海洋和地质遗迹。该核算模式是建立在"自然资源资产=自然资源权属"基本平衡公式之上的核算模式。由基本平衡公式统御形成报表暨账户核算系统，该系统应用复式记账规则将不同类别的账户勾连起来，既能够提供各类自然资源资产赋存状态与去向分布及其存量增减变化信息，也能够提供各种自然资源权属的形成与分布及其存量增减变化信息。

基本平衡公式"自然资源资产=自然资源权属"是根据企业资产负债平衡公式原理的延伸应用。企业资产负债平衡公式的理论渊源有三：第一，它源于国际著名会计学者对公司制企业会计第一表平衡公式的理论归纳"资产=权益"（佩顿，1922）；第二，它源于15世纪意大利佩鲁贾大学著名教授卢卡·帕乔利对复式记账试算平衡的归纳总结"一人所有之财物=其人所有权之总值"（郭道扬，2008）；第三，它源于二维分类平衡的方法逻辑和二分法的哲学思维。在现实应用中，根据我国《企业会计准则》（2006），公式左端的企业资产是"企业过去的交易或者事项形成的、由企业拥有或者控制的、预期会给企业带来经济利益的资源"。这个资产定义强调了一个限制性条件："由企业拥有或者控制"，即任何不具有权益归属的资源不能称作资产。位于本核算模式基本平衡公式左端的自然资源资产，也同样如此。即它是经过人类判断存在生态价值、社会（文化）价值和经济价值三重价值，并具有权属性、可计量性和动态性三个特征的自然资源。权属性表明自然资源资产是"有主"的自然资源，它是区分自然资源与自然资源资产（尤其是入账入表的自然资源资产）的根本标准。可计量性包括可知、可测和可计算，是指在人类现有认知水平和技术条件下能够认识到、测量到，并且计算出数量的自然资源。动态性是指随着人类认识水准的提高和技术手段的进步，以及工作范围的扩大、工作程度的加深而不断增加或减少的自然资源。

基本公式右端的自然资源权属是指附着于自然资源资产之上的权益归属，它与自然资源资产如影随形，资产在，权属在；资产无，权属无；资产大，权属大；资产小，权属小。根据核算主体与权益的归属关系，其所核算的自然资源资产的权益分别为"属他"和"属己"。"属他"是拟人化表述，实际上是自然资源负债，债主是自然界或人类的子孙后代。"属

己"也是拟人化表述，指的就是核算主体所拥有或受托拥有的自然资源权益。所以，在能够确认和计量自然资源负债的前提下，总公式"自然资源资产=自然资源权属"可以表达为"自然资源资产=自然资源负债+自然资源权益"。为了区别二者，后一个平衡公式可以称之为应用平衡公式。根据权责相随与权责相称的法则，平衡公式的右端既是左方自然资源资产对应的权属，也是责任所在。

### 3.1.3.3 核算要素分类及其账户设置

在自然资源资产负债核算模式下，核算要素分为自然资源资产和自然资源权属两大类，根据复式记账原理，账户设置分成结构相反的两大类，其账户结构与平衡关系见图3-1。

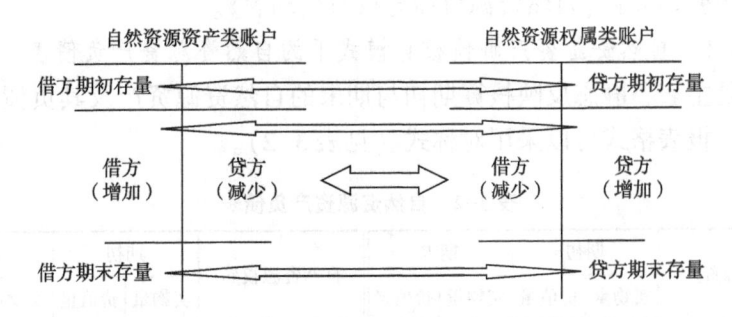

图3-1 自然资源资产类账户与自然资源权属类账户结构

图3-1中两类账户之间的平衡关系分别为：①自然资源资产类账户的期初存量（借方）=自然资源权属类账户的期初存量（贷方）。②同时涉及两类账户的自然资源资产账户本期增加数量（借方）=自然资源权属类账户的本期增加数量（贷方）。③同时涉及两类账户的自然资源资产类账户的本期减少数量（贷方）=自然资源权属类账户的本期减少数量（借方）。④自然资源资产类账户的期末存量（借方）=自然资源权属类账户的期末存量（贷方）。

在无自然资源负债的条件下，需要入账的核算事项可以归结为四种类型：第一种类型是自然资源资产类账户之间此增彼减，增减数额相等，并未引起"自然资源资产=自然资源权属"关系式左端总数的改变，不会破坏等式的平衡关系。第二种类型，是自然资源权属类账户之间此增彼减，增减数额相等，也未引起"自然资源资产=自然资源权属"关系式右端总数的改变，不会破坏等式的平衡关系。第三种类型是自然资源资产类账户

与自然资源权属类账户同时增加，等式两端增加的数额相等，不会破坏平衡关系。第四种类型是自然资源资产类账户与自然资源权属类账户同时减少，等式两端减少的数额相等，也不会破坏平衡关系。根据两类账户之间的平衡关系，核算期末可以进行账户记录的四柱试算平衡。

在核算自然资源负债的条件下，需要将自然资源权属类账户分为自然资源负债类账户和自然资源权益类账户两类，这两类账户的结构与自然资源权属类账户相同。不同的是核算事项变为八类，且每一类入账均不会破坏三类账户之间的四柱平衡关系。

#### 3.1.3.4　自然资源资产负债核算模式下的报表格式

在此核算模式下，可以编制三张报表：《自然资源资产负债表》《自然资源资产变动表》《自然资源负债与权益变动表》。

3.1.3.4.1　自然资源资产负债核算模式下的自然资源资产负债表

这是主表，静态反映核算期初与期末的自然资源资产及其负债与权益的存量。报表格式可以采用对称式（见表3-2）。

表3-2　自然资源资产负债表

| 自然资源资产 | 期初 || 期末 || 自然资源权属 | 期初 || 期末 ||
|---|---|---|---|---|---|---|---|---|---|
| | 实物量 | 价值量 | 实物量 | 价值量 | | 实物量 | 价值量 | 实物量 | 价值量 |
| 一、甲类资源 | | | | | 自然资源负债 | | | | |
| …… | | | | | …… | | | | |
| 甲类资源合计 | | | | | 负债合计 | | | | |
| 二、乙类资源 | | | | | 自然资源权益 | | | | |
| …… | | | | | …… | | | | |
| 乙类资源合计 | | | | | 权益合计 | | | | |
| 总计 | | | | | 总计 | | | | |

需要说明，自然资源资产负债表的编制与核算主体是各级政府。在表3-2右端下方的自然资源权益可以按照权益关系的类型分类，如可分为上级托管国有权益、本级国有权益、集体所有权益，等等。各级政府与企事业单位之间的报表联系可采取合并报表的方式：即平时本级政府的自然资源资产负债表左端所列示的仅仅是本级政府直接控制的自然资源和委托下级监管单位及企事业单位名称，经报表合并以后，左端列示的才是本级

政府管辖范围内的各类自然资源资产。报表合并过程中需要对销的是上级报表的委托自然资源资产和下级报表的受托自然资源权益。例如，政府自然资源资产负债表的左端"委托××企业经营"对应企业资产负债表左端的自然资源资产，政府自然资源资产负债表的右端国有权益对应企业资产负债表右端受托经营国有自然资源。账务处理：政府方面借记"委托××企业经营"，贷记"自然资源资产"（具体类）；企业方面借记"自然资源资产"（具体类），贷记"受托经营国有自然资源"。

3.1.3.4.2 自然资源资产负债核算模式下的自然资源资产变动表

自然资源资产变动表是反映核算期间自然资源资产增减变动情况的动态报表（见表3-3）。

表3-3 自然资源资产变动表

| 自然资源资产项目 | 期初 | | 期内增加 | | | | 期内减少 | | | | 期末 | |
|---|---|---|---|---|---|---|---|---|---|---|---|---|
| | 实物 | 价值 | 原因1 | 原因2 | …… | 小计 | 原因1 | 原因2 | …… | 小计 | 实物 | 价值 |
| 一、甲类资源 | | | | | | | | | | | | |
| （一） | | | | | | | | | | | | |
| 1. | | | | | | | | | | | | |
| …… | | | | | | | | | | | | |
| 二、乙类资源 | | | | | | | | | | | | |
| （一） | | | | | | | | | | | | |
| 1. | | | | | | | | | | | | |
| …… | | | | | | | | | | | | |
| 自然资源资产总计 | | | | | | | | | | | | |

表3-3与本书前述自然资源资产核算模式的报表相同。

3.1.3.4.3 自然资源资产负债核算模式下的自然资源负债与权益变动表

自然资源负债与权益变动表是一张时期报表（动态报表），它反映报告期间的自然资源权属总量（或自然资源负债权益总量）增减变化与结构变动情况。根据"期初存量+本期增加量=本期减少量+期末存量"平衡公式编制。报表格式亦有并列式和排列式两种。以并列式为例，报表左端上下依次排列的是负债项目和权益项目，横向排列的是期初数量、本期增加数和本期减少数，最后是期末数量。自然资源负债与权益变动表是对明细分类核算的各项负债和权益的总括反映。根据重要性原则，按照自然资源负债和权益的大类、子类和个别重要资源分项反映如表3-4。

表3-4 自然资源负债与权益变动表

| 项目 | 期初数 | 本期增加数 ||||  本期减少数 ||||| 期末数 |
|---|---|---|---|---|---|---|---|---|---|---|---|
|  |  | 新发现 | 重估 | 向上重估 | 其他 | 自然灾害 | 开发开采 | 人为超采 | 向下重估 | 人为损害 |  |
| 一、自然资源负债 |  |  |  |  |  |  |  |  |  |  |  |
| （一）A自然资源负债 |  |  |  |  |  |  |  |  |  |  |  |
| 其中：企业承担 |  |  |  |  |  |  |  |  |  |  |  |
| 　　　事业单位承担 |  |  |  |  |  |  |  |  |  |  |  |
| 　　　政府承担 |  |  |  |  |  |  |  |  |  |  |  |
| …… |  |  |  |  |  |  |  |  |  |  |  |
| 自然资源负债合计 |  |  |  |  |  |  |  |  |  |  |  |
| …… |  |  |  |  |  |  |  |  |  |  |  |
| 二、自然资源权益 |  |  |  |  |  |  |  |  |  |  |  |
| （一）国有自然资源权益 |  |  |  |  |  |  |  |  |  |  |  |
| 1. 水资源权益 |  |  |  |  |  |  |  |  |  |  |  |
| 2. 土地资源权益 |  |  |  |  |  |  |  |  |  |  |  |
| 3. 林木资源权益 |  |  |  |  |  |  |  |  |  |  |  |
| 4. 矿产资源权益 |  |  |  |  |  |  |  |  |  |  |  |
| …… |  |  |  |  |  |  |  |  |  |  |  |
| 自然资源权益合计 |  |  |  |  |  |  |  |  |  |  |  |
| 自然资源负债与权益总计 |  |  |  |  |  |  |  |  |  |  |  |

### 3.1.3.5 自然资源资产负债核算模式的优缺点

自然资源资产负债核算模式的优点是：第一，以"自然资源资产=自然资源权属"为总公式来统御资产负债核算系统，有利于政府纲举目张、以简驭繁，既符合中华文明传统的思维逻辑，又符合作为现代文明基石的企业资产负债表的二维分类原理和复式记账原理。第二，依据该框架建立起的自然资源资产负债核算系统，既有利于政府管理部门摸清家

底，又有利于明确责任，能够为开展资源环境责任审计提供更多更细致的依据。第三，由于两类核算要素的账户结构相反，并且应用复式记账法，期末必须进行试算平衡之后才能进行报表的编制与汇总，所以核算信息的质量更有保障。第四，能够建立起政府进行宏观管理所编制的自然资源资产负债表与企业进行微观经济核算所编制的资产负债表之间清晰而明确的联系。

自然资源资产负债核算模式的缺点是：第一，不直观，尤其是账户结构相反和复式记账，许多非会计专业人士不容易理解和接受。第二，未能将自然资源负债里涉及生态环境修复与补偿的内容列入核算。

### 3.1.4 资源环境资产负债核算模式

有学者认为，现实中并不存在自然资源负债，也无须对其进行核算。虽然本书不赞同这种观点，但其并非完全没有道理。因为上述核算自然资源负债的两种模式，尤其是在实物计量状态下，并不能很好地解决符合自然资源负债定义的资产与权责之间的匹配问题，尤其是不能解决与环境责任的匹配问题。因此，我们有必要进一步完善自然资源资产负债核算模式。

#### 3.1.4.1 资源环境资产负债核算模式涉及的核算要素暨平衡公式

对自然资源资产负债核算模式的进一步完善主要体现在两个方面：一是增加与自然资源资产耗费及其环境修复、环境改善的核算要素，使之与环境负债的含义相符；二是扩展统御核算的平衡公式。

3.1.4.1.1 新增核算要素

从时间角度看，核算主体承担的对生态环境补偿与生态环境改善的现实责任，并非完全对应于当期的自然资源资产耗费。无论是否采取权责发生制，也难以做到当期的自然资源资产不良耗费与当期的环境责任相匹配，需要从两个方面新增核算要素：一是从生态环境补偿与生态环境改善的责任要求方面，将自然资源负债扩展为资源环境负债，实践操作通过实地勘验和因果关系溯源及其确认计量来完成；二是从责任承担客体方面，将自然资源资产扩展为资源环境资产，除了具有实体形态存在的自然资源资产以外，还有非实体形态存在的资源环境资产，如待处理资产和金融资产。相应地，原有核算要素"自然资源资产、自然资源负

债、自然资源权益"需要扩展为"资源环境资产、资源环境负债、资源环境权益"。

（1）资源环境资产，亦称生态资产。它是自然资源资产的扩展，其扩展内容主要包括：自然资源的组合效应、应弥补往期自然资源资产的不良耗费、应改善生态环境所承担责任的价值形态资产。具体分为：自然资源资产（实体）、资源环境功效资产（生态作用）、资源环境金融资产（含资源环境信托资产、资源环境结算资产、资源环境货币资产）。其中，资源环境信托资产类似于企业资产中的长期投资，是核算主体将实物型自然资源资产委托给某一政府主管部门或下一级政府主管部门，或企业事业单位。资源环境结算资产是指核算主体以债权人身份应收回的相关资产（含实物型和货币型）。资源环境货币资产是指以货币形态存在的专用于补偿或修复资源环境损耗的款项。

（2）资源环境负债，亦称生态负债，相当于前述广义自然资源负债的概念，其内容不仅包括需要弥补的自然资源耗费，还包括核算主体应承担的生态环境修复或改善责任、对生态环境造成损害的赔偿责任。

（3）资源环境权益，亦称生态权益或生态净资产。它是核算主体拥有的生态资产扣除生态负债之后的余额。

### 3.1.4.1.2 统御资源环境核算的平衡公式

由于核算要素的增加，需要将"自然资源资产=自然资源权属"平衡公式扩展为"资源环境资产=资源环境权属"，或将"自然资源资产=自然资源负债+自然资源权益"平衡公式扩展为"资源环境资产=资源环境负债+资源环境权益"。

## 3.1.4.2 资源环境资产负债核算模式的账户设置与报表编制

资源环境资产负债核算的账户设置同样根据其属性分为资源环境资产类和资源环境权属类（含资源环境负债类和资源环境权益类），其账户结构相反。报表则是《资源环境资产负债表》《资源环境资产变动表》《资源环境负债与权益变动表》。

实际上，资源环境资产负债核算模式仅仅是自然资源资产负债核算模式的较为简单的改进。这种改进除了扩展核算内容、改变平衡公式和报表名称以外，更主要的是体现在计量属性上，即资源环境核算模式是价值核算模式，其所编制的报表是价值型量表，其资产形态不仅有自然资源资

的实物形态，而且有资源环境资产的价值形态。

## 3.1.5 不同核算模式的比较与应用展望

### 3.1.5.1 四种核算模式比较

综上所述，基于对核算要素相互之间数量关系认识的不同而形成了四种不同基本公式统御下的核算模式，继而编制出了四类不同的自然资源资产负债表。四种不同类型的自然资源资产负债核算模式之异同见表3-5。

表3-5 编制自然资源资产负债表的四种核算模式

| 核算模式 | 基本平衡公式 | 平衡特征 | 核算内容 | 账户设置 | 计量属性 | 核算主体 |
| --- | --- | --- | --- | --- | --- | --- |
| 自然资源资产核算模式 | 期初存量+本期增量=本期减量+期末存量<br>资源使用=资源供应 | 单维要素四柱平衡 | 自然资源资产 | 单一性质的分层分类账户 | 实物计量为主 | 政府部门 |
| 自然资源净资产核算模式 | 自然资源资产－自然资源负债=自然资源净资产 | 单维要素三柱平衡 | 自然资源资产、自然资源负债、自然资源净资产 | 增设负债类备抵性质账户 | 实物计量为主，价值计量为辅 | 政府部门 |
| 自然资源资产负债核算模式 | 自然资源资产=自然资源权属，或：自然资源资产=自然资源负债+自然资源权益 | 二维要素二维分类平衡 | 自然资源资产、自然资源负债、自然资源权益 | 两类性质、结构相反的分层分类账户 | 实物计量与价值计量并行 | 政府部门、资源型企事业单位 |
| 资源环境资产负债核算模式 | 资源环境资产=资源环境权属，或：资源环境资产=资源环境负债+资源环境权益 | 二维要素二维分类平衡 | 资源环境资产、资源环境负债、资源环境权益 | 两类性质、结构相反的分层分类账户 | 价值计量为主 | 政府部门、资源型企事业单位 |

### 3.1.5.2 四种核算模式应用展望

虽然从核算内容和报表格式看，自然资源净资产核算模式与自然资源资产负债核算模式区别不大，但是由于各自基本公式的不同，其应用的价值和含义也有所不同。需要指出，四种不同类型的核算模式之间的关系并非完全相斥，反而是一种相容甚至递进的关系。首先，每一种核算模式里都不可避免地要编制要素变动表和要素质量表，其报表格式均可含矩阵式；其次，所有反映要素数量的报表均可编制实物型量表和价值型量表，计量属性相同；最后，每一种核算模式下的报表之间都存在汇总、合并、分解、补充等勾稽关系。自然资源资产核算模式的内容在其他核算模式里都不可或缺，没有它，其他三种模式便无从谈起。所以现行的自然资源资产核算模式是基础，国家正在大范围内推广应用之。至于后三种模式，可以在应用自然资源资产核算模式的基础上继续开展试点工作，以进一步丰富和完善对自然资源资产负债的核算。四种模式之间是一种递进关系，前两种模式是初级核算形态，后两种模式则是高级形态。相信随着数智化技术的发展，建立和完善二维平衡乃至多维平衡的资源环境资产负债核算系统，会成为现实。

## 3.2 监管机构资源环境资产负债核算系统构建

### 3.2.1 资源环境资产负债核算的平衡关系

#### 3.2.1.1 统御核算系统的平衡公式

3.2.1.1.1 二维分类核算的平衡公式

无论是编制资源环境资产负债表还是构建资源环境资产负债核算系统，根本问题是如何反映核算对象的基本属性及其数量关系，即构建出基本的平衡公式。根据资产负债表的演进历史[①]，统御企业资产负债核算系统的平衡公式是"资产=权属"。这是典型的二维分类。二维分类是对同一对象物进行的二重分类，或者是一体两面。它不仅表明资产与权属之间"你中有我，我中有你"的同构关系，而且成为复式记账法下账户结构设置的依据和对核算对象进行多层次多重分类的基础。它一方面从实物形态

---

① 杨世忠，谭振华，王世杰. 论我国自然资源资产负债核算的方法逻辑及系统框架构建[J]. 管理世界，2020（11）：132-142.

和去向的角度对核算对象进行分类，将公式左方的资产分为流动资产、固定资产、无形资产、长期投资等类型，在每一类资产下面再进行分层与分类；另一方面从资产权益归属的角度对同一核算对象进行分类，将公式右方的权属分为负债和权益两类，在每一类权属下面再进行分层与分类。对资产分类核算的汇总结果与对权属分类核算的汇总结果相等。

"资产＝权属"的内在逻辑是：权属是附着于资产之上的人们之间的利益关系，其特性是与资产如影随形，资产在，权属就在；资产无，权属亦无；资产大，权属亦大；资产小，权属亦小。权属分为属他与属己，属他的是负债，属己的是权益。所以，基本平衡公式的具体应用形式为"资产＝负债+权益"。

#### 3.2.1.1.2 资源环境资产负债核算的平衡公式及其意义

根据二维分类核算的平衡关系，本书将"资源环境资产＝资源环境权属"确认为构建资源环境资产负债核算系统的基本平衡公式，将"资源环境资产＝资源环境负债+资源环境权益"确认为应用平衡公式。

将"资源环境资产＝资源环境权属"确认为基本平衡公式的意义在于：它能够反映权属主体的资源环境责任所在和提供资源环境责任的审计依据。

资产作为权属的承载物，一方面是权属主体的利益所在，另一方面也是权属主体的责任所在。根据权责相随、权责对称的法则，等式左端的资产是右端权责的具体对象，等式右端的权属是左端资产所承担的责任所在。凡是能够给使用者带来益处的客观因素都可以称之为资源，但是只有具备一定产权关系的资源才可以被称作资产。"无主"的资源不是资产。失去了对象物的权属是落空的权属，并不存在。根据经典资产负债表的逻辑，资源环境权属分成非核算主体拥有和核算主体拥有两部分。非核算主体拥有就意味着这部分资源环境的要求权为"他人"拥有。这个"他人"虽然也不排除具体的自然人及其代表，但更多的却是来自核算主体之外的资源环境责任。抽象的"他人"是大自然，大自然对核算主体拥有资源环境资产的要求权具体化为资源环境负债——其实质是核算主体所承担的改善生态环境的责任和保证可持续发展所需自然资源的责任。扣除了"资源环境负债"以后的资源环境权属，属于核算主体拥有的权益所在，可以定名为"资源环境权益"。其统属关系为：资源环境权属＝资源环境负债+资源环境权益。与经典的资产负债核算系统类似，建立在"资源环境资产＝资

源环境权属"基础之上的资源环境资产负债核算系统，为资源环境责任追溯和环境责任审计提供了依据。

### 3.2.1.2 资源环境资产负债核算的其他平衡关系

在总平衡关系的统御下，资源环境资产负债核算所依据的平衡关系还有分层分类核算与汇总分类平衡、四柱结算与跨期变动平衡、复式记账与试算平衡、投入产出或来源去向平衡、资产原值与资产净值的平衡。

#### 3.2.1.2.1 分层分类核算与汇总分类平衡

即总数是分类数的汇总，它是会计与统计共同的方法特征。资源环境资产负债表的左右两方均根据分层分类的方法来反映核算对象的数量。自然资源种类繁多层次亦多，分层分类方法仍然是最基本的核算方法——将自然资源分成若干大类，大类之下分成小类，小类之下分成细类，如此类推。对每一类资源的分层分级，已有现成的国家标准，可以直接利用。

#### 3.2.1.2.2 四柱结算与跨期变动平衡

四柱结算与跨期变动平衡自我国宋代以来得到了广泛应用。其平衡公式为"期初结余+本期收入–本期支出=期末结余"，它反映了核算对象（例如某项资产）在不同时期之间数量增减变化的规律，所形成的是数量跨期变动平衡。这是每一个核算科目或具体核算账户在期初期末结算时必须遵循的数量平衡关系。据此平衡关系能够进行定期的账户结算和编制资源环境资产变动表或资源环境权属变动表。

#### 3.2.1.2.3 复式记账试算平衡

复式记账试算平衡是指对于每一笔记账事项，均在两个或两个以上的账户（科目）中予以记录，记录的数额（金额）相等，方向相反。记账规则因记账符号的不同而不同。其中，复式借贷记账法的记账规则是"有借必有贷，借贷必相等"；复式收付记账法是"有收必有付，收付必相等"；复式左右记账法是"有左必有右，左右必相等"。由于是同一事项，涉及账户双方所记录的事项方向相反、数额相等。由此而形成的记账凭证、账簿记录及资源环境资产负债表的某方结存额和发生额与另一方相等的结果，就是试算平衡。

#### 3.2.1.2.4 投入产出或来源去向平衡

"投入=产出"或"来源=使用"平衡是资源环境资产负债核算系统中多栏式明细账和矩阵式报表（账户）遵循的基础。

##### 3.2.1.2.5 资产原值与资产净值的平衡

其关系表述为"自然资源资产原值-自然损耗（折耗）=自然资源资产净值"。现实中，自然资源的损耗不可避免，不仅有人为的因素，更有自然的因素。例如水量的蒸发、树木的倒伏，等等。计算自然资源损耗或折旧，了解自然资源的现有价值，必然遵循此平衡关系。

### 3.2.2 核算要素分类分级与科目设置

#### 3.2.2.1 资源环境资产分类分级与科目设置

资源环境资产由自然资源资产、自然资源组合性资产（资源环境功效资产）、自然资源权益性资产（资源环境金融资产）三部分组成。

##### 3.2.2.1.1 自然资源资产的分类分级

如前所述，具有权属性、经济性、可控性三重属性和生态、社会文化、经济三重价值的自然资源就是自然资源资产，即天然或者人工形成的、由自然资源权益主体拥有或控制的、预期会带来经济效益、社会效益和生态效益的自然资源。由于自然资源存在形态和特征的复杂性，哪些自然资源需要进行资产化管理，纳入自然资源资产负债核算，哪些自然资源并不需要或暂时不具备纳入自然资源资产负债核算系统的条件（例如可计量性），需要根据核算主体的认识和管理要求来确认。

对自然资源资产的分类有多种标准。根据联合国（SEEA-2012）的标准，自然资源资产分为矿产和能源、土地、土壤、木材、水生物、水、其他生物七类。

国内对自然资源资产的分类通常有三种：一是根据人类对自然资源的干预程度将其分为原始自然资源和人为自然资源两大类，原始自然资源亦称天然资源，是指天然存在于客观世界中的一切物质，如原始森林、水源地等；人为自然资源是指经过人工开发利用的自然资源。二是根据资源形态的转化方式将其分为可再生资源和不可再生资源两类，可再生资源是指人类可以循环利用的自然资源，如地表水、林木、草原等；不可再生资源亦称耗竭性资源，是指人类加工利用之后不能够还原回初始形态的资源，如石油资源、矿产资源等。三是根据自然资源的存在方式及其政府管理职能将其分为国土资源、水资源、森林资源三大类，国土资源是指在国土资源管理部门管理范围内的自然资源，包括土地资源、矿产资源、海洋资源、地质

遗迹资源等；水资源是指由水利部门管理的地表水与地下水资源，包括河流、湖泊、水库、水渠等；森林资源是指由林业部门管理的自然资源，包括林木资源、林地资源、生物多样性资源等。目前国内探索开展的自然资源资产核算主要是针对水资源、森林资源、土地资源、矿产资源四大类。

我国四大类资源具体分类与分级由相关法规界定。

（1）水资源分类。水资源资产是广义水资产（Water Assets）的组成部分。广义水资产的范畴包括水体资产、水域资产、水利资产、水环境容量等。其中，水体资产就是通常所谓的水资源资产，其定义是：权属关系明确并具有生态、文化和经济价值的可计量可获取的水资源，包括降水形成的赋存于江河湖库中的地表水，赋存于地下含水层中的地下水，赋存于冰川、雪和冰、土壤中的水等，可以用水的实物量（数量及质量）和价值量来衡量。水域资产是指水体岸线（如河流岸线和湖泊水库岸线）、水体容积、水体汇流区域等。水利资产包括水利工程设施（如大坝、堤防、水电站、节制闸等）、水务设施（如自来水厂、供水管网、水塔、增压设备等）、水的监测计量设施及水利（水务）工程设施运营管理的配套设施等。水环境容量则主要指水资源资产所具有的容纳污染物而仍可维持其主要功能不受影响的能力。狭义水资产则只是具有经济资产属性的那部分水资源。这些具有经济资产属性的水资产，有些已经完全纳入国民经济核算体系中，如作为固定资产的大坝、堤防、水电站设施、节制闸、自来水厂、供水管网、水塔等；有些虽然具有经济资产属性，但其具体经济价值尚未得到确认，如地表水、地下水等。

对水资源资产的分类分级可以根据水资源管理要求从不同的角度进行。根据《国务院关于实行最严格水资源管理制度的意见》，用水量和水质量是进行水资源资产核算的两个关键要素。前者与水资源的开发利用效率密切相关，后者与水生态环境的好坏密切相关，因此，对水资源资产的核算要考虑用水量和水质量两个方面。

我国财政部等部门（2016）认定"水资源税的征税对象为地表水和地下水。地表水是陆地表面上动态水和静态水的总称，包括江、河、湖泊（含水库）、雪山融水等水资源。地下水是埋藏在地表以下各种形式的水资源。地表水分为农业、工商业、城镇公共供水、水力发电、火力发电贯流式、特种行业及其他取用地表水。地下水分为农业、工商业、

城镇公共供水、特种行业及其他取用地下水。特种行业取用水包括洗车、洗浴、高尔夫球场、滑雪场等取用水"①。这种划分，并没有将水质量因素考虑进去。

国家的水质标准分为五个质量等级（见表3-6）以及其他的重要涉水指标（见表3-7）。

表3-6　国家水质标准及其用途

| 水质标准 | 主要用途 |
| --- | --- |
| Ⅰ类水 | 主要适用于源头水、国家自然保护区 |
| Ⅱ类水 | 主要适用于集中式生活饮用水地表水源地一级保护区、珍稀水生生物栖息地、鱼虾类产卵场、仔稚幼鱼的索饵场等 |
| Ⅲ类水 | 主要适用于集中式生活饮用水地表水源地二级保护区、鱼虾类越冬场、洄游通道、水产养殖区等渔业水域及游泳区 |
| Ⅳ类水 | 主要适用于一般工业用水区及人体非直接接触的娱乐用水区 |
| Ⅴ类水 | 主要适用于农业用水区及一般景观要求水域 |

资料来源：作者根据国家水质标准GB 3838—2002整理。

表3-7　重要涉水指标

| 指标类型 | 政府统计公报② | 水资源公报③ | 生态建设④ |
| --- | --- | --- | --- |
| 水资源量 | 水资源总量 | 降水、地表水、水库、湖泊、地下水、水资源总量 | |
| 水资源开发利用 | 用水量、生活用水、工业用水、农业用水、生态补水 | 供水量、用水量、耗排水量 | 主要河流年水消耗量、地下水超采率 |
| 水资源效率 | 万元GDP耗水、万元工业增加值用水、人均用水 | 用水指标* | 单位GDP水耗 |

---

① 财政部、国家税务总局、水利部：《水资源税改革试点暂行办法》（财税〔2016〕55号），2016年5月9日。
② 国家统计局：《2018年度统计公报》，http://www.stats.gov.cn/tjsj/tjgb/ndtjgb。
③ 中华人民共和国水利部：《2018年中国水资源公报》，http://www.mwr.gov.cn。
④ 国家环境保护局：《生态县、生态市、生态省建设指标（试行）》（环发〔2003〕91号），2003年5月23日。

续表

| 指标类型 | 政府统计公报 | 水资源公报 | 生态建设 |
|---|---|---|---|
| 水资源质量 | | 河流水质、湖泊水质、水库水质、水功能区水质、省界断面水质、浅层地下水水质、集中式饮用水水源地水质 | 水环境质量、城镇生活污水集中处理率、工业用水重复率、城市生活污水集中处理率、城市生活污水排放总量（万吨）、工业用水重复率、旅游区环境达标率、集中式饮用水源水质达标率、村镇饮用水卫生合格率、农村污灌达标率、城市水功能区水质达标率、酸雨频率、降水 pH 值年均值 |

注：用水指标宜采用人均用水量和单位国内（地区）生产总值用水量两个指标。单项用水指标分为农业用水指标、工业用水指标、城镇公共用水指标、居民生活用水指标和牲畜用水指标等。统计工业用水重复利用率、农业灌溉渠系水利用系数和城市供水管网漏失率，反映用水效率。[①]

(2) 森林资源分类。根据《森林资源规划设计调查技术规程》(GB/T 26424—2010) 和《国家森林资源连续清查技术规定》(2014)，以行政区域为调查总体时，需要调查森林、林木和林地。森林资源调查的主要内容是森林覆盖面积、人工林面积和活立木蓄积量，森林资源分为土地和植被两大类。土地分为林地与非林地，林地分为乔木林地、灌木林地等八个二级地类和13个三级地类，非林地有牧草地、水域（含湿地）等。植被分为自然植被和人工植被。对林木资源的分类可以从多个角度进行：比如，按林木在陆地上的分布，可分为针叶林、针叶落叶阔叶混交林、落叶阔叶林、常绿阔叶林、热带雨林、热带季雨林、红树林、珊瑚岛常绿林、稀树草原和灌木林；按发育演替可分为天然林、次生林和人工林；按树种组成可分为纯林和混交林；按林业经营的目的可分为用材林、防护林、薪炭林、经济林和特种用途林；按作业法可分为乔林、中林、矮林；按林龄可分为幼林、中龄林、成熟林和过熟林；按年龄结构可分为同龄林和异龄林，等等。

按2010年出台的国家标准，林木分为生态公益林和商品林两类。生态公益林是以保护和改善人类生存环境、维持生态平衡、保存物种资源、科学实验、森林旅游、国土保安等需要为目的的林木和林地。按有关要求划分为特殊保护、重点保护和一般保护三个保护等级。按事权等级划分为

---

[①] 中华人民共和国国家质量监督检验检疫总局、中国国家标准化管理委员会：《水资源编制规程》(GB/T 23598—2009)，2009年4月24日发布。

国家公益林和地方公益林。商品林是以生产木材、竹材、薪材、干鲜果品和其他工业原料等为主要经营目的的林木、林地。同时将有林地、疏林地和灌木林地根据经营目标的不同分为防护林、特种用途林、用材林、薪炭林和经济林五个林种和23个亚林种（见表3-8）。此种分类可以作为会计核算科目设置的基础。

表3-8　林木资源分类

| 类别 | 种别 | 亚种 |
| --- | --- | --- |
| 生态公益林 | 防护林 | 水源涵养林、水土保持林、防风固沙林、农田牧场防护林、护岸林、护路林、其他防护林 |
| | 特种用途林 | 国防林、实验林、母树林、环境保护林、风景林、名胜古迹和革命纪念林、自然保护区林 |
| 商品林 | 用材林 | 短轮伐期工业原料用材林、速生丰产用材林、一般用材林 |
| | 薪炭林 | 薪炭林 |
| | 经济林 | 果树林、食用原料林、林化工原料林、药用林、其他经济林 |

[资料来源：《森林资源规划设计调查技术规程》（GB/T 26424—2010）]

（3）土地资源分类。第一种分类，根据《中华人民共和国土地管理法》，按土地规划用途分类，分为农用地、建设用地、未利用地三大类。"农用地是指直接用于农业生产的土地，包括耕地、林地、草地、农田水利用地、养殖水面等；建设用地是指建造建筑物、构筑物的土地，包括城乡住宅和公共设施用地、工矿用地、交通水利设施用地、旅游用地、军事设施用地等；未利用地是指农用地和建设用地以外的土地。"

第二种分类，根据《土地利用现状分类》（GB/T 21010—2017），"分为耕地、园地、林地、草地、商服用地、工矿仓储用地、住宅用地、公共管理与公共服务用地、特殊用地、交通运输用地、水域及水利设施用地、其他用地等12个一级类、72个二级类"。

第三种分类，根据《中华人民共和国宪法》，按土地的权属关系分类，分为全民所有和集体所有两大类。其中："矿藏、水流、森林、山岭、草原、荒地、滩涂等自然资源，都属于国家所有，即全民所有；由法律规定属于集体所有的森林和山岭、草原、荒地、滩涂除外。""农村和城市郊区的土地，除由法律规定属于国家所有的以外，属于集体所有；宅基地和自

留地、自留山，也属于集体所有。"

第四种分类，复合型分类，即根据土地的特定权属关系、利用现状和管理要求进行的分类。例如，在《全民所有自然资源清查技术指南（试行稿）》中，就在全民所有和12类利用现状的基础上，加上"湿地"项并对"储备土地"作出定义。其"湿地"含义是狭义的，不包含自然湖泊水面。具体内容是"红树林地、森林沼泽、灌丛沼泽、沼泽草地、沿海滩涂、内陆滩涂、沼泽地"。储备土地的定义是"指产权清晰的政府储备土地，即政府已取得完整产权的土地，尚未设立使用权或使用权已经灭失、以国家所有权形态存在的国有土地资产，包括依法收回的国有土地、收购的土地、行使优先购买权购得的土地、已办理农用地转用征收批准手续并完成征收的土地、其他依法取得的土地。全口径统计涵盖范围包括：基层政府管理、土地储备机构以及各类开发区、园区管委会和国有平台公司代政府管理的已征未供土地"。"储备土地必须是产权清晰的土地。产权清晰，即依法取得征转或收回的批准文件且完成全部征转或收回程序，补偿到位，原权利人正式移交产权给政府"。

（4）矿产资源分类。根据《中华人民共和国矿产资源法实施细则》（1994），矿产资源分为能源矿产、金属矿产、非金属矿产、水气矿产四类。其中，能源矿产下面分为煤、煤成气、石煤、油页岩、石油、天然气、油砂、天然沥青、铀、钍、地热11种。金属矿产分为铁、锰、铬等59种。非金属矿产分为金刚石、石墨等92种。水气矿产分为地下水、矿泉水、二氧化碳气、硫化氢气、氦气、氡气6种。

矿产资源资产存量是以资源储量来表述的，多数以质量（吨、千克、克拉）计，少数以体积（立方米）计。矿产资源储量依据地质可靠程度和可行性评价阶段不同，分为可采储量和预计可采储量。本书所核算的矿产资源资产存量是指达到可采储量程度的矿产资源。

#### 3.2.2.1.2 资源环境功效资产的分类分级

资源环境功效资产是指在核算主体管辖区域内各种自然资源综合作用形成的具有生态功效和人文景观功效的资源环境。借鉴《陆地生态系统生产总值（GEP）核算技术指南》对生态系统服务价值的分类，资源环境功效资产可以分为水源涵养功效资产、土壤保持功效资产、防风固沙功效资产、海岸带防护功效资产、洪水调蓄功效资产、碳减排功效资产、氧气功

效资产、负氧离子功效资产、空气净化功效资产、水质净化功效资产、气候改善功效资产、物种保育功效资产、文化旅游功效资产、景观资源功效资产等。

#### 3.2.2.1.3 资源环境金融资产的分类分级

根据委托—代理关系及其分工安排，核算主体辖区范围内的资源环境资产会交由受托单位负责使用与管理。例如，某市自然资源管理部门将国有林委托某林场经营管理。根据不同的权属关系，资源环境金融资产分为信托资产、结算资产和货币资产。信托资产类似于企业资产中的长期投资，结算资产类似于企业资产中的应收账款，货币资产则与企业资产中的货币资产相通。在信托资产和结算资产项下，可根据责任单位设置明细核算科目。

资源环境资产科目的设置可以根据不同的分类进行，在科目设置的基础上根据记账方法要求配置相应的账户，从而形成相互并列与分层（统属）的账户体系。由于我国政府管理自然资源的纵向职责分工是依据自然资源的种类进行的，因此，在构建资源环境资产负债核算系统的过程中，可以根据公认的分类设置核算科目组织核算，并编制相应的资源环境资产报表，如《××地区资源环境资产变动表》。

### 3.2.2.2 资源环境负债分类分级与科目设置

资源环境负债是需要由一定主体承担的对自然资源耗损、环境损害赔偿、环境修复或改善的责任。

#### 3.2.2.2.1 根据资源环境负债产生的原因和性质分类

据此，可以分为耗竭性负债、损害性负债、降等性负债、改善性负债。耗竭性负债是指对于资源的开发利用超过了管理红线或底线要求的部分（即超采部分），需要在明确责任的基础上加以处理；损害性负债是指在资源的开发利用过程中造成了生态环境破坏、污染了环境而需要减少污染或消除污染、改进资源利用方式而形成的负债；降等性负债是指对资源的开发利用不当而形成的资源质量下降而要求责任主体恢复或提升资源质量而形成的负债；改善性负债是根据国民经济发展规划和政府对于提升环境质量的承诺而形成的负债。

#### 3.2.2.2.2 根据资源环境负债的承载对象分类

据此，可以分为水资源环境负债、森林资源环境负债、土地资源环境

负债、矿产资源环境负债等。此种分类与前述自然资源资产分类相同。

**3.2.2.2.3 根据资源环境负债的承担主体分类**

据此，可以分为政府承担的资源环境负债、企事业单位承担的资源环境负债、居民承担的资源环境负债等。

在资源环境资产负债核算系统里，既要核算承载债务的客体，又要根据责任归属核算债务分担的具体责任者，科目（账户）的设置和报表项目的列示必须有所考虑，尤其是要有责任的承担者。例如，对于侵蚀了耕地的事项，在资源环境负债的科目（账户）里，既要反映出责任者，又要反映出其侵蚀耕地的数量。以企业对于负债的核算为例，设置科目（账户），既要核算负债的内容（借款抑或应付款等），又要核算负债的债权人。如果本核算主体充当的是债权人角色，则此项债权要纳入资源环境资产科目（账户），对方（债务人）纳入自然资源负债科目（账户）核算。

### 3.2.2.3 资源环境权益分类分级与科目设置

从数量上看，资源环境权益是资源环境权属扣除资源环境负债之后的余额；从内容上看，则是附着于资源环境资产之上的净权属。对其分类如下：

**3.2.2.3.1 根据权属（益）的承担载体分类**

资源环境权属（益）分为水资源环境权属（益）、森林资源环境权属（益）、土地资源环境权属（益）、矿产资源环境权属（益）等。此种分类与资源环境资产分类相对应。

**3.2.2.3.2 根据权属（益）的性质和承担主体分类**

在资源环境所有权层面，资源环境的权属有全民所有和集体所有；在使用权层面，水资源分为：调水权、取水权、经营权、用水权、排放权等，林木资源有培育权、采伐权、经营权等，土地资源有使用权、承包权、经营权，矿产资源有探矿权、矿业权（采矿权+探矿权）。

根据我国的制度背景和完善国家治理的要求，对全民所有的自然资源资产实行分级委托代理制度，即自然资源部受托于全国人大对我国领土范围内的自然资源实行统一管理。在国家层面，政府主管部门接受的是全民所有自然资源资产的一级所有权。在省（自治区、直辖市）层面，政府主管部门接受的是全民所有自然资源资产的二级所有权。在地级市层面，政府主管部门接受的是全民所有自然资源资产的三级所有

权。在县级市（区）层面，政府主管部门接受的是全民所有自然资源资产的四级所有权。

权益类科目的设置与负债类科目一样，既要考虑权益承载的客体，更要考虑权益受托的主体，即责任主体。

### 3.2.3 记账方法及其运行

#### 3.2.3.1 记账方法暨账户结构

##### 3.2.3.1.1 复式记账法

当自然资源资产核算演进到需要核算其权属时，单式记账的逻辑就被复式记账逻辑所取代。因此，本书构建的自然资源资产负债核算系统和资源环境资产负债核算系统均采用复式记账法。目前世界通用的复式记账法是借贷记账法，即以"借贷"二字为记账符号，以"有借必有贷，借贷必相等"为记账规则的复式记账法。借贷记账法源于15世纪的意大利银行记账实践，因而将"借贷"二字作为记账符号沿用至今，已经得到了广泛的普及。尽管借贷记账法的"借贷"二字只是表示记账方向的符号，已经失去了借贷二字原有的含义，容易造成初学者误解且不便于理解，但是由于其应用广泛，几乎所有具有上岗资格的会计人员都掌握了这种方法，所以本书依然沿用借贷记账法。

借贷记账法是基于"资产=权属"平衡公式，以"借贷"二字为记账符号，以"有借必有贷，借贷必相等"为记账规则，对每一项核算事项均在两个及两个以上的账户进行记录，并设置账户结构相反的两类科目来进行核算的方法。

借贷记账法下，根据资产类科目设置的账户，增加记借方，减少记贷方，盘存在借方；根据权属类科目设置的账户，增加记贷方，减少记借方，盘存在贷方。即对于每一项需要核算的涉及自然资源资产或权属的事项，都要在互相对应的两个及两个以上的账户中入账，而且借方数额必须与贷方数额相等。

##### 3.2.3.1.2 账户结构

根据"资源环境资产=资源环境权属"的二维平衡关系式，在借贷复式记账法下，等式两端的账户结构必须相反，才能保证无论根据何种事项所作的核算分录的记账结果都保持平衡。图3-9是两大类账户的结构。

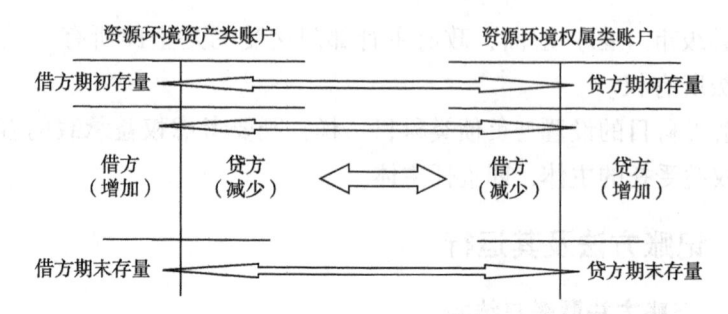

图 3-2 资源环境资产类账户与资源环境权属类账户的结构

图 3-2 中的平衡关系如下：

资源环境资产类账户的期初存量（借方）=资源环境权属类账户的期初存量（贷方）。

涉及两类账户的资源环境资产类账户本期增加数量（借方）=资源环境权属类账户本期增加数量（贷方）。

涉及两类账户的资源环境资产类账户本期减少数量（贷方）=资源环境权属类账户本期减少数量（借方）。

资源环境资产类账户的期末存量（借方）=资源环境权属类账户的期末存量（贷方）。

就发生额来说，所有账户的借方发生额=所有账户的贷方发生额。

图 3-2 与前面图 3-1 在形式上一致，区别在于核算范围扩大了，即从自然资源资产及其权属扩大到资源环境及其权属。

#### 3.2.3.2 核算事项类型及其平衡关系

##### 3.2.3.2.1 无负债条件下的业务类型及其平衡关系

根据资源环境资产负债核算基本平衡公式，等式两端的两类核算科目要纳入结构相反的账户，每类账户内核算对象的变化有两种（增加或减少），涉及两类账户核算对象相互影响的变化也有两种，共四种变化类型。在复式记账规则下（每一项核算事项必须在两个或两个以上的账户中予以记录），四种变化类型具体为：

第一种类型，等式左端的资源环境资产类账户相互之间此增彼减，增减数量相等，等式不变。

第二种类型，等式右端的资源环境权属类账户相互之间此增彼减，增减数量相等，等式不变。

第三种类型，在资源环境资产增加的同时，资源环境权属也相应增加，等式两端同时同量增加，等式不变。

第四种类型，在资源环境资产减少的同时，资源环境权属也相应减少，等式两端同时同量减少，等式不变。

示例见表3-9。

表3-9 基于"资源环境资产=资源环境权属"平衡关系的核算事项类型

| 核算事项类型 | 资源环境资产类账户 增加 | 资源环境资产类账户 减少 | 资源环境权属类账户 增加 | 资源环境权属类账户 减少 | 平衡关系 |
| --- | --- | --- | --- | --- | --- |
| 第一种类型 | 1 000 | 1 000 | | | 不变 |
| 第二种类型 | | | 2 000 | 2 000 | 不变 |
| 第三种类型 | 3 000 | | 3 000 | | 不变 |
| 第四种类型 | | 4 000 | | 4 000 | 不变 |

#### 3.2.3.2.2 有负债条件下的业务类型及其平衡关系

根据资源环境资产负债核算应用平衡公式"资源环境资产=资源环境负债+资源环境权益"，涉及三类账户，除了每一类账户内部有增加减少两种变化类型之外，还有三类账户之间的增加减少变化，共八种（=2×2×2）变化类型。

第一种类型，等式左端的资源环境资产类账户相互之间此增彼减，增减数量相等，等式不变。

第二种类型，等式右端的资源环境负债类账户相互之间此增彼减，增减数量相等，等式不变。

第三种类型，等式右端的资源环境权益类账户相互之间此增彼减，增减数量相等，等式不变。

第四种类型，等式右端的资源环境负债类账户与资源环境权益类账户之间此增彼减，增减数量相等，等式不变。

第五种类型，等式左端的资源环境资产类账户增加，等式右端的资源环境负债类账户增加，增加数量相等，等式不变。

第六种类型，等式左端的资源环境资产类账户增加，等式右端的资源环境权益类账户增加，增加数量相等，等式不变。

第七种类型，等式左端的资源环境资产类账户减少，等式右端的资源环境负债类账户减少，减少数量相等，等式不变。

第八种类型，等式左端的资源环境资产类账户减少，等式右端的资源环境权益类账户减少，减少数量相等，等式不变。

示例见表3-10。

表3-10 基于"资源环境资产=资源环境负债+资源环境权益"的核算事项类型

| 核算事项类型 | 资源环境资产账户 || 资源环境负债账户 || 资源环境权益账户 || 平衡关系 |
|---|---|---|---|---|---|---|---|
| | 增加 | 减少 | 增加 | 减少 | 增加 | 减少 | |
| 第一种 | 1 000 | 1 000 | | | | | 不变 |
| 第二种 | | | 2 000 | 2 000 | | | 不变 |
| 第三种 | | | | | 3 000 | 3 000 | 不变 |
| 第四种 | | | 4 000 | 500 | 500 | 4 000 | 不变 |
| 第五种 | 6 000 | | 6 000 | | | | 不变 |
| 第六种 | 7 000 | | | | 7 000 | | 不变 |
| 第七种 | | 8 000 | | 8 000 | | | 不变 |
| 第八种 | | 9 000 | | | | 9 000 | 不变 |

### 3.2.3.3 试算平衡

理论推导成立并不意味着实际操作结果就能够保证平衡，需要经过试算，一旦发现有彼此应该相等而未相等之处，就是错漏之所在，需要进行稽核纠偏处理。

因为采用的是复式记账，所以对每一项涉及资源环境资产及其权属关系的事项都要在两个及以上的核算账户中加以反映，并且要做到"有借必有贷，借贷必相等"，因此，从填制记账凭证并据以入账开始，每一笔账的借方数额与贷方数额总是相等的，使得所有的账户记录的借方数额与贷方数额也是相等的。利用此规律，定期将所有核算事项的记录编制成表，可以检验记录是否有所遗漏，记账是否正确；也可以将一定时期内所有核算账户的期初期末借贷方余额和本期借贷方发生额分别进行汇总，看看借方数额与贷方数额是否相等，以此来检验核算过程的正确性。即在自然资源资产负债核算过程中，对每一项涉及资源环境资产及其权属关系的事项，都应用复式记账的方法，在两个及以上的核算账户中进行借贷相反的

记录，从而保证在凭证、账簿、报表三个层面都做到左右相等，以此避免错漏，保证账实相符、账证相符、账表相符。表3-11就是试算平衡表格式，其中每一栏的左方合计数都与相邻栏的右方合计数相等。

表3-11 资源环境资产负债试算平衡表（格式）

| 核算账户名称 | 期初余额 || 本期发生额 || 期末余额 ||
|---|---|---|---|---|---|---|
| | 借方 | 贷方 | 借方 | 贷方 | 借方 | 贷方 |
| 一、资源环境资产类账户 | | | | | | |
| …… | | | | | | |
| 二、资源环境负债类账户 | | | | | | |
| …… | | | | | | |
| 三、资源环境权益类账户 | | | | | | |
| …… | | | | | | |
| 总计 | | | | | | |

### 3.2.3.4 不同核算主体之间账户记录的稽核

SEEA-2012的四式记账解决的是两个不同的责任主体在物质资源交易过程中的相互入账及其对应关系问题。我国资源环境资产负债核算体系建立起来以后，不同核算单位的相关账户之间也存在相互对应的关系。这种对应关系正是责任转移和分担之所在。

#### 3.2.3.4.1 具有统属关系的不同核算主体之间账户稽核

路径有"自上而下"和"自下而上"两种。"自上而下"是根据政府部门的账户记录下达"对账单"，根据对账及其处理结果，下达"未达账项入账通知单"或"调账通知单"，受托责任单位以此调账。"自下而上"是根据受托责任单位（如矿山企业）的实际资源增减量上报政府监管部门，根据对账及其处理结果，委托单位以此调账。而通过"自上而下"抑或"自下而上"路径进行对账，均以反映实际资源品种、数量、质量变化信息的产生源头为通知方，另一方为被通知方。无论是"自上而下"抑或"自下而上"路径，最终的调账决定权在政府主管部门。

#### 3.2.3.4.2 具有交易关系的不同核算主体之间账户稽核

不同核算主体之间因为资源环境交易事项入账，各自账户记录同样需要相互核对。方法有二：一是交易事项发生以后，在未经双方核对认可之

前，可以各自记入过渡性账户（待处理账户），待双方对账认可，再进行调账。二是交易事项发生以后，在未经双方核对认可之前不入账，待双方对账认可再入账；但是在期末结算时，也要暂时记入待处理账户，以便编制报表，期初再用红字冲回。

### 3.2.3.5　核算凭证暨账簿登记

#### 3.2.3.5.1　原始凭证

资源环境资产负债核算的起点是涉及资源环境及其权属关系变化的事项，对事项的记录便是原始凭证。原始凭证是对资源环境核算要素进行确认和计量的结果，是具有法律效力的书面证明。尽管其具体内容和形式格式多种多样，但是必须具备的要素是：资源环境资产或权属的名称、种类、增加或减少的数量、计量方法、时间、地点（位置）、经手人、审核人、主管等。如果涉及价值核算的话，还应包括估价的依据和金额。纸质原始凭证作为记账凭证的附属材料，也要随之分类装订存档。

#### 3.2.3.5.2　记账凭证

记账凭证是根据记账规则对原始凭证记录的事项作出的核算分录，它是登记账簿的依据。根据借贷复式记账的规则，核算人员要将原始凭证所记录的具体事项在两个及两个以上的核算科目中予以反映。记账凭证的要素有：涉及的核算科目（及其子目细目）名称、记账的方向（左方或右方）、记账的数量、对记账事项的简要说明（摘要）、日期、编号、责任人等。记账凭证也是核算分录。每一笔分录所涉及的两个及以上核算科目互为对方科目，对方科目所记录的事项，其记账方向相反，数量相等。

#### 3.2.3.5.3　账簿与账户

账簿是自然资源资产负债核算信息的物质载体。根据核算科目在账簿中设立的记录空间称为账户。核算科目是账户的名称，如"能源"就是矿产资源环境资产负债核算系统中的资源环境资产类一级科目的名称，亦称"能源"账户。登记账簿是传统核算方法之一，登记账簿的依据是记账凭证。将记账凭证反映的自然资源资产负债变化分门别类地登记到账簿里，有利于连续、系统、综合地反映出某项自然资源资产或权属的赋存与变动情况。

## 3.2.4 报表系统暨报表格式

### 3.2.4.1 资源环境资产负债核算报表系统构成

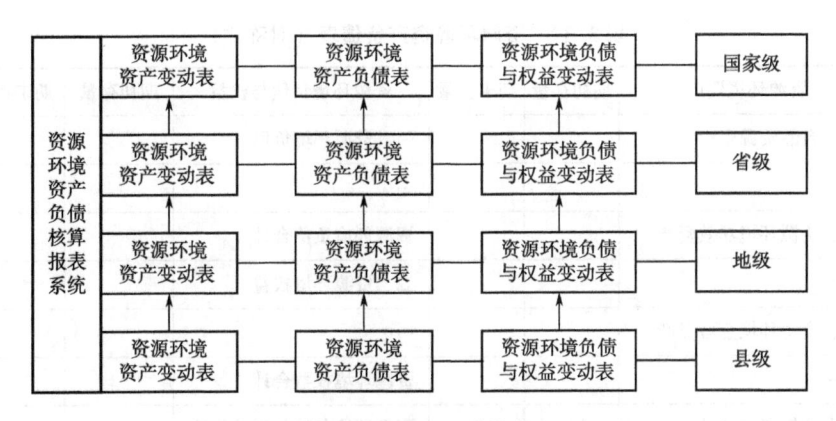

资源环境资产负债核算报表系统由主表、分表和子表构成。主表是《资源环境资产负债表》，分表是同一层次的《资源环境资产变动表》和《资源环境负债与权益变动表》，子表是下一层次的《资源环境资产负债表》《资源环境资产变动表》和《资源环境负债与权益变动表》。图3-3是本书构建的政府监管机构的资源环境资产负债核算的报表系统。

图3-3 资源环境资产负债核算报表系统

作为主表的《资源环境资产负债表》的平衡关系是"资源环境资产=资源环境权属"或"资源环境资产=资源环境负债+资源环境权益"。

作为分表的《资源环境资产变动表》和《资源环境负债与权益变动表》的平衡关系是四柱平衡，即"期初存量+本期增量=本期减量+期末存量"。《资源环境资产变动表》依据"期初存量+本期增量=本期减量+期末存量"平衡关系解释《资源环境资产负债表》左端的期初数与期末数之间的差异。《资源环境负债与权益变动表》解释《资源环境资产负债表》右端的期初数与期末数之间的差异。

子表则是主表下一层级的资源环境报表。

报表之间具有相互联系的勾稽关系，形成层次分明的报表体系。每一层次每张报表所列示的项目，均有对应的账户记录。账户体系根据复式记

账原理和自然资源及其权益分类核算要求设置。核算凭证则依据自然资源变化的事项来填制。

### 3.2.4.2 报表格式及选择

资源环境资产负债核算系统可选择的报表格式主要有对称式、分部式、多栏式（棋盘式）和矩阵式四种。

#### 3.2.4.2.1 对称式报表

通常，资源环境资产负债表采用对称式报表格式，即左边主词栏排列资产项目，右边主词栏排列负债和权益项目，宾词栏是期初期末的存量，这是典型的公式表格化，适用于宾词栏目少的编报。其格式见表3-12。

表3-12 资源环境资产负债表（对称式）

| 资源环境资产 | 期初存量 | 期末存量 | 资源环境负债与权益 | 期初存量 | 期末存量 |
| --- | --- | --- | --- | --- | --- |
| 一、自然资源资产 | | | 一、资源环境负债 | | |
| …… | | | …… | | |
| 二、资源环境功效资产 | | | 资源环境负债合计 | | |
| …… | | | 二、资源环境权益 | | |
| 三、资源环境金融资产 | | | …… | | |
| …… | | | 资源环境权益合计 | | |
| 资源环境资产总计 | | | 资源环境负债与权益总计 | | |

#### 3.2.4.2.2 分部式报表

当宾词栏目占用篇幅较大时，可以采用分部式报表。这种报表适用于不同核算期核算结果的比较分析。报表的平衡关系在主词栏体现。其格式见表3-13。

表3-13 资源环境资产负债表（分部式）

| 项目/各年期末存量 | 2020年 | 2021年 | 2022年 | 2023年 | 2024年 | 2025年 |
| --- | --- | --- | --- | --- | --- | --- |
| 某项资源环境资产 | | | | | | |
| …… | | | | | | |
| 资源环境资产总计 | | | | | | |
| 某项资源环境负债 | | | | | | |

续表

| 项目/各年期末存量 | 2020年 | 2021年 | 2022年 | 2023年 | 2024年 | 2025年 |
|---|---|---|---|---|---|---|
| …… | | | | | | |
| 资源环境负债合计 | | | | | | |
| 某项资源环境权益 | | | | | | |
| …… | | | | | | |
| 资源环境权益合计 | | | | | | |
| 资源环境负债与权益总计 | | | | | | |

#### 3.2.4.2.3 多栏式（棋盘式）报表

这是多栏式账户（明细账）结构的表格化。主词栏项目不显示平衡关系，但是每一列数据的纵向合计数（表格底部）经过横向汇总之后，要与每一行数据横向合计数（表格右端）经过纵向汇总之后的数字相等。这种格式既适合于单调式增长或单调式减少的项目原因分析，又适合于来源去向平衡分析。其格式见表3-14和表3-15。

表3-14 资源环境负债原因分析表（格式）

| 项目/原因 | 原因1 | 原因2 | 原因3 | 原因4 | 合计 |
|---|---|---|---|---|---|
| 项目1 | | | | | |
| 项目2 | | | | | |
| 项目3 | | | | | |
| …… | | | | | |
| 合计 | | | | | |

表3-15 水资源资产流量表　　　　　单位：万立方米

| 项目 | 地表水 ||||| 地下水 | 流出合计 |
| | 河流 | 湖泊 | 水库 | 渠道 | 冰雪 | 其他 | | |
|---|---|---|---|---|---|---|---|---|
| 河流 | | | | | | | | |
| 湖泊 | | | | | | | | |
| 水库 | | | | | | | | |

续表

| 项目 | 地表水 | | | | | | 地下水 | 流出合计 |
|---|---|---|---|---|---|---|---|---|
| | 河流 | 湖泊 | 水库 | 渠道 | 冰雪 | 其他 | | |
| 渠道 | | | | | | | | |
| 冰雪 | | | | | | | | |
| 其他 | | | | | | | | |
| 地下水 | | | | | | | | |
| 流入合计 | | | | | | | | |

#### 3.2.4.2.4 矩阵式报表

这是应用广泛的报表格式。根据主词栏项目之间与宾词栏项目之间的数量平衡关系的不同，矩阵式表格的主要特点是主词栏和宾词栏都有各自的平衡关系（主宾双平衡），具体形式则有多种组合。典型如 SNA 的资产负债表：主词栏平衡关系是"资产=负债+净资产"，宾词栏平衡关系是"来源=去向"，格式见表 3-16 和表 3-17。

表 3-16 资源环境资产变动表

| 资源环境资产项目 | 期初 | | 期内增加 | | | | 期内减少 | | | | 期末 | |
|---|---|---|---|---|---|---|---|---|---|---|---|---|
| | 实物 | 价值 | 原因1 | 原因2 | …… | 小计 | 原因1 | 原因2 | …… | 小计 | 实物 | 价值 |
| 一、自然资源资产 | | | | | | | | | | | | |
| …… | | | | | | | | | | | | |
| 合计 | | | | | | | | | | | | |
| 二、资源环境功效资产 | | | | | | | | | | | | |
| …… | | | | | | | | | | | | |
| 合计 | | | | | | | | | | | | |
| 三、资源环境金融资产 | | | | | | | | | | | | |
| …… | | | | | | | | | | | | |
| 合计 | | | | | | | | | | | | |
| 资源环境资产总计 | | | | | | | | | | | | |

表 3-17 资源环境负债与权益变动表

| 资源环境负债与权益项目 | 期初 || 期内增加 ||||  期内减少 |||| 期末 ||
|---|---|---|---|---|---|---|---|---|---|---|---|---|
| | 实物 | 价值 | 原因1 | 原因2 | …… | 小计 | 原因1 | 原因2 | …… | 小计 | 实物 | 价值 |
| 一、资源环境负债 | | | | | | | | | | | | |
| …… | | | | | | | | | | | | |
| 合计 | | | | | | | | | | | | |
| 二、资源环境权益 | | | | | | | | | | | | |
| …… | | | | | | | | | | | | |
| 合计 | | | | | | | | | | | | |
| 资源环境负债与权益总计 | | | | | | | | | | | | |

## 3.2.5 县级监管机构的资源环境资产负债核算科目设置

根据我国现行的行政化资源管理体制的规定，对自然资源的管理分为国家级（部委级）、省级（含直辖市和自治区）、地级和县级。每一级都有相应的事业单位，许多资源勘查数据均来自专业化的事业单位。对于地级和县级的管理机构来说，本辖区范围内的许多数据需要由上级部门或上级部门直属事业单位提供。随着国家行政管理的透明度不断提升和互联网技术的发展，县级行政管理机构也能够开展资源环境资产负债核算。至少对属于县级行政机构管辖权范围内的部分水资源、森林资源和土地资源可以开展资源环境资产负债核算。科目的设置可以从两个角度来考虑：为全面掌握，宜粗不宜细；为突出重点（特色），宜细不宜粗，可将二者结合（见表 3-18）。

表 3-18 县域资源环境资产负债核算科目表

| 核算要素 | 一级科目 | 二级科目 | 备注 |
|---|---|---|---|
| 资源环境资产 | 水资源环境资产 | 河流、湖泊、管网等 | |
| | 森林资源环境资产 | 公益林、经济林等 | |
| | 土地资源环境资产 | 农用地、建设用地等 | |
| | 资源环境功效资产 | 固碳、释氧、蓄水等 | |
| | 资源环境委托资产 | 受托方 | |
| | 资源环境结算资产 | 责任方 | |
| | 资源环境货币资产 | 银行 | |
| | 其他资源环境资产 | 具体资源 | 特色资源 |

续表

| 核算要素 | 一级科目 | 二级科目 | 备注 |
|---|---|---|---|
| 资源环境负债 | 水资源环境负债 | 非取用水权占用及形态 | |
| | 森林资源环境负债 | 不同林种，含林地 | |
| | 土地资源环境负债 | 生态红线外用地 | |
| | 生态环境负债 | 污染治理、环境恢复等 | |
| | 违规开发负债 | 具体事项及责任单位 | |
| | 经济往来负债 | 责任单位及负债内容 | |
| 资源环境权益 | 水资源环境权益 | 取用水权及责任单位 | |
| | 森林资源环境权益 | 责任单位 | |
| | 土地资源环境权益 | 全民所有、集体所有 | |
| | 其他资源环境权益 | 具体资源 | 特色资源权益 |

## 3.3 企事业单位资源环境资产负债核算

### 3.3.1 企事业单位资源环境资产负债核算科目设置

根据现行《企业会计准则》和《政府会计准则》的规定，我国企事业单位都需要编制资产负债表，其科目设置虽然依据的是"资产、负债、权益、收入、费用（成本）、利润"六大要素，但从存量的视角看，都服从于"资产＝负债+权益"的总平衡关系，因此其核算系统亦可称之为资产负债核算系统。

为了与政府资源环境监管机构的核算相衔接，企事业单位需要设置的核算科目见表3-19。

表3-19 企事业单位资源环境核算资产负债科目设置

| 一级科目 | 二级科目 | 三级科目 |
|---|---|---|
| 资源环境实体资产 | 水体资产、林木资产、土地资产、矿业资产等 | 各种自然资源实体存在形态 |
| 资源环境功效资产 | 防风治沙、空气净化、水质净化、释放氧气、固碳、水土保持、洪水调蓄、物种保育、文化旅游等 | 不同自然资源的环境功效 |

续表

| 一级科目 | 二级科目 | 三级科目 |
| --- | --- | --- |
| 资源环境负债 | 资源超耗、资源挤占、环境污染、环境改善、应缴资源环境罚款、应缴资源环境税费等 | 具体资源形态 |
| 资源环境权益 | 取用水权益、林业权益、土地使用权益、矿产开发权益、排污权益\*等 | |

注：排污权益含废物、废水、废气（二氧化碳）排放。

表3-19中核算科目之间的平衡关系为：资源环境资产类科目余额+应收账款中的相关细目余额+货币资产中相关细目余额＝资源环境负债类科目余额+资源环境权益类科目余额。

企事业单位虽然可以不将资源环境结算资产和资源环境货币资产作为一级科目单独核算，但是需要在原有的应收账款科目、银行存款科目下面专门设置明细科目进行核算。

## 3.3.2 企事业单位资源环境资产负债核算与政府核算系统的衔接

核算资源环境的企事业单位应根据隶属关系向政府专职主管部门上报其资源环境资产负债核算结果。

其相互之间的稽核关系是：政府监管部门的"资源环境信托资产"应等于企事业单位和下级政府机构的"资源环境权益"。两者相等，说明受托方对于上级政府监管部门委托的资源环境资产做到了保值。前者大于后者，说明受托方对于上级政府监管部门委托的资源环境资产未能做到保值，产生了资源环境负债。前者小于后者，说明受托方对于上级政府监管部门委托的资源环境资产不仅做到了保值而且还实现了增值。

[本章小结]

本章梳理了与资源环境资产负债核算及审计相关的概念，形成了本书研究的一些创新性认识，如自然资源资产、资源环境功效性资产、资源环境权益性资产、资源环境负债与资源环境权益，为构建资源环境资产负债

核算系统和资源环境资产负债审计系统奠定理论基础。

在探索编制自然资源资产负债表进程中,根据对自然资源资产负债表平衡公式的不同理解和运用,形成了四种核算模式,即基于"资产来源=资产占用"暨"期初存量+期内增量=期内减量+期末存量"平衡公式的"自然资源资产核算模式",基于"自然资源资产净值=自然资源资产-自然资源负债"平衡公式的"自然资源净资产核算模式",基于"自然资源资产=自然资源权属"平衡公式的"自然资源资产负债核算模式",基于"资源环境资产=资源环境权属"平衡公式的"资源环境资产负债核算模式"。基于前两种核算模式开展的审计,可称之为自然资源资产审计,这是目前试点比较广泛的两种模式。为开展领导干部自然资源资产离任审计提供了依据。

本书所构建的是第四种模式。以"资源环境资产=资源环境权属"总平衡公式为主线,围绕等式两端的核算对象展开。先是分析等式左端的资源环境资产的分类,并基于分类及其层级设置核算科目,再根据科目设置账户。然后分析右端的资源环境负债的分类和资源环境权益的分类,根据分类及层级设置核算科目(账户)。等式两端的核算科目确定以后,就要设置相应的账户并规定账户结构。在复式记账法下,资源环境资产类账户的借方登记资产的存量与增量,贷方登记资产的减量,余额在借方,代表资产存量。资源环境负债类账户和资源环境权益类账户的贷方记录存量和增量,借方登记减量,余额在贷方,代表权属存量。

在没有资源环境负债的条件下,所有涉及资源环境资产和权属的事项一共有四种类型。在有资源环境负债的条件下,涉及资源环境资产和权属的事项有八种类型。根据复式借贷记账法的记账规则来登记账簿,均不会破坏"资源环境资产=资源环境负债+资源环境权益"的平衡关系。不仅如此,汇总所有核算科目的借方期初存量一定与贷方期初存量相等,汇总所有核算科目的借方发生额一定与贷方发生额相等,汇总所有核算科目的借方期末存量一定与贷方期末存量相等,在编制报表之前用这三种平衡关系可以检验登账的正确性。这就是试算平衡。

通过试算平衡的检验,才可从技术上保证账户设置和应用的正确性。账户记录的结果要汇总列示于报表。资源环境资产负债表是整个核算系统的统领。由于这张表所反映的是期初和期末的资源环境资产与权属的存

量，而期初期末存量之间的差异从何而来，资源环境资产负债表本身是解答不了的。所以就要设置两张分表——《资源环境资产变动表》和《资源环境权属变动表》——来解释资源环境资产和权属的变量。与资源环境的分类分层相对应，每一个核算层级的资源环境资产负债表均可以由下一个层级的资源环境资产负债子表汇总而成。

资源环境资产负债核算系统是以政府自然资源管理部门为核算主体而设计和构建的，这个系统在运行过程中不可避免地要与进行微观核算的企事业单位发生联系。本章简要地介绍了监管部门的资源环境资产负债核算系统如何与企事业单位的核算相衔接的设想。

# 4

# 资源环境审计

## 4.1 资源环境审计基础

### 4.1.1 资源环境审计及其相关概念

#### 4.1.1.1 资源环境审计

资源环境审计是指为了保护自然环境、促进生态可持续发展，由审计机关和人员通过了解被审计单位的各项资源环保制度、资源环保计划、资源环保项目、资源环保资金等一系列事项，评价和鉴定被审计单位的环境管理事项的真实性、合法性和有效性。从目前的执行情况看，我国资源环境审计实施的主体对象大部分是政府机关及环保机关，大部分的企业尚未真正涉足或展开企业资源环境审计工作。

资源环境审计的对象主要是资源环境主管部门及企事业单位，强调的是部门和单位的履责情况（顾奋玲，2017）。资源环境审计的总体目标是促进资源环境质量得以改善，形成一个资源稳定、生态安全的良好环境，具体目标包括保证环保资金的使用效益和安全、监督环保部门的职责履行情况、检查环保项目的建设与实施效果等。

资源环境审计的内容主要有四大部分：一是针对资源环境保护专项资金的审计，主要是对国家财政拨付、各级政府征收以及企事业单位投入的环保资金的管理和使用情况的检查；二是评价相关单位对国家制定的各项环境保护政策与重要措施的执行情况；三是对政府投资建设的公共环保项目进行审计，考察项目建设期间的各阶段的进展和实施情况；四是对环境管理部门职责履行情况的审计，例如评价水利部、林业部、国土资源部等相关单位的环保工作是否到位等。

环境审计与自然资源资产审计既有联系又有区别。例如，二者在审计目标上具有相似点，都是为了促进资源与环境保护，二者在审计内容上都涉及国家政策、法规的执行情况和资金的安全和使用情况，但二者的审计对象又有所区别，环境审计主要针对相关部门，自然资源资产审计则针对领导干部个人，自然资源资产审计的范围相较于环境审计而言更广泛，责任界定更明晰。总之，审计师在实务中应当协调进行，从而促进资源与环境的整体可持续发展。

资源环境审计是审计机关以习近平生态文明思想为指引，落实绿色发展理念，促进"五位一体"总体布局和"四个全面"战略布局的实施，对政府和企事业单位有关自然资源开发利用管理和生态环境保护情况（包括但不限于财政、财务收支活动）实施的审计监督。这一定义是审计署立足我国当前环境，对资源环境审计的科学界定。开展资源环境审计的目的是促进资源环境的合理有效利用，使政府及相关主管部门和企事业单位牢固树立绿色发展理念，履行资源环境监管职责，推动资源环境政策法规制度的建立、健全、完善和有效执行，资源环境相关资金征收、管理、分配、使用及相关项目建设运行的规范有效。

#### 4.1.1.2 环境审计

环境审计亦称环境责任审计，是由审计机构或人员对被审计单位涉及自然环境的活动及其结果所进行的审计。具体内容包括对环境信息真实性的鉴定，对环境保护政策法规执行情况的检查，对环境效益和环境损害程度的评价，对环境责任履行情况的考核，等等。根据原环境保护部颁发的《关于开展政府环境审计试点工作的通知》（2015年3月），环境审计有三个方面的内容：一是环境履责合规性审计，二是环境履责绩效审计，三是环境履责财务审计。

#### 4.1.1.3 资源环境资产负债核算系统审计

与资源环境审计的区别在于其所依据的核算系统范围不同，前者依据的是包括EDP、GEP在内的资源环境核算系统。如前所述资源环境资产负债核算系统审计则是由审计机构或人员基于资源环境资产负债核算系统，对被审计单位落实生态文明建设政策法规和发展规划情况、履行自然资源资产管理和生态环境保护责任情况进行审计评价，以界定被审计单位应承担的责任。具体内容包括对资源环境资产负债核算信息真实性、合规性的鉴定，对自然资源管理和生态环境保护政策法规执行情况的检查，对自然资源开发利用效益和环境效益以及环境损害程度的评价，对自然资源管理和生态环境保护责任履行情况的考核，等等。

#### 4.1.1.4 自然资源资产审计

自然资源资产审计在我国主要表现为自然资源资产离任审计，是由审计机关在各级领导干部离任之时，对其任职期间的自然资源资产保护情况及经济责任履行情况的评价、鉴证和监督。重点要关注该地区、单位、部

门订立的相关管理制度是否合法合规，以及各项资源资产使用、管理的效果和经济性（蔡春、毕铭悦，2014）。

自然资源资产审计的对象主要是地方各级党委和政府主要领导干部，具体考察领导干部个人对自然资源资产的保护、履责情况，是主要针对"人"而非"事"的审计。自然资源资产审计的目标是考察、评价与鉴证各领导干部在其任职期间对自然资源资产的保护责任是否落实到位，具体包括合法、合规、绩效、保全、可持续等五大主要责任及其他相关责任（蔡春等，2014）。审计机关通过自然资源资产离任审计可以了解领导干部所属区域重要自然资源资产的种类、数目、质量以及当地对自然资源资产的开发、利用情况，对于任期内为追求经济效益而浪费自然资源、牺牲经济环境的领导干部严肃追责，而对恪尽职守、良好协调经济发展与资源利用的领导干部给予鼓励与赞扬。

自然资源资产审计的内容主要有五大部分：一是审计领导干部对国家重要自然资源法规的遵守情况，是合规性方面的审计；二是评价各责任主体对国家重大自然资源资产战略、政策的实施效率和效果以及目标责任的完成程度；三是审计环保资金、自然资源资产开发利用资金的安全性及资金运用的合理性；四是关注各类自然资源资产是否真实完整、各项保护措施是否落到实处等；五是评价各级领导干部对自然资源的保护情况与责任履行情况，评价其在任期间的生态效益，类似于绩效审计。

#### 4.1.1.5 领导干部自然资源资产离任审计

党的十八届三中全会提出"对领导干部实行自然资源资产离任审计"，是指审计机关对被审计领导干部任职期间履行自然资源资产管理和生态环境保护责任情况进行的审计，以界定领导干部应承担的责任。根据中共中央办公厅、国务院办公厅印发的《开展领导干部自然资源资产离任审计试点方案》（2015），这项工作由审计署牵头负责实施，全国各级审计机关是主体；审计对象主要是地方各级党委和政府的主要领导干部、大型资源型国有企业的主管领导；审计目标是推动领导干部守法、守纪、守规、尽责，切实履行自然资源资产管理和生态环境保护责任，促进自然资源资产节约集约利用和生态环境安全。2017年"两办"又出台了《领导干部自然资源资产离任审计规定（试行）》，进一步明确该项审计的具体内容包括：领导干部贯彻执行中央生态文明建设方针政

策和决策部署情况、遵守自然资源资产管理和生态环境保护法律法规情况、组织自然资源资产和生态环境保护相关资金征管用和项目建设运行情况等。

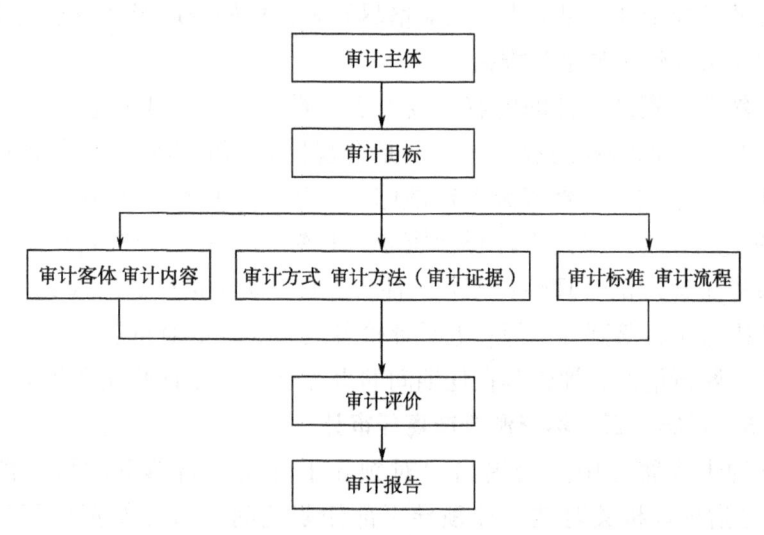

### 4.1.2 资源环境资产负债核算系统审计框架

资源环境资产负债审计是基于资源环境资产负债核算系统的资源环境审计，主要以资源环境资产负债核算系统中记录的土地资源、水资源、森林资源等各种资源核算数据进行审计，为资源环境责任审计的开展提供有力支撑。虽然资源环境资产负债审计是建立在资源环境资产负债核算系统基础之上的，但是其自身亦形成了一个框架，如图4-1所示。

图4-1 资源环境资产负债核算系统审计框架

## 4.2 资源环境资产负债核算系统审计框架构建

### 4.2.1 审计主体与审计目标

#### 4.2.1.1 审计主体

我国对资源环境的审计主体主要是各级国家审计机关，并采取"上审

下"的模式，审计机关在必要时聘请会计师事务所协助其开展审计。由于审计机关的职能最初是对财政资金的筹集使用进行监督，开展的是资金审计，当与生态文明建设相结合时，审计机关在自然资源资产负债审计方面将面临两项挑战：一是覆盖多个被审计地区，审计内容繁杂，涉及面广，为审计机关增添了审计难度。二是自然资源审计专业性强，缺乏复合型人才及经验丰富的自然资源审计人才易对审计结果的公正性产生不良影响。为解决这两个问题，一方面需要审计机关在组织方面加强"两统筹"，使不同类型审计项目统筹融合、相互衔接，促进"审计全覆盖"的实现，同时积极推进审计资源的优化配置，强化审计机关间的联动协作，推动跨层级、跨专业、跨区域审计资源的优化配置，加强审计成果和信息共享，形成全国审计"一盘棋"。另一方面需要在专业化人才培养方面多措并举，比如对现有人员进行专业化培训、在人员招录和人力资源配置等方面向生态类、环境类及地理信息类等专业适当倾斜，同时充分利用外部专家力量，在保密制度许可的前提下，聘请相关领域专家参与审计，将"走出去"和"引进来"相结合，为审计工作的开展提供充足的人才支撑。

由于资源环境覆盖面积大、种类繁多，而审计机关资源有限，为此可推动审计主体的组织形式由传统的"单一审计"转变为"协同审计"，即实现政府审计、注册会计师审计与内部审计三者协同，从而提高审计效率。一方面，会计师事务所的审计人员普遍具有较强的专业能力，特别是在财务报表审计方面积累了丰富的工作经验。基于此，资源环境资产负债核算系统审计可以通过项目外包的方式，将资源环境财务收支审计委托给会计师事务所，既充分利用现有的社会审计资源，又减轻政府审计的沉重负担。另一方面，内部审计对防范企业违规开发利用自然资源资产和破坏生态环境方面也负有监督责任，与政府审计的目标具有一致性。相比政府审计和注册会计师审计，内部审计人员对被审计单位及其所在行业的实际情况更为了解，在资料获取的便利性方面更是具有突出优势。因此，资源环境资产负债核算系统审计可以考虑利用内部审计的工作成果，从而避免重复审计，提高审计效率，并提升审计效果。

#### 4.2.1.2 审计目标

资源环境资产负债核算系统审计是资源环境责任审计的基础，审计目标可归纳为总体目标和具体目标，其中总体目标是通过监督相关部门或党

政领导干部自然资源资产管理和生态环境保护情况的真实性、合法性和效益性，落实国家建设资源节约型和环境友好型社会的要求，促进经济可持续发展与生态文明建设；具体目标则根据资源环境资产负债报表中的具体项目来确定，围绕存在或发生、准确性、完整性、权利和义务等认定进行分析。

#### 4.2.1.2.1 审计的总体目标

资源环境资产负债核算系统审计总体目标的内涵主要包括以下三方面：

（1）真实性：是指反映自然资源资产管理和生态环境保护情况的信息与实际情况的相符程度。审计人员需要检查被审单位提供的资源环境相关信息是否真实可靠、是否有所隐瞒、是否符合有关信息采集核算的规则。资源环境资产负债核算信息质量的特征包括可靠性、相关性、重要性、可理解性、可比性、可验证性和及时性。这些特征构成了核算信息质量的评价维度，当发生核算信息失真、不符合核算规则、反映事项不重要、信息不可验证等情况时，则表明信息质量不合格。

（2）合法性：是指自然资源资产管理和生态环境保护过程中遵守法律、法规或规章的情况。在审计过程中，合法性是广义概念，审计人员不仅需要察看被审单位或个人是否违反了相关法律法规，还需要检查其是否贯彻落实了国家方针政策等。审计人员要根据审计事项是否符合法律法规、国家政策与区域发展规划等来判断被审计单位或个人是否有所违背，是否形成了资源环境负债、是否应当承担相应的资源环境责任。

（3）效益性：是指自然资源资产管理和生态环境保护活动实现的经济效益、社会效益和环境效益。审计人员需要检查被审计单位或个人在审计期间对资源环境的经济效益、社会效益和环境效益带来的影响是促进还是削弱，如关注资源环境是优化还是恶化，资源环境的质量和数量是提高还是下降，以及提高或下降的程度如何，等等。

#### 4.2.1.2.2 审计的具体目标

具体目标是指审计人员通过实施审计程序以确定编制单位在报表中确认的认定是否恰当。在了解了每个项目的认定后，审计人员围绕存在或发生、准确性、完整性、权利和义务以及分类认定而确立具体审计目标。具体如下：

（1）存在或发生。记录的资产、负债和权益是存在的。该认定主要与报表要素的高估有关，如资源环境资产负债表中的权益能够反映领导干部任期内生态政绩情况，与领导干部绩效评价挂钩，因而存在虚构资产以高估权益项目的可能。

（2）准确性。报表中的数据按照资产负债核算标准进行了正确的计量。针对该认定，所记录的数据还需要考虑资源被污染或被破坏的情况，能否如实反映资源的质量状况；同时排除偶发性的自然因素，如水资源存量的增加并非环保措施实施有效的原因，而是与当年台风造成降雨量增加等自然因素有关。

（3）完整性。所有存在的自然资源均已记录在报表中。

（4）权利和义务。记录的资产由法律所规定的主体所有或使用，不存在违法违规占用的现象；记录的负债是被审计单位应当承担的对资源环境的"偿还"义务。

（5）分类。依据账户的性质，资产、负债和权益已记录于恰当的账户。

## 4.2.2 审计客体与审计内容

### 4.2.2.1 审计客体

资源环境资产负债核算系统审计客体是对自然资源资产和生态环境进行开发利用和组织管理的单位和个人。相关管理部门以及党政主要领导干部，他们是自然资源管理和生态环境保护的主要责任者，因此也称责任方，主要包括土地资源、矿产资源、水资源、森林资源等资源管理部门和环保部门以及相关地方政府党政领导干部等。将他们作为审计客体并追究其环境损害责任，对于纠正地方领导干部的乱作为和不作为，促进生态文明建设非常必要。

资源环境责任审计主要是对地方政府以及相关党政领导干部对受托自然资源管理和生态环境保护责任的履行情况进行审计，主要包括土地、矿产、森林、水等重要资源的开发利用管理和保护治理责任履行情况，水、大气、土壤、固体废物等污染防治责任履行情况，重点生态建设工程和生态脆弱地区生态保护责任履行情况。

### 4.2.2.2 审计内容

资源环境资产负债核算系统审计的内容可以从不同的角度来看：一是

与审计目标相对应的角度,二是与资源环境资产负债核算信息相对应的角度,三是与审计对象特征相对应的角度。

#### 4.2.2.2.1 与审计目标相对应的角度

基于审计目标,资源环境资产负债核算系统审计的具体内容包括:资源环境资产负债核算信息的编制和披露情况,资源环境法律法规遵循情况,资源环境方针政策贯彻落实情况,资源环境目标完成情况,资源环境效益实现情况,自然资源管理和生态环境保护决策责任、执行责任和监管责任的履行情况,资源环境相关资金筹管用和项目建设情况,等等。

#### 4.2.2.2.2 与资源环境资产负债核算信息相对应的角度

根据资源环境资产负债核算系统的分类,资源环境资产负债核算系统审计分为水资源环境资产负债核算系统审计、森林资源环境资产负债核算系统审计、土地资源环境资产负债核算系统审计、矿产资源环境资产负债核算系统审计等。

（1）水资源环境资产负债核算系统审计。水资源环境资产负债核算系统审计的主要内容包括：水资源环境资产负债核算信息质量、水资源环境资产负债变化情况、水资源管理与水环境相关法规政策落实情况、水资源环境保护责任履行情况、水污染治理情况、水资源环境建设项目运营情况、水资源环境资金使用情况、水资源环境改善成效。

（2）森林资源环境资产负债核算系统审计。森林资源环境资产负债核算系统审计的主要内容包括：森林资源环境资产负债核算信息质量、森林资源环境资产负债变化情况、森林资源管理相关法规政策落实情况、林木确权与产权登记执行情况、森林资源环境保护责任履行情况、森林资源培育与采伐利用规划落实情况、盗伐滥伐森林现象的治理情况、森林覆盖率和蓄积量增长情况、森林资源环境资金使用情况。

（3）土地资源环境资产负债核算系统审计。土地资源环境资产负债核算系统审计的主要内容包括：土地资源环境资产负债核算信息质量、土地资源环境资产负债变化情况、土地资源管理相关法规政策落实情况、国土空间规划暨土地资源用途规划落实情况、耕地保护责任履行情况、建设用地投资项目运营情况、土壤污染暨农村面源污染防治情况、土地开发项目资金使用情况。

（4）矿产资源环境资产负债核算系统审计。矿产资源环境资产负债核算系统审计的主要内容包括：矿产资源环境资产负债核算信息质量、矿产资源环境资产负债变化情况、矿产资源管理相关法规政策落实情况、矿业权确权与登记情况、矿山开发项目运营情况、矿山环境污染治理情况、矿山生态环境恢复情况、矿山生态改造项目资金使用情况。

4.2.2.2.3 与审计对象特征相对应的角度

按照审计对象特征，审计的内容可分为业务审计、财务审计、项目审计、专案审计等。业务审计，如森林培育与采伐情况审计、水污染治理情况审计；财务审计，如矿山生态恢复资金使用情况审计；项目审计，如某水库改造项目审计；专案审计，如某农村面源污染治理经费挪用情况审计等。

4.2.2.2.4 审计重点关注事项

（1）在资源环境资产负债报表审计过程中，对于自然资源资产开发的详尽调查，应重点关注资源环境资产存量、自然资源资产产权情况和自然资源违规开发率三个方面。资源环境资产存量是进行资源环境责任审计评价时的一项重要数据，在审计时应重点关注，实施进一步审计程序，以确认存量是否真实反映在资源环境资产负债表中，是否有存在、完整性、准确性等认定层次的错报。例如耕地资源存在违规占用、虚增虚报、"非粮化"等问题，需要对耕地资源存量的存在认定实施细节测试以识别重大错报。对自然资源资产产权情况进行审计是为了确认辖区内自然资源是否已完成全面确权，该指标数值等于已确权登记自然资源资产量/自然资源资产总存量，因而须对已确权登记的自然资源资产存量进行权利与义务测试。由于自然资源资产负债表中的权益项目也能够提供资源产权信息，应对其存在和准确性认定实施测试，可二者相结合鉴证资源资产产权情况。《资源环境负债和权益变动表》能够反映因违规造成的负债增加值，审计时应对其完整性和准确性进行测试，以准确测算自然资源违规开发率。

（2）对于资源环境资产利用情况，可以从资源环境增减变化量和资源环境质量两方面进行评价。《资源环境资产变动表》和《资源环境负债和权益变动表》反映资产、负债及权益在核算期内的增减变动并对期初期末差异原因予以说明，可根据对表内各子项目认定的了解确定具体审计目标。例如因自然灾害造成土地资源减少，须对资源环境资产变动表中的

"灾害损失"项目进行测试，确定自然灾害发生于所属核算期内，且灾害损失按照恰当的方法计量并正确反映在报表中。资源环境质量能够反映资源环境资产的真实状况，可据此了解相关政策、战略的落实情况和相关部门或领导的责任履行情况。首先，资源环境资产负债表中某些资产类项目按其质量标准设置科目，如河流资产按照水质标准分别核算Ⅰ类水至Ⅴ类水的存量，通过结构分析可知河流的总体质量状况；其次，对《资源环境资产变动表》中因环保修复措施实施所带来的存量增加项目进行测试，通过趋势分析和结构分析可反映质量提升状况，为资源环境资产利用情况提供评价依据。

（3）对于自然资源及环境保护项目投资建设情况以及自然资源资产相关资金使用情况，可以根据报表中负债存量的变化进行评价，报表中负债存量的减少能够反映污染治理或环境修复措施的实施效果，据此可说明项目建设及专项资金使用情况。当资金运用效率较高、资源环境治理项目落实较好时，资源质量会提高，因被污染或被损害所确认的负债存量就会减少。若相关负债存量没有变化或降低较少，甚至出现增加的现象，一方面反映出治理项目运行效率低，未达到治理的要求，相关负责人职责履行不到位；另一方面也表明资源环境治理专项资金存在被挤占、挪用的可能。若相关负债存量出现大幅下降，需要对相应负债项目的完整性进行测试，同时还须结合相关资产的存在认定或《资源环境负债与权益变动表》中负债减少项目的发生认定，如河流水质的改善，在负债存量减少的情况下，看河流的三级水资源科目的存量是否增加，并对其存在认定进行测试，以判断水质是否真正得到改善；对于森林资源，可以对《森林资源环境负债和权益变动表》中本期减少—恢复项目的发生额进行测试，以确认认定是否恰当，从而评价森林资源恢复举措的实施效果。此外，在资源环境负债中，各子项根据对环境恢复或治理的紧迫程度自上而下排列，可与治理项目资金分配、环境治理决策制定等内容相关联，看是否具有一致性，存在差异的部分须进一步分析差异原因是否合理合规。

（4）对于自然资源资产管理和生态环境保护责任的履行情况，可以重点关注报表中的负债项目。资源环境资产负债表中所确认的负债是指附着于资源环境资产之上，需要由一定主体对自然资源耗损及其环境损失承担

的偿还责任。报表中的负债项目能够提供责任主体的信息,因此可以通过对负债项目实施审计程序,识别负债类报表项目认定层次的错报,发现与负债责任界定相关的问题。例如,由于"一岗双责制"和党政领导干部生态环境损害责任追究制的实行,存在掩盖资源过度开采、环境污染等资源环境损害行为的可能,造成负债未在报表中确认,在审计过程中应重点关注是否存在与完整性相关的重大错报;若责任主体界定不清晰,未能明确到具体的部门、企业或个人,则会存在和权利与义务不对等的重大错报;由于技术限制或计量方法选择不当,可能无法准确评估资源耗损和环境损害的程度,进而造成负债存量的不准确,会存在与准确性相关的错报。

详见表 4-1。

**表 4-1　资源环境资产负债核算系统审计重点关注事项**

| 关注重点 | 具体事项 | 主表项目 | 分表项目 | 相关认定 |
| --- | --- | --- | --- | --- |
| 自然资源资产开发 | 自然资源资产存量 | 资产类 |  | 存在、完整性、准确性 |
|  | 自然资源资产产权情况 | 资产类 |  | 权利与义务 |
|  |  | 权益类 |  | 存在、完整性 |
|  | 自然资源违规开发率 | 负债类 | 违规项 | 完整性、准确性 |
| 自然资源资产利用 | 自然资源增减变化量 | 资产类 | 各子项目 | 存在/发生、完整性、准确性 |
|  | 自然资源质量 | 权益类 |  |  |
| 自然资源及环境保护项目投资建设 | 重大投资项目的完成情况 | 资产类 负债类 权益类 | 恢复项 | 存在/发生、完整性、准确性 |
| 自然资源资产相关资金使用 | 资金使用合规率 |  |  |  |
| 相关责任界定 | 自然资源耗损与环境损害责任 | 负债类 |  | 完整性、准确性、权利与义务 |

## 4.2.3　审计方式与审计方法

### 4.2.3.1　审计方式

资源环境资产负债核算系统审计的方式有"上审下""合作审""同级审""委托审"四种。其中常用的是"上审下"。

"上审下"是指上级审计机关直接进行下级审计机关管辖区域内资源

环境的审计。"上审下"的方式具有独立性、权威性、协调性三项的特点，开展审计工作阻力小、成效大，但弱点是受限于审计机关的人力资源。

"合作审"是指不同省（区市）审计机关之间共同参与的审计[①]，可以将其分为联合审计、平行审计、协作审计三种。联合审计是两个或更多的审计机关组成一个审计组实施的审计，最终只出一份联合审计报告。平行审计是每个审计机关成立一个审计组，各组同时对同一个主题开展审计，每个审计组仅向本地区立法机构或政府报告审计结论。协作审计是介于联合审计和平行审计之间的合作形式，参加协作各方在审计内容和方法上进行沟通协调，最后的审计报告既有联合的也有单独的。

"同级审"是指审计机关对同级政府部门进行的审计。"同级审"的优点是审计机关熟悉情况、工作效率高。缺点是独立性和权威性不强。

"委托审"是指审计机关将审计业务委托给具有一定资质的社会审计机构进行的审计。"委托审"的优点是引入竞争机制和社会力量，具有独立性强、工作效率高的优点，可以减轻审计机关开展直接审计的工作压力，扩大审计范围和完成更多的审计任务。缺点是存在一定的寻租和廉政风险。

#### 4.2.3.2 审计方法

资源环境资产负债核算系统审计不仅要运用传统审计常用的观察、检查、询问、外部调查、重新计算、重新操作、分析的方法，而且还要根据具体的审计对象和内容，采用卫星、无人机航拍观测、专家咨询、数据库信息挖掘、法规文献分析等方法。其中，针对资源环境资产负债核算系统的审计，还可以应用与之配套开发的审计软件系统。

##### 4.2.3.2.1 传统审计方法

（1）观察。审计人员可以进入审计现场，通过观察资源环境的状况是否良好，采取的措施和手段是否已经产生实际的环境治理效果，以及现场工作人员的业务活动或程序执行是否符合规范，从而获得审计证据。

（2）检查。检查程序既可以用于查阅相关账册、法规、文件等，还可以运用于评价相关的环境保护设施是否齐备、运转是否良好等。

（3）询问。审计人员可以通过调查问卷或实地访谈的方式，向从事资源环境保护、开发和利用的工作人员以及附近的居民了解资源环境的真实

---

① 课题组. 水环境审计指南 [M]. 北京：中国时代经济出版社，2011：20-21.

情况。

(4) 外部调查。即向与审计事项有关的第三方进行调查。

(5) 重新计算。在对资源环境资产负债核算系统进行审计时，审计人员可以通过重新计算的方式，确定相关项目的存量或金额是否加计正确。

(6) 重新操作。审计人员可对资源开发和环境保护的过程进行追踪，对结果进行再验证。例如在土地资源审计中，审计人员不能轻信被审单位提供的数据，需要重新进行现场取样，交由独立的检测机构以重新测定土地质量。

(7) 分析。审计人员可以对资源环境资产负债表进行趋势分析、结构分析和变动分析，如针对各科目的期初期末变动分析、资产结构分析、负债权益结构分析、结构变动分析、多年度对比分析等。通过实施分析性复核程序，能够确认资源核算中变化的数据是否与当地政策、领导任期、资金使用、项目规定等要求相一致，从而获取相应的审计证据。

4.2.3.2.2 传统审计方法在资源环境资产负债核算系统审计中的运用

(1) 报表审计。报表审计主要是针对《资源环境资产负债表》、《资源环境资产变动表》和《资源环境负债与权益变动表》进行审计。对《资源环境资产负债表》（主表）的审计内容是：报表左边列示的各项资源环境资产的期初期末存量及其分布，不同时期的各项资源环境资产的存量比较（根据需要，可比较三年、五年或十年等），据以了解被审计单位管辖范围内自然资源的赋存状态；报表右边列示的各项资源环境负债和权益的期初期末存量及其分布，不同时期的各项资源环境负债和权益的存量比较（根据需要，可比较三年、五年或十年等），据以了解被审计单位对管辖范围内资源环境的负债和权益关系。对《资源环境资产负债表》的审计仅仅是入门或向导，要分析资源环境资产期初期末的存量差异原因，需要进一步审计《资源环境资产变动表》（分表）。通过阅读与复核《资源环境资产变动表》，能够清晰地了解表中列示的每一项资源环境资产在期内的增减变动情况，即根据四柱平衡关系了解该项资源环境资产如何从期初存量变化为期末存量的。要分析资源环境负债和权益期初期末存量差异的原因，须进一步审计《资源环境负债与权益变动表》（分表）。通过阅读与复核《资源环境负债与权益变动表》，能够清晰地了解表中列示的每

一项资源环境负债或权益在期内的增减变动情况。经过对三张报表的审计与分析，审计人员已经了解了被审计单位辖区范围内的资源环境资产及其负债与权益关系的赋存与分布状态，以及其增减变动情况，为进一步了解被审计单位存在的问题提供了线索。需要说明的是：资源环境负债是被审计单位应承担的对资源环境的"偿还"责任，也是环境责任审计的重点所在。

上述审计的前提是：三张报表所列项目要符合有关资源和权属的分类标准，三张报表内部和报表之间的数量平衡关系必须成立。所以，在分析报表内容并寻找问题线索之前，要对报表进行技术性复核。

（2）账户审计。根据"逆查法"的路径，报表审计出问题线索，要对该线索涉及表内的资源环境资产项目、资源环境负债项目、资源环境权益项目的来源账户进行账簿记录调阅。譬如，调阅某项资源环境资产的账簿记录，以了解其增加或减少的原因——这可以从账簿记录中的摘要栏中看出。寻找资源环境负债增加或减少的具体原因也与此相同。除了对账户内容进行审计以外，对账户记录的四柱平衡关系进行技术性复核也是必要的。

（3）凭证审计。当账户记录的摘要栏未能将核算事项产生的具体原因表达清楚、责任界定清楚，或报表记录与账户记录的证据力不足时，审计人员需要调阅入账凭证。入账凭证分为记账凭证和原始凭证两种。通常，审计人员根据账户记录可以按照记账凭证编号查到记账凭证，据此调出记账凭证进行查阅，原始凭证及其所依附的相关记账凭证具有最强证据力。审计人员根据原始凭证承载的诸要素信息，如事项内容、发生时间、地点、数量、经手人等，判断事项的性质、确认事项的数额和相应的资源环境责任归属。

#### 4.2.3.2.3 资源环境价值评估方法

依照环境经济学的理论，资源环境价值由两部分构成。一部分为使用价值，具体包括可直接用于消耗的价值和间接的功能效益；另一部分为非使用价值，包括选择价值、存在价值和馈赠价值。审计人员可以借鉴和运用价值评估等相关方法，合理地对资源环境的资产、负债、成本和收益进行货币形式的价值估计。

（1）直接市场评价法。直接市场评价法要求审计人员将环境质量视为

一种生产要素,来评估资源环境的价值。根据资源环境开发保护的具体路径,直接市场评价法又可进一步划分为机会成本法、生产率变动法和人力资本法。当资源环境的保护与开发同时面对多种不同的互斥项目时,审计人员可以运用机会成本法,计算放弃其他项目所能带来的最大经济效益,从而确定资源环境的价值;生产率变动法适用于计算资源环境的变动能够增加或减少生产者的成本或收益;人力资本法适用于计算由环境恶化所带来的经济损失。

(2) 替代市场评估法。替代市场评估法的原理是用替代物的价值衡量没有市场价格的资源环境的价值。它根据资源环境的不同类型,又分为资产价值法和恢复费用法。资产价值法通常适用于房地产周边的森林、草坪等绿色效益的价值估算,并通过比较同类型房产因周围环境质量不同的价格差异,从而衡量房地产周边的环境价值。恢复费用法适用于估算水资源等环境污染的损失,其损失金额可以用维持环境不受污染或将其恢复为不受污染的状态而需付出的最低对价表示。

(3) 调查评价法。调查评价法适用于评估各类资源环境的价值,特别是评估自然灾害对农田和水利设施破坏所造成的经济损失方面的效果较好。运用调查评价法首先需要选取一些家庭或个人作为研究样本,然后通过问卷调查的方式了解他们愿意为环境改善支付的金额或容忍环境恶化而接受赔偿的金额,以此作为评定环境资产价值的依据。

(4) 决策和风险分析法。决策和风险分析法适用于开发周期较长、具有较高不确定性的项目。例如水资源的开发调度项目受水文、水力、调度模型的影响较为复杂,在开发过程中面临众多不可避免的风险,可运用决策和风险分析法,以正确预测项目的成本和效果。

**4.2.3.2.4 新技术方法在资源环境资产负债核算系统审计中的应用**

(1) "3S"技术。"3S"技术,包括全球定位系统(GPS)、遥感技术(RS)和地理信息系统(GIS),是空间技术、卫星定位与导航、通信技术以及计算机技术多方面相结合的现代信息技术。自然资源环境覆盖面积广泛、种类繁多,而"3S"技术的应用大大降低了数据收集的难度,为审计工作开展带来了新的思路和方法,并在一定程度上提高了审计效率和审计工作质量。

全球定位系统(GPS),利用全球定位技术,确定资源环境审计范围,

对范围内进行实时、多次的数据信息采集，再通过无线技术传输到信息处理端。对于遥感技术探测到的资源不明变化或者可能存在违法违规问题疑点的位置，利用定位系统可以精准获得需核实地块的具体坐标位置，便于审计人员实地核实取证。

遥感技术（RS）是一种先进空间探测技术，利用遥感器在空中获取目标物体的电磁波特性，通过信号传输，将声波转换为可识别的图像或者影像。在自然资源审计中，遥感技术可以提供最直接的资源影像资料，获得直观的审计证据，还可以通过对比不同年度、不同时期的遥感影像，发现自然资源资产的变化情况。

地理信息系统（GIS）的技术优势在于它的数据整合、过程演化模拟以及数据分析评价能力。将采集到的自然资源数据信息实时输入到地理信息系统（如 ArcGIS 等）软件中进行信息关联和数据对比，从而对自然资源资产的数量、质量、种类以及分布情况进行时间和空间的综合分析，审查与之相关的项目落实、政策执行和资金使用情况，帮助审计人员得出审计结论。

将"3S 技术"应用到资源环境资产负债核算系统审计中，有助于核实自然资源的数量与质量，整合复杂分散的信息，进而实现审计覆盖面的扩展和审计效率的提升，如通过对被审计海域的卫星图像对比与勘探，可以观察到海洋面积、海洋地貌以及部分海洋生物景观（如珊瑚礁）的情况与变化，既可以横向比较海域内不同资源的情况，也可以纵向比较长时间以来某项海洋资源的变化情况（如海岸线的侵蚀、海洋旅游资源的发展等）。另外，卫星遥感技术和全球定位系统基本能够做到全球覆盖，这与资源环境覆盖面积较大、分布较广的特性相契合，加之地理信息系统在信息管理方面的优势，可以极大提高审计数据收集的数量和速度。更重要的是，"3S"技术支持用户连续观察，审计人员可以在线观测和记录资源环境的动态变化，更好地发挥资源环境审计的监督作用。

（2）大数据审计。相比传统的财务报表审计，资源环境审计的专业性更强、涉及的知识面更广。随着大数据时代的到来，数据开始呈现爆发增长、多样化和海量集聚的特点，这对审计人员收集、归纳和分析数据的能力提出了更高要求。目前，大数据审计作为一种新的审计方法，能够促使

审计工作朝着智能化、平台化、信息多维化、详细化和可视化的方向逐步迈进。

由于自然资源和环境的特殊性，可以通过构建SQL数据库实现大数据审计。利用结构化查询语言SQL等进行编程，输入查询口令，利用大数据对比分析，得出结果并发现问题。例如海洋资源中的稀有海洋生物，可通过查询投入的保护费用与海洋生物族群数量的变化进行比对，并对结果进行分析，了解每一年度的经费使用效果，通过编写查询语句，计算出投入费用与族群数量变化之间一定的长期配比关系，以此获取异常数据[①]并分析原因。再如，对海洋资源的旅游开发费用收取的账目与旅游资源经营许可发放的账目进行大数据的比对，由此分析海洋资源旅游开发的情况，有无私自过度经营海洋资源旅游的情况等。

此外，大数据审计通常需要同步建立云审计平台。云审计平台是搭建在云计算基础上的平台，通过数据的云存储，实现各类审计信息的数字化，使各种审计资源通过云技术协同工作。在资源环境审计中，这种做法的好处主要体现在以下三个方面：第一，云审计平台能够最大限度地降低相关事项的重合度，并关注各类审计过程之间的有机关联，对审计资源形成高效配置。第二，云审计平台的搭建有助于集中归集和管理审计所需数据，便于审计人员从多层次、多角度分析数据，发现数据的相关性，优化审计评价指标体系，进而提升审计结论的科学性。第三，传统审计是抽样审计，因此具有一定的审计风险，而大数据审计可以帮助审计人员获取关于审计对象的所有数据，发现抽样审计所不能发现的问题，从而提高审计质量。

### 4.2.4 审计标准与审计流程

#### 4.2.4.1 审计标准

审计标准是审计人员判断审计事项是非、优劣的准绳，是形成审计结论、作出审计决定的依据。审计标准包括法律、法规、规章和其他规范性文件，国家有关方针和政策，会计准则和会计制度，技术标准，预算和计

---

[①] 如族群非季节性迁徙带来的数量异常，或因水域污染、非法捕捞等导致某海洋生物的锐减，或间接原因导致其雌雄比例失调从而影响到数量等。

划、公认的业务惯例等。

目前，对于资源环境资产负债审计，尚未形成权威性的审计标准体系，需要审计人员根据客观性、适用性、相关性和公认性等原则选择使用，并在审计实施过程中持续关注标准的适用性。在资源环境资产负债审计过程中，可将自然资源资产、自然资源负债和自然资源权益的确认标准、计量标准、记录与报告标准等作为审计标准，如水质划分标准、土壤污染等级（表）、矿产品位、林木计算标准等。此外，自然资源资产管理的消耗定额及利用指标、生态文明建设考核指标等亦可作为审计标准，如耕地红线、林木采伐限量、水资源耗用标准等。

#### 4.2.4.2 审计流程

资源环境资产负债审计程序与其他类型审计程序并没有很大区别，审计流程包括计划阶段、实施阶段和报告阶段（见图4-2）。

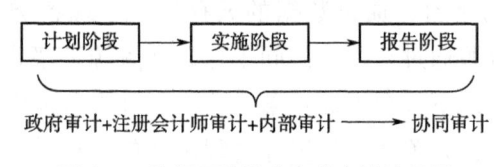

```
计划阶段 → 实施阶段 → 报告阶段
└─────────────┬─────────────┘
政府审计+注册会计师审计+内部审计 ─────→ 协同审计
```

图4-2 资源环境资产负债审计流程图

##### 4.2.4.2.1 计划阶段

在计划阶段，审计机关要在考虑项目重要性、公众关注度、涉及资金量、以往审计情况等因素的基础上，选择和确定资源环境审计项目。立项批准以后，要对审计对象涉及的资源环境基本情况、职能部门履责情况、资源环境投入及其项目建设情况等进行审计前的调查工作。在前期调查基础上，编写审计方案，审计方案的主要内容包括具体审计目标、审计范围、审计内容、审计重点、审计组织、审计方法和工作要求。

##### 4.2.4.2.2 实施阶段

在实施阶段，审计人员需要调查了解被审计单位及其相关情况，评估被审计单位存在重大问题的可能性，以确定审计事项和应对措施，并根据实际情况及时修正调整审计实施方案，通过实施审计程序获取审计证据，真实、完整地作出审计记录等。

4.2.4.2.3 报告阶段

报告阶段的工作内容主要包括审计报告的编写、征求意见、报送审核、送达报告、审计结果公布和审计整改检查。其中，审计结果公布和审计整改检查是审计报告出具后的后续环节，能够进一步发挥审计的监督作用。

(1) 审计结果公布。《国家审计准则》规定，审计机关依法实行公告制度。审计机关公布的审计结果包括被审计单位基本情况、审计评价意见、审计发现的主要问题、处理与处罚决定和审计建议以及被审计单位的整改情况。另外，审计机关统一组织不同级次审计机关参加的审计项目，其审计和审计调查结果原则上由负责该项目组织工作的审计机关统一对外公布。

国家审计机关通过审计结果公告制度向公众提供真实充分的信息，降低信息不对称程度。资源环境审计依托公共受托环境责任而产生，其存在的意义是满足公众对公共资源管理主体进行责任监督的需求，最终通过审计结果公告的形式让公众充分了解环境受托管理人的责任履行情况。例如审计署发布的关于环境审计的 2019 年第 9 号公告——环渤海地区生态环境保护审计结果指出了环渤海地区五省市环境治理的基本情况，在审计中发现农业面源污染防控不到位，重要领域工业点源污染防控存在薄弱环节等主要问题。随着审计结果公告的公布，后续审计机关还会持续跟踪检查被审计单位的整改情况。因此，审计结果公布这一规定对于开展资源环境资产负债审计也可起到良好的指导及监督作用。

(2) 审计整改检查。《国家审计准则》规定，审计机关应当建立审计整改检查机制，督促被审计单位和其他有关单位根据审计结果进行整改。审计整改检查是审计报告出具之后的后续跟进程序，通过及时跟进审计整改情况，推动被审计单位对审计查出的问题及时整改，并督促受托资源环境责任主体良好履责。在此阶段，审计机关主要检查或者了解下列事项：执行审计机关作出的处理处罚决定情况；对审计机关要求自行纠正事项采取措施的情况；根据审计机关的审计建议采取措施的情况；对审计机关移送处理事项采取措施的情况。在审计实施过程中，审计机关应当对发现的被审计单位存在的问题，及时督促整改；对于定期审计项目，可以通过有效整合审计资源和结果，结合下一次审计，对被审计单位的整改情况进行检查或者了解。

在资源环境审计中，审计整改检查是必要的环节，被审计单位整改情况的内容也被纳入审计结果公告中。在上述2019年环渤海地区生态环境保护审计结果公告中，对于审计发现的问题，根据审计机关提出的整改建议，相关部门积极进行整改，在后续反馈中，五省市已有7个园区、1 815家违规取水企业、1 088家畜禽养殖场完成整改，31家企业安装了在线监测设备或已实施水污染监测，有关单位已拨付专项资金2 504.12万元，收回财政资金4 125万元。对审计反映的有关政策制度和体制机制性问题，相关部门正在进行研究完善。审计署将继续跟踪检查整改情况，进一步督促对审计发现问题整改到位。这表明，审计整改检查能够有效发挥审计监督作用，有助于资源环境资产负债审计目标的实现。

### 4.2.5 审计证据及其来源

审计证据是指审计人员为得出审计结论、形成审计意见而使用的所有信息。对审计证据的分类有多个视角：从主客观特征看，既有反映管理要求的法规制度类证据，也有反映客观事实的具体证据；从信息载体看，既有经过一定核算系统加工而得的纸质磁质等书面和电子证据，也有卫星飞机和人工拍摄的现场影像资料。从证据来源看，既有来自被审计单位内部的规章制度与核算数据资料等，也有来自被审计单位外部的政府政策法规、行业标准及其他外部证据；当然，还可以按照证据呈现信息的内容对其进行分类。开展资源环境审计所获取审计证据也可以按照不同标准分为不同类别。

在资源环境资产负债审计中，按照审计证据的内容来划分，我们将审计人员获取的用作审计证据的信息归纳为两类，即自然资源资产负债核算涉及的会计记录所含信息和其他相关信息。

#### 4.2.5.1 会计记录所含信息

会计记录主要包括自然资源资产负债报表核算编制过程中所涉及的原始凭证、记账凭证、总分类账、明细分类账、未在记账凭证中反映的对报表的其他调整，以及支持计算、调节和披露的手工计算表和电子数据表等。

#### 4.2.5.2 其他相关信息

##### 4.2.5.2.1 责任评价证据来源

为获取被审计单位或相关领导干部履责情况的审计证据，审计人员可

以检查以下信息：财政收支、财务收支相关资料，被审计单位或被审计领导干部责任履行情况报告，工作计划、工作总结、工作报告、会议记录、会议纪要、决议决定、请示、批示、目标责任书、经济合同、考核检查结果、业务档案、机构编制、规章制度、以往审计发现问题整改情况等资料，与履行职责相关的电子数据和必要的技术文档，审计所需的其他资料。

4.2.5.2.2 资源环境相关证据来源

为获取充分的资源环境相关的审计证据，可以查阅相关资源环境统计结果，如《自然资源登记簿》①是自然资源统一确权登记的结果，记载着自然资源的坐落、空间范围、面积、类型以及数量、质量等自然状况；自然资源所有权主体、代表行使主体以及代表行使的权利内容等权属状况；自然资源用途管制、生态保护红线、公共管制及特殊保护要求等限制情况及其他相关事项，所登记信息可与水利、林草、生态环境、财税等相关部门管理的信息相互佐证。年度《中国生态环境状况公报》②，提供针对淡水、海洋、土地具体环境状况的信息。各省、自治区、直辖市发布《生态文明建设年度评价结果公报》，该评价按照《绿色发展指标体系》③的要求实施，评价结果包括资源利用、环境治理、环境质量、生态保护、增长质量、绿色生活、公众满意程度等七个方面。此外，还有各相关行政主管部门及行业协会公布的《资源环境综合统计报表》④，统计内容包含主要水系干流水质状况评价结果、全国近岸海域海水水质评价结果、水资源及供用水、分地区及分流域水利情况、重点评价湖泊水库水质状况、国土资源、主要矿产资源基础储量、主要能源、黑色金属、有色金属、非金属矿产基础储量、草原和农村可再生能源利用、森林与湿地资源、造林、林业投资、林业灾害、海水水质评价、海洋灾害、海洋资源产量、海洋自然保

---

① 自然资源部、财政部、生态环境部、水利部、国家林业和草原局制定了《自然资源统一确权登记暂行办法》，于2019年7月11日印发。该办法第二章规定了自然资源登记簿的内容。自然资源部办公厅2020年2月14日印发了《自然资源确权登记操作指南（试行）》，该指南对登记簿的规范化管理和记载信息的有效利用作出了详细规定。

② 生态环境部：《中国生态环境状况公报》。

③ 国家发展改革委、国家统计局、环境保护部、中央组织部：《绿色发展指标体系》和《生态文明建设考核目标体系》，2016年12月12日。

④ 国家统计局：《资源环境综合统计报表制度》，2017年1月。

护、主要海洋产业增加值、海区废弃物倾倒及石油勘探开发污染物排放入海情况等。

### 4.2.6 审计评价指标体系

#### 4.2.6.1 评价指标选取的原则

**4.2.6.1.1 定性与定量相结合**

自然资源的多样性和环境变化的复杂性决定了人们对各种因素变化的了解和把握是有差异的,既不可能都达到用数量描述的程度,也不可能脱离对事物属性的逻辑判断,因此,评价指标的选取既要有定性的表述,也要有定量的描述。

**4.2.6.1.2 长期与短期相结合**

自然资源是在不断变化的,具备复杂性,对其的研究既要着眼于眼下,也要有长远眼光。在选取指标时,应当充分考虑指标的时效性,选取能反映长期和短期情况的指标,增强评价指标体系的合理性。

**4.2.6.1.3 业务与财务相结合**

我国应用的自然资源资产负债表分为实物型和价值型两种。第一阶段是完成实物型核算,核算的最终汇总结果是编制出实物型自然资源资产负债表;第二阶段是完成价值型核算,核算的最终汇总结果是编制出价值型自然资源资产负债表。在商品经济社会,所有的自然资源资产都具有使用价值和价值双重属性。表现在工作实务中,就是与资源环境使用价值相关的活动称之为业务活动,与资源环境价值相关的活动称之为财务活动。自然资源的开发利用与保护都离不开资金,同时反映资金变化的财务数据也是最直观、能直接反映自然资源相关状况的数据。资源环境审计也是围绕这两个方面来展开,所以对资源环境责任和绩效的评价需要将二者结合起来。

#### 4.2.6.2 资源环境责任共性指标的选取[①]

在对自然资源资产的相关内容进行审计时,审计人员拥有一套科学的指标体系非常重要,完善的指标体系能够极大地提升审计人员的工作

---

① 自然资源种类繁多,基于资源环境责任评价的指标可分为共性指标和个性指标。对于水资源、森林资源、土地资源等的个性评价指标见本书后面相关部分。

效率，其中的指标选取是重中之重。表4-2是本书相关指标的设计情况。

表4-2 资源环境责任共性指标

| 指标属性 | 一级指标 | 二级指标 |
| --- | --- | --- |
| 资源环境责任共性指标 | 自然资源资产开发 | 自然资源资产存量 |
| | | 自然资源资产产权情况 |
| | | 自然资源违规开发率 |
| | 自然资源政策制定及执行 | 管理制度建设情况 |
| | | 自然资源档案保管情况 |
| | | 自然资源政策整改率 |
| | 自然资源资产利用 | 自然资源增减变化量 |
| | | 自然资源质量 |
| | 自然资源及环境保护项目投资建设 | 资金筹集率 |
| | | 资金拨付到位率 |
| | | 重大投资项目完成情况 |
| | 自然资源资产相关资金使用 | 资金预算管理率 |
| | | 资金使用合规率 |
| | | 自然资源生态补偿情况 |
| | 环境保护相关事项 | 单位GDP能耗 |
| | | 大众满意度 |

#### 4.2.6.2.1 自然资源资产开发

开展对自然资源资产的审计工作，一定离不开对自然资源资产开发情况的详尽调查。自然资源资产负债表能够整体显示当地的自然资源存量、质量和变化状况，展示各地对自然资源资产的占有、使用、消耗、恢复与提质的状况，所以要认真检查当地政府是否正确编制自然资源资产存量，资源资产增减变化量是否真实反映等相关信息。

选取"自然资源资产存量"二级指标，各地需要建立绿色低碳的经济发展目标，研究实施减少危害气体污染的政策方针。所以，本指标应当按照自然资源资产负债表的要求，将自然资源资产存量正确如实地反映在《自然资源资产负债表》上。

选取"自然资源资产产权情况"二级指标，是响应依法治国的重要标志。国家设计建立的自然资源资产产权制度，对完成自然资源的系统修复、整体保护与综合治理有重要作用。此指标反映的是是否将辖区内流域、森林等自然资源全面确权，其数值等于已确权登记自然资源资产量除以自然资源资产总存量。

选取"自然资源违规开发率"二级指标，是因为自然资源资产并非用之不竭的，需要秉持可持续发展原则，有节制地开发利用，但是有些不法企业或个人为求私利，违法开发使用自然资源资产，如违法占地、违法开采、非法使用、出售资源等。该指标数值等于违法使用自然资源资产/自然资源资产使用量。

#### 4.2.6.2.2 自然资源政策制定及执行

近年来，社会大众和新闻媒体对自然环境、自然资源的了解程度明显提升，对政府的自然资源政策制定与执行情况也十分关注，但统计有关部门是否根据上级有关要求按时落实有关政策法规比较困难。我国自然资源资产政策法规较多，涉及多个资源管理职能部门，在实施自然资源资产责任审计中，需要重点查看当地是否根据上级部门文件精神制定和实施自然资源制度，应当了解有关部门针对政策制度建设、执行落实和相关档案保存的情况。

选取"管理制度建设情况"二级指标，以深入探究地方政府是否依据有关规定因地制宜地制定适合当地自然资源和自然环境的相关制度，是否按相关规定编制《自然资源资产负债表》。

选取"自然资源档案保管情况"二级指标，以探究有关部门对于自然资源档案管理的合规性、档案记录的连续性，以此督促其将自然资源档案的归类、整理工作精细化，为日后自然资源审计工作提供有力的证据支撑。

选取"自然资源政策整改率"二级指标，以使各地的领导干部严格遵守自然资源资产政策，如果被查出或审计过程中查实存在以权谋私、违反政策法规的情况，难免会对自然资源产生损害。自然资源政策整改率的数值等于违反自然资源资产政策数除以自然资源资产政策总数。

#### 4.2.6.2.3 自然资源资产利用

选取"自然资源增减变化量"二级指标，主要是以各地区的政府工作

报告确定的生态环境质量改善责任制目标完成情况为衡量标准。

选取"自然资源质量"二级指标，使各种自然资源有相应的衡量其质量的指标，在此不再赘述。

#### 4.2.6.2.4 自然资源及环境保护项目投资建设

选取"资金筹集率"二级指标，能够有效反映有关部门的筹资能力。通过设置该评价指标，审计人员可以较为直观地对有关部门的筹资能力进行了解与考核；也可以反映国家比较关注的政府预算安排情况，做好日常工作的预算，促使其重视预算工作。该指标数值等于资金实际筹集数/资金应筹集数。

选取"资金拨付到位率"指标，原因在于国家划拨的专项资金来自人民群众，也应当用于为人民群众谋福祉。审计人员需要掌握有关部门对于专项资金的投入和使用状况，显示其对于投资建设项目资金的拨付效率，以及项目工作开展的时效性。该指标数值等于资金拨付到位数/资金应到位数。

选取"重大投资项目完成情况"指标，是因为重大投资项目需要倾注更多的精力与财力，解决大量的就业，牵扯广大人民的利益。此指标可以显示重大投资项目的进度与效率，以国家重大环保工程规划目标完成情况及相关配套设施建设情况来衡量。

#### 4.2.6.2.5 自然资源资产相关资金使用

自然资源资产相关资金使用情况的重要性不言而喻，审计人员需要对自然资源资产相关资金使用的绩效、合规使用等情况展开探究。

选取"资金预算管理率"二级指标，可以知晓有关部门对于筹措资金用途的预算安排水平，也能显示有关部门对于资金预算安排活动的重视程度。该指标数值等于资金纳入预算管理金额/资金实际筹集数。

选取"资金使用合规率"二级指标，原因在于使用自然资源资产专项资金要遵循相应的国家政策，符合有关环保的规划与目标。相关领导干部必须廉政为民，从社会大众的角度思考，关注社会民生问题，保证专项资金用到该用的地方。审计人员对专项资金用途合规化的进一步考量与追踪，能够理清资金使用阶段是否存在违规操作问题。审计人员要统计自然资源相关资金的使用情况，检查相关凭证与票据是否真实有效，财务处理是否正确等。资金使用合规率的数值是资源项目资金使用合规数与资源项

目资金使用总数的比值。

选取"自然资源生态补偿情况"二级指标,可以反映政府补充耕地面积、跨流域补偿机制和生态公益林地效益补偿机制等。该指标可以通过城镇绿化覆盖率等指标衡量补偿的效益情况。

#### 4.2.6.2.6 环境保护相关事项

绿水青山就是金山银山,在建立指标评价体系时应考虑环境后果指标,其主要表现在治理污染与保护生态。政府应当建立健全生态监测体系,对检测出的已遭到破坏的生态环境进行修复,同时努力降低资源消耗,使自然资源可以实现循环高效利用。

选取"单位GDP能耗"二级指标的原因是,单位GDP能耗代表一个单位的GDP消耗的产能,该指标显示了地方经济值对自然资源消耗的依赖水平。该指标的设立有利于增强当地政府机关对提升经济效益和质量的关注程度,坚持低碳和绿色发展。该指标数值等于能源消耗总量/地方生产总值。

选取"大众满意度"二级指标,以反映相关领导干部是否积极落实中央政策,保护自然生态环境。良好的自然资源是广大人民群众的共同利益,在保护自然资源的过程中,大众应当参与其中。我国通过设置公众满意度指标,可使公众监督政府的工作。相关机构在制定和实施制度政策时也要充分吸收社会建议,提升大众参与程度。该指标是定性指标之一,审计人员应先发放调查问卷,再计算出指标数值,与前一期的大众满意度作比较,最后计算得分。

### 4.2.6.3 评价指标体系的应用

本书使用的是期初比较打分法。期初比较打分法是指统计某一时期各项指标的实际值,并与上一时期的指标值对比,根据差异情况进行打分。若与期初指标持平,可得80分;与期初指标比较,每增加或减少1%,则增加或减少1分,限值为20分。工作人员通过分析实际数据计算指标的分值,并由专家们研究出指标的权重。

## 4.2.7 资源环境责任界定

### 4.2.7.1 责任主体

资源环境的责任主体可分为两个层面。一是单位层面:对自然资源行

使受托所有权、监管权、开发经营权的政府主管部门和企事业单位；二是个人层面：担任相关单位要职的党政领导干部。在单位层面，按照"谁主管、谁负责"的原则，资源环境的政府主管部门对辖区内资源环境的开发、利用和保护负有管理责任，资源开发利用的企事业单位负有直接责任。在个人层面，按照习近平总书记"问责既要对事、也要对人，要问到具体人头上"[①]的要求，资源环境的开发、利用和保护责任应当落实到具体的领导干部身上，明确相关责任人的权力与职责，实现权责统一，并最终形成责任担当的压力传导机制。

### 4.2.7.2 责任界定的原则

对于资源环境的开发、利用和保护，按照属地管理、属地负责的总原则进行责任界定，明确地方政府和领导干部的具体职责。资源环境通常具有覆盖面积大、流动性强的天然属性，现实中也常常出现协同治理的情况，例如围绕高标准打赢污染防治攻坚战，长三角地区建立了区域水污染防治协作机制，长三角区域的水环境治理实现了上下游协同。因此，在国家积极推进区域协调发展和协同治理的背景下，传统资源环境责任界定原则中的属地管理、属地负责，与现实中协同治理的跨区域需求不完全匹配。资源环境的责任界定在属地管理、属地负责的原则基础上，还应当考虑协同治理的跨区域因素，做好责任分解，将生态共治、责任共担的理念落到实处。

### 4.2.7.3 责任期限

《党政领导干部生态环境损害责任追究办法（试行）》[②]《生态文明体制改革总体方案》[③]均提出建立党政领导干部生态环境损害责任追究制，坚持依法依规、客观公正、科学认定、权责一致、终身追究的原则。资源环境治理工作具有前期投入大、见效慢的特点[④]。在中央和地方财政的资金支持及人民群众的努力奋斗之下，三北防护林在沙漠化防治方面取得了一些进展，在一定程度上改善了区域生态环境质量，但仍面临成林衰退、

---

① 习近平：《在十八届中央政治局第二十四次集体学习时的讲话》，2015年6月26日。
② 中共中央、国务院：《党政领导干部生态环境损害责任追究办法（试行）》，2015年8月17日。
③ 中共中央、国务院：《生态文明体制改革总体方案》，2015年9月11日通过。
④ 以三北防护林的建设为例，自1978年以来，中央和地方财政已投入超过400亿元人民币的资金支持。

灌木规模有待提高、重度沙漠化防治作用有限、农田防护林更新改造困难、可持续发展压力大、水资源严重短缺等诸多问题。从地方政府的角度思考，资源环境的保护成果在任期内不一定能够产生实际效果，生态治理的质量难以量化，无法将投入转化为收益，因此在政绩压力的驱动下，地方政府往往会将经济发展放在更优先的位置，而缺乏环境治理和资源保护的内在动力，甚至不惜以严重破坏资源环境为代价追求经济发展。鉴于此，在资源环境的开发、利用和保护方面，应当采取终身负责制、终身追责制，即使是调离、提拔或者退休也不能免责，这样才能激励领导干部履职尽责，促使生态环境与经济发展相互协调。

#### 4.2.7.4 责任界定的方法

资源环境责任是一个存在时滞性、动态且综合的概念，许多情况下很难将资源环境损害的责任简单归咎于某一个人。除了自然灾害、技术条件等，现行管理体制下的上下级之间、不同单位之间的信息传递和工作程序等原因，导致难于将责任全部归于某一个具体的人。所以，按照属地管理、属地负责的总体原则进行责任界定，对地方主管部门和领导干部的具体职责加以科学合理区分和落实是十分必要的。下面介绍适用于所有资源环境责任界定的方法，即主管部门和领导干部责任界定，以及针对特定资源责任界定的方法。

##### 4.2.7.4.1 主管部门的责任界定

《斯德哥尔摩宣言》提出，"各国政府对保护和改善现代人和后代人的环境具有庄严的责任，各国政府应加强现有环境管理机构的能力和作用"。我国新修订的《环境保护法》规定，"地方各级人民政府应当根据环境保护目标和治理任务，采取有效措施，改善环境质量"。二者理念相同。地方主管部门对辖区内的资源环境承担管理保护责任，根据其权限，分为决策、执行和监督三类，与此相应地，其资源环境责任被界定为决策责任、执行责任和监管责任三类。

（1）决策责任。在责任认定时，审计人员应当对被审计对象所制定的区域环境法规、环境政策、环保规划等多个层面的内容是否与国家相关法律法规相契合，是否符合当地实际、确实切实可行，能否与本辖区内的经济社会发展步调一致，能否带来资源环境效益等方面进行审查。

（2）执行责任。应进行的审计工作主要包括资源环境资金审计和资源

环境项目审计两部分。这两项审计工作中，政府相关部门和有关企业是在资源开发或环境保护资金的筹集、管理、分配、使用和重大资源环境工程项目的规划、建设、运行、管理中承担决策责任的主体，因而也是资源环境资金审计和资源环境项目审计的责任主体。就资源环境资金审计而言，审计人员在责任认定时，应当重点审查主管部门对资源环境资金从筹集、管理、分配到使用全过程的真实合法性，通过指标体系对其资金使用后的效益效果进行持续评价，避免资金被贪污、挪用或浪费等现象的发生，提高资金的使用效率。就资源环境项目审计而言，审计人员则应"两条腿走路"：在关注财务审计、考虑资源环境项目推进过程中资金管理是否规范、资金使用是否高效以及是否存在自利舞弊行为的同时，也要对项目实施过程中规划是否合理，是否利于可持续发展，能否产生资源环境效益，是否会破坏现有的生态环境平衡等非财务审计予以关注。

（3）监管责任。应进行的审计工作是资源环境监管审计，履行资源环境监管职责的主体具有很强的针对性，即在职能分工上负责该项工作的专门机构及其负责人，因而包括自然资源、生态环保、水利、农林、发改等部门便是资源环境监管审计的责任主体。对于该项责任的界定，审计人员应当从责任主体部门建立的资源环境监管制度是否健全完善入手，关注资源环境问责体系中部门设置和人员配备是否科学合理；在监管过程中，主管部门工作是否尽职、能否保证相关政策落地等也是需要审查的因素；此外，还应对监管举措的效果进行评价，确保其能够实现预期效果。

#### 4.2.7.4.2 领导干部的责任界定

我国资源环境审计的政策引导性十分明显。2014年修订的《中华人民共和国环境保护法》第六条、第十条及第二十六条规定有"地方各级人民政府应当对本辖区内环境质量负责；国务院对全国环境保护工作实施统一监督管理，县级以上地方人民政府对本行政区域环境保护工作实施统一监督管理；国家实行环境保护目标责任制和考核评价制度"。2014年7月中央纪委等联合印发的《党政主要领导干部和国有企业领导人员经济责任审计规定实施细则》和2015年相关部委联合印发的《关于加快推进生态文明建设的意见》中均对建立健全资源环境问责监督机制提出了明确要求。2015年9月的《生态文明体制改革总体方案》和2016年的《生态文明建设目标评价考核办法》均指出实行地方党委和政府领导成员生态文明建设

一岗双责制，结合自然资源资产离任审计、环境保护督察结果和生态环境损害情况等，明确对地方党委和政府领导班子主要负责人、有关领导人员的责任认定。2019年7月，中共中央办公厅、国务院办公厅发布《党政主要领导干部和国有企事业单位主要领导人员经济责任审计规定》，规定对领导干部履行经济责任过程中存在的问题，审计委员会办公室、审计机关应当按照权责一致原则，根据领导干部职责分工，综合考虑相关问题的历史背景、决策过程、性质、后果和领导干部实际所起的作用等情况，界定其应当承担的直接责任或者领导责任。参考已出台的系列文件，基于属地原则，本书以领导干部在资源环境责任事件中扮演的角色为切入点将资源环境责任界定为直接责任和领导责任。

（1）直接责任。领导干部对履行自然资源资产及环境管理责任过程中的下列行为应当承担直接责任：第一，直接违反关于自然资源资产及环境管理相关法律法规、政策规定的；第二，贯彻党和国家资源环境政策、决策部署不坚决、不全面、不到位，造成公共资金、国有资产、国有资源损失浪费，生态环境破坏，公共利益损害等后果的；第三，未完成有关法律法规规章、政策措施、目标责任书等规定的领导干部作为第一责任人（负总责）事项，造成国有资源损失浪费，生态环境破坏，公共利益损害等后果的；第四，未经民主决策程序或者民主决策时在多数人不同意的情况下，直接决定、批准、组织实施重大经济事项，造成国有资源损失浪费，生态环境破坏，公共利益损害等后果的；第五，不履行或者不正确履行职责，对造成的后果起决定性作用的其他行为。

（2）领导责任。领导干部对履行自然资源资产及环境管理责任过程中的下列行为应当承担领导责任：第一，民主决策时，在多数人不同意的情况下，决定、批准、组织实施重大经济事项，由于决策不当或者决策失误造成国有资源损失浪费，生态环境破坏，公共利益损害等后果的；第二，违反部门、单位内部管理规定造成国有资源损失浪费，生态环境破坏，公共利益损害等后果的；第三，参与相关决策和工作时，没有发表明确的反对意见，相关决策和工作违反有关法律法规、政策规定，或者造成国有资源损失浪费，生态环境破坏，公共利益损害等后果的；第四，疏于监管、未及时发现和处理所管辖范围内本级或者下一级地区（部门、单位）违反有关法律、法规、政策规定的问题，造成国有资源损失浪费，生态环境破

坏，公共利益损害等后果的；第五，除直接责任外，不履行或者不正确履行职责，对造成的后果应当承担责任的其他行为。

#### 4.2.7.4.3 特定资源的责任界定

（1）水资源。《中华人民共和国水污染防治法》规定，县级以上人民政府应当将水环境保护工作纳入国民经济和社会发展规划，地方各级人民政府对本行政区域的水环境质量负责；省、市、县、乡建立河长制，分级分段组织领导本行政区域内水资源保护、水污染防治、水环境治理等工作。国家实行水环境保护目标责任制和考核评价制度，将水环境保护目标完成情况作为对地方人民政府及其负责人考核评价的内容。

（2）森林资源。《中华人民共和国森林法》规定，国家实行森林资源保护发展目标责任制和考核评价制度。各级人民政府应当保障森林生态保护修复的投入，促进林业发展。上级人民政府对下级人民政府完成森林资源保护发展目标和森林防火、重大林业有害生物防治工作的情况进行考核，并公开考核结果。

（3）土地资源。《中华人民共和国土地管理法》规定，存在以下情况，需对直接负责的主管人员和其他直接责任人员，给予处分：买卖或者以其他形式非法转让土地的；非法占用土地的；非法批准征收、使用土地的。自然资源主管部门、农业农村主管部门的工作人员玩忽职守、滥用职权、徇私舞弊，构成犯罪的，依法追究刑事责任；尚不构成犯罪的，依法给予处分。

（4）矿产资源。《中华人民共和国矿产资源法》规定，负责矿产资源勘查、开采监督管理工作的国家工作人员和其他有关国家工作人员徇私舞弊、滥用职权或者玩忽职守，违反本法规定批准勘查、开采矿产资源和颁发勘查许可证、采矿许可证，或者对违法采矿行为不依法予以制止、处罚，构成犯罪的，依法追究刑事责任；不构成犯罪的，给予行政处分。《中华人民共和国矿产资源法实施细则》规定，有下列行为之一的，对主管人员和直接责任人员给予行政处分；构成犯罪的，依法追究刑事责任：批准不符合办矿条件的单位或者个人开办矿山的；对未经依法批准的矿山企业或者个人颁发采矿许可证的。

### 4.2.8 审计报告

资源环境资产负债核算系统审计报告是审计机关实施审计后，对被审计单位或人员有关资源资产管理和生态环境保护情况的真实性、合法性和效益性进行评价，并对被审计单位或人员的资源环境责任进行界定，从而提出审计评价意见、结论和建议的书面文件。

审计报告的编写①需要符合特定要求，首先要注意防范审计评价风险，一是对未涉及、证据不适当或调查不充分、评价依据或标准不明确以及超越审计职责范围的事项，不能发表审计评价意见；二是评价依据和标准要注明；三是评价数据应有出处。其次是归纳审计发现的问题，要对审计发现的问题进行分类与归纳，做到条理清晰。最后还需注意提高审计建议的针对性和可行性，一是要围绕发现的问题提建议，二是要就建议的可行性充分征求被审计单位的意见，三是要向被审计单位提出其力所能及的建议。

审计报告的主要内容包括审计依据，实施审计的基本情况（审计范围、内容、方式和实施的起止时间），被审计单位基本情况，被审计单位或人员资源环境责任履行情况和审计人员对被审计单位或人员的责任界定情况，审计评价意见和结论，以往审计决定执行情况和审计建议采纳情况，审计发现的重要问题的事实、定性、处理处罚意见，审计发现的移送处理事项的事实和移送处理意见以及审计提出的改进建议。

除了以上的审计报告主要内容外，还应结合资源环境资产负债审计的特点以及审计中的具体问题进行补充完善，包括以下几类内容：

一是审计期间被审计单位对审计发现的问题已经整改的，审计报告还应当包括有关整改情况。

二是采取跟踪审计方式实施审计的，审计组在跟踪审计过程中发现的问题，应当以审计机关的名义及时向被审计单位通报，并要求其整改。跟踪审计实施工作全部结束后，应当以审计机关的名义出具审计报告。审计报告应当反映审计发现但尚未整改的问题，以及已经整改的重要问题及其整改情况。

三是专项审计调查报告除符合审计报告的要素和内容要求外，还应根据专项审计调查目标，重点分析宏观性、普遍性、政策性或者体制、机制问题，并提出改进建议。

---

① 水环境审计课题组. 水环境审计指南 [M]. 北京：中国时代经济出版社，2011：192-198.

## 4 资源环境审计

四是针对生态环保建设项目，审计报告应结合《建设项目环境影响报告表》的编制要求对审计报告内容进行补充。例如以生态影响为主要特征的建设项目，包括农业、林业、渔业、采矿业等，需要按照《建设项目环境影响报告表编制技术指南（生态影响类）（试行）》填写《建设项目环境影响报告表》。此表具体编制要求在：

第一，建设项目基本情况：建设项目名称、项目代码、建设地点、地理坐标、建设项目行业类别、用地（用海）面积/长度、是否开工建设、专项评价设置情况、规划情况、规划环境影响评价情况、规划及规划环境影响评价符合性分析等；

第二，建设内容：地理位置、项目组成及规模、总平面及现场布置、施工方案等；

第三，生态环境现状、保护目标及评价标准：生态环境现状、与项目有关的原有环境污染和生态破坏问题、生态环境保护目标、评价标准；

第四，生态环境影响分析：选址选线环境合理性分析；

第五，主要生态环境保护措施及环保投资；

第六，生态环境保护措施监督检查清单；

第七，结论：从环境保护角度，明确建设项目环境影响可行或不可行的结论。

五是资源环境责任审计报告中应包含对国民经济和社会发展规划纲要中确定的资源环境约束性指标、生态文明建设重大目标任务完成情况的审计结果。《生态文明建设目标评价考核办法》于2016年12月2日起实行，要求每五年进行一次生态文明建设目标考核。目标考核内容主要包括国民经济和社会发展规划纲要中确定的资源环境约束性指标，以及党中央、国务院部署的生态文明建设重大目标任务完成情况，突出公众的获得感等。目标考核采用百分制评分和约束性指标完成情况等相结合的方法，考核结果划分为优秀、良好、合格、不合格四个等级。考核牵头部门汇总各地区考核实际得分以及有关情况，提出考核等级划分、考核结果处理等建议，并结合领导干部自然资源资产离任审计、领导干部环境保护责任离任审计、环境保护督察等结果，形成考核报告。

需要特别指出的是，在生成审计报告时，可以利用审计软件编制审计报告，从而提高审计工作效率。一方面，资源环境资产负债审计系统提供

了审计底稿编辑功能，审计人员能够利用审计底稿功能编写审计底稿，记录开展资源环境审计过程中的审计问题，并对审计问题进行多级复核，通过审计软件提供的复核功能确保审计质量。另一方面，资源环境资产负债审计系统提供了审计报告自动生成功能，通过设定审计报告获取的数据内容自动将审计分析模型、审计底稿中的数据导入审计报告，提高了审计人员编写审计报告的效率，减少了审计报告中重复性的内容输入工作。

## [本章小结]

资源环境资产负债核算系统审计框架的构成要素包括审计主体与客体、审计目标与内容、审计方式与方法、审计标准与流程、审计评价与报告。我国的国家治理体系和政府管理体制规定，审计主体主要是国家审计机关，在必要时可委托社会审计机构；审计客体主要是承担自然资源资产管理和生态环境保护的政府各级管理部门及其领导干部。审计总体目标是监督相关管理部门或党政领导干部自然资源资产管理和生态环境保护情况的真实性、合法性和效益性，具体目标则根据具体项目来确定，围绕存在、准确性、完整性等认定进行分析。与审计目标相对应的审计内容包括：资源环境资产负债核算信息的编制和披露情况，资源环境法律法规遵循情况，资源环境方针政策贯彻落实情况，资源环境目标完成情况，资源环境效益实现情况，自然资源管理和生态环境保护决策责任、执行责任和监管责任的履行情况，资源环境相关资金征管用和项目建设情况等。与核算系统相对应的审计内容包括：水资源环境资产负债审计、森林资源环境资产负债审计、土地资源环境资产负债审计、矿产资源环境资产负债审计。与审计对象特征相对应的审计内容包括：业务审计、财务审计、项目审计、专案审计等。审计的方式包括"上审下""合作审""同级审""委托审"四种，其中，常用的是"上审下"。审计方法不仅包括传统审计中常用的观察、检查、询问、重新操作等，还要采用新的技术手段，如资源环境价值估计、"3S"技术、大数据审计等。审计标准包括法律法规，国家方针和政策、会计准则和会计制度、技术标准等。在审计过程中，需要审计人员根据客观性、适用性、相关性和公认性等原则选择合适的审计标准。基本的审计流程是"计划-实施-报告"，其中审计结果公布和审计整

改检查是审计报告出具后的两个后续环节,能够促进审计监督作用的发挥。审计证据取自记载被审计单位活动的各种材料(会计信息和其他信息)、资源环境统计结果和现场实物材料等。为了便于审计评价,本书构建了基于资源环境责任共性的审计评价指标体系,并对资源环境责任的界定进行了分析,区分为主管部门承担的决策、执行和监管三种责任,领导干部承担的直接责任和领导责任,以及水资源、森林资源、土地资源、矿产资源的具体责任界定方法。审计报告的基本内容主要包括审计依据,实施审计的基本情况,被审计单位基本情况,责任履行和责任界定情况,审计评价意见、结论和建议等;但还要结合审计中的具体问题补充审计内容,需要特别指出的是,可以使用资源环境资产负债审计系统实现审计报告的自动生成。

# 5

# 水资源环境核算与审计

## 5.1 水资源环境资产负债核算

### 5.1.1 水资源环境特点及管理要求

#### 5.1.1.1 水的自然属性

水是自然界最普遍的物质形态之一，是构成地球自然生态圈的主要成分。地球表面的71%被海水覆盖，在29%的陆地面积里也分布着众多的冰川、雪域、江河、湖泊和水库。不仅如此，地球上几乎所有生物的物质组成都含有水，例如人体中约有70%是水。水是无色无味的透明物质，在不同温度条件下以液态、气态和固态三种形态存在于自然界。

水具有循环性、流动性、溶解性、混合性、随机性、可再生性和可更新性等多种自然属性。随着地球的公转与自转，在阳光、空气扰动和地心引力的作用下，水的形态和位置不停地发生着循环往复的变化。水不断地以蒸气形式从陆地和海洋上升形成云层，然后又以降水的形式回到陆地、海洋和其他水体。这几个阶段的周而复始称为水文循环。[①] 详见图5-1。

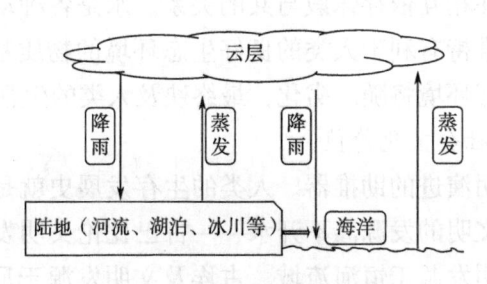

图5-1 地球水形态变化与循环

水不仅具有循环性，在气态和液态形式下还具有很强的流动性。水的气态形式下会随着气流上升和飘移，液态形式下则由于重力作用自高向低流动，并受制于地形而形成陆地上的江河与湖泊。在自然界，大到地形地貌甚至高原沟壑的形成，小至滴水穿石、锈蚀铁器、熬煎汤药，都可以看到水的

---

[①] 联合国：《水环境-经济核算体系 SEEAW-2102》. 6. 5. ST/ESA/STAT/SER. F/100，联合国出版物，2012。

溶解作用。被水溶解或裹挟在水里的各种物质与水一道成为洪水、咸水、污染水等液体混合物。水的循环流动还具有随机性及分布的不均匀性：有时干旱无雨，有时暴雨倾盆；有的河水断流，有的泛滥成灾。水的循环往复，使水用过之后还会再有，浑浊之后还可澄清，污染之后还可更新。水的自然属性决定了水与人类的关系密切。从人类与水的关系视角看，水还有社会属性。

天然水体具有多种不同特性，包括化学特性（含有硝酸盐、溶解氧等）、物理特性（温度、传导性等）、水形态特性（水流、河流持续性、集聚等）和生物特性（细菌、植物群、鱼类等）。这些特性主要是自然过程和人类活动造就的，而水质则是所有这些特性的集中表现。

#### 5.1.1.2 水的社会属性

水是生命之源。人们不仅每天都要饮水以维持生命，而且还要用水饲养家禽牲畜、灌溉庄稼、种植草木、制作食品、洗涤用品、清洁居所等。水在种植、养殖、发电、运输、建筑、工业品加工等各个方面都不可或缺。因此，水对于人类具有生态价值、社会价值和经济价值。

5.1.1.2.1 水的生态价值

地球的生物圈是一个以水和碳为基本元素的多样性生物的物质世界，各种生物之间存在相互依存休戚与共的关系。水是各种动植物的生命之源和生命之本，是维持有利于人类的良好生态环境的物质基础，这个基础一旦受到破坏，生态环境将随之劣化，最终殃及人类的生存。

5.1.1.2.2 水的社会文化价值

水是人类文明演进的助推器。人类的生存发展史就是一部与水息息相关的历史。人类文明的发源离不开水——古巴比伦文明发源于幼发拉底河流域、古印度文明发源于恒河流域、古埃及文明发源于尼罗河流域、中华文明发源于黄河长江流域。而工业文明的发展也离不开海洋的背景。水的存在和水的作用而时刻体现着水的社会价值。

5.1.1.2.3 水的经济价值

水是人类生活资料和生产资料的组成部分。当人与人之间开始互相交换而谋求发展，即商品经济诞生时起，天然形成或人工形成的水便开始具有了经济价值。

对人类而言，水具有多功能、多用途、稀缺性、权属性、收益性、有偿性等社会属性。多功能与多用途，不仅由水的自然属性决定，也由水的

三重价值决定——维系生态环境、发展科学文化、建设水利工程。稀缺性，由天然水分布的不均衡和物质生产能力决定，淡水尤其是优质淡水对于人类来说日益成为稀缺资源。权属性，在人们划定的主权领土范围内，水资源与其他自然资源一道成为具有特定主权属性的资源。收益性，这是伴随着水的生产和交易事项而来的水资源的社会属性。补偿性，一方面，为了生态平衡和可持续发展，人们要对超耗的水资源和污染的水域进行恢复；另一方面，人与人之间也要履行补偿水资源的债务（现实义务）。

### 5.1.1.3 水资源的内涵与范围

根据《现代汉语词典》（1996年版）的解释，"资源"是指"生产资料或生活资料的天然来源，如地下~，水力~，旅游~"①，由于水（通常特指陆地范围内的水）具有生产资料或生活资料的用途，所以也被称为水资源。联合国《21世纪议程》对水资源的定义为"水是一种自然资源，也是一种社会物品和有价物品，水资源的数量和质量决定了它的用途性质。"②在该议程的要求下形成并两次修订的联合国《环境经济核算体系中心框架》（SEEA-2012）对水资源的定义是："水资源由内陆水体中的淡水和略咸水组成，包括地下水和土壤水。"③我国国家标准的定义是"地表和地下可供人类利用又可更新的水"，相应的水资源总量则是"降水形成的地表、地下水产量，即地表径流量与降水入渗补给量之和"④。《中华人民共和国水法》明确："本法所称水资源，包括地表水和地下水"。由此可见，水资源只是陆地水体而不是全部地球水，它不包括海洋和云层里的气态水。

除去海洋资源和大气层中的气态水，联合国的 SEEAW-2012 根据水资源的存在形态将陆地水资源分为地表水、地下水和土壤水三类。⑤ 该核算体系认为，地表水是指以流动或蓄积状态存在于陆地表面的水，分为：人工

---

① 中国社会科学院语言研究所词典编辑室. 现代汉语词典（修订本）[M]. 北京：商务印书馆，1996：1662.

② 联合国：《21世纪议程》，1992年巴西里约热内卢世界环发大会通过，18.8，联合国出版物，1992。

③ 联合国：《环境经济核算体系中心框架 SEEA-2012》，5.11.2. ST/ESA/STAT/Ser. F/109，联合国出版物。

④ 中华人民共和国国家标准：《水资源术语》（GB/T 30943—2014），2014年7月8日发布，2015年1月19日实施。

⑤ 联合国：《水环境-经济核算体系 SEEAW-2102》，6.12.-6.23，ST/ESA/STAT/SER. F/100，联合国出版物。

水库、湖泊、河川溪流、冰川、雪和冰。地下水是指蓄积在地下含水层中的水。土壤水是指土壤最上层或近地面通风带中悬浮的水分，能在蒸散作用下进入大气。同时，该核算体系认为水质是水体具有的化学特性（含有硝酸盐、溶解氧等）、物理特性（温度、传导性等）、水形态特性（水流、河流持续性、沉积等）和生物特性（细菌、植物群、鱼类等）的集中表现，可将地表水体分为五个生态状况级别：优良、良好、中等、较差、差。

我国财政部等（2016）认定："水资源税的征税对象为地表水和地下水。地表水是陆地表面上动态水和静态水的总称，包括江、河、湖泊（含水库）、雪山融水等水资源。地下水是埋藏在地表以下各种形式的水资源。地表水分为：农业、工商业、城镇公共供水、水力发电、火力发电贯流式、特种行业及其他取用地表水。地下水分为：农业、工商业、城镇公共供水、特种行业及其他取用地下水。特种行业取用水包括：洗车、洗浴、高尔夫球场、滑雪场等取用水。"[①] 这种划分，并没有将水质量因素考虑进去。

按照国家的水质标准分类，水质分为五个质量等级（见表5-1）。

**表5-1 国家水质标准及其用途**

| 水质标准 | 主要用途 |
| --- | --- |
| Ⅰ类水 | 主要适用于源头水、国家自然保护区 |
| Ⅱ类水 | 主要适用于集中式生活饮用水地表水源地一级保护区、珍稀水生生物栖息地、鱼虾类产卵场、仔稚幼鱼的索饵场等 |
| Ⅲ类水 | 主要适用于集中式生活饮用水地表水源地二级保护区、鱼虾类越冬场、洄游通道、水产养殖区等渔业水域及游泳区 |
| Ⅳ类水 | 主要适用于一般工业用水区及人体非直接接触的娱乐用水区 |
| Ⅴ类水 | 主要适用于农业用水区及一般景观要求水域 |

（资料来源：作者根据国家水质标准 GB 3838—2002 整理）

### 5.1.1.4 水资源管理要求

人类的发展与水资源密切相关。从历史看，农耕时期，水在给人类带来饮用、灌溉、通舟楫之利的同时，也带来了旱涝之害；工业化时期，不

---

[①] 财政部、国家税务总局、水利部：《水资源税改革试点暂行办法》（财税〔2016〕55号），2016年5月9日，2016年7月1日起在河北省实施。

仅水的旱涝之害尚未根除，人类活动又带来了水污染与水质下降的危害。为此，1992年6月，联合国在巴西里约热内卢召开了有183个国家代表团、70个国际组织代表、102位国家元首和政府首脑出席的环境与发展大会，会议通过的《21世纪议程》指出："由于世界上许多地区淡水资源普遍稀缺，而且逐渐被破坏，污染益发严重，加上不相容的活动得寸进尺，因此必须对水资源进行统筹规划和管理。这种统筹规划必须覆盖所有各类的相关淡水水体，包括地表水和地下水，同时需要适当考虑到水的量与质方面。"①

根据水利部2021年公布的数据，我国陆地水资源总量为29 638.2亿立方米，人均水资源量2 053立方米，约为世界人均水资源的1/4。2021年全国用水总量5 920.2亿立方米，人均用水量419立方米。其中，生活用水909.4亿立方米，占用水总量的15.4%；工业用水1 049.6亿立方米，占用水总量的17.7%；农业用水3 644.3亿立方米，占用水总量的61.6%；人工生态环境补水316.9亿立方米，占用水总量的5.4%。②

由表5-2数据可知，我国水资源管理面临着两大问题：一是水资源存量稀缺，尤其是北方和西北属于严重缺水的地区；二是水资源质量较差，尤其是自然湖泊和浅层地下水，受污染较严重。"水资源面临的形势十分严峻，水资源短缺、水污染严重、水生态环境恶化等问题日益突出，已成为制约经济社会可持续发展的主要瓶颈。"③ 针对我国自然资源和生态环境的现实，政府出台了一系列的政策和措施。尤其是党的十八大提出建设生态文明的要求以来，党中央、国务院及有关部门密集出台了一系列文件，对水资源的管理提出了严格要求。这些文件主要包括：《中共中央关于全面深化改革若干重大问题的决定》《中共中央、国务院关于加快推进生态文明建设的意见》《生态文明体制改革总体方案》《党政领导干部生态环境损害责任追究办法（试行）》《编制自然资源资产负债表试点方案》《开展领导干部自然资源资产离任审计试点方案》《水资源术语（GB/T 30943—2014）》《水资源管理信息对象代码编制规范（GB/T 33113—2016）》《水权交易管理办法》《中华人民共和国水法（修订）》《国务院关于实行最

---

① 联合国：《21世纪议程》，1992年里约热内卢世界环发大会通过，18.3，联合国出版物，1992。
② 中华人民共和国水利部：《2021年中国水资源公报》，http://www.mwr.gov.cn。
③ 国务院：《关于实行最严格水资源管理制度的意见》（国发〔2012〕3号），2012年2月15日发布。

严格水资源管理制度的意见》《实行最严格水资源管理制度考核办法》《水资源税改革试点暂行办法》《关于划定并严守生态保护红线的若干意见》《关于统筹推进自然资源资产产权制度改革的指导意见》等。2012—2022年，通过减少废水废物排放，水环境质量得到了很大程度的改善，尤其是河流的水质，但是地下水水质的改善仍任重道远。

表5-2 我国水资源质量抽查检验结果

| 水体质量* | Ⅰ~Ⅲ类 | | Ⅳ~Ⅴ类 | | 劣Ⅴ类 | |
| --- | --- | --- | --- | --- | --- | --- |
| 年份 | 2012 | 2022 | 2012 | 2022 | 2012 | 2022 |
| 河流 | 68.9% | 90.2% | 20.9% | 9.4% | 10.2% | 0.4% |
| 湖泊（水库） | 61.3% | 73.8% | 27.4% | 21.4% | 11.3% | 4.8% |
| 浅层地下水 | 42.7% | 77.6%** | 40.5% | 22.4%** | 16.8% | — |
| 地表水总体质量 | 轻度污染 | 87.9% | — | 11.4% | — | 0.7% |

注：*2012年为62个重点湖泊（水库），地下水监测点总数4 929个。2022年地表水为3 641个国控考核断面，210个重点湖泊（水库），地下水考核监测点为1 890个。

**2022年Ⅰ~Ⅲ类：77.6%；Ⅳ~Ⅴ类22.4%。

（资料来源：作者根据中国生态环境状况公报数据整理）

我国对水资源的管理要求是"开发、利用、节约、保护水资源和防治水害，应当全面规划、统筹兼顾、标本兼治、综合利用、讲求效益，发挥水资源的多种功能，协调好生活、生产经营和生态环境用水"[①]。"探索编制自然资源资产负债表，对领导干部实行自然资源资产离任审计，建立生态环境损害责任终身追究制"，"实行资源有偿使用制度和生态补偿制度"[②]。确立"水资源开发利用控制红线，用水效率控制红线和水功能区限制纳污红线"[③]。"健全水资源资产产权制度，根据流域生态环境特征和经济社会发展需求确定合理的开发利用管控目标，着力改变分割管理、全面开发的状况，实施对流域水资源、水能资源开发利用的统一监管"[④]。"制定自然资源资产负债表编制指南，构建水资源、土地资源、森林资源等的

---

[①] 全国人民代表大会：《中华人民共和国水法》第四条，2016年7月2日修订。

[②] 中国共产党第十八届三中全会：《中共中央关于全面深化改革若干重大问题的决定》，2013年11月12日。

[③] 国务院：《关于实行最严格水资源管理制度的意见》（国发〔2012〕3号），2012年2月15日发布。

[④] 中共中央办公厅、国务院办公厅：《关于统筹推进自然资源资产产权制度改革的指导意见》，2019年4月14日发布，http://www.gov.cn/zhengce。

资产和负债核算方法，建立实物量核算账户，明确分类标准和统计规范，定期评估自然资源资产变化状况"①。

根据《国务院关于实行最严格水资源管理制度的意见》，用水量和水质量是进行水资源资产核算的两个关键要素。前者与水资源的开发利用效率密切相关，后者与水生态环境的好坏密切相关。因此，对水资源资产的核算要考虑用水量和水质量两个方面。详见表5-3：

表5-3 重要涉水指标

| 指标类型 | 政府统计公报② | 水资源公报③ | 生态建设④ |
| --- | --- | --- | --- |
| 水资源量 | 水资源总量 | 降水、地表水、水库、湖泊、地下水、水资源总量 | |
| 水资源开发利用 | 用水量、生活用水、工业用水、农业用水、生态补水 | 供水量、用水量、耗排水量 | 主要河流年水消耗量、地下水超采率 |
| 水资源效率 | 万元GDP耗水、万元工业增加值用水、人均用水 | 用水指标* | 单位GDP水耗 |
| 水资源质量 | | 河流水质、湖泊水质、水库水质、水功能区水质、省界断面水质、浅层地下水水质、集中式饮用水水源地水质 | 水环境质量、城镇生活污水集中处理率、工业用水重复率、城市生活污水集中处理率、城市生活污水排放总量（万吨）、工业用水重复率、旅游区环境达标率、集中式饮用水源水质达标率、村镇饮用水卫生合格率、农村污灌达标率、城市水功能区水质达标率、酸雨频率、降水pH值年均值 |

注：综合用水指标宜采用人均用水量和单位国内（地区）生产总值用水量两个指标。单项用水指标分为农业用水指标、工业用水指标、城镇公共用水指标、居民生活用水指标和牲畜用水指标等。统计工业用水重复利用率、农业灌溉渠系水利用系数和城市供水管网漏失率，反映用水效率。⑤

---

① 中共中央、国务院：《生态文明体制改革总体方案》，2015年9月22日。
② 国家统计局：《2018年度统计公报》，http://www.stats.gov.cn/tjsj/tjgb/ndtjgb。
③ 中华人民共和国水利部：《2018年中国水资源公报》，http://www.mwr.gov.cn/。
④ 国家环境保护总局：《生态县、生态市、生态省建设指标（试行）》（环发〔2003〕91号），2003年5月23日。
⑤ 中华人民共和国国家质量监督检验检疫总局、中国国家标准化管理委员会：《水资源编制规程（GB/T 23598—2009）》，2009年4月24日发布，2009年9月1日实施。

## 5.1.2 水资源环境资产负债核算要素分类分级与科目设置

对水资源环境资产负债的核算，分为两类不同性质的主体：一类是各级政府专职管理部门；一类是对水资源环境承担具体使用和处置权力的企事业单位。

### 5.1.2.1 水资源环境资产分类分级与科目设置

5.1.2.1.1 水资源环境资产的概念

水资源环境资产是广义水资产（Water Assets）的组成部分。广义水资产的范畴包括水体资产、水域资产、水利资产、水环境容量等。其定义是：权属关系明确并具有生态、社会和经济价值的可计量、可获取的水资源，包括降水形成的赋存于江河湖库中的地表水，赋存于地下含水层中的地下水，赋存于冰川、雪和冰、土壤中的水等，可以用水的实物量（数量及质量）和价值量来衡量。水域资产是指水体岸线（如河流岸线和湖泊水库岸线）、水体容积、水体汇流区域等。水利资产包括水利工程设施（如大坝、堤防、水电站、节制闸等）、水务设施（如自来水厂、供水管网、水塔、增压设备等）、水的监测计量设施及水利（水务）工程设施运营管理的配套设施等。水环境容量则主要指水资源资产所具有的容纳污染物而仍可维持其主要功能不受影响的能力。狭义水资产则只包括具有经济资产属性的那部分。这些具有经济资产属性的水资产，有些已经完全纳入 SNA 经济统计体系中，如作为固定资产的大坝、堤防、水电站设施、节制闸、自来水厂、供水管网、水塔等；有些虽然具有经济资产属性，但其具体经济价值尚未得到确认，如地表水、地下水等。

水资源环境资产既非广义的水资产，亦非狭义的水资产。从生态环境的视角来看，水资源环境资产是水体、水域和水环境的组合。

5.1.2.1.2 水资源环境资产的分类分级

水资源环境资产分为水体资产、水功效资产、水金融资产。

5.1.2.1.2.1 水体资产及其分级

水体资产分为地表水和地下水。地表水根据存在形态分为河流、渠道、湖泊、水库、冰川；根据用途分为工业用水、农业用水、通航用水、

生活用水、生态用水等；根据水质分为Ⅰ类水、Ⅱ类水、Ⅲ类水、Ⅳ类水、Ⅴ类水、劣Ⅴ类水。地下水分为浅层地下水、深层地下水和热水。

#### 5.1.2.1.2.2 水功效资产及其分级

水功效资产分为固碳功效资产、释氧功效资产、水源涵养功效资产、洪水调蓄功效资产、水质净化功效资产、海岸带防护功效资产、气候调节功效资产、物种保育功效资产、水景功效资产。

#### 5.1.2.1.2.3 水金融资产及其分级

水金融资产分为水信托资产、水结算资产和水货币资产三种。水信托资产是指水资源环境权益主体将其水资源环境资产委托给其他政府部门或企事业单位进行经营管理的资产，例如某级自然资源管部门将水域委托给本级水务部门监管，或委托某企业进行经营。水结算资产是指水资源环境权益主体与其他经济实体之间因涉水事务而产生的应收账款，例如某级政府应向某企业因超标排放废水而收取的污染治理费用。水货币资产是指水资源环境权益主体拥有的专用于改善水资源环境的资金，例如某级政府收缴的清污费用。

#### 5.1.2.1.2.4 待处理事项

此为过渡性科目。凡涉及上述水资源环境资产的减少，在未明确具体去向与责任之前，可以通过此科目进行核算。例如，经核查发现某项水资源环境资产减少了 10 万立方米，在未查清原因、明确责任最终作出处理决定之前，可将其转入此科目核算。待处理决定出来以后，再根据决定将该项资产转出。

根据上述水资源环境资产的分类与分级，设置水资源环境资产核算科目如表 5-4 所示：

表 5-4 水资源环境资产科目表

| 一级科目 | 二级科目 | 三级科目 | 备注 |
| --- | --- | --- | --- |
| 水体资产 | 河流 | 河流名称 | 含通航用水 |
| | 渠道 | 渠道名称 | 含供水管网 |
| | 湖泊 | 湖泊名称 | 含通航用水 |
| | 水库 | 水库名称 | |
| | 地下水 | 分区域 | |

续表

| 一级科目 | 二级科目 | 三级科目 | 备注 |
|---|---|---|---|
| 水功效资产 | 固碳功效资产 | 分区域 | |
| | 释氧功效资产 | 分区域 | |
| | 水质净化功效资产 | 分区域 | |
| | 洪水调蓄功效资产 | 分区域 | |
| | 物种保育功效资产 | 分区域 | |
| | 气候调节功效资产 | 分区域 | |
| | 水景功效资产 | 具体地点 | |
| 水金融资产 | 水信托资产 | 具体受托单位 | |
| | 水结算资产 | 具体债务单位 | |
| | 水货币资产 | 具体金融机构 | |
| 待处理事项 | 上述一级科目 | 上述二级科目 | |

5.1.2.1.3 水资源环境资产的计量

对于水体资产,其实物计量单位有体积(立方米)、重量(吨)、面积(平方米、平方千米、亩、公顷),价值计量单位有元、万元、百万元等。

对于水功效资产,分具体对象而定。水固碳功效性资产亦称水资源碳汇,是水资源从空气中吸收并储存二氧化碳的数量,计量单位是吨;水释氧功效性资产是指水资源产生氧气的数量,计量单位是升;洪水调蓄功效性资产是指湖泊、水库、河道、水渠等水资源形态对于短时剧增洪水的可容数量,计量单位是立方米;水质净化功效性资产是指湖泊、水库、河流等水资源形态对于澄清水质的作用数量,计量单位是立方米;水物种保育功效性资产是指水资源环境对物种保育的数量,以水资源环境内保育的物种数量计量;水气候调节功效资产是指水资源环境对于气温、湿度、降雨的影响程度,用温度、湿度和降雨量计量;水景功效资产是指水资源环境对于景观形象的影响程度,可用休闲旅游人数和货币单位计量。

对于水金融资产,计量单位因具体资产而异。例如委托某水体资产,则计量单位是立方米。结算计量单位既有实物计量单位,也有货币计量单位。在我国,水资源环境货币资产的计量采用人民币。

### 5.1.2.2 水资源环境负债的分类分级与科目设置

水资源环境负债反映人类社会活动对水资源数量、水环境质量和水生态系统的不利影响，包括水资源过度消耗、水环境损害和生态用水挤占等方面。水资源环境负债是在经济社会已发生的涉水活动中形成的，针对上述不利影响需要承担的补偿、恢复或修复的现时义务。与金融负债中以货币为唯一的度量单位不同，在水市场尚未完全形成的现实条件下，水资源环境负债可以用水资源实物量单位为出发点，进而价值化；水资源环境负债内容涵盖水体和水环境两个方面，需要将水资源消耗、水环境损害和水生态效益纳入水资源环境资产负债表，从而为构建体现生态文明的经济社会评价体系奠定基础。水资源环境负债的本质是核算主体所承担的现实义务（责任）。负债就要偿还，这里有面向水体的偿还，如超耗部分；有面向水环境的偿还，如排污超标治理；还有向涉水事项往来相关方的债务偿还。根据前述对于自然资源环境负债的研究和水资源环境负债的讨论，本书对水资源环境负债的定义是：由于用水量超标或水质不达标以及需要恢复或改善水生态环境而应由核算主体承担的水资源环境责任。基于水资源的社会属性，确认核算主体水资源环境负债的依据是《水法》等现实法规政策所划定的界限。根据国务院划定的三条红线，即用水量红线、用水效率红线和功能区水质红线，可以从实物量和价值量两个方面来反映核算主体承担的水资源环境负债。

表5-5是本书提出的水资源环境负债分类分级和科目设置。

**表5-5 水资源环境负债科目表**

| 一级科目 | 二级科目 | 三级科目 |
| --- | --- | --- |
| 水资源超耗 | 具体责任单位 | 河流、湖泊、水库、渠道、地下水 |
| 水资源挤占 | 具体责任单位 | 河流、湖泊、水库、渠道、地下水 |
| 超标排污 | 具体责任单位 | 河流、湖泊、水库、渠道、地下水 |
| 待改善水质 | 具体责任单位 | 河流、湖泊、水库、渠道、地下水 |
| 应缴水资源环境款项 | 应缴水资源税、应付水污染损失、应付水污染治理费、应付超载补偿费、应付水生态恢复费、应付水生态维护费等 | 具体债权人单位，如税务局、财政局等 |

根据表 5-5 科目系统设置账户，可以提供在核算主体管辖范围内各所属责任主体对水资源环境承担的负债内容及其存量和变量。

### 5.1.2.3 水资源环境权益的分类分级与科目设置

我国《水法》规定水资源属于国家所有。[①] 水资源的产权由所有权、监管权、取水权、用水权、排污权、经营权组成。其中，所有权是基础权利，其他均为派生权利。各级政府专职管理机构代表资源所有者行使监管权，并赋予涉水单位（个人）取水权、用水权、排污权、经营权（发放相关的许可证）。政府财税部门行使课税或收费权。目前，政府对水资源监管权被分割为四部分：水利部在行使水资源的开发利用规划权的同时行使自上而下的直接监管权；自然资源部代表国家对水资源确权并对其开发利用实施监管；生态环保部门行使面对水资源环境的监测权；审计部门行使面对领导干部的环境责任履行监督权。

水资源属于全民所有，无须进行所有权层面的分类核算。从政府监管的角度看，主要是水质和水量两个方面，水质体现为水环境的好坏，水量体现为水资源的多少。本书从水资源利用和管理的角度，将水资源环境权益分解为表 5-6 所列示的科目。

**表 5-6　水资源环境权益科目表**

| 一级科目 | 二级科目 | 三级科目 | 备注 |
| --- | --- | --- | --- |
| 取用水额度 | 河流权益、湖泊权益、水库权益、渠道权益、地下水权益等 | | 水资源定额数量 |
| 取用水权实施 | 工业用水、农业用水、生活用水、生态景观用水等 | 责任单位 | 水资源定额使用数量 |
| 污水排放权 | | 责任单位 | 水资源定额内部分 |
| 非取用水权 | 河流权益、湖泊权益、水库权益、渠道权益、地下水权益等 | | 扣除水资源定额部分 |

表 5-6 中的数量关系为：取用水额度+取用水权实施+污水排放+非取用水权=水资源环境权益。超定额取用水和超定额污水排放要记入水资源环境负债，并减少相应的水资源环境权益。

---

[①] 全国人民代表大会：《中华人民共和国水法》第三条，2016 年 7 月 2 日修订。

## 5.1.3 水资源环境资产负债核算账户结构与业务类型

### 5.1.3.1 水资源资产负债核算的账户分类及其结构

根据二维分类的复式记账原理,水资源环境资产负债核算账户可设置为两大类:一类是水资源环境资产类账户,另一类是水资源环境权属类账户。两大类账户的核算结果保持平衡,即"水资源环境资产类账户的期初期末存量合计=水资源环境权属类账户的期初期末存量合计"。与"水资源环境资产=水资源环境权属"的二维分类总公式相对应,等式右端的水资源环境权属进一步分为水资源环境负债和水资源环境权益。该公式可变为"水资源环境资产=水资源环境负债+水资源环境权益"。

在保持"水资源环境资产=水资源环境负债+水资源环境权益"平衡的条件下,等式两端的账户增加与减少的数字要对等,账户结构相反。

借贷记账法是现行企事业单位进行会计核算的通用方法。该方法最早产生于15世纪意大利沿海城市的金融机构,当时借贷二字具有相应的经济内涵。历经演变并引进我国以后,复式记账法中的借贷二字已经丧失了原有的经济内涵,纯粹只是记账符号。

#### 5.1.3.1.1 水资源环境资产类账户结构

根据水资源环境资产类科目设置相应的盘存类账户,借方为增加,贷方为减少,余额在借方。在此结构下,水资源环境资产类账户记录的对象,其存量和变量之间符合"核算期初存量+核算期内增加数量=核算期内减少数量+核算期末存量"的四柱平衡关系。即"水资源环境资产期初借方存量+水资源环境资产核算期内借方发生数量=水资源环境资产核算期内贷方发生数量+水资源环境资产核算期末借方存量"。或"水资源环境资产期末借方存量=水资源环境资产核算期初借方存量+水资源环境资产核算期内借方发生数量-水资源环境资产核算期内贷方发生数量"。

#### 5.1.3.1.2 水资源环境负债类账户结构

根据水资源环境负债类科目设置相应的盘存类账户,贷方为增加,借方为减少,余额在贷方。在此结构下,水资源环境负债类账户记录的对象,其存量和变量之间符合"核算期初存量+核算期内增加数量=核算期内减少数量+核算期末存量"的四柱平衡关系。即"水资源环境负债期初贷方存量+水资源环境负债核算期内贷方发生数量=水资源环境负债核算

期内借方发生数量+水资源环境负债核算期末贷方存量"。或"水资源环境负债期末贷方存量=水资源环境负债核算期初贷方存量+水资源环境负债核算期内贷方发生数量-水资源环境负债核算期内借方发生数量"。

5.1.3.1.3 水资源环境权益类账户结构

根据水资源环境权益类科目设置相应的盘存类账户，贷方为增加，借方为减少，余额在贷方。在此结构下，水资源环境权益类账户记录的对象，其存量和变量之间符合"核算期初存量+核算期内增加数量=核算期内减少数量+核算期末存量"的四柱平衡关系。即"水资源环境权益期初贷方存量+水资源环境权益核算期内贷方发生数量=水资源环境权益核算期内借方发生数量+水资源环境权益核算期末贷方存量"或"水资源环境权益期末贷方存量=水资源环境权益核算期初贷方存量+水资源环境权益核算期内贷方发生数量-水资源环境权益核算期内借方发生数量"。

**5.1.3.2 水资源环境资产负债核算要素的变化类型及其核算分录**

根据水资源环境资产、水资源环境负债和水资源环境权益三类核算要素之间的数量依存关系，涉及其数量变化的涉水事项有八种类型，即水资源环境资产增减×水资源环境负债增减×水资源环境权益增减（＝2×2×2＝8）。

第一种类型，水资源环境资产类账户之间此增彼减，增减数额相等，并未引起"水资源环境资产=水资源环境负债+水资源环境权益"关系式左端总数的改变，不破坏等式的平衡关系。例如，从地下抽水到沟渠，借记"水体资产——渠道"账户，贷记"水体资产——地下水"账户。

第二种类型，水资源环境负债类账户之间此增彼减，增减数额相等，并未引起"水资源环境资产=水资源环境负债+水资源环境权益"关系式右端总数的改变，不破坏等式的平衡关系。例如，经有关部门核实先前某单位使用的水资源属于超耗性质而非挤占，则借记"水资源超耗——某责任单位"，贷记"水资源挤占——某责任单位"。

第三种类型，水资源环境权益类账户之间此增彼减，增减数额相等，并未引起"水资源环境资产=水资源环境负债+水资源环境权益"关系式右端总数的改变，不破坏等式的平衡关系。例如，某单位的取用水权额度由1 000万立方米降低为900立方米，则借记"取用水权额度——水库权益——某水库100万立方米"账户，贷记"非取用水权——工业用水——某单位100万立方米"账户。

第四种类型，水资源环境资产类账户与水资源环境权益类账户同时增加，增加数额相等，不会导致"水资源环境资产=水资源环境负债+水资源环境权益"关系式两端总数的改变，平衡关系不变。例如，从辖区之外新增来水，本辖区的水资源环境资产和水资源环境权益同时增加，借记"水体资产——水库——A水库"账户，贷记"非取用水权——水库权益——A水库权益"账户。

第五种类型，水资源环境资产类账户与水资源环境负债类账户同时增加，增加数额相等，不会导致"水资源环境资产=水资源环境负债+水资源环境权益"关系式两端总数的改变，平衡关系不变。例如，本辖区向邻近地区借水，借记"水体资产——水库——某水库"账户，贷记"水资源挤占——某涉水单位"账户。

第六种类型，水资源环境权益类账户与水资源环境负债类账户之间此增彼减，增减数额相等，也不增加"水资源环境资产=水资源环境负债+水资源环境权益"关系式的右端总数，平衡关系不变。例如，出现排污超标情况，水资源环境权益减少，水资源环境负债增加，借记"非取用水权——河流"，贷记"超标排污——某企业——河流"。

第七种类型，水资源环境资产类账户与水资源环境负债类账户同时减少，等式两端减少数额相等，不改变"水资源环境资产=水资源环境负债+水资源环境权益"的平衡关系。例如，归还邻近地区的借水，借记"水资源挤占——某涉水单位"账户，贷记"水体资产——水库——某水库"账户。

第八种类型，水资源环境资产类账户与水资源环境权益类账户同时减少，等式两端减少数额相等，不改变"水资源环境资产=水资源环境负债+水资源环境权益"的平衡关系。例如，水量蒸发或流失，借记"非取用水权——湖泊"账户，贷记"水体资产——湖泊"账户。

核算主体涉水事项引起的核算要素变化，离不开上述八种类型。

## 5.1.4 水资源环境资产负债核算表系结构与报表格式

### 5.1.4.1 水资源环境资产负债核算的表系结构

如图5-2所示，水资源环境资产负债核算系统的报表分为主表、分表、子表、辅助表四个层次。主表为《水资源环境资产负债表》。分表为《水资源环境资产变动表》和《水资源环境负债与权益变动表》。子表为

下级机构报送的《水资源环境资产负债子表》《水资源环境资产变动表》《水资源环境负债与权益变动表》。辅助表为《账户记录试算平衡表》《水资源资产流量表》《水资源环境资产质量表》。

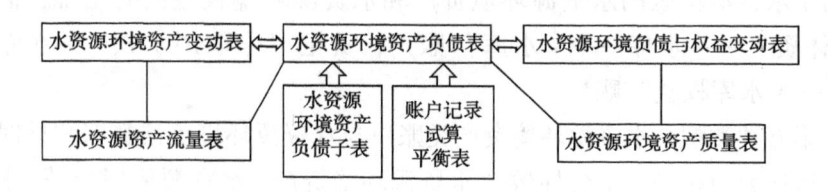

图 5-2　水资源环境资产负债核算表系结构

### 5.1.4.2　水资源资产负债核算的辅助报表格式及编制

#### 5.1.4.2.1　账户记录试算平衡表

核算期末，将所有账户初步轧账之后的数据填入试算平衡表，以此检验借方数与贷方数是否相符。如果相符，说明记账数据无误（不排除入错账户的可能），如不相符，说明记账过程中存在错漏，需要进一步稽核。表 5-7 为账户记录试算平衡表。

表 5-7　账户记录试算平衡表

| 科目名称 | 期初余数 ||  本期发生数 || 期末余数 ||
|---|---|---|---|---|---|---|
|  | 借方 | 贷方 | 借方 | 贷方 | 借方 | 贷方 |
| 水体资产 |  |  |  |  |  |  |
| 水功效资产 |  |  |  |  |  |  |
| 水金融资产 |  |  |  |  |  |  |
| 待处理事项 |  |  |  |  |  |  |
| 水资源超耗 |  |  |  |  |  |  |
| 水资源挤占 |  |  |  |  |  |  |
| 超标排污 |  |  |  |  |  |  |
| 待改善水质 |  |  |  |  |  |  |
| 应缴水资源环境款项 |  |  |  |  |  |  |
| 取用水额度 |  |  |  |  |  |  |
| 取用水权实施 |  |  |  |  |  |  |
| 污水排放权 |  |  |  |  |  |  |
| 非取用水权 |  |  |  |  |  |  |

#### 5.1.4.2.2 水资源资产流量表

水资源资产流量表是物理单位计量的流量表。此表是棋盘格式,主词栏为水体的各种流出去向,宾词栏为水体的各种流入来源。本表反映水的循环,纵横相加结果要相等;如果不等,说明计算有误。详见表5-8。

表 5-8 水资源资产流量表　　　　　单位:万立方米

| | 地表水 | | | | | 地下水 | 流出合计 |
|---|---|---|---|---|---|---|---|
| | 河流 | 湖泊 | 水库 | 渠道 | 工业用水 | 其他 | | |

| 水体 | 河流 | 湖泊 | 水库 | 渠道 | 工业用水 | 其他 | 地下水 | 流出合计 |
|---|---|---|---|---|---|---|---|---|
| 河流 | | 40 | 800 | 200 | | | 50 | 1 090 |
| 湖泊 | 100 | | | | | | | 100 |
| 水库 | 800 | | | 300 | | | | 1 100 |
| 渠道 | 400 | | 200 | | | | | 600 |
| 地下水 | 60 | | 60 | | | | | 120 |
| 流入合计 | 1 360 | 40 | 1 000 | 560 | | | 50 | 3 010 |

#### 5.1.4.2.3 水资源资产质量表

我国对区域内各种水体质量的衡量标准是《地表水环境质量标准》(GB 3838—2002)[①] 和《地下水质量标准》(GB/T 14848—2017)[②]。此表亦是棋盘式,主词栏为各种水体,宾词栏是水体的质量,用不同等级质量百分比反映水资源质量。详见表5-9。

表 5-9 水资源环境资产质量表　　　　　单位:%

| 水体/标准 | Ⅰ类 | Ⅱ类 | Ⅲ类 | Ⅳ类 | Ⅴ类 | 劣Ⅴ类 | 合计 |
|---|---|---|---|---|---|---|---|
| 河流 | | | | | | | 100 |
| 湖泊 | | | | | | | 100 |
| 水库 | | | | | | | 100 |
| 渠道 | | | | | | | 100 |
| 其他 | | | | | | | 100 |
| 地下水 | | | | | | | 100 |

---

① 国家环保总局、国家质量监督检验检疫总局:《地表水环境质量标准》(GB 3838—2002),2002年4月28日发布,2002年6月1日实施。

② 中华人民共和国国家质量监督检验检疫总局、中国国家标准化管理委员会:《地下水质量标准》(GB/T 14848—2017),2017年10月14日发布,2018年5月1日实施。

### 5.1.4.3 水资源资产负债核算的分表格式及编制

#### 5.1.4.3.1 水资源环境资产变动表

作为《水资源环境资产负债表》的第一张分表，《水资源环境资产变动表》是动态报表，它反映区域内核算期初期末的水资源资产存量及其差异，以及核算期内发生的增加与减少的变量。该表编制的数量关系基础是四柱平衡，即"水资源环境资产期初存量+水资源环境资产本期增加数=水资源环境资产本期减少数+水资源环境资产期末存量"。详见表5-10。

表 5-10 水资源环境资产变动表

| 指标名称 | 水体资产 |||||水功效资产|水金融资产|待处理事项|合计|
|---|---|---|---|---|---|---|---|---|---|
| | 河流 | 湖泊 | 水库 | 渠道 | 地下水 | | | | |
| 期初存量 | | | | | | | | | |
| 存量增加 | | | | | | | | | |
| 　降水 | | | | | | | | | |
| 　回归水 | | | | | | | | | |
| 　区域外流入 | | | | | | | | | |
| 存量减少 | | | | | | | | | |
| 　生活用水 | | | | | | | | | |
| 　工业用水 | | | | | | | | | |
| 　农业用水 | | | | | | | | | |
| 　生态用水 | | | | | | | | | |
| 　其他用水 | | | | | | | | | |
| 　蒸发 | | | | | | | | | |
| 　流出区域外 | | | | | | | | | |
| 期末存量 | | | | | | | | | |

注：表5-10可分为实物量表和价值量表。

#### 5.1.4.3.2 水资源环境负债与权益变动表

《水资源环境资产负债表》的第二张分表是《水资源环境负债与权益变动表》，该表也是一张动态报表，反映核算期间内水资源环境负债与权益存量及其增减变动情况。此表编制的数量关系基础也是四柱平衡，即"水资源环境负债与权益期初存量+水资源环境负债与权益本期增加数=

水资源环境负债与权益本期减少数+水资源环境负债与权益期末存量"。详见表 5-11。

表 5-11 水资源环境负债与权益变动表

| 项目 | 期初存量 | 本期增加 ||||| 本期减少 ||||| 期末存量 |
|---|---|---|---|---|---|---|---|---|---|---|---|---|
| | | 河流 | 湖泊 | 水库 | 渠道 | 地下水 | 河流 | 湖泊 | 水库 | 渠道 | 地下水 | |
| 一、水资源环境负债 | | | | | | | | | | | | |
| 水资源超耗 | | | | | | | | | | | | |
| 水资源挤占 | | | | | | | | | | | | |
| 超标排污 | | | | | | | | | | | | |
| 待改善水质 | | | | | | | | | | | | |
| 应缴水资源环境款项 | | | | | | | | | | | | |
| 合计 | | | | | | | | | | | | |
| 二、水资源环境权益 | | | | | | | | | | | | |
| 取用水额度 | | | | | | | | | | | | |
| 取用水权实施 | | | | | | | | | | | | |
| 污水排放权 | | | | | | | | | | | | |
| 非取用水权 | | | | | | | | | | | | |
| 合计 | | | | | | | | | | | | |
| 水资源环境负债与权益合计 | | | | | | | | | | | | |

### 5.1.4.4 水资源环境资产负债表格式及编制

《水资源环境资产负债表》是水资源环境资产负债核算的总表，它是"水资源环境资产=水资源环境负债+水资源环境权益"公式的表格化形式，是静态报表。将《水资源环境资产变动表》的各项水资源环境资产的期初存量和期末存量列入《水资源环境资产负债表》的左端，即用水资源环境资产类账户的借方余额填入；将《水资源环境负债与权益变动表》各项水资源环境负债项目和权益项目的期初存量和期末存量列入《水资源环境资产负债表》的右端，即用水资源环境负债类和权益类账户的贷方余额填入。也就是说，《水资源环境资产负债表》期初期末数之间的差异原因，分别由《水资源环境资产变动表》和《水资源环境负债与权益变动表》

来说明。《水资源环境资产负债表》的格式见表5-12。

表5-12 水资源环境资产负债表

| 水资源环境资产 | 期初存量 | 期末存量 | 水资源环境负债与权益 | 期初存量 | 期末存量 |
|---|---|---|---|---|---|
| 一、水体资产 | | | 一、水资源环境负债 | | |
| （一）河流 | | | （一）水资源超耗 | | |
| （二）湖泊 | | | 1. 河流 | | |
| （三）水库 | | | 2. 湖泊 | | |
| （四）渠道 | | | …… | | |
| （五）地下水 | | | （二）水资源挤占 | | |
| 二、水功效资产 | | | …… | | |
| （一）固碳功效资产 | | | （三）超标排污 | | |
| （二）水质净化功效资产 | | | | | |
| （三）释氧功效资产 | | | …… | | |
| （四）洪水调蓄功效资产 | | | （四）待改善水质 | | |
| （五）物种保育功效资产 | | | …… | | |
| （六）气候调节功效资产 | | | （五）应缴水资源环境款项 | | |
| （七）水景功效资产 | | | 合计 | | |
| 三、水金融资产 | | | 二、水资源环境权益 | | |
| （一）水信托资产 | | | （一）取用水额度 | | |
| （二）水结算资产 | | | （二）取用水权实施 | | |
| （三）水货币资产 | | | （三）污水排放权 | | |
| 四、待处理事项 | | | （四）非取用水权 | | |
| …… | | | 合计 | | |
| 水资源环境资产总计 | | | 水资源环境负债与权益总计 | | |

### 5.1.4.5 水资源环境资产负债核算报表合并

在编制本级机构的报表之前，还需要处理一个将下级机构报表合并的事项。例如，需要根据下级机构和委托涉水事业单位报送的《水资源环境资产负债表》《水资源环境资产变动表》《水资源环境负债与权益变动表》来与本级核算的账户数字稽核，然后再编制本级的报表。这里需要注意的

是，并非所有下级机构报送的同名称指标数字都能够汇总。除了下级机构之间水资源互相借用需要抵消以外，存量指标通常可以汇总。除了流出和流入本级机构管辖区域的水流以外，下级机构相互之间的水流互动指标通常不能相加，只能抵消。委托涉水企业和用水单位，即可与下级机构报送同样的报表，也可仅报送需要汇总的有关项目。

### 5.1.4.6 水资源资产负债核算的价值量表

如前所述，水资源具有经济价值。联合国 SEEAW-2012 认为水资源的经济价值包括使用价值和非使用价值。使用价值分为直接使用价值、间接使用价值和期权价值。直接使用价值是"消耗性的水资源直接使用，如农业投入、制造业和家庭用水以及非消耗性的直接用水，如水力发电、游憩、航海和文化活动"。间接使用价值是"水提供的间接环境服务，如：废物同化处置、栖息地和生物多样性保护以及水文功能"。期权价值是"保持今后直接或间接用水这一期权所具有的价值"。非使用价值分为馈赠价值（留给子孙后代）和存在价值（保持生态系统）。[①]

根据先实物核算后价值核算的原则，编报价值量表需要将实物量表中涉及的水资源环境资产、水资源环境负债和水资源环境权益三个要素中的每一种具体要素的价格确认下来。而确认水资源要素价格的前提是对水资源要素的价格进行评估。联合国 SEEAW-2012 推荐的水资源价值计量方法是竞争背景下的平均或边际价格法（属于市场定价范畴）。生产用水的计价方法有：残值法（余值法），净收入变化法，生产函数法，数学规划模型法，水权出售和租赁法，特征定价法，来自水公用事业机构销售的需求函数法；消费用水的计价方法有：水权出售和租赁法，来自水公用事业机构销售的需求函数法，数学规划模型法，选择成本法，或有计值法。[②] 我国学者沈菊琴等（1998）认为水资源资产的价值评估方法有现行市价法、重置成本法、收益现值法、等效替代法四种。[③] 杨美丽等（2002）认为水

---

[①] 联合国：《水环境-经济核算体系 SEEAW-2102》，8.27. P123. ST/ESA/STAT/SER. F/100，联合国出版物，2012。

[②] 联合国：《水环境-经济核算体系 SEEAW-2102》，8.27. P123. ST/ESA/STAT/SER. F/100，联合国出版物，2012。

[③] 沈菊琴，顾浩，任光照，等. 试谈水资源资产及其价值评估 [J]. 人民黄河，1998, 20 (7)：19-21.

资源定价的方法有边际成本定价法、影子价格法、成本核算法、边际社会机会成本定价法，也是四种。① 朱婷等（2018）提出的四种方法是市场法、恢复费用法、支付意愿法和成本法。② 朱靖等（2019）建议选用模糊综合评价法。模糊综合评价法包含水资源价值核算方法模型和水资源定价模型，能够多维度、多因素地评价水资源价值和定量分析水资源价值。③ 本书作者的观点是，对不同的水资源资产价值应有不同的评价方法，但是定价的基础应该是成本，尤其是重置成本，最后确认的则是通过市场机制决定的价格（其实质是平均社会成本）。至于水资源环境负债，可以直接以本机构管辖范围内的所有委托机构与单位的各种应付环境成本汇总得出。如在"应缴水资源环境款项"一级科目下面的"应付水资源税""应付水污染损失""应付水污染治理成本""应付超载补偿成本""应付水生态恢复成本""应付水生态维护成本"等二级科目列示。水资源环境权益的价值量则取决于水资源环境资产价值和水资源环境负债价值的差量，即水资源环境权益价值量=水资源环境资产价值-水资源环境负债价值。

## 5.1.5 水资源环境资产负债核算举例

### 5.1.5.1 背景与相关条件设定

假设某政府机构负责 A 区域的水资源管理并要求期末编制水资源环境资产负债表。核算科目设置同表 5-4、表 5-5 和表 5-6，采用借贷记账法，各项水资源环境资产和负债及权益的年初存量（余额）见表 5-13、表 5-14、表 5-15、表 5-16 的期初存量（余额）栏。

### 5.1.5.2 核算期内发生涉水事项及其核算分录

（1）甲水库超额向自来水厂供水 10 万立方米，向农业部门供水 30 万立方米。

①借：水体资产——渠道——生活用水　　　　　　　10 万立方米

---

① 杨美丽，胡继连，李广宙. 论水资源的资产属性与资产化管理 [J]. 山东社会科学, 2002 (3)：31-34.

② 朱婷，薛楚江. 水资源资产负债表编制与实证 [J]. 统计与决策, 2018 (24)：25-29.

③ 朱靖，余玉冰，王淑. 四川省水资源资产负债表编制研究 [J]. 人民黄河, 2019, 41 (9)：77-82.

## 5 水资源环境核算与审计

  ——渠道——农业用水　　　　　　　　30 万立方米
  贷：水体资产——水库——甲水库　　　40 万立方米
②借：取用水权实施——生活用水——自来水厂　10 万立方米
  ——农业用水——某乡村　　　　　　30 万立方米
  贷：取用水额度——水库权益　　　　　40 万立方米

（2）城镇某供水站未获准抽取地下水用于生活 10 万立方米，用于工业生产 20 万立方米，合计 30 万立方米。

  借：取用水权实施——生活用水——某供水站　10 万立方米
  ——工业用水——某供水站　　　　　20 万立方米
  贷：取用水额度——地下水——某供水站　30 万立方米

（3）污水处理厂回收处理生活用水 6 万立方米、工业用水 18 万立方米用于生态景观。

  借：取用水权实施——生活用水　　　　6 万立方米
  ——工业用水　　　　　　　　　　　18 万立方米
  贷：取用水权实施——生态景观用水——某污水处理厂
  　　　　　　　　　　　　　　　　　24 万立方米

（4）有人举报河流出现污染状况，经查是某企业违规超标排放所致，该企业违规排放了 6 万立方米超标废水。

①借：待处理事项——水体资产——河流——某企业　6 万立方米
  贷：水体资产——河流　　　　　　　　6 万立方米
②借：取用水权实施——工业用水——某企业　　6 万立方米
  贷：污水排放权——河流——××河　　　6 万立方米

（5）有关部门决定，对上述企业违规超标排放污水处以罚款 10 万元并责令其治理和改善水质。

①借：水体资产——河流　　　　　　　　　6 万立方米
  贷：待处理事项——水体资产——河流——某企业 6 万立方米
②借：污水排放权——河流——××河　　　　6 万立方米
  贷：待改善水质——某企业——河流　　　6 万立方米
③借：水金融资产——水结算资产　　　　　10 万元
  贷：超标排污——某企业　　　　　　　　10 万元

（6）超标排污企业向执法部门缴纳罚款 10 万元。

借：超标排污——某企业　　　　　　　　　　　　　　10万元
　　　　贷：水资源环境金融资产——水结算资产——某企业　10万元
　（7）超标排污企业治理河段改善水质得到有关部门检查验收合格。
　　借：待改善水质——某企业——河流　　　　　　　　6万立方米
　　　　贷：取用水权实施——工业用水——某企业　　　　6万立方米
　（8）本级监管机构将流经景区的河段委托某旅游公司来经营，该河段水资源存量50万立方米。
　　借：水金融资产——水信托资产——某旅游公司　　　50万立方米
　　　　贷：水体资产——河流——某河段　　　　　　　50万立方米
　（9）由于年内降雨量增加，水库存水库容增加100万立方米。
　　借：水体资产——水库——甲水库　　　　　　　　100万立方米
　　　　贷：非取用水权——甲水库　　　　　　　　　100万立方米
　（10）上游水库调水120万立方米纳入本区域用水权实施范围。
　　借：水体资产——河流——××河　　　　　　　　120万立方米
　　　　贷：取用水权实施——工业用水等　　　　　　120万立方米
　（11）由于本区域工业用水增加，挤占了下游区域的用水20万立方米。
　　借：水体资产——河流——××河　　　　　　　　20万立方米
　　　　贷：水资源挤占——某供水单位　　　　　　　20万立方米
　（12）经上级有关部门协调，本区域向下游地区放水80万立方米，其中含补放被挤占之水20万立方米。
　　借：非取用水权——××河　　　　　　　　　　　60万立方米
　　　　水资源挤占——某供水单位　　　　　　　　20万立方米
　　　　贷：水体资产——河流——××河　　　　　　80万立方米
　（13）根据水文站观测数据，由于自然原因，委托下级机构管辖区域内湖泊水位有所下降，减少60万立方米的湖泊存水。
　　借：非取用水权——×湖泊　　　　　　　　　　　60万立方米
　　　　贷：水金融资产——水信托资产　　　　　　　60万立方米
　（14）因改善生态环境需要，应向上级主管部门解缴水生态恢复费300万元。
　　借：水金融资产——水结算资产　　　　　　　　　300万元

贷：应缴水资源环境款项——应付水生态恢复费　　　300 万元
　　(15) 本区域内河流用于农业灌溉 25 万立方米。
　　　借：取用水权实施——农业用水——某乡镇　　　25 万立方米
　　　贷：水体资产——河流——××河　　　25 万立方米
　　(16) 污水处理厂将工业废水 35 万立方米处理达标以后回排地下 20 万立方米，回排渠道 15 万立方米。
　　①借：水体资产——地下水　　　20 万立方米
　　　　　　　　　——渠道　　　15 万立方米
　　　贷：水体资产——渠道　　　35 万立方米
　　②借：取用水权实施——工业用水　　　35 万立方米
　　　贷：取用水额度——地下水　　　20 万立方米
　　　　　　　　　——渠道　　　15 万立方米
　　(17) 通过落实有关水资源环境管理政策，提升了本区域水资源环境功效，具体表现为：固碳功效 1 300 万元，释氧功效 1 200 万元，洪水调蓄功效 800 万元，物种保育功效 3 200 万元，生态景观功效 300 万元，合计 6 800 万元。
　　　借：水功效资产——固碳功效资产　　　1 300 万元
　　　　　　　　　——释氧功效资产　　　1 200 万元
　　　　　　　　　——洪水调蓄功效资产　　　800 万元
　　　　　　　　　——物种保育功效资产　　　3 200 万元
　　　　　　　　　——生态景观功效资产　　　300 万元
　　　贷：非取用水权——水库权益　　　800 万元
　　　　　　　　　——综合权益　　　6 000 万元
　　(18) 当期超耗生活用水 50 万立方米。
　　　借：非取用水权——水库　　　50 万立方米
　　　贷：水资源超耗——某自来水厂　　　50 万立方米

### 5.1.5.3　核算期末账户记录

　　根据上述 (1) 至 (18) 涉水事项及其核算分录登记一级科目账簿并于期末轧账如下：

| 账户名称：水体资产 | | | | | 计量单位：万立方米 |
|---|---|---|---|---|---|
| 期初借方存量 | 本期借方发生额 | | 本期贷方发生额 | | 期末借方存量 |
| | (1)-① | 40 | (1)-① | 40 | |
| | (5)-① | 6 | (4)-① | 6 | |
| | (9) | 100 | (8) | 50 | |
| | (10) | 120 | (12) | 80 | |
| | (11) | 20 | (15) | 25 | |
| | (16)-① | 35 | (16)-① | 35 | |
| 2 100 | | 321 | | 236 | 2 185 |

| 账户名称：水金融资产（实体） | | | | | 计量单位：万立方米 |
|---|---|---|---|---|---|
| 期初借方存量 | 本期借方发生额 | | 本期贷方发生额 | | 期末借方存量 |
| | (8) | 50 | (13) | 60 | |
| 120 | | 50 | | 60 | 110 |

| 账户名称：水金融资产（金额） | | | | | 计量单位：万元 |
|---|---|---|---|---|---|
| 期初借方存量 | 本期借方发生额 | | 本期贷方发生额 | | 期末借方存量 |
| | (5)-③ | 10 | (6) | 10 | |
| | (14) | 300 | | | |
| 1 310 | | 310 | | 10 | 1 610 |

| 账户名称：水功效资产 | | | | 计量单位：万元 |
|---|---|---|---|---|
| 期初借方存量 | 本期借方发生额 | | 本期贷方发生额 | 期末借方存量 |
| | (17) | 6 800 | | |
| 29 200 | | 6 800 | | 36 000 |

| 账户名称：待处理事项 | | | | | 计量单位：万立方米 |
|---|---|---|---|---|---|
| 期初借方存量 | 本期借方发生额 | | 本期贷方发生额 | | 期末借方存量 |
| | (4)-① | 6 | (5)-① | 6 | |
| 3 | | 6 | | 6 | 3 |

| 账户名称：水资源超耗 |  |  | 计量单位：万立方米 |
|---|---|---|---|
| 期初贷方存量 | 本期借方发生额 | 本期贷方发生额 | 期末贷方存量 |
|  |  | (18)　　　　50 |  |
| 40 |  | 50 | 90 |

| 账户名称：水资源挤占 |  |  | 计量单位：万立方米 |
|---|---|---|---|
| 期初贷方存量 | 本期借方发生额 | 本期贷方发生额 | 期末贷方存量 |
|  | (12)　　　　20 | (11)　　　　20 |  |
| 0 | 20 | 20 | 0 |

| 账户名称：超标排污 |  |  | 计量单位：万元 |
|---|---|---|---|
| 期初贷方存量 | 本期借方发生额 | 本期贷方发生额 | 期末贷方存量 |
|  | (6)　　　　10 | (5)-③　　　　10 |  |
| 0 | 10 | 10 | 0 |

| 账户名称：待改善水质 |  |  | 计量单位：万立方米 |
|---|---|---|---|
| 期初贷方存量 | 本期借方发生额 | 本期贷方发生额 | 期末贷方存量 |
|  | (7)　　　　6 | (5)-②　　　　6 |  |
| 12 | 6 | 6 | 12 |

| 账户名称：应缴水资源环境款项 |  |  | 计量单位：万元 |
|---|---|---|---|
| 期初贷方存量 | 本期借方发生额 | 本期贷方发生额 | 期末贷方存量 |
|  |  | (14)　　　　300 |  |
| 0 |  | 300 | 300 |

| 账户名称：取用水权实施 |  |  | 计量单位：万立方米 |
|---|---|---|---|
| 期初贷方存量 | 本期借方发生额 | 本期贷方发生额 | 期末贷方存量 |
|  | (1)-②　　　　40<br>(2)　　　　30<br>(3)　　　　24<br>(4)-②　　　　6<br>(15)　　　　25<br>(16)-②　　　　35 | (3)　　　　24<br>(7)　　　　6<br>(10)　　　　120 |  |
| 340 | 160 | 150 | 330 |

| 账户名称：取用水额度 | | | 计量单位：万立方米 |
|---|---|---|---|
| 期初贷方存量 | 本期借方发生额 | 本期贷方发生额 | 期末贷方存量 |
| | | (1)-② 40<br>(2) 30<br>(16)-② 35 | |
| 550 | | 105 | 655 |

| 账户名称：污水排放权 | | | 计量单位：万立方米 |
|---|---|---|---|
| 期初贷方存量 | 本期借方发生额 | 本期贷方发生额 | 期末贷方存量 |
| | (5)-② 6 | (4)-② 6 | |
| 10 | 6 | 6 | 10 |

| 账户名称：非取用水权 | | | 计量单位：万立方米 |
|---|---|---|---|
| 期初贷方存量 | 本期借方发生额 | 本期贷方发生额 | 期末贷方存量 |
| | (12) 60<br>(13) 60<br>(18) 50 | (9) 100 | |
| 1 271 | 170 | 100 | 1 201 |

| 账户名称：非取用水权 | | | 计量单位：万元 |
|---|---|---|---|
| 期初贷方存量 | 本期借方发生额 | 本期贷方发生额 | 期末贷方存量 |
| | | (17) 6 800 | |
| 0 | | 6 800 | 6 800 |

### 5.1.5.4 核算期末账户记录试算平衡

核算期末根据上述账户记录进行试算平衡见表5-13、表5-14。

**表5-13 账户记录试算平衡表（实物量）** 单位：万立方米

| 科目名称 | 期初余数 | | 本期发生数 | | 期末余数 | |
|---|---|---|---|---|---|---|
| | 借方 | 贷方 | 借方 | 贷方 | 借方 | 贷方 |
| 水体资产 | 2 100 | | 321 | 236 | 2 185 | |
| 水金融资产（信托） | 120 | | 50 | 60 | 110 | |

续表

| 科目名称 | 期初余数 借方 | 期初余数 贷方 | 本期发生数 借方 | 本期发生数 贷方 | 期末余数 借方 | 期末余数 贷方 |
|---|---|---|---|---|---|---|
| 待处理事项 | 3 | | 6 | 6 | 3 | |
| 水资源超耗 | | 40 | | 50 | | 90 |
| 水资源挤占 | | | 20 | 20 | | |
| 待改善水质 | | 12 | 6 | 6 | | 12 |
| 取用水额度 | 550 | | 105 | | 655 | |
| 取用水权实施 | 340 | | 160 | 150 | 330 | |
| 污水排放权 | | 10 | 6 | 6 | | 10 |
| 非取用水权 | | 1 271 | 170 | 100 | | 1 201 |
| 合计 | 2 223 | 2 223 | 739 | 739 | 2 298 | 2 298 |

为简化起见，假设每立方水价格为 2 元/立方米，则上述账户记录的试算平衡如表 5-14 所示。

表 5-14　账户记录试算平衡表（价值量）　　单位：万元

| 科目名称 | 期初余数 借方 | 期初余数 贷方 | 本期发生数 借方 | 本期发生数 贷方 | 期末余数 借方 | 期末余数 贷方 |
|---|---|---|---|---|---|---|
| 水体资产（实物量×2） | 4 200 | | 642 | 472 | 4 370 | |
| 水功效资产（价值量） | 29 200 | | 6 800 | | 36 000 | |
| 水金融资产（价值量） | 1 310 | | 310 | 10 | 1 610 | |
| 水金融资产（实物量×2） | 240 | | 100 | 120 | 220 | |
| 待处理事项（实物量×2） | 6 | | 12 | 12 | 6 | |
| 水资源超耗（实物量×2） | | 80 | | 100 | | 180 |
| 水资源挤占（实物量×2） | | | 40 | 40 | | |
| 超标排污（价值量） | | | 10 | 10 | | |
| 待改善水质（实物量×2） | | 24 | 12 | 12 | | 24 |
| 应缴水资源环境款项（价值量） | | 0 | | 300 | | 300 |
| 取用水额度（价值量+实物量×2） | 9 215+1 100 | | 210 | | 10 525 | |

续表

| 科目名称 | 期初余数 借方 | 期初余数 贷方 | 本期发生数 借方 | 本期发生数 贷方 | 期末余数 借方 | 期末余数 贷方 |
|---|---|---|---|---|---|---|
| 取用水权实施（实物量×2） | | 680 | 320 | 300 | | 660 |
| 污水排放权（实物量×2） | | 20 | 12 | 12 | | 20 |
| 非取用水权（价值量） | | | | 6 800 | | 6 800 |
| 非取用水权（价值量+实物量×2） | | 21 295+ 2 542 | 340 | 200 | | 23 697 |
| 合计 | 34 956 | 34 956 | 8 598 | 8 598 | 42 206 | 42 206 |

### 5.1.5.5 《水资源环境资产负债表》及其分表编制

根据核算期账户记录试算平衡结果，编制该机构《水资源环境资产负债表》及其分表《水资源环境资产变动表》、《水资源环境负债与权益变动表》见表5-15、表5-16、表5-17。

表5-15 水资源环境资产负债表　　　　计量单位：万元

| 水资源环境资产 | 期初余额 | 期末余额 | 水资源环境负债与权益 | 期初余额 | 期末余额 |
|---|---|---|---|---|---|
| 一、水体资产 | | | 一、水资源环境负债 | | |
| 1. | | | （一）水资源超耗 | 80 | 180 |
| …… | | | （二）水资源挤占 | 0 | 0 |
| 合计 | 4 200 | 4 370 | （三）超标排污 | 0 | 0 |
| 二、水功效资产 | | | （四）待改善水质 | 24 | 24 |
| …… | | | （五）应缴水资源环境款项 | 0 | 300 |
| 合计 | 29 200 | 36 000 | 合计 | 104 | 504 |
| 三、水金融资产 | | | 二、水资源环境权益 | | |
| 其中：信托资产 | 1 310 | 1 610 | （一）取用水额度 | 10 315 | 10 525 |
| 合计 | 1 550 | 1 830 | （二）取用水权实施 | 680 | 660 |
| 四、待处理事项 | | | （三）污水排放权 | 20 | 20 |
| …… | | | （四）非取用水权 | 23 837 | 30 497 |
| 合计 | 6 | 6 | 合计 | 34 852 | 41 702 |
| 水资源环境资产总计 | 34 956 | 42 206 | 水资源环境负债与权益总计 | 34 956 | 42 206 |

表 5-16　水资源环境资产变动表　　　　　　单位：万元

| 指标名称 | 水体资产 | 水功效资产 | 水金融资产 | 待处理事项 | 合计 |
| --- | --- | --- | --- | --- | --- |
| 期初存量 | 4 200 | 29 200 | 1 550 | 6 | 34 956 |
| 存量增加 | 642 | 6 800 | 410 | 12 | 7 864 |
| 存量减少 | 472 | 0 | 130 | 12 | 614 |
| 期末存量 | 4 370 | 36 000 | 1 830 | 6 | 42 206 |

表 5-17　水资源环境负债与权益变动表　　　　　单位：万元

| 项目 | 期初余数 | 核算期内增加 | 核算期内减少 | 期末余数 |
| --- | --- | --- | --- | --- |
| 一、水资源环境负债 | | | | |
| 水资源超耗 | 80 | 100 | 0 | 180 |
| 水资源挤占 | 0 | 40 | 40 | 0 |
| 超标排污 | 0 | 10 | 10 | 0 |
| 待改善水质 | 24 | 12 | 12 | 24 |
| 应缴水资源环境款项 | 0 | 300 | 0 | 300 |
| 合计 | 104 | 462 | 62 | 504 |
| 二、水资源环境权益 | | | | |
| 取用水额度 | 10 315 | 210 | 0 | 10 525 |
| 取用水权实施 | 680 | 300 | 320 | 660 |
| 污水排放权 | 20 | 12 | 12 | 20 |
| 非取用水权 | 23 837 | 7 000 | 340 | 30 497 |
| 合计 | 34 852 | 7 522 | 672 | 41 702 |
| 水资源环境负债与权益合计 | 34 956 | 7 984 | 734 | 42 206 |

## 5.2　水资源环境审计

### 5.2.1　基于水资源环境资产负债核算系统的环境责任审计

#### 5.2.1.1　报表项目审计

报表层面审计即对《水资源环境资产负债表》《水资源环境资产变动

表》《水资源环境负债与权益变动表》的初步审计，要检查四个方面的平衡与勾稽关系：一是分类汇总平衡关系，即报表中各项具体的水资源分类资产、水资源分类负债和水资源分类权益数据之和是否与报表合计数一致；二是二维分类平衡关系，即水资源资产总计是否等于水资源负债与水资源权益的总计；三是四柱平衡关系，即《水资源环境资产变动表》和《水资源环境资产负债与权益变动表》中各列示项目的期初存量与期内增加量之和是否等于期内减少量与期末存量之和；四是表间勾稽关系是否成立，即《水资源环境资产负债表》左端（资产）各列示项目的期初数和期末数是否与《水资源环境资产变动表》各列示项目的期初数和期末数一致，《水资源环境资产负债表》右端（负债与权益）各列示项目的期初数和期末数是否与《水资源环境负债与权益变动表》各列示项目的期初数和期末数一致。

下面为对表 5-15 的分类平衡检查：

水资源环境资产期初存量总计＝水体资产 4 200+水功效资产 29 200+水金融资产 1 550+待处理事项 6＝34 956（万元）

水资源环境资产期末存量总计＝水体资产 4 370+水功效资产 36 000+水金融资产 1 830+待处理事项 6＝42 206（万元）

水资源环境负债与权益期初存量总计＝水资源超耗 80+待改善水质 24+取用水额度 10 315+取用水权实施 680+污水排放权 20+非取用水权 23 837＝34 956（万元）

水资源环境负债与权益期末存量总计＝水资源超耗 180+待改善水质 24+应缴水资源环境款项 300+取用水额度 10 525+取用水权实施 660+污水排放权 20+非取用水权 30 497＝422 06（万元）

下面为对表 5-15 的二维分类平衡检查：

水资源环境资产期初存量总计 34 956 万元＝水资源环境负债与权益期初存量总计 34 956 万元

水资源环境资产期末存量总计 42 206 万元＝水资源环境负债与权益期末存量总计 42 206 万元

对表 5-16 的四柱平衡关系检查见表 5-18。

表 5-18　对《水资源环境资产变动表》的四柱平衡关系检查

| 项目 | 期初 | 期内增加 | 小计 | 期内减少 | 期末 | 小计 |
| --- | --- | --- | --- | --- | --- | --- |
| 水体资产 | 4 200 | 642 | 4 842 | 472 | 4 370 | 4 842 |
| 水功效资产 | 29 200 | 6 800 | 36 000 | 0 | 36 000 | 36 000 |
| 水金融资产 | 1 550 | 410 | 1 960 | 130 | 1 830 | 1 960 |
| 待处理事项 | 6 | 12 | 18 | 12 | 6 | 18 |
| 合计 | 34 956 | 7 864 | 42 820 | 614 | 42 206 | 42 820 |

注：对《水资源环境负债与权益变动表》的四柱平衡关系检查方法与此相同。

对表 5-15、表 5-16 和表 5-17 勾稽关系的检查如下：一是检查《水资源环境资产负债表》左端所列示的水资源环境资产项目是否与《水资源环境资产变动表》主词栏列示的水资源环境资产项目一致，其期初存量与期末存量的数字是否一致；二是检查《水资源环境资产负债表》右端所列示的水资源负债与权益项目是否与《水资源环境负债与权益变动表》主词栏列示的水资源负债与权益项目一致，其期初存量与期末存量的数字是否一致。

通过报表层面对上述平衡关系和勾稽关系的初步检查，可以鉴定报表编制是否符合技术规范。

#### 5.2.1.2　报表数据核实

报表项目和数据是否真实可靠，仅仅靠审计人员对报表的阅读和初步审计是得不出结论的。这需要对报表列示项目和数据进行核实。按照核实工作范围大小，可以分为全面核实、抽样核实和专项核实。全面核实是对报表所有项目及其数据进行的核实；抽样核实是根据抽样统计的方法，选择若干有代表性的项目及其数据进行核实；专项核实亦称局部核实，是针对有可能出现问题或有举报线索的项目和数据进行的核实。

报表项目及数据核实的方法主要是对比印证，有报表之间的对比印证，如报表层面的检查；还有账表之间、账账之间、账证之间、证证之间、账实之间等相互之间的对比印证。而调查询问、现场取证则是解决对比印证过程中不相符合问题的具体方法。

账表之间的核实亦称账面核实，是将报表项目及其数据与相应的来源账户记录相对照，看是否账表一致，一致则实，不一致则不实。有的报表项目对应一个账户，可以直接对照核实；有的报表项目对应两个或两个以上账户，需要对账户记录进行汇总对照；也有的报表项目是由某账户下面的二级甚至三级账户构成，需要鉴别之后对照核实。

账账之间的核实通过账户记录的勾稽关系来检查。典型的检查方式是账户记录的试算平衡。在复式记账法下，所有账户记录都存在着记账符号相互对应的平衡关系。如本书采用的左右记账法，所有账户的期初左方余额必定等于所有账户的期初右方余额；所有账户的左方发生额必定等于所有账户的右方发生额；所有账户的期末左方余额必定等于所有账户的期末右方余额。表5-14就是核算期间账户记录相互印证的试算平衡。账账之间的试算平衡，不仅可以用于对核算期间所有记录的全面核实，也可用于对专门或部分核算业务的核实。

账证之间的对比印证亦称凭证核实，是将账面记录与记账凭证进行对照，检查账证是否相符；相符则实，不符则不实。

证证之间的对比印证，是将记账凭证与所依据的原始凭证进行对照，检查二者是否相符；相符则实，不符则不实。

账实之间的对比印证，是将账户记录与调查获取的证据进行对比，看看二者是否相符。调查获取的证据，既可以是核算事项所形成的原始凭证，也可以是现场调查取得的证据。调查核实是指对核算系统的有关项目与数据，找经办、审核等相关责任人进行询问（包括当面询问与函询），了解相关事项的来龙去脉、数据产生的过程、确认计量记录所依据的技术手段及其可靠性，从而对数据的真实可靠性作出鉴别。现场取证核实是数据产生的现场，利用相关技术手段，如拍照、取样、化验等，获取相应物证，以此鉴定核算项目与数据的真伪。核算系统提供的信息是否真实可靠，最终是通过账实之间的对比印证来判断的。所以，各种核实方法中，现场取证核实最为彻底，但其工作量大，通常只用于专项核实或重点核实。上述各种方法之间并不互斥，可以结合进行。比如，账面核实方法可用于全面核实；凭证核实方法可用于抽样核实或专项核实；调查核实与现场取样核实可结合起来，用于专项核实或重点核实。

### 5.2.1.3 报表层面水资源环境责任审计

自然资源负债类项目是资源环境责任的显性表现。根据具体自然资源

负债项目或事项的形成原因，可以辨别出资源环境的责任承担者及其责任大小。一般地，自然资源负债产生的原因有自然原因和人为原因两类。自然原因是指由于自然作用力造成的自然资源毁损或环境破坏，如地震引起山体滑坡导致森林毁损、水坝坍塌造成水库储水资源流失等。人为原因则是人为引起的自然资源毁损或环境破坏，如乱砍滥伐导致森林毁损和水土流失、过度放牧导致草场退化等。自然资源权益类项目则是资源环境责任的隐性表现。根据具体自然资源权益项目或事项的形成原因，同样可以辨别出资源环境的责任承担者及其分担的责任大小。

水资源环境责任审计可以直接对《水资源负债与权益变动表》进行，以表5-13和表5-17审计为例：

核算期内水资源负债的变动只涉及水资源负债的增加，涉及事项有：一是由于企业用水超耗，多用了河流水资源50万立方米。二是因改善生态环境需要，需向上级主管部门缴纳生态恢复费300万元。对此，需要进一步追究相关企业和部门及其领导人员的责任。

核算期内水资源总权益增加25万立方米，增加了6 850（=6 800+25×2）万元，由下列项目变动构成：本级机构水权益直接责任增加35万立方米，原因是上游水库调水增加120万立方米，农业灌溉减少25万立方米，向下游放水减少60万立方米。自然因素净增加40万立方米。涉水企业当期超耗减少50万立方米。

#### 5.2.1.4 审计结论

根据对水资源资产负债表及其核算系统提供的信息进行水资源环境责任审计，尚不能得出最终审计结论。最终审计结论需要对照党和国家的相关政策法规、区域经济社会发展规划、被审计单位的有关规章、生态文明建设考核指标和领导干部自然资源资产离任审计要求，才能得出。审计结论的表达方式，既可以是规范性的，如同注册会计师的行业标准，也可以是针对具体事项的责任判断。

### 5.2.2 水资源环境责任审计实践与探索

#### 5.2.2.1 水资源环境审计现状

从2006年开始到2020年，审计署一共发布了118次环境审计公告，其中有17次是水环境审计公告，占比14.41%，由此可见水资源环境审计

在资源环境审计中的重要性。水资源环境审计通常分为水污染审计、水利工程审计和涉农用水审计三个方面。前述17次水资源环境审计，有7次水污染审计，7次水利工程审计和3次涉农用水审计。

5.2.2.1.1 我国水资源环境治理成效

5.2.2.1.1.1 水污染防治方面

政府十分重视水污染防治，水污染防治工作取得一定进展。①环渤海13市政府积极开展水污染防治工作，组织实施了《渤海碧海行动计划》和海河、辽河流域水污染防治专项规划，落实了水污染物总量削减目标责任，任务分解到重点行业和单位，将目标完成情况纳入当地经济社会发展综合评价体系。②2001—2007年，中央和地方各级政府投入财政性资金及国内银行贷款910亿元，用于"三河三湖"（辽河、海河、淮河、太湖、巢湖、滇池）流域城镇环保基础设施、生态建设及综合整治等七大类共8201个水污染防治项目建设。③"十一五"期间，国家发展改革委、财政部、环境保护部、住房和城乡建设部、水利部等部门和流域内各级人民政府高度重视水污染防治和水资源保护工作，出台了《黄河中上游流域水污染防治规划（2006—2010年）》，认真实施水污染防治和水资源保护工程，严格取用水总量控制管理，建立和完善规章制度，加强监督检查，推动黄河流域水污染防治和水资源保护工作取得成效。④企业节能减排工作取得进展，尤其是一些大型企业，高度重视节能减排工作，加大污染治理投入，取得明显成效。例如，北京首钢股份有限公司搬迁到唐山市曹妃甸循环经济示范区后，通过提高工业用水循环率、回收钢铁废渣和剩余能源再利用等措施，节约了资源，降低了能耗，减少了污染。⑤为应对长江经济带存在的突出问题，国家采取特别措施。从2021年1月1日起，长江流域重点水域开始实行十年禁渔，长江流域禁捕、退捕从攻坚战转向持久战。同时，确立了我国首部流域法律——《中华人民共和国长江保护法》（2021年3月1日），将资源保护与法律结合，从规划与管控、资源保护、水污染防治、生态环境修复、绿色发展、保障与监督、法律责任等方面作出了系统规定。

5.2.2.1.1.2 水利工程建设方面

水利建设得到明显加强，水利建设投入大幅度增加，建成了一批重点水利项目，提高了大江大河防洪抗旱能力，一定程度上改变了重点水利设

施和江河防洪体系建设滞后的状况，促进了社会经济持续、快速、健康发展。各级水利行政主管部门采取了许多加强水利建设管理的措施，水利建设资金和项目管理总的看是好的。具体来看，一是党中央、国务院对病险水库除险加固工作高度重视，水利部会同国家发展改革委、财政部从1999年起先后编制了三批建设规划，合计安排7 887座病险水库除险加固，规划总投资892亿元，其中中央投资484亿元。二是审计署于2011年6月至2012年2月对长江三峡工程竣工财务决算草案进行了审计。审计结果表明，1992年开始的三峡工程建设任务顺利完成了。从三峡办及有关部门、单位和地方政府提供的资料看，三峡工程建设取得了显著成效，在规划论证、建设管理、投资控制、科技创新、管理创新等方面形成了许多有益的经验和做法，为我国重大工程建设和管理提供了可供借鉴的经验。

### 5.2.2.1.1.3 涉农用水方面

国家大幅增加农林水专项资金，高度重视农村饮水安全问题，着力推进农田水利建设。①从审计情况看，近年来各级党委政府高度重视农村农业发展，积极落实强农、惠农、富农政策，财政支农投入不断加大。2013—2015年，抽审县共投入中央和地方财政农林水专项资金1 137.37亿元，涉农资金管理使用总体情况较好，各项强农、惠农、富农政策的落实对保障粮食安全、深化农村改革、促进农业生产和农民增收等发挥了积极作用。②党中央、国务院高度重视农村饮水安全问题，将实施农村饮水安全工程列为社会主义新农村建设的重点内容。2007年，国家制定了《全国农村饮水安全工程农村饮水规划》（以下简称农村饮水规划）。从审计调查情况看，地方各级政府积极发挥主导作用，认真组织实施农村饮水规划，逐步加大投入力度，工程建设取得了明显成效。③2015—2016年，涉农水利专项资金的分配、管理和使用绩效情况良好，推进了农田水利建设，农业节水能力逐步增强；提升了农村饮水安全保障水平，农村生活环境逐步改善。

### 5.2.2.1.2 我国水资源环境审计中揭示的问题

#### 5.2.2.1.2.1 资金问题

从2006年以来国家关于水资源环境审计结果的公告可以发现，引人注目的是各种资金问题，少则几千万，多则数百亿，数额巨大。为了方便

比较与分析，本书将遵循以下原则对水环境审计公告中涉及的资金问题进行整理和统计：①统计范围限于2006—2020年水环境审计公告；②区分不同违规项目，分别统计公告涉及的资金，根据相关审计公告所披露数据信息的特点，确定12个具体违规项目进行统计，各项目所统计具体范围见表5-19；③对水环境审计的违规资金按表5-20列示的12个项目进行整理和统计。

表5-19 水资源环境审计违规资金形式归类

| 问题 | 内容 |
| --- | --- |
| 以权谋私 | 公告中提到"以权谋私""履行职责不到位""获取不当收益"涉及的资金 |
| 损失浪费 | 公告中提到"效益不佳""损失浪费"涉及的资金 |
| 未拨付 | 公告中提到"未及时拨付""滞留""拨付缓慢""配套资金未到位"涉及的资金 |
| 改变资金用途 | 公告中提到"改变资金用途""未按规定使用资金"涉及的资金 |
| 挤占挪用 | 公告中提到"挤占""占用""挪用""截留"涉及的资金 |
| 资金补偿问题 | 公告中提到"拖欠补偿款""移民资金决算编制和账务处理不合规"涉及的资金 |
| 编报不实 | 公告中提到"高报或多报概算""概算尚未编制完成""骗取套取"涉及的资金 |
| 合同存在问题 | 公告中提到"合同签订不够严谨""合同管理不够规范"涉及的资金 |
| 投资执行问题 | 公告中提到"管理不到位，导致增加投资""项目进展缓慢"涉及的资金 |
| 未按规定进行招投标 | 公告中提到"未依法依规进行招标"涉及的资金 |
| 资金征缴问题 | 公告中提到"欠征欠缴""未及时上缴""应征未征或违规减免资金"涉及的资金 |
| 资金闲置 | 公告中提到"资金闲置"涉及的资金 |

遵循前面提到的原则，本书对2006—2020年水资源环境审计结果公告进行统计，具体结果如表5-20所示。

表 5-20  水资源环境审计各项违规资金形式数额统计  单位：亿元

| 问题\时间 | 2006 | 2009 | 2010 | 2011 | 2013 | 2015 | 2016 | 2017 | 2018 |
|---|---|---|---|---|---|---|---|---|---|
| 以权谋私 |  | 0.95 |  |  |  |  | 5.68 |  |  |
| 损失浪费 | 2.52 | 0.16 |  |  |  |  | 39.87 | 20.45 |  |
| 未拨付 | 35.85 | 14.41 | 4.3 | 6.73 |  |  | 223.07 | 25.84 |  |
| 改变资金用途 |  | 9 |  | 15.31 |  |  |  |  |  |
| 挤占挪用 | 10.12 | 40.56 |  |  | 2.79 |  |  | 17.72 | 0.26 |
| 资金补偿问题 | 8.59 |  |  |  | 17.21 |  |  |  |  |
| 编报不实 |  | 21.53 | 96.36 | 0.4 |  | 3.38 | 6.36 | 2.17 | 1.35 |
| 合同存在问题 |  |  | 1.28 |  | 41.3 |  |  |  |  |
| 投资执行问题 |  |  |  |  | 8.08 | 0.2 |  | 143.23 | 0.8 |
| 未按规定进行招投标 |  | 16.79 | 11.76 |  |  | 15.43 |  |  | 5.6 |
| 资金征缴问题 |  | 5.78 |  | 16.73 | 8.55 |  |  | 5.97 | 20.77 |
| 资金闲置 |  | 8.06 |  |  |  |  | 29.28 | 30.02 |  |
| 合计 | 57.08 | 117.24 | 113.7 | 39.17 | 77.93 | 19.01 | 304.26 | 245.4 | 28.78 |
| 审计总资金 | 716.46 | 1 589.13 | 579.58 | 473.07 | 2 078.73 | 71.47 | — | 584.11 | 2 574.55 |
| 问题资金比例 | 7.97% | 7.38% | 19.62% | 8.28% | 3.75% | 26.60% |  | 42.01% | 1.12% |

（资料来源：作者根据审计署审计公告整理）

通过对表 5-20 的分析，可以发现资金违规问题有以下主要特点：

第一，违规资金数额巨大。水环境审计结果公告的违规资金总额合计 1 002.57 亿元。其中，按年划分，2016 年和 2017 年最为突出；分项目来看，未拨付、编报不实、投资执行问题涉及违规资金最多。

第二，违规资金形式多样化。尽管统计过程中受到一些客观因素的限制，但最终有据可查的统计项目可以确定为 12 种形式。其中，既涉及了资金的数量，也涉及了资金使用的质量，即资金运行效益；整体以合规性审计为主，如审计资金是否按照规定用途使用、合同和流程是否符合规定；也有绩效审计，如审计发现的损失浪费问题，资金是否发挥了应有的效益。

第三，2017 年的问题资金比例尤其突出，问题资金比例甚至达到了

42%。仔细研究 2017 年的审计结果公告可以发现，当年只公布了 1 个水环境审计公告，即 2017 年第 8 号公告《涉农水利专项资金审计结果公告》，审计署对水利部等部门和河北等 18 个省（自治区、直辖市）2015—2016 年涉农水利专项资金的分配、管理和使用绩效情况进行了审计。审计重点抽查了 584.11 亿元涉农水利资金和其他相关财政资金，涉及 1 080 个水利项目。通过表 5-20 可以发现，其中最突出的资金问题是投资执行问题，涉及资金 143.23 亿，进一步研究可知这主要是由于项目进展缓慢引起的。

#### 5.2.2.1.2.2 项目建设问题

除资金问题突出以外，对水环境审计结果公告揭露的问题进行文本信息归类分析后，本书将 17 个公告披露的问题归为安全、效益、政策、质量、违规、工期、项目后期七大问题。具体如表 5-21 所示。

表 5-21　水资源环境审计结果公告揭露问题归类

| 问题 | 具体内容 |
| --- | --- |
| 安全问题 | 公告中提到"安全管理工作落实不完全到位""少数工程存在质量缺陷或安全隐患" |
| 效益问题 | 公告中提到"部分已建成项目运行效益不高""项目没有达到预期效果" |
| 政策问题 | 公告中提到"相关政策措施不够完善" |
| 质量问题 | 公告中提到"存在质量缺陷""未能达到规划要求" |
| 违规问题 | 公告中提到"违规征地""违规建设""超标排放""执法不严格" |
| 工期问题 | 公告中提到"进度滞后""工期紧迫""大幅压缩工期""未按期完工" |
| 项目后期问题 | 公告中提到"部分闲置及退场物资设备处置不规范""绩效评价工作开展不到位" |

遵循上面的问题归类，对水环境审计结果公告提到的项目问题建设进行统计的具体结果如表 5-22 所示。

表 5-22　水资源环境审计结果公告揭露问题汇总

| 问题 | 2006 年 | 2009 年 | 2010 年 | 2011 年 | 2013 年 | 2015 年 | 2016 年 | 2017 年 | 2018 年 |
| --- | --- | --- | --- | --- | --- | --- | --- | --- | --- |
| 安全问题 |  | Y | Y |  |  |  |  |  |  |
| 效益问题 | Y | Y |  |  |  |  | Y |  |  |

续表

| 问题 | 2006年 | 2009年 | 2010年 | 2011年 | 2013年 | 2015年 | 2016年 | 2017年 | 2018年 |
|---|---|---|---|---|---|---|---|---|---|
| 政策问题 |  | Y |  |  |  |  |  |  |  |
| 质量缺陷 | Y |  | Y |  |  |  |  |  |  |
| 违规问题 | Y |  |  | Y |  |  | Y |  | Y |
| 工期问题 |  |  | Y | Y |  |  |  |  |  |
| 项目后期问题 |  |  |  |  |  | Y |  | Y |  |

通过表5-22，虽然看不出七大问题存在明显规律，但是可以大致看出效益问题和违规问题出现的次数较多，表明有些项目建设之后并没有达到预期效益。例如，2006年第1号审计公告公布，山西省2003年应完工20座病险水库，因地方配套资金不到位，实际仅完成8座，而且其中7座未达到设计要求，难以实现防洪、供水等预期目标。这表明项目立项之初，没有充分思考和斟酌。相比之下，政策问题出现的次数最少，这表明我国相关政策正逐渐完善，对项目的开展基本不会产生阻碍，但也需要根据外界的变化，及时调整相应的政策。

#### 5.2.2.1.2.3 水环境治理问题成因分析

（1）领导干部失责。有关主管部门未贯彻落实中央八项规定精神、未遵守国务院"约法三章"，部分水环境主管部门利用职权谋取利益，出现挪用公款吃喝送礼和修建楼堂馆所等问题。个别地区农业、水利部门及其工作人员利用职权插手项目分配，公款私存、优亲厚友，借机谋取小团体和个人利益，利用伪造合同等资料、编造名单、重复申请等方式虚报冒领、骗取套取财政资金。审计公告公布的9个年度有5年都涉及了挤占挪用资金问题，而2009年和2016年涉及以权谋私问题。这种问题背后牵扯到的领导干部违规使用资金、失职的问题并没有在公告里写明惩罚措施，2006年第1号公告里表述为"如再发生此类问题，将严肃追究有关人员责任"，并未彻查问题背后相关领导干部的责任。这样的做法可能纵容相关领导干部，不能起到警示作用。

（2）项目管理不规范。一是项目多、时间集中、工程量大，设计、管理、施工、监理等任务繁重，加之一些地方政府及水利部门工程管理能力

不足，质量意识不强，导致问题频出。二是部分地方拨付资金不及时、验收不及时、虚报项目建设进度。项目因建设内容不完整或质量不达标、运行管护不到位，造成项目建成后不能正常使用，甚至损失浪费。三是资金和项目绩效评价工作开展不到位。目前尚未形成项目管理办法，未能使项目科学有效运行，导致大大小小的项目问题总是出现，需要进一步规范。例如 2016 年 11 号公告提到，6 个省部分地区涉农建设项目存在招投标程序不规范、违法转包给无资质个人并收取一定比例管理费、违规擅自改变建设内容、虚报投资完成额、多支付项目资金等问题，涉及资金 333 412.28 万元。

(3) 政策制度不完善。一是水污染防治审批前置相关制度不够完善。若将企业环保审批项目作为工商注册登记时的重要条件，可以从源头上有效控制生态环境的污染。但是，目前我国法律法规仅对特殊种类的行业设有此项规定，如经营危险废物、设置拆船厂以及设立娱乐场所等，而化工、造纸等具有明显污染性的行业均未涉及。二是对水污染的防治统计和考核指标体系不够完善。能够反映湖泊污染状况的两大重要指标总磷和总氮均未体现在相关水污染物总量减排考核和环境统计报表中，这不仅模糊了水污染防治工作的重点，也不利于全面反映和正确评价水质的实际状况。三是生态环境的补偿机制尚不健全。为了水环境治理工作顺利进行，保障区域下游水环境和水资源安全，上游地区的经济和社会发展往往受到一定程度的影响，当地政府需要对上游地区进行补偿。但是"三河三湖"流域内的 13 个省（自治区、直辖市）中，除了江苏省和浙江省，其他地方的生态环境补偿机制大多没有建立或者尚不完善。

#### 5.2.2.2 水资源环境责任审计评价指标体系构建

我国水资源短缺，且面临水资源分布失衡、污染严重、水质退化等问题。针对资源供应紧张、环境污染加剧、生态问题严重等情况，党的十八大报告提出，要把资源消耗、环境损害、生态效益纳入经济、社会发展评价体系，建立体现生态文明要求的目标体系、考核办法、奖惩机制。水资源作为人类生活的必需品，社会关注度较高。但我国水资源环境责任审计目前尚处于发展阶段，而水资源环境责任审计评价指标体系的构建是发展中的重要环节，评价指标的合理性、实用性、准确性、科学性将直接影响水资源环境责任审计能否有效开展。水资源责任审计评价指标体系的构

建，在微观层面有利于水资源审计目标的实现、审计数据的收集，有利于水资源环境责任审计的实现，在宏观层面有利于保护水资源、完善水资源管理、促进水环境的改善、推进生态文明建设、升华绿色发展理念，实现经济、环境共同发展。

对于水资源环境责任审计的评价，本书将从水资源资产开发、水资源政策制定与执行、水资源资产利用、水资源环境保护项目投资建设、水资源相关资金使用、环境保护相关事项六个一级指标出发，建立评价体系。

#### 5.2.2.2.1 水资源资产开发评价指标

该指标评价水资源资产开发的合法性、管理的有序性、使用的有效性以及生态环境保护状况。首先设置"水资源总量变化率"二级指标，主要反映区域水资源的变动情况，了解该地区水资源的利用情况以及对水资源的保护和分配是否合理，这一指标容易受到自然环境的影响（包括该年度降水量、气候状况等因素），因此需要一定程度地剔除自然环境影响，使得各期指标之间具有可比性。然后设置"水资源开发率"二级指标，反映领导干部对水资源的开发程度。国际上认为对一片湖泊或一条河流的开发应小于等于其总量40%的生态警戒线，然而我国大多数水资源的开发率远远超过40%，更有甚者超过总量的100%。这样的透支开发严重威胁生态流量，大幅降低水资源的循环能力。因此，设置合理的水资源开发率尤为重要。本书构建的水资源资产开发评价指标如表5-23所示。

表5-23 水资源资产开发评价指标

| 一级指标 | 二级指标 | 性质 | 指标说明 |
| --- | --- | --- | --- |
| 水资源资产开发 | 水资源总量变化率 | 定量 | (某区域本年度地表水水资源总量+本年度地下水资源总量)/(某区域上年度地表水水资源总量+上年度地下水资源总量) |
| | 水资源开发率 | 定量 | 区域开发水量/水资源总量 |

#### 5.2.2.2.2 水资源政策制定与执行评价指标

制度建设是顶层设计，决定了水资源资产管理和生态环境保护的大方向。开展水资源环境责任审计，审计人员需要关注水资源资产管理和生态环境保护法律法规、政策措施的执行情况，包括禁止性、限制性、约束性

政策是否被严格执行，相关管理制度、重大决策制度是否建立完善，是否存在与现实不符或脱节的地方，并关注其执行效果。水资源政策的制定要因地制宜，结合当地水资源管理水平，根据不同的水资源情况制定适合本区域的政策。本书设置了三项二级指标。"政策制定健全程度"指标以本地区当年制定或修改的政策为依据，主要关注当地政府对于政策制定的健全度，是否根据政策现实实施情况及时改变政策需求。"水资源政策执行率"指标主要考察有关水资源政策的执行情况，水资源政策执行涉及诸多方面，出于评价指标的实践性考虑，本书选择本年度地下水位回灌率目标完成情况代表水资源政策的执行率，因为地下水位回灌率作为可观察的数据代表了当地政府对于水资源保护政策的实施效果。"水资源制度符合性"指标检验国家以及各部门制定的水资源制度的合法性和科学性，水资源制度是否符合可持续发展要求，关系到水资源资产能否有效地得到利用和保护；该指标还可审查排污许可证发放、新建项目审批程序是否符合国家和地方发展方针政策。本书构建的水资源政策制定与执行评价指标如表5-24所示。

表5-24 水资源政策制定与执行评价指标

| 一级指标 | 二级指标 | 性质 | 指标说明 |
| --- | --- | --- | --- |
| 水资源政策制定与执行 | 政策制定健全程度 | 定性 | |
| | 水资源政策执行率 | 定性 | |
| | 水资源制度符合性 | 定性 | |

#### 5.2.2.2.3 水资源资产利用评价指标

该指标评价水资源资产利用的合法性、使用的有效性，以及对相关水资源资产重复利用等情况。随着我国的工业化和城镇化的加速，工业用水量增加导致水资源供需矛盾进一步加剧，只有通过提高工业用水效率、促进重点用水行业的节能技术改造，才能实现经济发展与水资源环境保护的统一。本书设置了四项二级指标。"单位工业增加值用水量"指标通过衡量单位工业增加值的用水量来表示经济发展与水资源利用的关系。"工业重复用水率"指标通过对工业重复用水率的考查表现企业对于水资源保护的重视度。工业用水的重复使用可以在很大程度上提升我国水资源的使用效率。"饮用水源水质达标率"，水是人类生存的必需品，涉及居民的健康状况和生活质量，饮用水水质达标是人类对水资源的基本要求，也是保证可持续发展的基本要

素。"农田灌溉水有效利用系数",我国农业用水量大且利用率低,应当特别关注农业用水效率的提升,以此缓解水资源压力。该指标通常需要专业人员通过测算获得。本书构建的水资源资产利用评价指标如表5-25所示。

表5-25 水资源资产利用评价指标

| 一级指标 | 二级指标 | 性质 | 指标说明 |
| --- | --- | --- | --- |
| 水资源资产利用 | 单位工业增加值用水量 | 定量 | 年耗水量/年工业增加值 |
|  | 工业重复用水率 | 定量 | 工业用水中重复利用的水量/总用水量 |
|  | 饮用水源水质达标率 | 定量 | 饮用水水源地水质达标的数量/饮用水水源地数量 |
|  | 农田灌溉水有效利用系数 | 定量 | 专业人员测算 |

#### 5.2.2.2.4 水资源环境保护项目投资建设评价指标

通过检查水资源环境保护工程(治理)项目的规划、建设、运行、管理及其效益情况,揭示和查处工程项目建设中存在的浪费资源、破坏环境等问题。首先,根据《中华人民共和国水土保持法》及相关规定要求,开发建设项目应开展水土保持监测工作,需要专业技术人员通过实地调查并充分收集整理工程建设过程资料,汇总监测成果。本书设置了五项二级指标。选取"水土保持项目的开展及实施情况"指标是因为工程建设期是造成的水土流失的主要时段,包括施工准备期和建设期,填筑和取土等施工活动会破坏项目区域原有地貌和地表植被,工程会产生取土和弃渣,容易导致水土流失。"建设项目的防洪评估"指标主要评价有关河道管理范围内水利建设设施的安全性,因为河道范围内建设项目可能对河道行洪、河势稳定、堤防安全、防汛抢险等方面造成不利影响,根据《中华人民共和国防洪法》规定,需要对河道管理范围内建设项目进行防洪评估。"水利工程质量合格率"用来评价水利工程质量。水利工程是国民经济服务体系中的基础性产业,对国家经济发展起着至关重要的作用。水利工程施工质量必须达到国家水利工程开发建设的标准,才能实现工程项目的正常运作,降低安全事故的发生频率。"水利建设投资增减额"指标反映了政府对于水利建设工程的重视程度。政府应重点支持"两新一重"建设,其中包括水利建设投资,水利建设可以作为合理扩大有效投资、助推经济发展、保障民生福祉的重要手段。

"建设项目环评执行率",指标源于环境影响评价制度。2002年《中华人民共和国环境影响评价法》颁布,环境影响评价是指预测、分析和评估项目实施后可能对环境造成的影响情况,以有效预防并减轻环境污染程度。本书构建的水资源环境保护项目投资建设评价指标如表5-26所示。

表5-26 水资源环境保护项目投资建设评价指标

| 一级指标 | 二级指标 | 性质 | 指标说明 |
| --- | --- | --- | --- |
| 水资源环境保护项目投资建设 | 水土保持项目的开展及实施情况 | 定性 | |
| | 建设项目的防洪评估 | 定性 | |
| | 水利工程质量合格率 | 定量 | 评定合格及以上的水利工程项目数/全部参与评定的项目数 |
| | 水利建设投资增减额 | 定量 | 本年水利投资建设额-上年水利投资建设额 |
| | 建设项目环评执行率 | 定量 | 执行环境影响评价制度的项目数/建设项目总数 |

#### 5.2.2.2.5 水资源相关资金使用评价指标

水资源资产管理涉及的资金使用情况包括:征收、管理和分配使用情况,相关重大项目实施情况等。审计人员需要重点关注财政投入与水资源保护规划是否匹配衔接、资金拨付是否及时、项目是否按计划实施,同时分析征收资金是否存在标准落实不到位、擅自减免资金等问题。国家计划内工程项目的建设资金必须按国家计划批准的建设内容使用,严禁挪作他用,因此本书设置了"资金使用专款专用率"二级指标。此外,主管部门要及时、准确地把握有关水利工程建设项目的进度、拨付工程价款,所以本书设置了"资金拨付进度符合率"。"资金使用合规率"二级指标主要评价水利资金的分配使用是否符合国家有关规定,使用手续是否完备,程序是否合规。财政资金的拨款环节多,资金在途时间长,如果配套资金无法及时到位,将导致项目

无法按期完成，会严重影响资金使用效率，所以本书设置了"财政资金到位及时率"二级指标。本书构建的水资源相关资金使用评价指标如表5-27所示。

表5-27 水资源相关资金使用评价指标

| 一级指标 | 二级指标 | 性质 | 指标说明 |
| --- | --- | --- | --- |
| 水资源相关资金使用 | 资金使用专款专用率 | 定量 | 用于专项项目资金/全部项目资金 |
| | 资金拨付进度符合率 | 定量 | 实际拨付资金时间/预定资金拨付时间 |
| | 资金使用合规率 | 定量 | 合规使用资金额/全部使用资金额 |
| | 财政资金到位及时率 | 定量 | 实际到位的财政资金/全部应到位的财政资金 |

#### 5.2.2.2.6 环境保护相关事项评价指标

水资源环境保护的核心是"开源节流"。对水资源使用方面征收相关费用可以促使有关利益团体和个人重视节水；对污染环境的水进行合理处置，可以减少对水环境资源的破坏。根据《中华人民共和国水法》和《取水许可和水资源费征收管理条例》，水资源费缴纳数额根据取水口所在地水资源费征收标准和实际取水量确定。"水资源费征收"指标主要从征收角度反映水资源有关资金来源。工业废水不仅污染生态环境，还会造成水资源浪费，加剧我国水资源的短缺，不利于可持续发展战略的实施，也给经济社会发展带来负面影响。对工业废水采取集中、分类处理可以有效提高我国水环境状态，所以设置"工业废水处理率"进行评价。本书构建的水环境保护相关事项评价指标如表5-28所示。

表5-28 水环境保护相关事项评价指标

| 一级指标 | 二级指标 | 性质 | 指标说明 |
| --- | --- | --- | --- |
| 水环境保护相关事项 | 水资源费征收 | 定量 | 用于专项项目资金/全部项目资金 |
| | 工业废水处理率 | 定量 | 经处理的废水量/全部排出的废水量 |

综上，本书构建的水资源环境责任审计评价指标体系，如表5-29所示。

表 5-29 水资源环境责任审计评价指标

| 一级指标 | 二级指标 | 性质 | 指标说明 |
|---|---|---|---|
| 水资源资产开发 | 水资源总量变化率 | 定量 | (某区域本年度地表水水资源总量+本年度地下水资源总量)/(某区域上年度地表水水资源总量+上年度地下水资源总量) |
|  | 水资源开发率 | 定量 | 区域开发水量/水资源总量 |
| 水资源政策制定与执行 | 政策制定健全程度 | 定性 |  |
|  | 水资源政策执行情况 | 定性 |  |
|  | 水资源制度符合性 | 定性 |  |
| 水资源资产利用 | 单位工业增加值用水量 | 定量 | 年耗水量/年工业增加值 |
|  | 工业重复用水率 | 定量 | 工业用水中重复利用的水量/总用水量 |
|  | 饮用水源水质达标率 | 定量 | 饮用水水源地水质达标的数量/饮用水水源地数量 |
|  | 农田灌溉水有效利用系数 | 定量 | 专业人员测算 |
| 水资源环境保护项目投资建设 | 水土保持项目的开展及实施情况 | 定性 |  |
|  | 建设项目的防洪评估 | 定性 |  |
|  | 水利工程质量合格率 | 定量 | 评定合格及以上的水利工程项目数/全部参与评定的项目数 |
|  | 水利建设投资增减额 | 定量 | 本年水利投资建设额-上年水利投资建设额 |
|  | 建设项目环评执行率 | 定量 | 执行环境影响评价制度的项目数/建设项目总数 |
| 水资源相关资金使用 | 资金使用专款专用率 | 定量 | 用于专项目资金/全部项目资金 |
|  | 资金拨付进度符合率 | 定量 | 实际拨付资金时间/预定资金拨付时间 |
|  | 资金使用合规率 | 定量 | 合规使用资金额/全部使用资金额 |
|  | 财政资金到位及时率 | 定量 | 实际到位的财政资金/全部应到位的财政资金 |
| 水环境保护相关事项 | 水资源费征收 | 定量 | 用于专项目资金/全部项目资金 |
|  | 工业废水处理率 | 定量 | 经处理的废水量/全部排出的废水量 |

## 5.2.3 水资源环境责任审计案例——长江经济带某市水资源审计

### 5.2.3.1 案例背景及其审计内容

#### 5.2.3.1.1 审计背景

党的十八届三中全会《决定》提出"领导干部自然资源资产离任审计"要求以后，领导干部水资源资产离任审计逐渐展开，2015年以来，审计署组织部分特派办和地方审计机关，对于长江经济带地区（包括云南省、四川省、贵州省、重庆市、湖北省、湖南省、江西省、安徽省、江苏省、浙江省、上海市等省份）开展了生态环境审计工作。根据审计要求，江苏省B市审计局以生态环境保护为核心，对B市水资源环境保护相关政策措施落实和资金管理使用情况进行了领导干部离任审计。B市作为长江经济带一个重要的节点城市，是长江进入江苏的"第一站"，长江岸线总长275公里，干流岸线197公里，共有10处港区，泊位数208个。作为长江经济带建设的重镇，早在2016年，B市审计局就在全国率先开始了领导干部自然资源离任审计试点，为长江保护攻坚打好"先行战"。根据2016—2020年江苏省B市关于水资源环境的审计动态，本书通过近几年B市审计中发现的水环境现状问题，探究背后的原因，寻找改进的措施。

#### 5.2.3.1.2 审计目标及内容

B市根据将长江打造为"绿色生态带、转型发展带、人文景观带、严管示范带"的总体目标，从各方面着手对B市的生态环境进行了整治，并取得了长足进步。近几年B市在审计方面所作的努力立足于水污染防控治理，根据当地水资源资产禀赋和生态文明建设中心任务，在相关政府政策的指导下，对领导干部任期内水污染防控治理资金使用情况进行了详细评价。通过总结，B市近几年审计的主要内容可概括为五个方面：一是水资源、水生态保护总体情况；二是重大方针政策和决策部署贯彻落实情况；三是水污染防控整改情况；四是工业结构和工业布局优化调整情况；五是相关资金管理使用落实情况。经过分析，本书进一步探究B市审计机关在资源资产离任审计技术能力方面存在的不足，为完善相关的方针政策、促进水资源环境保护意识和治理能力的提高、提高相关资金的利用效率，以及加强领导干部水资源资产管理与保护水平提出意见建议，并探索审计人员在面对此类审计项目时需要履行哪些职责。

### 5.2.3.2 审计实施过程与结果

#### 5.2.3.2.1 审计流程

为全面提升全市审计机关业务工作质量，B市从八个方面对审计工作流程进行完善与整改。根据审计局现有的体制机制，本书将审计流程概括为三个方面：第一，在审计计划阶段，根据实际情况科学编制中长期审计计划，填写项目申报书，向上级部门申报项目，获批后组织审计组成员实施。第二，在审计实施阶段，审计组在严格遵守国家审计标准的基础上，采用合适的技术手段，收集、整理与归纳分析审计项目的资料，并进行现场检查，形成意见初稿，在征求被审计单位意见后，出具审计报告。第三，在审计结果应用阶段，加强对审计结果的分析、归纳和总结，提高审计项目的成果转化率，并将出具的审计公告对外公示，接受社会各界的监督。详见图5-3。

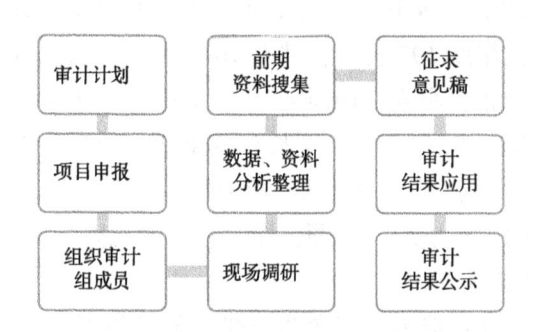

图5-3 B市水资源环境审计流程

#### 5.2.3.2.2 现状分析

##### 5.2.3.2.2.1 水资源资产、水生态保护总体情况

在水资源质量方面，B市总面积6 587平方千米，水面率为11.4%。对比近几年的审计结果公告以及水务局的水资源公报数据显示，2016—2020年水资源质量变化总趋势向好。近年来，纳入"十三五"水环境质量考核目标的22个地表水，连续两年考评为良好及以上，集中饮用水水源地水质常年保持优良，达标率为100%。

审计发现，在水生态保护方面，B市正在实施水污染防治行动计划，以重点断面水质改善、饮用水源地保护、太湖水污染治理为重点，全面推进水污染防治工作。2020年完成了对部分入江支流的整治续建，对31项河道的水环境进行了整治提升，全市域基本实现了"消劣"的目标。水生

态保护成效显著，水环境稳步向好发展。

#### 5.2.3.2.2.2 重大方针政策和决策部署贯彻落实情况

在制度建设方面，B市水资源管理的相关工作制度较为健全，拥有完备的风险应急预案，并将水资源资产的管理与领导干部责任相挂钩，谁管理、谁负责，贯彻落实了《中华人民共和国水法》、《中华人民共和国水污染防治法》以及《江苏省水资源管理条例》等法律、法规。依据上级相关政策规定，B市出台了《B市领导干部自然资源资产离任审计实施办法（试行）》，对于责任的落实、责任的归属以及审计涉及内容的方方面面都作了详细的规划。从近几年的审计现状来看，自习近平总书记提出关于长江经济带"共抓大保护、不搞大开发"的指示精神以来，B市高度重视生态环境保护，在水资源环境保护方面制定了多项与水环境保护有关的条例、办法。按照2017年修订的《B市水环境保护条例》、2018年通过的《B市长江岸线保护办法》、修订后的《江苏省长江水污染防治条例》等，逐步将水资源管理与保护问题纳入法制化轨道。

在政策执行方面，B市开展了水资源保护政策落实情况专项审计调查项目，通过对审计资料的收集和汇总，借助大数据分析技术，全面掌握近7 000平方公里市域范围内涉水建设活动、水资源利用状况，及其相应责任主体，有效解决了以往审计掌握现状实时性不高、入户调查周期过长的问题。实现了水资源管理的全要素覆盖，相关政策正在逐步推进实施中。但是，B市在重大方针政策和决策部署贯彻落实上仍存在一定的滞后性，2018年发布的关于2016年度污水处理运营维护专项资金情况审计调查结果的公告中提到，2016年B市污水处理管理办法执行的是2012年市级出台的相关政策。虽然省财政厅等五部门出台了《关于印发江苏省污水处理费征收使用管理实施办法的通知》，要求省内各市建立健全污水处理费征收、使用监督管理制度，建立污水处理费征收使用管理信息系统，强化污水处理费监管。但是审计发现，截至2018年，B市尚未按照上述要求出台相关制度，建立信息系统。另外，由于所涉及部门较多，履职情况与归属问题并不清晰。

#### 5.2.3.2.2.3 水污染防控整改情况

在水污染防控整改情况方面，因其涉及审计对象较多、审计事项复杂、数据多、审计资金量较大，且黑臭河道为B市的主要水污染事项之

一，故选取黑臭河道作为本案例关注的重点。在审计过程中，审计组成员通过实地勘探、数据收集与分析等技术手段了解了黑臭河道的整改、治理以及现状。结合近几年的审计现状发现：2016—2020年水污染整改基本消灭了黑臭河道现象，但水污染现象仍旧时有反复，"一劳"不能"永逸"，时间价值成本过高。探讨其原因可归集为三个方面：一是建管不同步，以建代管的现象比较普遍；二是污水应急处理余量不足，还有污水大量入河的情况发生；三是群众参与度不高，群众监督的渠道和信息反馈平台偏少。

基础设施建设方面，近几年B市水污染防控力度较大，对许多基础设施进行了完善。相关数据显示，2016—2020年，B市对市区污水处理厂逐步进行了改造与升级，完善了污水收集处理体系，并开展了污水处理厂连通工程，对污水管网进行了改扩建。由此可见B市相关领导干部对于水污染防控治理的重视程度，决心坚决整治防控水污染。

#### 5.2.3.2.2.4 工业结构和工业布局优化调整情况

工业结构优化调整有助于水资源环境改善和提升，并将提高水资源资产的质量作为审计项目的重点，审计组重点关注了近几年重污染企业及水污染防护基础设施的建设情况，综合利用大数据手段获取第一手资料，通过直观的数据资料及现场查看等验证项目实施效果。审计发现，在促进工业结构和工业布局优化调整方面，B市正以稳健的步伐向前发展，完成情况良好。但是2018年发布的审计公告显示，仍然存在污水集中处理设施建设不到位，污染治理存在薄弱环节，跨区域、跨领域环境问题防控难度大等问题。

目前B市正在调整沿江重化工产业布局，推动园区外企业"退城入园"。2020年，搬迁改造化工企业10家，完成了江苏省下达的45家化工企业退出任务。同时对于工业园区的污水处理设施进行了专项整治，位于B市的17个省级以上工业园区基本实现了污水管网全覆盖，污水处理设施稳定达标运行。

#### 5.2.3.2.2.5 相关资金管理使用落实情况

B市水资源资金使用主要来源于财政资金，通过申请批示，由市级下发到各个负责部门和单位，主要用于防污设施建设、水资源保护与治理等方面。B市发布的审计工作报告显示，仅针对黑臭河道整治项目，2016—

2017年市一级就安排了10.96亿元，项目涉及全市建成区150条河道，整治工作取得明显成效，但审计发现2个区相关部门滞留资金5300万元，3个区未专账核算。这仅是"冰山一角"，此类事件在此期间时有发生。经过总结，可以将B市近几年在资金管理使用落实上的问题概括为"慢""少""乱""拖"。分析发现，这源自更深层次问题，如预算资金执行率低、项目储备不足、会计信息缺乏真实性和完整性、项目备案不重视、部分费用开支不合规、全程监管较乱、建设项目超期等。

#### 5.2.3.2.3 总结

以上是2016—2020年B市水资源资产审计项目详细的情况，主要就审计过程、流程以及发现的问题与结果进行了探讨。本案例仅是针对众多审计项目的情况总结，依托2018年长江经济带生态环境保护审计项目开展思考、实践。就2016—2020年B市领导干部水资源资产离任审计项目的基本情况，探讨审计发现的问题，以及未来整改的方向，为同类审计提供参考。

### 5.2.3.3 案例启示

#### 5.2.3.3.1 发挥审计人员作用，助力形成完善审计系统

通过以上的分析研究，结合B市近几年的审计工作可以发现，B市对于自然资源的审计监督一直在持续，但是审计尚未形成系统模式，审计机关对于自然资源的审计大多还是绩效审计等事后审计，审计公告中涉及自然资源资产审计的项目极少且较为碎片化。由于自然资源资产审计对于审计人员要求的更高，稍不留意就容易偏离主题。一方面，审计人员需要发挥自身的作用，通过与相关部门合作，助力审计机关形成完善的审计体系，提高自然资源资产审计水平；另一方面，需要综合提高审计人员素质，通过系统学习弥补不足之处，提高面对新型审计时的处理水平。

#### 5.2.3.3.2 因地制宜，发挥地区特色

我国地大物博，各区域均有自身的资源特色，一味地追求统一，不利于整体的发展。因地制宜，抓住重点进行分析，有利于促进区域自然资源责任审计的落实。B市在进行领导干部自然资源资产离任审计试点工作中，根据当地的特点，将审计对象扩展到了相关职能部门主要领导，而不再局限于各级党委政府，并将审计"战线"从"离任"进而到了"在任"，更为有效地降低风险发生的概率。对于自然资源资产责任审计，重

要的是抓住审计工作的重点,并将其归结到各主责部门,各个部门协调一致,形成完整的组织架构,以有效地开展资源资产审计工作。

5.2.3.3.3 灵活采用审计方法,发挥大数据审计效能

进行自然资源资产审计工作,可采用多种审计方法相结合的模式。首先,加大非现场审计力度,通过视频会议、大数据分析和填报表格等手段,对资源资产审计项目前期情况进行摸底。其次,强化大数据手段,通过GIS、GPS、卫星遥感等技术,对相关问题进行查实。同时在以往大数据审计基础上,在污泥运输监管方面创新使用"电子围栏技术",全面、迅速、精确锁定车辆处置点外倾倒。同时,借助外部力量,与各个领域的专家合作,利用专家分析补足自身专业能力上的不足。

5.2.3.3.4 职能分工,多部门联合协作

自然资源资产的管理涉及部门较多,财政、水务、环保、物价等部门各司其职,审计机关在对其进行审计时必须加强与各部门之间的沟通。首先,需要了解各个部门的职能分工,明确各部门需要承担的责任,建立完善的评价指标体系,并通过其中的指标值确定各部门人员在任期间履职情况。其次,强化审计机关内部联动,加强与上下级的协同力度,避免出现重复审计的同时做到对下级部门的"边审边训,以审代训"。最后,通过部门联合协作发挥审计最大效用,以此提高自然资源资产审计成果转换,为后续有关自然资源审计信息化提供有力支撑,促进资源资产保护机制的健全与责任的落实。

## [本章小结]

水资源与人类生命存续和社会经济发展密切相关。水资源具有循环性、流动性、溶解性、混合性、随机性、可再生性、可更新性等多重自然属性和多功能、多用途、有限性、权属性、收益性等多重社会属性;并具有生态、社会和经济三重价值。本书所指的水资源是陆地水体。我国水资源管理面临两大问题:水量不足、水质较差。我国人均水资源的拥有量仅为世界平均水平的1/4,并且水资源的分布很不均衡。我国北方尤其是西北大部分地区,属于水资源匮乏的干旱地区。不仅如此,我国一部分人口集聚的城市地区的地下水还存在过度开采和水质污染的问题。这是我国实

施"资源节约型"和"环境友好型"要改变的现状,也是联合国可持续发展的要求。按照生态文明建设标准,我国的水资源管理要围绕资源与环境两个方面展开,前者着重于用量管理——旨在提供水资源利用效率,节约资源;后者着重于水质管理——旨在恢复和改善生态环境,清洁水源。管理的基础是核算。

  本章根据水资源的赋存状态、用水去向对水资源资产进行分类分层,并设立相应的核算科目,根据国务院划定的用水量红线、用水效率红线和功能区水质红线对水资源环境负债进行分类分层,并设立相应的核算科目;根据水资源环境的权属关系对水资源环境权益进行分类分层,并设立相应的核算科目。以"水资源环境资产=水资源环境权属"为基本公式,即"水资源环境资产=水资源环境负债+水资源环境权益",利用复式记账方法暨不同类别账户结构,进行二维分类核算。整个核算过程强调的是基于涉水事项及其核算分录而登记账簿、期末轧账对账,进行试算平衡,最后进入报表编制流程。本部分以某区域的政府主管机构为报表编制主体,根据水资源的存在形态和利用过程,预设了覆盖八种变化类型的 18 项涉水事项,利用会计核算原理设计了水资源资产负债核算的账户系统和报表系统,并进行了模拟核算,编制出该区域的《水资源环境资产负债表》及其分表《水资源环境资产变动表》和《水资源环境负债与权益变动表》。

  本章梳理了我国现有水资源管理制度暨相关指标,以及对领导干部进行水资源资产离任审计的六项指标,分析了水资源环境审计中揭示出的资金使用不当、项目建设过程存在的领导干部失职、项目管理不规范、政策制度不完善等问题,提出了水资源环境审计评价指标体系,并基于水资源资产负债核算系统演示了报表层面审计、报表数据核实审计和水资源环境责任审计。最后,以长江经济带 B 市的水资源环境审计为例,进行了水资源环境责任审计案例分析。

# 6

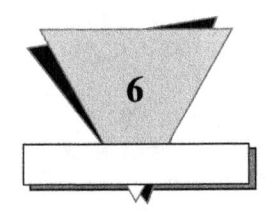

# 森林资源环境核算与审计

# 6.1 森林资源环境资产负债核算

## 6.1.1 森林资源环境特点及管理要求

### 6.1.1.1 森林资源的内涵与范围

森林资源是自然资源的重要组成部分，它同样与人类的生存发展密切相关。据《现代汉语词典》定义，森林是"大片生长的树木"，是"在相当广阔的土地上生长的很多树木，连同在这块土地上的动物以及其他植物所构成的整体"。百度百科的定义更为精准："森林是以木本植物为主体的生物群落，是集中的乔木与其他植物、动物、微生物和土壤之间相互依存相互制约，并与环境相互影响，从而形成的一个生态系统的总体。"联合国粮食及农业组织（FAO）从土地利用的角度将森林定义为："面积在 0.5 公顷以上、树木高于 5 米、林冠覆盖率超过 10%，或树木在原生境能够达到这一阈值的土地。不包括主要为农业和城市用途的土地。"根据我国林业部门提出的技术标准，森林是"植被类型之一。以乔木为主体的，包括灌木、草本植物、其他生物及林中土壤在内的自然综合体"。其中的乔木高度"一般大于 5 米"。

可见，森林资源有狭义和广义之分。狭义的森林资源是以乔木为主体的森林植物及其林地。广义的森林资源还包括栖息在森林里的动物、植物、微生物，以及土壤甚至景观等特有的生态环境。本书所核算的是狭义的森林资源，主要是林地和林木。

据相关资料的统计，森林覆盖大约 9.5% 的地球表面（或 30% 的占总土地面积）。21 世纪初，世界森林面积为 34.5 亿公顷，森林蓄积量为 3 837.3 亿立方米。由于自然因素和社会经济因素的影响，森林在世界上的分布很不均匀（见表 6-1）。

表 6-1 世界森林资源分布

| 排序 | 地区 | 森林面积 | 全球占比 | 森林覆盖率 | 人均森林面积 |
| --- | --- | --- | --- | --- | --- |
| 1 | 欧洲（含俄罗斯） | 9.3 亿公顷 | 27.0% | 41.3% | 1.3 公顷 |
| 2 | 南美洲 | 8.7 亿公顷 | 25.2% | 49.7% | 2.7 公顷 |

续表

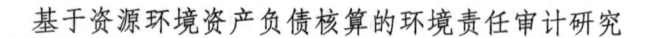

| 排序 | 地区 | 森林面积 | 全球占比 | 森林覆盖率 | 人均森林面积 |
|---|---|---|---|---|---|
| 3 | 北美洲和中美洲 | 5.4亿公顷 | 15.5% | 25.5% | 1.2公顷 |
| 4 | 非洲 | 5.2亿公顷 | 15.1% | 17.7% | 0.7公顷 |
| 5 | 亚洲 | 5.0亿公顷 | 14.5% | 16.4% | 0.1公顷 |
| 6 | 大洋洲 | 0.9亿公顷 | 2.7% | 10.7% | 3.2公顷 |
| 2013年 | 中国内地 | 2.07亿公顷 |  | 21.6% | 0.15公顷 |

（资料来源：作者根据百度百科转载的联合国粮农组织20世纪末公布的数字、国家林业局第八次森林资源连续清查统计公报和同时点的《中国统计年鉴》资料整理）

#### 6.1.1.2 森林资源的特性与价值

6.1.1.2.1 森林资源自然属性及生态价值

森林资源具有生命周期长、再生能力强、分布范围广、环境影响大等自然特性。

生命周期长：森林的主体——树木的寿命通常在数十年、数百年甚至数千年以上。

再生能力强：森林资源属于可再生资源。

分布范围广：森林资源分布于世界各大洲。我国从南到北、从东到西，在寒带、温带、亚热带、热带的山区、丘陵、平地、沼泽等地方都有森林的分布，只是分布不均衡，尤其是天然林的分布，主要集中于东北大小兴安岭地区和西南横断山地区。

环境影响大：森林对自然环境的影响体现在涵养水源、防风固沙、防止水土流失、调节气候、净化空气、固碳释氧、保护生物多样性等多个方面，并由此形成了森林资源的生态价值。

生态价值是森林资源的基础价值。第一，森林涵养水源。天降雨水到森林，一部分被树冠截留，大部分落到树下被林中植物根系吸收，更多的则在枯枝败叶和疏松多孔的林地土壤里被蓄留起来。云南元阳哈尼山寨的生活用水和山坡上开垦梯田的灌溉用水，就是源于山顶的森林，一旦森林被毁，水源就要枯竭。第二，森林防风固沙保持水土。一方面，雨落森林，渗入土壤深层和岩石缝隙，以地下水的形式缓缓流出，冲不走土壤；另一方面，即便狂风吹来，森林众多的树身树冠可以降低风速，树木及其

共生的攀藤类植物的根系又长又密，抓住土壤，大风一般难以撼动。第三，森林调节气候。在高温夏季，林地内的温度较非林地要低 3~5℃。在严寒多风的冬季，森林能降低风速而保持温度，从而起到冬暖夏凉的作用。此外森林中植物的叶面有蒸腾水分作用，可使周围空气湿度提高。第四，森林固碳释氧，减少二氧化碳排放。在全球大气二氧化碳浓度增加气温升高的进程中，森林通过光合作用吸收二氧化碳释放新鲜氧气的作用尤其珍贵。分析全球温度上升的原因，森林面积减少约占所有因素总和作用的 30%~50%。第五，森林保护生物多样性。森林是各种珍稀动植物的栖息地和生长地，也是天然的物种库和基因库。如果没有森林，陆地上绝大多数的生物会灭绝。

#### 6.1.1.2.2 森林资源的社会属性及其社会价值与经济价值

对于人类社会而言，森林资源用途广泛，具有多重效益。人类的祖先采集树上的野果，捕捉林中的动物。现在，从木材到药材、从农业产品到工业原料，森林仍在源源不断地向人类提供着物质能源、生活资料和生产资料。森林资源的社会属性是形成其社会价值和经济价值的基础。

（1）森林的社会价值。第一，森林有益于人类的身心健康。森林中的植物，如杉、松、桉、杨、圆柏、橡树等能分泌出一种带有芳香的单萜烯、倍半萜烯和双萜类气体"杀菌素"，森林干净的空气和绿色的环境能使人呼吸畅快，心情平静，感觉愉悦，降低体温和脉搏，增强思维的灵敏性。这也是"森林浴"和"森林疗养"得以实施的条件。第二，森林有利于改善人类生存环境。森林不仅能够通过光合作用吸收二氧化碳，释放氧气，还能减少空气中的尘埃并吸收有害气体，释放出大量负离子。

（2）森林的经济价值。第一，森林是人类生活资料和生产资料的物质来源。森林能够提供各种食物，还能够提供各种药物。我国使用药用植物已有几千年的历史，明朝李时珍《本草纲目》记载有各种药用植物 1 897种，其中多数来自森林。森林提供的木材用途很广，可用于盖房、开矿、修铁路、架桥梁、造纸张、做家具等。森林还能够提供树脂、橡胶、香料、咖啡等，也能够提供薪柴供人们烧火做饭。第二，森林是人们休闲游憩、健身远足、野外生存的重要场所。通过建设国家公园，开发森林景观，可以"在保护中利用、在利用中保护"森林资源，发展旅游经济，变

绿水青山为金山银山。

### 6.1.1.3 森林资源的管理目标和要求

对于森林资源的保护与合理开发，1992年联合国在巴西的里约热内卢召开的世界环境发展大会通过的《21世纪议程》第11章提出：全世界的森林正受到无法控制的退化和任意改作其他土地用途的威胁，正受到不断增加的人类需求、农业扩大、有害环境不当管理的影响。这些不当管理包括：缺少必要的林火控制和反偷猎措施、不能持久的商业伐木、过度放牧和无管理放牧、空气传导的污染物、经济刺激和其他经济部门所采取的导致加快森林砍伐和气候改变的其他措施的有害影响。森林减少和退化表现为土壤侵蚀、生物失去多样性、野生生物的生存环境受到破坏、水域面积减少、生活素质下降以及发展选择减少。因此要维持各种森林、林地和树林的多种作用和功能，确保在树木、森林和林地的多种作用和价值方面更透彻地了解、评价和管理森林。①

由于历史和自然的原因，我国是森林资源贫乏的国家。据谷树忠等的《中国资源报告——新时期中国资源安全透视》，中国森林资源具有"总量相对不足、人均占有量少，地理分布不均，质量不高、增长缓慢"的特点。第一，我国的人口占世界人口约1/4，森林面积约占世界6%，人均森林面积虽然不是亚洲最低，但是相比亚洲以外的各大洲来说非常低，仅相当世界人均水平的1/5（见表6-1）。第二，我国森林资源分布不均，有明显的地区差异，整个西部地区森林覆盖率只有9.06%；并且资源结构不合理，用材林偏多，防护林偏少；人工林面积虽大但质量不高。谷树忠等将其总结为"四多四少"：一是400毫米等降水量线以东地区森林分布多，以西的干旱半干旱地区分布少；二是东北、西南、东南地区森林资源多，西北、华北地区森林资源少；三是山区森林资源多且以天然林为主，平原森林资源少，以人工林居多；四是边疆省区多，内地省区少。第三，我国森林资源的林分平均每公顷蓄积量仅相当于世界平均水平的85%，年均增长率为世界平均增长水平的68%。其现状不能满足国土生态防护和社会经济发展的需要，亦达不到建设社会主义生

---

① 联合国：《21世纪议程》，1992年巴西的里约热内卢世界环境发展大会通过，11.A，B，联合国出版物，1992。

态文明的目标和要求。①

根据我国的资源环境现状，2005年习近平总书记提出了"绿水青山就是金山银山"的发展理念。② 2012年党的十八大提出"五位一体"建设生态文明的总要求。③ 2015年中共中央、国务院提出《生态文明体制改革总体方案》的指导思想："坚持节约资源和保护环境基本国策，坚持节约优先、保护优先、自然恢复为主方针，立足我国社会主义初级阶段的基本国情和新的阶段性特征，以建设美丽中国为目标，以正确处理人与自然关系为核心，以解决生态环境领域突出问题为导向，保障国家生态安全，改善环境质量，提高资源利用效率，推动形成人与自然和谐发展的现代化建设新格局。"④ 这也是我国森林资源管理的根本目标和要求。

## 6.1.2　森林资源环境资产负债核算要素分类分级与科目设置

### 6.1.2.1　森林资源环境资产分类与科目设置

森林资源环境主要包括林地、林木和生物多样性三大类别。为了简化起见，本书侧重于前两类。

#### 6.1.2.1.1　林地与林木的分类

森林资源可以从多个角度进行分类。比如，按森林在陆地上的分布，可分为针叶林、针叶落叶阔叶混交林、落叶阔叶林、常绿阔叶林、热带雨林、热带季雨林、红树林、珊瑚岛常绿林、稀树草原和灌木林；按发育演替可分为天然林、次生林和人工林；按树种组成可分为纯林和混交林；按林业经营目的可分为用材林、防护林、薪炭林、经济林和特种用途林；按作业法可分为乔林、中林、矮林；按林龄可分为幼林、中龄林、成熟林和过熟林；按年龄结构可分为同龄林和异龄林，等等。

根据《中华人民共和国森林法》，"森林包括乔木林、竹林和国家特别规定的灌木林。按照用途可以分为防护林、特种用途林、用材林、经

---

① 谷树忠，成升魁，等．中国资源报告：新时期中国资源安全透视［M］．北京：商务印书馆，2010：236-237．

② 习近平．之江新语［M］．杭州：浙江人民出版社，2007：153．

③ 胡锦涛：《坚定不移沿着中国特色社会主义道路前进，为全面建成小康社会而奋斗——中国共产党第十八次全国代表大会报告》，2012年11月8日。

④ 中共中央、国务院：《生态文明体制改革总体方案》，2015年9月22日。

济林和能源林。林木包括树木和竹子。林地是指县级以上人民政府规划确定的用于发展林业的土地，包括郁闭度 0.2 以上的乔木林地以及竹林地、灌木林地、疏林地、采伐迹地、火烧迹地、未成林造林地、苗圃地等"①。

根据林木资源的自然属性，我国的林木资源采用三级分类②，由高层到低层分别为森林植被型、森林类型组和森林类型。代码设定五位数，代表不同的层级。第一位和第二位是森林植被型，第三位是森林类型组，第四位和第五位是森林类型。位于第一位（第一层级）的是"乔木林、竹林、经济林、灌木林"四大类。位于第二位（第二层级）的是"乔木林"中的"针叶林、针叶阔叶混交林、落叶阔叶林、落叶常绿阔叶混交林、常绿阔叶林、季雨林和雨林、亚高山矮曲林、红树林与珊瑚岛常绿林"八类；"灌木林"中的"针叶灌木林、常绿叶灌木林、落叶阔叶灌木林、常绿阔叶蔺木林"四类。位于第三层级的较多，"乔木林"下面有"落叶松林组"等48组，"竹林"下面有"大径竹林""小径竹林""竹木混交林"三类，"经济林"下面有"油料林"等八类，"灌木林"下面有"圆柏灌木林"等20组。到了第四层级，"乔木林"下面有"兴安落叶松林"等树林399种，"竹林"下面有"毛竹林"等竹林46种，"经济林"下面有"胡桃林"等树林48种，"灌木林"下面有"高山柏灌木林"等172种。再往下到第五层次，则是数目众多的具体树木。可见，林木资源尤其是乔木资源，其特点是种类繁层次多。

根据森林资源的社会属性，按2010年出台的国家标准③，森林分为生态公益林和商品林两类。生态公益林是以保护和改善人类生存环境、维持生态平衡、保存物种资源、科学实验、森林旅游、国土保安等需要为目的的森林、林木和林地。按有关要求划分为特殊保护、重点保护和一般保护三个保护等级。按事权等级划分为国家级公益林和地方公益林。商品林是

---

① 全国人民代表大会：《中华人民共和国森林法》第八十三条，1984年9月20日通过，2019年12月28日第三次修订。

② 林业部、国家技术监督局：《林业资源分类与代码 森林类型》（GB/T 14721.1—93），1993年11月21日批准，1994年10月1日实施。

③ 中华人民共和国国家质量监督检验检疫总局、中国国家标准化管理委员会：《森林资源规划设计调查技术规程》（GB/T 26424—2010），2011年1月14日发布，2011年6月1日实施。

以生产木材、竹材、薪材、干鲜果品和其他工业原料等为主要经营目的的森林、林木、林地。同时将有林地、疏林地和灌木林地根据经营目标的不同分为防护林、特种用途林、用材林、薪炭林和经济林五个林种和 23 个亚林种（见表 6-2）。

表 6-2　森林资源分类

| 类别 | 种别 | 亚种 |
| --- | --- | --- |
| 一、生态公益林 | （一）防护林 | 水源涵养林 |
| | | 水土保持林 |
| | | 防风固沙林 |
| | | 农田牧场防护林 |
| | | 护岸林 |
| | | 护路林 |
| | | 其他防护林 |
| | （二）特种用途林 | 国防林 |
| | | 实验林 |
| | | 母树林 |
| | | 环境保护林 |
| | | 风景林 |
| | | 名胜古迹和革命纪念林 |
| | | 自然保护区林 |
| 二、商品林 | （三）用材林 | 短轮伐期工业原料用材林 |
| | | 速生丰产用材林 |
| | | 一般用材林 |
| | （四）薪炭林 | 薪炭林 |
| | （五）经济林 | 果树林 |
| | | 食用原料林 |
| | | 林化工原料林 |
| | | 药用林 |
| | | 其他经济林 |

[资料来源：森林资源规划设计调查技术规程（GB/T 26424—2010）]

6.1.2.1.2 森林资源环境资产核算科目

资产是具有社会属性的概念，因此森林资源资产核算必定从森林资源社会属性的角度来进行分类核算。根据2010年出台的国家标准，我国林业部门制定了《国家森林资源连续清查技术规定》并组织了18次森林资源连续清查，目的是掌握森林资源现状及其动态变化，客观反映森林的数量、质量、结构和功能，涉及的指标包括：森林面积、森林蓄积、生长量、消耗量、净增加量，以及立地与土壤、利用与覆盖、林分特征、森林结构、森林健康、森林生产力、森林碳储量等。在此基础上，本书结合中国科学院和环境科学院联合制定的《陆地生态系统生产总值（GEP）核算技术指南》，将森林资源环境资产（简称森林资产）分为林地资产、林木资产、森林功效资产、森林金融资产、待处理森林资产。

（1）林地资产。林地是森林的载体，是森林资源资产的重要组成部分。根据《中华人民共和国森林法实施条例》，林地是指郁闭度0.2以上的乔木林地以及竹林地、疏林地、未成林造林地、灌木林地、采伐迹地、火烧迹地、苗圃地和县级以上人民政府规划的宜林地。根据国家《土地利用现状分类》（GB/T 21010—2017）和土地用途管理要求，本书将林地资产设置为一级科目，根据林种分别设置林地类的"防护林地""特种用途林地""用材林地""薪炭林地""经济林地"五个二级科目。其实物量计量单位为面积（公顷或亩等）。

（2）林木资产。林木指树木和竹子。根据用途，林木分为生态公益林和商品林。由于生态公益林和商品林位于分类的顶层且数目少，与下一层次分类对应关系清晰，所以不必设置为一级科目核算账户，需要时直接汇总下级核算结果即可。

本书在进行林地与林木分类的前提下将林木资产设置为一级科目，将"防护林木""特种用途林木""用材林木""薪炭林木""经济林木"设置为二级科目。分别根据亚林种在五个林种二级科目下面设置"水源涵养林"等23个三级科目。根据核算主体的管理要求，还可以在三级科目下面设置明细科目。林木的实物计量单位是体积（立方米）。

（3）森林功效资产。广义的森林功效资产是指森林能够向人类提供的物质产品和生态环境产品之和。本书采用狭义森林功效资产概念，即不含

林木产品的森林生态环境产品。主要内容及其二级科目设置如下：森林固碳功效资产、森林蓄水功效资产、森林防风治沙功效资产、森林降尘功效资产、森林释氧功效资产、森林物种保育功效资产、森林文旅功效资产等。其实物计量单位因功效不同而不同：固碳功效，可以用重量（如吨）作为计量单位；蓄水功效可以用体积（如立方米）作为计量单位；防风治沙功效可以用森林覆盖面积（如公顷或亩）作为计量单位；降尘功效可以用重量（如吨）或每立方米空气中颗粒物含量（如PM2.5）作为计量单位；释氧功效可以用每立方米空气中的氧气含量作为计量单位；物种保育功效可以用物种数量作为计量单位；森林文旅功效可以用旅游人数或消费金额作为计量单位。

（4）森林金融资产。森林金融资产是指基于森林资源环境而产生的量化责任或经济关系，包括森林信托资产、森林结算资产、森林货币资产。森林信托资产是指核算主体将森林资源（林地或林木）委托给责任单位或个人而形成的委托-代理关系。当核算主体将森林实体资产委托某企业监管时，增记该科目，减记森林实体科目。[①] 森林结算资产是核算主体因为涉林事项而产生的应收款项。森林货币资产是核算主体因为涉林事项而获得的货币性收入。本书将森林信托资产、森林结算资产、森林货币资产设置为二级核算科目。

（5）待处理森林资产。待处理森林环境资产是指由于各种涉林事项引起的暂时性责任归属不清的森林资源环境资产。例如，某处森林遇到火灾，林木蓄积量有所减少，在没有分清责任归属之前，暂时将减少的林木记入"待处理森林资产"，待责任清楚追责之时再对其作相应的账务处理。

表6-3是上述森林资源环境资产核算科目。

---

① 为了保证核算主体森林实体资产的完整性，核算期末委托方与受托方要对账。根据对账结果，增记核算主体的森林实体科目（林地资产、林木资产），减记核算主体的本科目。完成期末报表编制之后再冲回。双方对账的差异，需要在森林权属类科目体现：正差异记入权益类科目，负差异记入负债类科目。

表 6-3 森林资源环境资产核算科目表

| 类别 | 一级科目 | 二级科目 | 备注 |
| --- | --- | --- | --- |
| 林地资产类 | 防护林地、特种用途林地、用材林地、薪炭林地、经济林地 | 分别根据亚林种在五个林种二级科目下面设置"水源涵养林地"等23个三级科目* | 实物量计量单位为面积 |
| 林木资产类 | 防护林木、特种用途林木、用材林木、薪炭林木、经济林木。设置为二级科目 | 分别根据亚林种在五个林种二级科目下面设置"水源涵养林"等23个三级科目 | 实物量计量单位为体积 |
| 森林功效资产类 | 森林固碳功效资产、森林蓄水功效资产、森林防风治沙功效资产、森林降尘功效资产、森林释氧功效资产、森林物种保育功效资产、森林文旅功效资产 | | 实物计量单位因具体功效而异 |
| 森林金融资产类 | 森林信托资产、森林结算资产、森林货币资产 | 具体责任单位 | 信托资产可用实物计量 |
| 待处理森林资产 | 待处理林地资产、待处理林木资产等 | 具体责任单位 | |

注：23个二级科目包括防护林（地）7个，水源涵养林（地）、水土保持林（地）、防风固沙林（地）、农田牧场防护林（地）、护岸林（地）、护路林（地）、其他防护林（地）。特殊用途（地）7个，国防林（地）、实验林（地）、母树林（地）、环境保护林（地）、风景林（地）、名胜古迹和革命纪念林（地）、自然保护区林（地）。用材林（地）3个，短轮伐期工业原料用材林（地）、速生丰产用材林（地）、一般用材林（地）。薪炭林（地）1个。经济林（地）5个，果树林（地）、食用原料林（地）、林化工原料林（地）、药用林（地）、其他经济林（地）。

### 6.1.2.2 森林资源环境权属分类与科目设置

#### 6.1.2.2.1 森林资源环境权属

森林资源环境权属包括所有权和使用权（经营权）。根据《宪法》，我国森林资源的所有权权属分为全民所有和集体所有。[①] 政府主管部门将森林资源分为林地和林木。林地的权属分国有和集体，林木的权属分国有、集体（农村集体经济组织所有）和个体（农户自营、农户联营、合

---

① 全国人民代表大会：《中华人民共和国宪法》，1982年12月4日通过，2018年3月11日第五次修正。

资、合作、合股等）。① 森林使用权（经营权）则将林地和林木分为国有、集体、个人和其他。②

根据资产定义的逻辑，资产必定"有主"，"无主"不是资产。我国的森林资源环境资产都是有权属的，从数量关系看"森林资源环境资产＝附着于森林资源环境资产之上的权属"，即"森林资源环境资产＝森林资源环境权属"。例如，某地有1万公顷林地，其中7 000公顷为生态公益林，3 000公顷为商品林；8 000公顷为国有林地，2 000公顷为集体林地，则"7 000公顷生态公益林＋3 000公顷商品林＝国有林地8 000公顷＋集体林地2 000公顷"。等式左边表述的是林地资源环境资产，等式右边表述的是林地资源环境权属。二者关系符合"森林资源环境资产＝森林资源环境权属"基本公式。根据责随权走、责权相称的逻辑，森林资源环境的权属所在就是森林资源环境的责任所系。如前所述，森林资源环境负债的实质是核算主体所承担的现实责任，森林资源环境负债与森林资源环境权属之间的关系是一种包含与被包含的关系，即森林资源环境负债是森林资源环境权属的备抵项。仍以上述为例，1万公顷的林地被火烧毁1 000公顷（其中国有和集体所有各占1/2），需要恢复之，上述平衡公式就变成"10 000公顷林地资产＝国有林地7 500公顷＋集体林地1 500公顷＋待恢复的国有林地500公顷＋待恢复的集体林地500公顷"。待恢复的火烧林地就是森林资源环境负债。

#### 6.1.2.2.2 森林资源环境负债及其核算科目

森林资源环境负债简称为森林负债。仍以上述为例，除非人们将1 000公顷被烧毁的林地改作他用，从而减少1 000公顷的森林资源资产，使其权属也相应减少，否则其等式两端的平衡关系就要求保持不变。等式的左端，因为发生了火灾可以将被毁林地资产改成待处理林地资产，林地面积总数不变；等式的右端则根据权属的实质和责权相称的逻辑将权益改成负债，虽然原有的权属关系没有变化，但是权属关系里面的结构变化了。森林资源环境资产内的待处理资产对应的是森林资源权属里的森林资

---

① 国家林业局：《国家森林资源连续清查技术规定》，2014年。
② 中华人民共和国国家质量监督检验检疫总局、中国国家标准化管理委员会：《森林资源规划设计调查技术规程》（GB/T 26424—2010），2011年1月14日发布，2011年6月1日实施。

源环境负债。可见,林地资产如果扣除 1 000 公顷待恢复的林地,就是现存的林地净资产;森林资源环境的林地权属如果扣除了 1 000 公顷的森林资源环境负债,就是现存的林地净权属。为了与企事业单位的资产负债核算相一致,此处将净权属表述为权益,即森林资源环境权益。所以,基本公式"森林资源环境资产=森林资源环境权属"就变成了"森林资源环境资产=森林资源环境负债+森林资源环境权益"。

理清了森林负债与森林资源环境权属的关系,就可以确认森林资源环境负债的内容及其分类。

森林资源负债是指责任主体所承担的维持、恢复或改善森林资源环境功能的现实义务,包括逾越生态红线过度采伐的森林和转变林地的用途、森林火灾造成毁损林地的修复;对森林资源保护不到位而接受的处罚,等等。确认森林资源负债离不开森林资源管理的法律法规。《森林法》[①] 第十五条规定"森林、林木、林地的所有者和使用者应当依法保护和合理利用森林、林木、林地,不得非法改变林地用途和毁坏森林、林木、林地";第四十九条规定"县级以上人民政府林业主管部门应当有计划地组织公益林经营者对公益林中生态功能低下的疏林、残次林等低质低效林,采取林分改造、森林抚育等措施,提高公益林的质量和生态保护功能";第五十四条规定"国家严格控制森林年采伐量"。对于违规占用和改变用途的林地、人为毁坏的林地、应提高质量与功能的林地、超额采伐和盗伐的林木、应更新和营造的林木、应提高森林资源生态功效等,它们均为森林资源环境负债的项目。参照张卫民等(2019)的研究[②],可以考虑区分林地和林木设置森林资源环境负债一级科目 13 个:应造林采伐迹地、应造林火烧迹地、应退还违规占用林地、应补偿总量低于红线的林地、应改善功能的林地、其他应恢复的林地和超限额采伐、盗伐林木、自然灾害损失林木、人为损害林木、其他应恢复林木、应更新改造林木以及应缴纳森林环境款项。按照责任单位或个人设置二级科目,其下再按照林地或林木的具体内容设置三级或明细科目。森林资源环境负债科目见表 6-4。

---

[①] 全国人民代表大会:《中华人民共和国森林法》,1984 年 9 月 20 日通过,2019 年 12 月 28 日第三次修订。

[②] 张卫民,李晨颖. 森林资源资产负债表核算系统研究 [J]. 自然资源学报,2019,34(6):1245-1258.

表 6-4  森林资源负债核算科目

| 类别 | 一级科目 | 二级科目 | 三级科目 |
|---|---|---|---|
| 林地负债 | 应造林采伐迹地、应造林火烧迹地、应退还违规占用林地、应补偿总量低于红线的林地、应改善功能的林地、其他应恢复的林地 | 某责任主体 | 某具体林地 |
| 林木负债 | 超限额采伐林木、盗伐林木、自然灾害损失林木、人为损害林木、其他应恢复林木、应新营造林木、应更新改造林木 | 某责任主体 | 某具体林木 |
| 其他 | 应缴纳森林环境款项 | 某具体款项 | |

森林负债核算科目说明如下：

与森林资产相对应，将森林资源负债分成林地资源环境负债和林木资源环境负债两类。林地资源环境负债和林木资源环境负债的一级科目，根据其名称就可理解，确认的依据是森林资源管理的相关法规。二级科目根据林业资源管理部门辖区范围内的具体责任单位名称来确认，如某林场、某企业或某级政府等。三级科目反映的是负债的具体内容，可与资产方面的分类相对应。

### 6.1.2.2.3  森林资源环境权益及其核算科目

附着于森林资源环境资产的权属扣除森林资源负债之后就是森林资源环境的净权属，即森林权益。根据我国宪法和森林法，森林资源权属主要是所有权和使用权。按照分级所有和权责相随的原则，森林资源环境的权益及其核算科目设置如表 6-5 所示。

表 6-5  森林权益核算科目

| 类别 | 一级科目 | 二级科目 | 三级科目 |
|---|---|---|---|
| 林地权益 | 国有林地权益 | 责任单位名称（如本级政府、林场） | 视管理要求而定 |
| | 集体林地权益 | 乡村名称 | |
| 林木权益 | 国有林木权益 | 责任单位名称（如林场、园林局） | |
| | 集体林木权益 | 乡村名称 | |
| | 个人林木权益 | 乡村名称 | 个人姓名 |
| | 其他主体林木 | 责任单位名称 | |

注：无论受托监管森林实体资产的企事业单位是否负责组织相应的森林资源环境资产负债核算，权益类二级科目应列示受托单位对于森林资源环境资产的位于所有权之下的相关权益；当受托单位对监管的森林实体资产也开展核算时，权益类二级科目要与森林信托资产中的受托单位保持数量对应关系。

## 6.1.3 森林资源环境资产负债核算账户结构与业务类型

### 6.1.3.1 森林资源环境资产负债核算的账户分类及其结构

根据二维分类的复式记账原理，森林资源环境资产负债核算账户可设置为两大类。一是森林资源环境资产类账户（简称森林资产类账户），二是森林资源环境权属类账户（简称森林权属类账户）。两大类账户的核算结果保持平衡，即森林资产类账户的期初期末存量合计=森林权属类账户的期初期末存量合计。与"森林资产=森林权属"的二维分类总公式相对应，等式右端的森林资源环境权属进一步分为森林负债和森林权益。该公式变为"森林资产=森林负债+森林权益"。

在保持"森林资产=森林负债+森林权益"平衡的条件下，等式两端的账户增加与减少的数字要对等，账户结构相反。

#### 6.1.3.1.1 森林资产类账户结构

根据森林资产类科目设置相应的盘存类账户，借方为增加，贷方为减少，余额在借方。在此结构下，森林资产类账户记录的对象，其存量和变量之间符合"核算期初存量+核算期内增加数量=核算期内减少数量+核算期末存量"的四柱平衡关系。即"森林资产期初借方存量+森林资产核算期内借方发生数量=森林资产核算期内贷方发生数量+森林资产核算期末借方存量"或"森林资产期末借方存量=森林资产核算期初借方存量+森林资产核算期内借方发生数量—森林资产核算期内贷方发生数量"。

#### 6.1.3.1.2 森林负债类账户结构

根据森林负债类科目设置相应的盘存类账户，贷方为增加，借方为减少，余额在贷方。在此结构下，森林负债类账户记录的对象，其存量和变量之间符合"核算期初存量+核算期内增加数量=核算期内减少数量+核算期末存量"的四柱平衡关系。即"森林负债期初贷方存量+森林负债核算期内贷方发生数量=森林负债核算期内借方发生数量+森林负债核算期末贷方存量"或"森林负债期末贷方存量=森林负债核算期初贷方存量+森林负债核算期内贷方发生数量—森林负债核算期内借方发生数量"。

#### 6.1.3.1.3 森林权益类账户结构

根据森林权益类科目设置相应的盘存类账户，贷方为增加，借方为减少，余额在贷方。在此结构下，森林权益类账户记录的对象，其存量和变

量之间符合"核算期初存量+核算期内增加数量＝核算期内减少数量+核算期末存量"的四柱平衡关系。即"森林权益期初贷方存量+森林权益核算期内贷方发生数量＝森林权益核算期内借方发生数量+森林权益核算期末贷方存量"或"森林权益期末贷方存量＝森林权益核算期初贷方存量+森林权益核算期内贷方发生数量—森林权益核算期内借方发生数量"。

### 6.1.3.2 森林资源环境资产负债核算要素的变化类型及其核算分录

根据森林资产、森林负债和森林权益三类核算要素之间的数量依存关系，涉及其数量变化的涉林事项有八种类型，即森林资产增减×森林负债增减×森林权益增减（＝2×2×2＝8）。

第一种类型，森林资产类账户之间此增彼减，增减数额相等，并未引起"森林资产＝森林负债+森林权益"关系式左端总数的改变，不破坏等式的平衡关系。例如，要求监管特殊用途林地及其林木的某事业单位开展森林资源环境资产核算，借记"森林信托资产——某事业单位"，贷记"特殊用途林地""特殊用途林木"及其森林功效资产类科目。

第二种类型，森林负债类账户之间此增彼减，增减数额相等，并未引起"森林资产＝森林负债+森林权益"关系式右端总数的改变，不破坏等式的平衡关系。例如，根据有关部门监测鉴定，要将先前因林木采伐过量而低于红线的林地划为应改善功能的林地，借记"应补偿总量低于红线的林地"账户，贷记"应改善功能的林地"账户。

第三种类型，森林权益类账户之间此增彼减，增减数额相等，并未引起"森林资产＝森林负债+森林权益"关系式右端总数的改变，不破坏等式的平衡关系。例如，本级机构将直接监管的国有林地权益划拨给某林场经营，且不要求该林场组织森林资源环境资产负债核算，借记"国有林地权益——本级政府"账户，贷记"国有林地权益——某林场"账户。

第四种类型，森林资产类账户与森林权益类账户同时增加，增加数额相等，不会引起"森林资产＝森林负债+森林权益"关系式两端总数的改变，平衡关系不变。例如，由于行政管辖区域调整，上级划入本级监管国有防护林地及其林木，并交由某事业单位负责且不要求该事业单位组织森林资产核算，借记"防护林地""防护林木"账户，贷记"国有林地权益——事业单位"账户；若要求该事业单位组织对森林资源环境资产负债

进行核算，则借记"森林信托资产——事业单位"，贷记"国有林地权益——事业单位"。

第五种类型，森林资产类账户与森林负债类账户同时增加，增加数额相等，不会引起"林地资产＝林地负债＋林地权益"关系式两端总数的改变，平衡关系不变。例如，经有关部门测定，本辖区核算期内森林资产因交通基础设施建设而减少，但是上级要求建设单位要在一定期限内加以恢复，借记"森林结算资产——某建设单位"，贷记"应补偿总量低于红线的林地""应新营造林木"。

第六种类型，森林权益类账户与森林负债类账户之间此增彼减，增减数额相等，并未增加"森林资产＝森林负债＋森林权益"关系式的右端总数，平衡关系不变。例如，将一片经过治理验收合格的防护林划归某事业单位负责的国有林，借记"应更新改造林木"账户，贷记"国有林木权益——某事业单位"账户。再如，某经营单位超额采伐林木，借记"国有林木权益——某企业"账户，贷记"超额采伐林木"账户。

第七种类型，森林资产类账户与森林负债类账户同时减少，等式两端减少数额相等，也不改变"森林资产＝森林负债＋森林权益"的平衡关系。例如，某单位上缴违规采伐林木的罚款，借记"应缴森林环境款项——违规采伐林木——某单位"，贷记"森林货币资产——某单位"。再如，将某片原定应恢复的林地划归为建设用地，借记"其他应恢复的林地"账户，贷记"待处理林地资产"账户。再如，某单位因失职而使某片防护林木被盗伐，预估损失2 000万元，借记"森林结算资产——应收赔款——某单位2 000万元"，贷记"防护林木2 000万元"。

第八种类型，森林资产类账户与森林权益类账户同时减少，等式两端减少数额相等，也不改变"森林资产＝森林负债＋森林权益"的平衡关系。例如，经城市发展规划主管部门批准，将一片城郊集体所有的果树林地征用为建设用地，借记"集体林地权益"账户，贷记"经济林地"账户。再如，前述第五种类型中本辖区核算期内森林资产因交通基础设施建设而减少，借记"国有林地权益""国有林木权益"，贷记"防护林地""防护林木""森林固碳功效资产""释氧功效资产""物种保育功效资产""蓄水功效资产""防风治沙功效资产"等。

## 6.1.4 森林资源环境资产负债核算表系结构

本书设计的森林资源环境资产负债核算系统的报表分为主表、分表、子表、辅助表四个层次。主表为《森林资源环境资产负债表》，亦可分为两张表：《森林资源环境资产负债实物量表》《森林资源环境资产负债价值量表》。分表为《森林资源环境资产变动表》《森林资源环境负债与权益变动表》。子表为下级机构报送的《森林资源资产负债表》、《森林资源资产变动表》《森林资源环境负债与权益变动表》。辅助表为《账户记录试算平衡表》。详见图6-1。

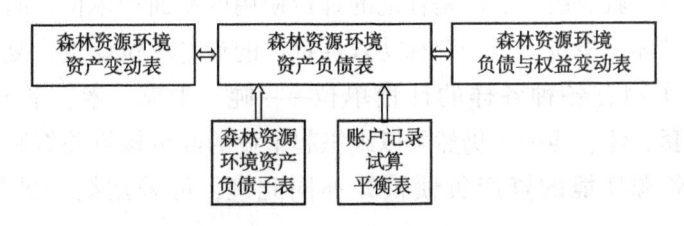

图6-1 森林资源环境资产负债核算的表系结构

主表《森林资源环境资产负债表》反映报告单位辖区范围内各类森林资产及其权属关系核算期末的分布和存量。《森林资源环境资产负债表》是森林资源环境资产负债核算系统的总括报表，具有纲举目张的统领作用。由于此表是静态报表，只能反映报告期初和期末两个时点的森林资产及其权属的存量，所以，还需要编制两张动态分表来反映其期初期末存量差异的形成原因。

分表一《森林资源环境资产变动表》反映报告单位辖区范围内各类森林资源资产在报告期内的增加量和减少量，是对《森林资源环境资产负债表》中森林资产期初期末存量差异形成原因的解释。

分表二《森林资源环境负债与权益变动表》反映报告单位辖区范围内各类森林负债和权益在报告期内的增加量和减少量，是对《森林资源环境资产负债表》中森林负债和权益期初期末存量差异形成原因的解释。

辅助表《账户记录试算平衡表》是利用森林资源二维分类平衡关系和复式记账规则，对森林资产类账户、森林负债类账户和森林权益类账户的记录进行试算，看其平衡关系是否成立。若试算结果平衡，说明记账过程

符合规则；否则有误。

子表则是下级单位报送的《森林资源环境资产负债表》及其分表。

## 6.1.5 森林资源环境资产负债核算举例

### 6.1.5.1 森林资源环境资产价值评估

所有的报表都有自身内在的数量平衡关系。《森林资源资产负债表》的平衡关系，也是森林资源资产负债核算的基本平衡关系是"森林资产=森林负债+森林权益"。除了上述八种变化类型不会破坏这个平衡关系以外，等式两端的计量单位需要保持一致。如果编制的是实物量表，等式两端的计量单位就要统一。但是林地的计量使用的是面积单位，而林木的计量使用的是体积单位，至于森林功效性资产的计量单位就更为复杂了。企业的资产实物有各种各样的计量单位——吨、千克、米、平方米、根、件、台、套、件、匹……仍然可以组织起企业的经济核算并编制资产负债表，森林资源环境的资产负债核算亦同此理，可采用统一的货币计量单位。

采用货币计量单位需要确认每一项纳入核算范围的森林资产的价格，除了直接的市场交易可以获取森林资产的价格以外，确认森林资产价格（或称评估森林资产的价值）还有市场法、收益法、成本法三类，每一类方法又可以分出数种具体方法，如成本法包含直接成本法、参照成本法、重置成本法、保育价值法等。本书不对具体的价值评估方法展开探讨，而是研究在假设或已知具体森林资源环境资产价格的条件下如何进行其核算。

假设已知的森林资产价格如表6-6所示。

表6-6 森林资产价格表

| 名称 | 价格 | 名称 | 价格 |
| --- | --- | --- | --- |
| 防护林地 | 130 百万元/公顷 | 风景林木 | 900 元/立方米 |
| 特殊用途林地 | 130 百万元/公顷 | 古迹地林木 | 2 000 元/立方米 |
| 用材林地 | 180 百万元/公顷 | 保护区林木 | 700 元/立方米 |
| 薪炭林地 | 160 百万元/公顷 | 用材林木 |  |
| 经济林地 | 210 百万元/公顷 | 一般用材 | 800 元/立方米 |

续表

| 名称 | 价格 | 名称 | 价格 |
|---|---|---|---|
| 防护林木 | 700 元/立方米 | 其他用材 | 700 元/立方米 |
| 特殊用途林木 |  | 薪炭林木 | 500 元/立方米 |
| 国防林木 | 900 元/立方米 | 经济林木 |  |
| 环境保护林木 | 800 元/立方米 | 果树林木 | 1 800 元/立方米 |
| 母树林木 | 1 200 元/立方米 | 药用林木 | 2 000 元/立方米 |
| 实验林木 | 1 000 元/立方米 | 其他 | 900 元/立方米 |

森林功效性资产的价格需根据权威专业机构对功效性进行计量与评估得出，本书仅利用其评估结果。

### 6.1.5.2 核算期内涉及森林资源资产负债核算的事项及其分录

根据已知的森林资产价格，假设某级政府机构是区域内森林资源的监管机构与森林资源环境资产负债核算的主体，而直接使用、处置和管理各项森林资产的企事业单位并不开展森林资产负债核算。林地（木）资源资产、林地（木）资源负债及权益的期初存量见表6-7、表6-8、表6-9、表6-10的期初存量栏。在核算期内，发生下列事项：

（1）将辖区内薪炭林地60公顷划为经济林地，薪炭林蓄积量按照70立方米/公顷计算。林地根据变性后的地价核算，林木根据实际林木性质计价。

① 借：经济林地　　　　　　　　　　60 公顷及 12 600 百万元
　　贷：薪炭林地　　　　　　　　　　60 公顷及 12 600 百万元
② 借：经济林木　　　　　　　　　　4 200 立方米及 2.1 百万元
　　贷：薪炭林木　　　　　　　　　　4 200 立方米及 2.1 百万元

（2）根据有关部门监测鉴定，要将先前因林木采伐过量而低于红线的100公顷防护林地划为应改善功能的林地，涉及林木蓄积量7 000立方米。

① 借：应补偿总量低于红线的林地　　100 公顷及 13 000 百万元
　　贷：应改善功能的林地　　　　　　100 公顷及 13 000 百万元
② 借：防护林木　　　　　　　　　　7 000 立方米及 4.9 百万元
　　贷：待处理林木资产——防护林　　7 000 立方米及 4.9 百万元

（3）经有关部门裁决，先前确认的超限额采伐林木1 000立方米改判为盗伐林木。

借：超限额采伐林木　　　　　　　　1 000 立方米及 0.8 百万元
　　　　贷：盗伐林木　　　　　　　　　1 000 立方米及 0.8 百万元
　（4）本级机构将直接监管的国有林地权益 2 200 公顷环境保护林划拨给某林场经营，划拨给林场的林地按 80 立方米/公顷蓄积量计算林木。
　　①借：国有林地权益——本级政府　　2 200 公顷及 286 000 百万元
　　　　贷：国有林地权益——林场　　　2 200 公顷及 286 000 百万元
　　②借：国有林木权益——本级政府　　176 000 立方米及 140.8 百万元
　　　　贷：国有林木权益——林场　　　176 000 立方米及 140.8 百万元
　（5）由于行政管辖区域调整，上级划入本级监管国有防护林 800 公顷并交某事业单位负责，划拨过来的防护林按照 60 立方米/公顷计算蓄积量，不要求该事业单位开展森林资产核算。
　　①借：防护林地　　　　　　　　　　800 公顷及 104 000 百万元
　　　　贷：国有林地权益——某事业单位　800 公顷及 104 000 百万元
　　②借：防护林木　　　　　　　　　　48 000 立方米及 33.6 百万元
　　　　贷：国有林木权益——某事业单位
　　　　　　　　　　　　　　　　　　　48 000 立方米及 33.6 百万元
　（6）本辖区要将 1 300 公顷沙漠营造成为防风固沙的林地，地价减半计算。
　　借：防护林地　　　　　　　　　　　1 300 公顷及 84 500 百万元
　　　贷：应改善功能林地　　　　　　　1 300 公顷及 84 500 百万元
　（7）本辖区当年在沙漠造林，种植树木 4 600 立方米，林木价格减半。
　　借：防护林木　　　　　　　　　　　4 600 立方米及 1.61 百万元
　　　贷：国有林木权益——某事业单位　4 600 立方米及 1.61 百万元
　（8）将一片经治理验收合格的 600 公顷防护林划归某事业单位负责，按照 60 立方米/公顷折算蓄积量。
　　①借：应改善功能林地　　　　　　　600 公顷及 78 000 百万元
　　　　贷：国有林地权益——某事业单位　600 公顷及 78 000 百万元
　　②借：应新营造林木　　　　　　　　36 000 立方米及 25.2 百万元
　　　　贷：国有林木权益——某事业单位
　　　　　　　　　　　　　　　　　　　36 000 立方米及 25.2 百万元

(9) 某片原定为应恢复的环境保护林地 70 公顷划归建设用地，地价按照防护林地计算，环境保护林木蓄积量按照 60 立方米/公顷折算。

①借：其他应恢复的林地　　　　　　　70 公顷及 9 100 百万元
　　贷：待处理林地资产　　　　　　　70 公顷及 9 100 百万元
②借：其他应恢复林木　　　　　　　　4 200 立方米及 3.36 百万元
　　贷：待处理林木资产　　　　　　　4 200 立方米及 3.36 百万元

(10) 经城市发展规划主管部门批准，将一片城郊集体所有的 20 公顷果树林地征用为建设用地，苹果树林地按照每公顷 1 500 株苹果树或每公顷 300 立方米计算。征用土地直接划归企业开发，有关征地补偿与收益由其他部门经管。

①借：集体林地权益——某村　　　　　20 公顷及 4 200 百万元
　　贷：经济林地　　　　　　　　　　20 公顷及 4 200 百万元
②借：集体林木权益——某村 30 000 株或 6 000 立方米及 10.8 百万元
　　贷：经济林木——果树 30 000 株或 6 000 立方米及 10.8 百万元

(11) 某国家公园管理的环境保护林因树林老化减少蓄积量 1 200 立方米。

借：国有林木权益——国家　　　　　　1 200 立方米及 0.96 百万元
　　贷：特殊用途林木　　　　　　　　1 200 立方米及 0.96 百万元

(12) 某林场经营用材林地因雷击发生火灾，过火林地面积 150 公顷，损毁林木 4 500 立方米，尚未形成处理意见。

借：待处理林地资产　　　　　　　　　150 公顷及 27 000 百万元
　　待处理林木资产　　　　　　　　　4 500 立方米及 3.6 百万元
　贷：用材林地　　　　　　　　　　　150 公顷及 27 000 百万元
　　　用材林木　　　　　　　　　　　4 500 立方米及 3.6 百万元

(13) 处理意见下达。责成林场通过造林活动加以恢复。

①借：森林信托资产——林场　　　　　150 公顷及 27 000 百万元
　　　　　　　　——林场　　　　　　4 500 立方米及 3.6 百万元
　　贷：待处理林地资产　　　　　　　150 公顷及 27 000 百万元
　　　　待处理林木资产　　　　　　　4 500 立方米及 3.6 百万元
②借：国有林地权益　　　　　　　　　150 公顷及 27 000 百万元
　　　国有林木权益　　　　　　　　　4 500 立方米及 3.6 百万元

贷：应造林火烧迹地　　　　　　　　150公顷及27 000百万元
　　　　应恢复灾害损失林木　　　　　　4 500立方米及3.6百万元
（14）某受托企业新增应新营造经济林木（药用植物）2 000株或4 000立方米。
　　借：经济林木　　　　　　　　2 000株或4 000立方米及8百万元
　　贷：应新营造林木　　　　　　2 000株或4 000立方米及8百万元
（15）监管部门发现某村民盗伐国有林木权益5立方米，折合经济损失4 000元，要求其赔付。
　　①借：国有林木权益——本级政府　　　　5立方米及0.004百万元
　　　　贷：用材林木——一般木材　　　　　5立方米及0.004百万元
　　②借：森林结算资产——应收罚款　　　　5立方米及0.004百万元
　　　　贷：盗伐林木——某村民　　　　　　5立方米及0.004百万元
（16）该村民缴来罚款4 000元。
　　①借：森林货币资产——某银行　　　　　　　　　　　0.004百万元
　　　　贷：森林结算资产——某村民　　　　　　　　　　0.004百万元
　　②借：盗伐林木——某村民　　　　　　　　　　　　　0.004百万元
　　　　贷：国有林木权益——本级政府　　　　　　　　　0.004百万元
（17）经监测部门检测，本辖区森林功效资产增值6 000万元：固碳功效1 000万元，释氧功效500万元，防风治沙功效600万元，物种保育功效400万元，蓄水功效300万元，降尘功效700万元，文旅功效2 500万元。其中，属于国有林地权益1 200万元，集体林地权益4 800万元。

　　借：森林功效资产——固碳功效　　　　　　　　　　10百万元
　　　　　　　　　　——蓄水功效　　　　　　　　　　3百万元
　　　　　　　　　　——防风治沙功效　　　　　　　　6百万元
　　　　　　　　　　——降尘功效　　　　　　　　　　7百万元
　　　　　　　　　　——释氧功效　　　　　　　　　　5百万元
　　　　　　　　　　——物种保育功效　　　　　　　　4百万元
　　　　　　　　　　——文旅功效　　　　　　　　　　25百万元
　　贷：国有林地权益　　　　　　　　　　　　　　　　12百万元
　　　　集体林地权益　　　　　　　　　　　　　　　　48百万元

(18) 向有关部门解缴森林资源环境款项 10 百万元。

借：应缴森林资源环境款项　　　　　　　　　　10 百万元

　　贷：森林货币资产　　　　　　　　　　　　10 百万元

### 6.1.5.3　账户记录

相关账户记录如下：

| 账户名称：防护林地 | | | 计量单位：百万元 |
| --- | --- | --- | --- |
| 期初借方存量 | 本期借方发生额 | 本期贷方发生额 | 期末借方存量 |
| | (5) ①：104 000<br>(6)：84 500 | | |
| 3 054 200 | 188 500 | — | 3 242 700 |

| 账户名称：特种用途林地 | | | 计量单位：百万元 |
| --- | --- | --- | --- |
| 期初借方存量 | 本期借方发生额 | 本期贷方发生额 | 期末借方存量 |
| 345 000 | — | — | 345 000 |

| 账户名称：用材林地 | | | 计量单位：百万元 |
| --- | --- | --- | --- |
| 期初借方存量 | 本期借方发生额 | 本期贷方发生额 | 期末借方存量 |
| | | 12：27 000 | |
| 79 000 | — | 27 000 | 52 000 |

| 账户名称：薪炭林地 | | | 计量单位：百万元 |
| --- | --- | --- | --- |
| 期初借方存量 | 本期借方发生额 | 本期贷方发生额 | 期末借方存量 |
| | | (1) ①：12 600 | |
| 37 000 | — | 12 600 | 24 400 |

| 账户名称：经济林地 | | | 计量单位：百万元 |
| --- | --- | --- | --- |
| 期初借方存量 | 本期借方发生额 | 本期贷方发生额 | 期末借方存量 |
| | (1) ①：12 600 | (10) ①：4 200 | |
| 65 000 | 12 600 | 4 200 | 73 400 |

| 账户名称：防护林木 | | | 计量单位：百万元 |
|---|---|---|---|
| 期初借方存量 | 本期借方发生额 | 本期贷方发生额 | 期末借方存量 |
| | (2) ②：4.9<br>(5) ②：33.6<br>(7)：1.61 | | |
| 25 800 | 40.11 | — | 25 840.11 |

| 账户名称：特种用途林木 | | | 计量单位：百万元 |
|---|---|---|---|
| 期初借方存量 | 本期借方发生额 | 本期贷方发生额 | 期末借方存量 |
| | | (11)：0.96 | |
| 26 900 | — | 0.96 | 26 899.04 |

| 账户名称：用材林木 | | | 计量单位：百万元 |
|---|---|---|---|
| 期初借方存量 | 本期借方发生额 | 本期贷方发生额 | 期末借方存量 |
| | | (12)：3.6<br>(15) ①：0.004 | |
| 7 300 | — | 3.604 | 7 296.396 |

| 账户名称：薪炭林木 | | | 计量单位：百万元 |
|---|---|---|---|
| 期初借方存量 | 本期借方发生额 | 本期贷方发生额 | 期末借方存量 |
| | | (1) ②：2.1 | |
| 3 500 | — | 2.1 | 3 497.9 |

| 账户名称：经济林木 | | | 计量单位：百万元 |
|---|---|---|---|
| 期初借方存量 | 本期借方发生额 | 本期贷方发生额 | 期末借方存量 |
| | (1) ②：2.1<br>(14)：8 | (10) ②：10.8 | |
| 19 600 | 10.1 | 10.8 | 19 599.3 |

| 账户名称：森林固碳功效资产 ||| 计量单位：百万元 |
|---|---|---|---|
| 期初借方存量 | 本期借方发生额 | 本期贷方发生额 | 期末借方存量 |
|  | (17)：10 |  |  |
| 2 800 | 10 | — | 2 810 |

| 账户名称：森林蓄水功效资产 ||| 计量单位：百万元 |
|---|---|---|---|
| 期初借方存量 | 本期借方发生额 | 本期贷方发生额 | 期末借方存量 |
|  | (17)：3 |  |  |
| 1 300 | 3 | — | 1 303 |

| 账户名称：森林防风治沙功效资产 ||| 计量单位：百万元 |
|---|---|---|---|
| 期初借方存量 | 本期借方发生额 | 本期贷方发生额 | 期末借方存量 |
|  | (17)：6 |  |  |
| 650 | 6 | — | 656 |

| 账户名称：森林降尘功效资产 ||| 计量单位：百万元 |
|---|---|---|---|
| 期初借方存量 | 本期借方发生额 | 本期贷方发生额 | 期末借方存量 |
|  | (17)：7 |  |  |
| 453 | 7 | — | 460 |

| 账户名称：森林释氧功效资产 ||| 计量单位：百万元 |
|---|---|---|---|
| 期初借方存量 | 本期借方发生额 | 本期贷方发生额 | 期末借方存量 |
|  | (17)：5 |  |  |
| 475 | 5 | — | 480 |

| 账户名称：森林物种保育功效资产 ||| 计量单位：百万元 |
|---|---|---|---|
| 期初借方存量 | 本期借方发生额 | 本期贷方发生额 | 期末借方存量 |
|  | (17)：4 |  |  |
| 1 800 | 4 | — | 1 804 |

| 账户名称：森林文旅功效资产 | | | 计量单位：百万元 |
|---|---|---|---|
| 期初借方存量 | 本期借方发生额 | 本期贷方发生额 | 期末借方存量 |
|  | (17)：25 |  |  |
| 2 380 | 25 | — | 2 405 |

| 账户名称：森林信托资产 | | | 计量单位：百万元 |
|---|---|---|---|
| 期初借方存量 | 本期借方发生额 | 本期贷方发生额 | 期末借方存量 |
|  | (13) ①：27 000<br>(13) ①：3.6 |  |  |
| 12 356.4 | 27 003.6 | — | 39 360 |

| 账户名称：森林结算资产 | | | 计量单位：百万元 |
|---|---|---|---|
| 期初借方存量 | 本期借方发生额 | 本期贷方发生额 | 期末借方存量 |
|  | (15) ②：0.004 | (16) ①：0.004 |  |
| 56 | 0.004 | 0.004 | 56 |

| 账户名称：森林货币资产 | | | 计量单位：百万元 |
|---|---|---|---|
| 期初借方存量 | 本期借方发生额 | 本期贷方发生额 | 期末借方存量 |
|  | (16) ①：0.004 | (18)：10 |  |
| 47 | 0.004 | 10 | 37.004 |

| 账户名称：待处理林地资产 | | | 计量单位：百万元 |
|---|---|---|---|
| 期初借方存量 | 本期借方发生额 | 本期贷方发生额 | 期末借方存量 |
|  | (12)：27 000 | (9) ①：9 100<br>(13) ①：27 000 |  |
| 9 200 | 27 000 | 36 100 | 100 |

## 6 森林资源环境核算与审计

| 账户名称：待处理林木资产 | | | 计量单位：百万元 |
|---|---|---|---|
| 期初借方存量 | 本期借方发生额 | 本期贷方发生额 | 期末借方存量 |
| | (12)：3.6 | (2) ②：4.9<br>(9) ②：3.36<br>(13) ①：3.6 | |
| 10 | 3.6 | 11.86 | 1.74 |

| 账户名称：应造林采伐迹地 | | | 计量单位：百万元 |
|---|---|---|---|
| 期初贷方存量 | 本期借方发生额 | 本期贷方发生额 | 期末贷方存量 |
| 0 | — | — | 0 |

| 账户名称：应造林火烧迹地 | | | 计量单位：百万元 |
|---|---|---|---|
| 期初贷方存量 | 本期借方发生额 | 本期贷方发生额 | 期末贷方存量 |
| | | (13) ②：27 000 | |
| 0 | — | 27 000 | 27 000 |

| 账户名称：应退还违规占用林地 | | | 计量单位：百万元 |
|---|---|---|---|
| 期初贷方存量 | 本期借方发生额 | 本期贷方发生额 | 期末贷方存量 |
| 0 | — | — | 0 |

| 账户名称：应补偿总量低于红线的林地 | | | 计量单位：百万元 |
|---|---|---|---|
| 期初贷方存量 | 本期借方发生额 | 本期贷方发生额 | 期末贷方存量 |
| | (2) ①：13 000 | | |
| 13 000 | 13 000 | — | 0 |

| 账户名称：应改善功能的林地 | | | 计量单位：百万元 |
|---|---|---|---|
| 期初贷方存量 | 本期借方发生额 | 本期贷方发生额 | 期末贷方存量 |
| | (8) ①：78 000 | (2) ①：13 000<br>(6)：84 500 | |
| 0 | 78 000 | 97 500 | 19 500 |

| 账户名称：其他应恢复的林地 | | | 计量单位：百万元 |
|---|---|---|---|
| 期初贷方存量 | 本期借方发生额 | 本期贷方发生额 | 期末贷方存量 |
| | (9) ①：9 100 | | |
| 9 100 | 9 100 | — | 0 |

| 账户名称：超限额采伐林木 | | | 计量单位：百万元 |
|---|---|---|---|
| 期初贷方存量 | 本期借方发生额 | 本期贷方发生额 | 期末贷方存量 |
| | (3)：0.8 | | |
| 10.8 | 0.8 | — | 10 |

| 账户名称：盗伐林木 | | | 计量单位：百万元 |
|---|---|---|---|
| 期初贷方存量 | 本期借方发生额 | 本期贷方发生额 | 期末贷方存量 |
| | (16) ②：0.004 | (3)：0.8<br>(15) ②：0.004 | |
| 11 | 0.004 | 0.804 | 11.8 |

| 账户名称：应恢复灾害损失林木 | | | 计量单位：百万元 |
|---|---|---|---|
| 期初贷方存量 | 本期借方发生额 | 本期贷方发生额 | 期末贷方存量 |
| | | (13) ②：3.6 | |
| 12 | — | 3.6 | 15.6 |

| 账户名称：应恢复人为损害林木 | | | 计量单位：百万元 |
|---|---|---|---|
| 期初贷方存量 | 本期借方发生额 | 本期贷方发生额 | 期末贷方存量 |
| 0 | — | — | 0 |

| 账户名称：其他应恢复林木 | | | 计量单位：百万元 |
|---|---|---|---|
| 期初贷方存量 | 本期借方发生额 | 本期贷方发生额 | 期末贷方存量 |
| | (9) ②：3.36 | | |
| 5.36 | 3.36 | — | 2 |

6　森林资源环境核算与审计

| 账户名称：应新营造林木 | | | 计量单位：百万元 |
|---|---|---|---|
| 期初贷方存量 | 本期借方发生额 | 本期贷方发生额 | 期末贷方存量 |
|  | (8) ②：25.2 | (14)：8 |  |
| 30 | 25.2 | 8 | 12.8 |

| 账户名称：应更新改造林木 | | | 计量单位：百万元 |
|---|---|---|---|
| 期初贷方存量 | 本期借方发生额 | 本期贷方发生额 | 期末贷方存量 |
| 0 | — | — | 0 |

| 账户名称：应缴森林环境款项 | | | 计量单位：百万元 |
|---|---|---|---|
| 期初贷方存量 | 本期借方发生额 | 本期贷方发生额 | 期末贷方存量 |
|  | (18)：10 |  |  |
| 10 | 10 | — | 0 |

| 账户名称：国有林地权益 | | | 计量单位：百万元 |
|---|---|---|---|
| 期初贷方存量 | 本期借方发生额 | 本期贷方发生额 | 期末贷方存量 |
|  | (4) ①：286 000<br>(13) ②：27 000 | (4) ①：286 000<br>(5) ①：104 000<br>(8) ①：78 000<br>(17)：12 |  |
| 900 200 | 313 000 | 468 012 | 1 055 212 |

| 账户名称：集体林地权益 | | | 计量单位：百万元 |
|---|---|---|---|
| 期初贷方存量 | 本期借方发生额 | 本期贷方发生额 | 期末贷方存量 |
|  | (10) ①：4 200 | (17)：48 |  |
| 2 689 338 | 4 200 | 48 | 2 685 186 |

| 账户名称：国有林木权益 | | | 计量单位：百万元 |
|---|---|---|---|
| 期初贷方存量 | 本期借方发生额 | 本期贷方发生额 | 期末贷方存量 |
|  | (4) ②：140.8<br>(11)：0.96<br>(15) ①：0.004<br>(13) ②：3.6 | (4) ②：140.8<br>(5) ②：33.6<br>(7)：1.61<br>(8) ②：25.2<br>(16) ②：0.004 |  |
| 21 110 | 145.364 | 201.214 | 21 165.85 |

| 账户名称：集体林木权益 | | | 计量单位：百万元 |
|---|---|---|---|
| 期初贷方存量 | 本期借方发生额 | 本期贷方发生额 | 期末贷方存量 |
| | (10) ②: 10.8 | | |
| 52 100 | 10.8 | — | 52 089.2 |

| 账户名称：个人林木权益 | | | 计量单位：百万元 |
|---|---|---|---|
| 期初贷方存量 | 本期借方发生额 | 本期贷方发生额 | 期末贷方存量 |
| 9 900.24 | — | — | 9 900.24 |

### 6.1.5.4 核算期末账户记录试算平衡

根据各账户期初余数和核算期内（1）至（18）涉林事项及其核算分录登记账簿，于期末进行轧账处理并编制试算平衡表如表6-7所示。

**表6-7 账户记录试算平衡表（价值量）** 计量单位：百万元

| 科目名称 | 期初余额 | | 本期发生额 | | 期末余额 | |
|---|---|---|---|---|---|---|
| | 借方 | 贷方 | 借方 | 贷方 | 借方 | 贷方 |
| 防护林地 | 3 054 200 | | 188 500 | | 3 242 700 | |
| 特殊用途林地 | 345 000 | | | | 345 000 | |
| 用材林地 | 79 000 | | | 27 000 | 52 000 | |
| 薪炭林地 | 37 000 | | | 12 600 | 24 400 | |
| 经济林地 | 65 000 | | 12 600 | 4 200 | 73 400 | |
| 防护林木 | 25 800 | | 40.11 | | 25 840.11 | |
| 特殊用途林木 | 26 900 | | | 0.96 | 26 899.04 | |
| 用材林木 | 7 300 | | | 3.604 | 7 296.396 | |
| 薪炭林木 | 3 500 | | | 2.1 | 3 497.9 | |
| 经济林木 | 19 600 | | 10.1 | 10.8 | 19 599.3 | |
| 森林固碳功效资产 | 2 800 | | 10 | | 2 810 | |
| 森林蓄水功效资产 | 1 300 | | 3 | | 1 303 | |
| 森林防风治沙功效资产 | 650 | | 6 | | 656 | |
| 森林降尘功效资产 | 453 | | 7 | | 460 | |

续表

| 科目名称 | 期初余额 借方 | 期初余额 贷方 | 本期发生额 借方 | 本期发生额 贷方 | 期末余额 借方 | 期末余额 贷方 |
|---|---|---|---|---|---|---|
| 森林释氧功效资产 | 475 | | 5 | | 480 | |
| 森林物种保育功效资产 | 1 800 | | 4 | | 1 804 | |
| 森林文旅功效资产 | 2 380 | | 25 | | 2 405 | |
| 森林信托资产 | 12 356.4 | | 27 003.6 | | 39 360 | |
| 森林结算资产 | 56 | | 0.004 | 0.004 | 56 | |
| 森林货币资产 | 47 | | 0.004 | 10 | 37.004 | |
| 待处理林地资产 | 9 200 | | 27 000 | 36 100 | 100 | |
| 待处理林木资产 | 10 | | 3.6 | 11.86 | 1.74 | |
| **森林资产合计** | 3 694 827.4 | | 255 217.418 | 79 939.328 | 3 870 105.49 | |
| 应造林采伐迹地 | | 0 | | | | 0 |
| 应造林火烧迹地 | | 0 | | 27 000 | | 27 000 |
| 应退还违规占用林地 | | 0 | | | | 0 |
| 应补偿总量低于红线的林地 | | 13 000 | 13 000 | | | 0 |
| 应改善功能的林地 | | 0 | 78 000 | 97 500 | | 19 500 |
| 其他应恢复的林地 | | 9 100 | 9 100 | | | 0 |
| 超限额采伐林木 | | 10.8 | 0.8 | | | 10 |
| 盗伐林木 | | 11 | 0.004 | 0.804 | | 11.8 |
| 应恢复灾害损失林木 | | 12 | | 3.6 | | 15.6 |
| 应恢复人为损害林木 | | 0 | | | | 0 |
| 其他应恢复林木 | | 5.36 | 3.36 | | | 2 |
| 应新营造林木 | | 30 | 25.2 | 8 | | 12.8 |
| 应更新改造林木 | | 0 | | | | 0 |
| 应缴森林资源环境款项 | | 10 | 10 | | | 0 |
| **森林负债合计** | | 22 179.16 | 100 139.364 | 124 512.404 | | 46 552.2 |
| 国有林地权益 | | 900 200 | 313 000 | 468 012 | | 1 055 212 |

续表

| 科目名称 | 期初余额 借方 | 期初余额 贷方 | 本期发生额 借方 | 本期发生额 贷方 | 期末余额 借方 | 期末余额 贷方 |
|---|---|---|---|---|---|---|
| 集体林地权益 | | 2 689 338 | 4 200 | 48 | | 2 685 186 |
| 国有林木权益 | | 21 110 | 145.364 | 201.214 | | 21 165.85 |
| 集体林木权益 | | 52 100 | 10.8 | | | 52 089.2 |
| 个人林木权益 | | 9 900.24 | | | | 9 900.24 |
| 其他主体林木权益 | | 0 | | | | 0 |
| 森林权益合计 | | 3 672 648.24 | 317 356.164 | 468 261.214 | | 3 823 553.29 |
| 森林负债与权益总计 | | 3 694 827.4 | 417 495.528 | 592 773.618 | | 3 870 105.49 |
| 所有科目借贷方总计 | 3 694 827.4 | 3 694 827.4 | 672 713.642 | 672 713.642 | 3 870 105.49 | 3 870 105.49 |

### 6.1.5.5 森林资源环境资产负债表及其分表

根据试算平衡表可以编制《森林资源环境资产负债表》(表6-8)、《森林资源环境资产变动表》(表6-9)和《森林资源环境负债和权益变动表》(表6-10)。

表6-8 森林资源环境资产负债表　　　　　单位：百万元

| 森林资产 | 期初余数 | 期末余数 | 森林负债与权益 | 期初余数 | 期末余数 |
|---|---|---|---|---|---|
| 防护林地 | 3 054 200 | 3 242 700 | 应造林采伐迹地 | 0 | 0 |
| 特殊用途林地 | 345 000 | 345 000 | 应造林火烧迹地 | 0 | 27 000 |
| 用材林地 | 79 000 | 52 000 | 应退还违规占用林地 | 0 | 0 |
| 薪炭林地 | 37 000 | 24 400 | 应补偿总量低于红线的林地 | 13 000 | 0 |
| 经济林地 | 65 000 | 73 400 | 应改善功能的林地 | 0 | 19 500 |
| 防护林木 | 25 800 | 25 840.11 | 其他应恢复的林地 | 9 100 | 0 |
| 特殊用途林木 | 26 900 | 26 899.04 | 超限额采伐林木 | 10.8 | 10 |
| 用材林木 | 7 300 | 7 296.396 | 盗伐林木 | 11 | 11.8 |
| 薪炭林木 | 3 500 | 3 497.9 | 应恢复灾害损失林木 | 12 | 15.6 |
| 经济林木 | 19 600 | 19 599.5 | 应恢复人为损害林木 | 0 | 0 |
| 森林固碳功效资产 | 2 800 | 2 810 | 其他应恢复林木 | 5.36 | 2 |

续表

| 森林资产 | 期初余数 | 期末余数 | 森林负债与权益 | 期初余数 | 期末余数 |
|---|---|---|---|---|---|
| 森林蓄水功效资产 | 1 300 | 1 303 | 应新营造林木 | 30 | 12.8 |
| 森林防风治沙功效资产 | 650 | 656 | 应更新改造林木 | 0 | 0 |
| 森林降尘功效资产 | 453 | 460 | 应缴森林资源环境款项 | 10 | 0 |
| 森林释氧功效资产 | 475 | 480 | 森林负债合计 | 22 179.16 | 46 552.2 |
| 森林物种保育功效资产 | 1 800 | 1 804 | 国有林地权益 | 900 200 | 1 055 212 |
| 森林文旅功效资产 | 2 380 | 2 405 | 集体林地权益 | 2 689 338 | 2 685 186 |
| 森林信托资产 | 12 356.4 | 39 360 | 国有林木权益 | 21 110 | 21 165.85 |
| 森林结算资产 | 56 | 56 | 集体林木权益 | 52 100 | 52 089.2 |
| 森林货币资产 | 47 | 37.004 | 个人林木权益 | 9 900.24 | 9 900.24 |
| 待处理林地资产 | 9 200 | 100 | 其他主体林木权益 | 0 | 0 |
| 待处理林木资产 | 10 | 1.74 | 森林权益合计 | 3 672 648.24 | 3 823 553.29 |
| 森林资产合计 | 3 694 827.4 | 3 870 105.49 | 森林负债与权益总计 | 3 694 827.4 | 3 870 105.49 |

表6-9 森林资源环境资产变动表　　　　　　　　单位：百万元

| 项目 | 期初余数 | 本期增加 | 本期减少 | 期末余数 |
|---|---|---|---|---|
| 防护林地 | 3 054 200 | 188 500 | — | 3 242 700 |
| 特殊用途林地 | 345 000 | — | — | 345 000 |
| 用材林地 | 79 000 | — | 27 000 | 52 000 |
| 薪炭林地 | 37 000 | — | 12 600 | 24 400 |
| 经济林地 | 65 000 | 12 600 | 4 200 | 73 400 |
| 防护林木 | 25 800 | 40.11 | — | 25 840.11 |
| 特殊用途林木 | 26 900 | — | 0.96 | 26 899.04 |
| 用材林木 | 7 300 | — | 3.604 | 7 296.396 |
| 薪炭林木 | 3 500 | — | 2.8 | 3 497.2 |
| 经济林木 | 19 600 | 10.1 | 10.8 | 19 599.3 |
| 森林固碳功效资产 | 2 800 | 10 | — | 2 810 |
| 森林蓄水功效资产 | 1 300 | 3 | — | 1 303 |

续表

| 项目 | 期初余数 | 本期增加 | 本期减少 | 期末余数 |
|---|---|---|---|---|
| 森林防风治沙功效资产 | 650 | 6 | — | 656 |
| 森林降尘功效资产 | 453 | 7 | — | 460 |
| 森林释氧功效资产 | 475 | 5 | — | 480 |
| 森林物种保育功效资产 | 1 800 | 4 | — | 1 804 |
| 森林文旅功效资产 | 2 380 | 25 | — | 2 405 |
| 森林信托资产 | 12 356.4 | 27 003.6 | — | 39 360 |
| 森林结算资产 | 56 | 0.004 | 0.004 | 56 |
| 森林货币资产 | 47 | 0.004 | 10 | 37.004 |
| 待处理林地资产 | 9 200 | 27 000 | 36 100 | 100 |
| 待处理林木资产 | 10 | 3.6 | 11.86 | 1.74 |
| **森林资产合计** | **3 694 827.4** | **255 217.418** | **79 939.328** | **3 870 105.49** |

表 6-10　森林资源环境负债与权益变动表　　　单位：百万元

| 森林负债与权益 | 期初余数 | 本期增加 | 本期减少 | 期末余数 |
|---|---|---|---|---|
| 应造林采伐迹地 | 0 | — | — | 0 |
| 应造林火烧迹地 | 0 | 27 000 | — | 27 000 |
| 应退还违规占用林地 | 0 | — | — | 0 |
| 应补偿总量低于红线的林地 | 13 000 | — | 13 000 | 0 |
| 应改善功能的林地 | 0 | 97 500 | 78 000 | 19 500 |
| 其他应恢复的林地 | 9 100 | — | 9 100 | 0 |
| 超限额采伐林木 | 10.8 | — | 0.8 | 10 |
| 盗伐林木 | 11 | 0.804 | 0.004 | 11.8 |
| 应恢复灾害损失林木 | 12 | 3.6 | — | 15.6 |
| 应恢复人为损害林木 | 0 | — | — | 0 |
| 其他应恢复林木 | 5.36 | — | 3.36 | 2 |
| 应新营造林木 | 30 | 8 | 25.2 | 12.8 |
| 应更新改造林木 | 0 | — | — | 0 |
| 应缴森林资源环境款项 | 10 | — | 10 | 0 |
| **森林负债合计** | **22 179.16** | **124 512.404** | **100 139.364** | **46 552.2** |

续表

| 森林负债与权益 | 期初余数 | 本期增加 | 本期减少 | 期末余数 |
|---|---|---|---|---|
| 国有林地权益 | 900 200 | 468 012 | 313 000 | 1 055 212 |
| 集体林地权益 | 2 689 338 | 48 | 4 200 | 2 685 186 |
| 国有林木权益 | 21 110 | 201.214 | 145.364 | 21 165.85 |
| 集体林木权益 | 52 100 | — | 10.8 | 52 089.2 |
| 个人林木权益 | 9 900.24 | — | — | 9 900.24 |
| 其他主体林木权益 | 0 | | | 0 |
| 森林权益合计 | 3 672 648.24 | 468 261.214 | 317 356.164 | 3 823 553.29 |
| 森林负债与权益总计 | 3 694 827.4 | 592 773.618 | 417 495.528 | 3 870 105.49 |

## 6.2 森林资源环境审计

### 6.2.1 基于森林资源环境资产负债核算系统的环境责任审计

与水资源资产负债核算审计相同，对森林资源资产负债核算系统的审计亦分为报表层面审计、报表数据核实审计、资源环境责任审计三部分。

#### 6.2.1.1 报表项目审计

对于《森林资源环境资产负债表》《森林资源环境资产变动表》《森林资源负债与权益变动表》的报表层面审计，检查四个方面的平衡与勾稽关系：一是分类汇总平衡关系，即报表中各项具体的森林资源分类资产、森林资源分类负债和森林资源分类权益数据之和是否与报表合计数一致；二是二维分类平衡关系，即森林资产总计是否等于森林负债与权益的总计；三是四柱平衡关系，即《森林资源环境资产变动表》和《森林资源环境资产负债与权益变动表》中各列示项目的期初存量与期内增加量之和是否等于期内减少量与期末存量之和；四是表间勾稽关系是否成立，即《森林资源环境资产负债表》左端（资产）各列示项目的期初数和期末数是否与《森林资源环境资产变动表》各列示项目的期初数和期末数一致，《森林资源环境资产负债表》右端（负债与权益）各列示项目的期初数和期末数是否与《森林资源环境负债与权益变动表》各列示项目的期初数和期末

数一致。

6.2.1.1.1　对表6-8、表6-9和表6-10的分类汇总平衡检查

森林资产期初存量总计=防护林地3 054 200+特殊用途林地345 000+用材林地79 000+薪炭林地37 000+经济林地65 000+防护林木25 800+特殊用途林木26 900+用材林木7 300+薪炭林木3 500+经济林木19 600+森林固碳功效资产2 800+森林蓄水功效资产1 300+森林防风治沙功效资产650+森林降尘功效资产453+森林释氧功效资产475+森林物种保育功效资产1 800+森林文旅功效资产2 380+森林信托资产12 356.4+森林结算资产56+森林货币资产47+待处理林地资产9 200+待处理林木资产10=3 694 827.4百万元。

森林负债和权益期初存量总计=应补偿总量低于红线的林地13 000+其他应恢复的林地9 100+超限额采伐林木10.8+盗伐林木11+应恢复灾害损失林木12+其他应恢复林木5.36+应新营造林木30+应缴森林资源环境款项10+国有林地权益900 200+集体林地权益2 689 338+国有林木权益21 110+集体林木权益52 100+个人林木权益9 900.24=3 694 827.4百万元。

森林资产期末存量总计=防护林地3 242 700+特殊用途林地345 000+用材林地52 000+薪炭林地24 400+经济林地73 400+防护林木25 840.11+特殊用途林木26 899.04+用材林木7 296.396+薪炭林木3 497.2+经济林木19 599.3+森林固碳功效资产2 810+森林蓄水功效资产1 303+森林防风治沙功效资产656+森林降尘功效资产460+森林释氧功效资产480+森林物种保育功效资产1 804+森林文旅功效资产2 405+森林信托资产39 360+森林结算资产56+森林货币资产37.004+待处理林地资产100+待处理林木资产1.74=3 870 105.49百万元。

森林负债和权益期末存量总计=应造林火烧迹地27 000+应改善功能林地19 500+超限额采伐林木10+盗伐林木11.8+应恢复灾害损失林木15.6+其他应恢复林木2+应新营造林木12.8+国有林地权益1 055 212+集体林地权益2 685 186+国有林木权益21 165.85+集体林木权益52 089.2+个人林木权益9 900.24=3 870 105.49百万元。

检查结果为表6-12、表6-13、表6-14分类汇总平衡关系成立。

6.2.1.1.2　对表6-8的二维分类平衡关系检查

森林资产期初存量总计3 694 827.4百万元=森林负债与权益期初存量

总计 3 694 827.4 百万元；森林资产期末存量总计 3 870 105.49 百万元=森林负债与权益期末存量总计 3 870 105.49 百万元。检查结果为表 6-8 二维平衡关系成立。

6.2.1.1.3 对表 6-9 和表 6-10 的四柱平衡关系检查

详见表 6-11、表 6-12。

**表 6-11 对《森林资源环境资产变动表》（表 6-9）的四柱平衡关系检查**

| 检查项目 | 期初存量 (1) | 本期增加 (2) | 本期减少 (3) | 期末存量 (4)=(1)+(2)-(3) |
| --- | --- | --- | --- | --- |
| 防护林地 | 3 054 200 | 188 500 | — | 3 242 700 |
| 特殊用途林地 | 345 000 | — | — | 345 000 |
| 用材林地 | 79 000 | — | 27 000 | 52 000 |
| 薪炭林地 | 37 000 | — | 12 600 | 24 400 |
| 经济林地 | 65 000 | 12 600 | 4 200 | 73 400 |
| 防护林木 | 25 800 | 40.11 | — | 25 840.11 |
| 特殊用途林木 | 26 900 | — | 0.96 | 26 899.04 |
| 用材林木 | 7 300 | — | 3.604 | 7 296.396 |
| 薪炭林木 | 3 500 | — | 2.8 | 3 497.2 |
| 经济林木 | 19 600 | 10.1 | 10.8 | 19 599.3 |
| 森林固碳功效资产 | 2 800 | 10 | — | 2 810 |
| 森林蓄水功效资产 | 1 300 | 3 | — | 1 303 |
| 森林防风治沙功效资产 | 650 | 6 | — | 656 |
| 森林降尘功效资产 | 453 | 7 | — | 460 |
| 森林释氧功效资产 | 475 | 5 | — | 480 |
| 森林物种保育功效资产 | 1 800 | 4 | — | 1 804 |
| 森林文旅功效资产 | 2 380 | 25 | — | 2 405 |
| 森林信托资产 | 12 356.4 | 27 003.6 | — | 39 360 |
| 森林结算资产 | 56 | 0.004 | 0.004 | 56 |
| 森林货币资产 | 47 | 0.004 | 10 | 37.004 |
| 待处理林地资产 | 9 200 | 27 000 | 36 100 | 100 |
| 待处理林木资产 | 10 | 3.6 | 11.86 | 1.74 |

表 6-12　对《森林资源环境负债与权益变动表》(表 6-10) 的四柱平衡关系检查

| 检查项目 | 期初存量 (1) | 本期增加 (2) | 本期减少 (3) | 期末存量 (4)=(1)+(2)-(3) |
| --- | --- | --- | --- | --- |
| 应造林火烧迹地 | 0 | 27 000 | — | 27 000 |
| 应补偿总量低于红线的林地 | 13 000 | — | 13 000 | 0 |
| 应改善功能的林地 | 0 | 97 500 | 78 000 | 19 500 |
| 其他应恢复的林地 | 9 100 | — | 9 100 | — |
| 超限额采伐林木 | 10.8 | — | 0.8 | 10 |
| 盗伐林木 | 11 | 0.804 | 0.004 | 11.8 |
| 应恢复灾害损失林木 | 12 | 3.6 | — | 15.6 |
| 其他应恢复林木 | 5.36 | — | 3.36 | 2 |
| 应新营造林木 | 30 | 8 | 25.2 | 12.8 |
| 应缴森林资源环境款项 | 10 | — | 10 | 0 |
| 国有林地权益 | 900 200 | 468 012 | 313 000 | 1 055 212 |
| 集体林地权益 | 2 689 338 | 48 | 4 200 | 2 685 186 |
| 国有林木权益 | 21 110 | 201.214 | 145.364 | 21 165.85 |
| 集体林木权益 | 52 100 | — | 10.8 | 52 089.2 |
| 个人林木权益 | 9 900.24 | — | — | 9 900.24 |

检查结果为表 6-9 和表 6-10 的四柱平衡关系成立。

#### 6.2.1.1.4　对主表与分表的勾稽关系检查

经检查，主表《森林资源环境资产负债表》(表 6-8) 左端所列示的森林资产项目与分表《森林资源环境资产变动表》(表 6-9) 主词栏列示的森林资产项目一致，其期初存量与期末存量的数字也一致；主表《森林资源环境资产负债表》右端所列示的森林资源环境负债与权益项目与分表《森林资源环境负债与权益变动表》主词栏列示的森林负债与权益项目一致，其期初存量与期末存量的数字同样一致；勾稽关系成立。

经过上述报表层面审计，证明报表编制符合技术规范。

#### 6.2.1.2　报表数据核实

无论是全面核实、抽样核实还是专项核实，都离不开报表之间、账表之间、账账之间、账证之间、凭证之间、账实之间的相互印证。上述报表层面的审计，尤其是勾稽关系的检查，解决的是报表之间的相互印证，最

多算是初步核实。接下来，需要核实的是账表之间、账账之间、账证之间、凭证之间、账实之间的相互印证。

#### 6.2.1.2.1 账表之间的对比印证

在此通过账户记录与报表项目之间的来源关系进行溯源对比。如表6-8借方的"防护林地"项目的期初存量和期末存量，就要与"防护林地"一级科目账户记录中的期初存量和期末存量相对比：表中项目列示分别为3 054 200百万元和3 242 700百万元，账户记录数据相同，二者相符。其他项目数据印证，以此类推。

#### 6.2.1.2.2 账账之间的对比印证

这里可以通过账户记录的勾稽关系来检查，即编制账户记录的试算平衡表。表6-7便是基于一级账户记录的试算平衡表。如果有必要，可以进一步编制基于二级账户记录的试算平衡表。

#### 6.2.1.2.3 账证之间的对比印证

账证对比印证亦称凭证核实，是将账面记录与记账凭证进行对照，检查账证是否相符。如前述业务（1），将辖区内薪炭林地60公顷划为经济林地事项，就需要分别检查"经济林地"和"薪炭林地"的账户记录与相关记账凭证及其所附原始凭证之间是否相符，相符则实，不符则不实。

#### 6.2.1.2.4 凭证之间的对比印证

这里主要是将记账凭证与所依据的原始凭证进行对照，检查二者是否相符。如上述例子，检查记账凭证与所附原始凭证之间，在事项内容、时间、数量、金额、经办人等要素上是否一致，一致则实，不一致则不实。

#### 6.2.1.2.5 账实之间的对比印证

这是指直接将账户记录与调查获取的证据之间进行对比，看看二者是否相符。如前述核算期间共发生了18项涉林事务，根据有关线索，需要对其中的某个事项进行查证。这就要对该事项进行调查，对相关责任人（经办人、审核人等）进行当面或信函询问，以了解事情的经过，必要时到现场取证。最后，将调查取证的实际情况与账面反映的情况进行对比印证，以此鉴别真伪，得出结论。

### 6.2.1.3 报表层面森林资源环境责任审计

#### 6.2.1.3.1 森林资源环境责任的显性表现检查——对森林负债的审计

根据具体森林资源负债项目或事项的形成原因，可辨别森林资源环境

责任的承担者及其责任大小。一般地，森林资源负债产生的原因有自然原因和人为原因两类。自然原因是由于自然作用力造成的自然资源毁损或环境破坏，如地震引起山体滑坡导致森林毁损。人为原因则是由于人为引起的自然资源毁损或环境破坏，如乱砍滥伐导致森林毁损。

森林资源环境责任审计可以直接针对《森林资源环境负债与权益变动表》进行，下面以对表6-10进行审计为例。

核算期内涉及森林负债增加的事项有：①将1 300公顷沙漠营造成为防风固沙的林地，虽然是增加了森林负债，但这属于积极承担治理沙漠的责任，应给予鼓励。②某林场经营用材林地因雷击发生火灾，过火林地面积150公顷，损毁林木4 500立方米，涉及经济价值损失27 003.6百万元，由此产生的森林负债分别是应造林150公顷及应恢复灾害损失林木4 500立方米。③应调整经济林木结构而形成森林负债——应更新改造林木，涉及4 000立方米林木蓄积量和8百万元经济代价。④因村民盗伐林木产生森林负债，损失5立方米用材林蓄积量和造成4 000元经济损失。

涉及森林资源负债分类调整的事项有：①根据有关部门监测鉴定，将先前因林木采伐过量而低于红线的100公顷防护林地划为应改善功能的林地，涉及林木蓄积量7 000立方米，价值分别为13 000百万元（林地）和4.9百万元（林木）。②经有关部门裁决，先前确认的超限额采伐林木1 000立方米改判为盗伐林木，经济价值0.8百万元。

涉及森林资源负债减少的事项有：①村民支付了4 000元罚款。②经治理验收合格的600公顷防护林划归某事业单位负责，减少了森林负债，新增林木经济价值25.2百万元。③将应恢复的环境保护林地70公顷划归建设用地，涉及林地经济价值9 100百万元，林木经济价值3.36百万元。④核算单位向有关部门解缴森林资源环境款项10百万元，减少相应的负债。

6.2.1.3.2 森林资源环境责任的隐性表现检查——对森林资源权益的审计

核算期内涉及森林资源权益增加的事项有：①上级划入本级监管国有防护林地800公顷并交某事业单位负责，划拨过来的防护林按照60立方米/公顷计算蓄积量，不要求该事业单位开展森林资产核算，所涉经济价值分别为104 000百万元（林地）和33.6百万元（林木）。②在沙漠造林，种植树木4 600立方米，折合经济价值161万元。③经治理验收合格的600

公顷防护林划归某事业单位负责，增加了国有林地和林木权益，新增经济价值 78 025.2 百万元。④因资源环境改善而增加了森林功效性资产及其权益 60 百万元，其中国有权益 12 百万元，集体权益 48 百万元。

涉及森林资源权益调整的事项有：本级机构将直接监管的国有林地权益 2 200 公顷环境保护林划拨给某林场经营，划拨给林场的林地按 80 立方米/公顷蓄积量计算，涉及经济价值 286 000 百万元（林地）和 140.8 百万元（林木）。

涉及森林资源权益减少的事项有：①将城郊集体所有的 20 公顷果树林地征用为建设用地，所涉经济价值 4 210.8 百万元。征用土地直接划归开发商，有关征地补偿与收益由其他部门经管。②某国家公园管理的环境保护林因树林老化减少蓄积量 1 200 立方米，经济价值为 96 万元。③因森林火灾造成林地面积毁损 150 公顷、林木毁损 4 500 立方米，导致委托林场经营林地 150 公顷和委托林场经营林木 4 500 立方米两项权益减少，所涉经济价值 27 003.6 百万元。④因村民盗伐国有用材林而减少林木及其权益 5 立方米，价值 4 000 元（已索赔）。

根据上述从《森林资源环境负债和权益变动表》中分析出的事项，可以用以分析和追溯相关责任单位及其领导干部的森林资源环境责任。

#### 6.2.1.4 审计意见

仅仅根据对《森林资源资产负债表》系统提供的信息进行森林资源环境责任审计，还不能得出最终审计结论。最终审计结论的得出，需要对照党和国家的相关政策法规、区域经济社会发展规划、被审计单位的有关规章、生态文明建设考核指标和领导干部自然资源资产离任审计要求，等等。表达审计结论的审计意见有两种形式：一是参照注册会计师行业的规范性要求，得出规范性的审计结论；二是根据具体的审计证据和相关法规说明具体的责任性质及其归属。

### 6.2.2 森林资源环境责任审计实践与探索

#### 6.2.2.1 我国森林资源环境审计现状及问题

6.2.2.1.1 森林资源环境审计主要内容

（1）森林资源法律及政策保障体系建设情况。这里主要对当地森林资源相关制度的建立和实施情况进行审计，审计地方各级政府对森林资源所

有权和使用权的审批以及存在的争议处置情况。当发现森林资源所有权、使用权的审批和采伐过程存在问题时，审计部门应当及时要求相关部门进行解释甚至追究责任。

(2) 森林资源的培育情况。审计森林的培育情况主要包括审计当地植树造林任务的完成进度、土地恰当使用情况和森林的培育效果、林木的生长速度和质量，以及森林资源的恢复程度、可持续性等层面的情况。

(3) 森林资源的监管情况及其效益。审计当地森林资源数量异常减少情况，问责相关职能部门，对异常减少作出解释，尤其要测算当地是否存在超过采伐量最高值的情况。另外，审计森林资源时要关注其所创造的效益，比如可以减少贫困、促进森林增值、优化产业结构的经济效益和减少大气污染、降低温室气体排放的生态效益。

(4) 森林资源的利用情况。自然资源管理的成本同样是审计的重点对象，主要包括对资源环境的利用和损耗。在保护森林资源、发展林业经济的同时，要注重审计森林资源的利用和消耗情况，考核这些成本是否合理且经济，能否对保护森林资源、修复生态环境等方面产生良好效果。

(5) 森林资源保护情况。审计森林资源的保护情况主要是审查相关责任的落实状况，比如森林病虫害和森林防火的防治措施和成效，是否存在非法采伐树木、占用林地的状况，对于非法占用林地情况的解决措施及其成效，规定期间内的森林采伐量是否控制在限额内，一些需要用地的基础设施和民生建设项目的审批能否确保合规合理。

(6) 森林资源专项资金使用情况。对此的审查重点主要包括：上级是否按照计划将资金及时准确划拨给下级单位，保障下级在保护森林资源时有充足的资金支持；下拨的专项资金是否都计入森林资源的预算中，是否存在故意隐瞒的情况；审计各级单位对专项资金的使用是否合规，资金收付是否合理，是否存在挪用、贪污和虚假舞弊的情况。

#### 6.2.2.1.2 森林资源环境审计现状

在国家的可持续发展战略中，森林资源是资源储备的一种重要形式，起着不可替代的作用，因此对森林资源的审计尤为重要。我国分别在2006年、2016年、2018年对部分省、直辖市和计划单列市实施了森林资源审计，对提升专项资金使用效益、落实森林资源管护政策、促进森林资源的保护及利用起到了积极的作用。

2006年下半年，我国对云南、四川、甘肃、山西、河南、内蒙古、吉林和黑龙江（含大兴安岭林业集团公司）八省（区）及其所属的33个县、森林经营局、林业局2004年至2006年6月国家和地方投入的天然林资源保护工程资金进行了审计，对部分工程实施以来的效果等进行了调查。审计结果表明，在专项资金使用方面，八省（区）人民政府在明确自身对天然林资源保护工程实施负全责的基础上，将目标和任务层层分解，并逐步建立了资金管理内控制度及资金安全责任追究等制度。重点国有林区大多成立了会计核算中心，集中核算天然林资源保护工程资金。国家林业局每年组织对天然林资源保护工程资金管理和项目实施情况进行核查，八省（区）开展了自查，使天然林资源保护工程资金拨付、管理和使用逐步得到规范。在政策落实方面，公益林建设面积基本都能达到计划数，签订管护合同的森林管护面积也能满足政策条款的要求。在森林资源保护及利用方面，被调查省区采伐限额指标基本上得到有效控制，实现了天然林资源保护工程木材产量调减的目标。

2016年，审计署对18个省、直辖市和计划单列市2013—2015年中央和地方财政安排的部分农林水资金的分配、管理和使用情况进行了审计。2018年，审计署对长江经济带11省市2016—2017年生态环境保护相关政策措施落实和资金管理使用情况进行了审计。审计结果表明，所涉及的省市大都能落实好保护森林资源的政策，资金的管理和使用较为合理，推动了生态环境持续向好发展。

2021年1月，中共中央办公厅、国务院办公厅印发《关于全面推行林长制的意见》，并要求各地区及其部门，结合当地实际情况认真贯彻落实。现阶段，各地方省市审计局大都能联合多方部门，统筹组织开展林长制专题审计，聚焦责任履行情况，加强森林资源生态保护、灾害防控以及生态修复，并揭示出落实林长制工作中存在的短板和问题。

**6.2.2.1.3　森林资源环境审计发现的问题**[①]

整理三次审计结果的公告发现，在森林资源的保护和利用过程中还存在一些比较突出的问题亟待解决，主要体现在以下三个方面：

（1）专项资金的拨付、管理和使用不规范。这类问题在三次审计结果

---

[①] 中华人民共和国审计署公告报告，2006年、2016年、2018年，http://www.audit.gov.cn/n5/index.html。

中均有所体现,并且所涉金额也比较大。例如,2006年的审计中发现,八省(区)违规使用天然林资源保护工程资金1.3亿元,占审计资金总额49.3亿元的2.7%,其中一些部门和单位挪用8 007万元,虚报冒领2 249万元,滞留未拨2 978万元,超标准建设等280万元。此外,还发现森林工业企业基本养老保险中央财政补助资金结余较多,审计抽查的云南、四川、甘肃、山西和黑龙江五省有关部门和单位共结余该项资金2.4亿元,占同期中央财政拨付的养老保险补助资金的33.4%,导致资金未能发挥良好的效益。2016年的审计中发现,在调查的18个省、直辖市和计划单列市中,有九个省的16.82亿元农林水资金未按要求有效统筹整合使用,其中:两个省因有关部门沟通衔接不足等原因,统筹整合农资综合补贴的工作进度未按要求完成,15.99亿元资金未及时发挥效益;七个省部分地区因项目资金结余等原因,8 374.91万元财政资金闲置两年以上未盘活统筹使用或未能实质整合。此外,部分省市的单位和个人通过伪造合同等资料、编造名单、重复申请等方式虚报冒领、骗取套取财政资金,超标准范围发放资金、优亲厚友、以权谋私以及违反中央八项规定精神,涉及金额5.68亿元。

(2) 降低森林工业企业负担的政策落实不到位。以2006年审计结果公告为例,2005年6月,国家下达给八省(区)天然林资源保护工程区第一批森林工业企业金融机构(包括银行和金融资产管理公司)债务免除额共78.5亿元,至2006年11月,尚有49.1亿元未予免除,对森林工业企业的发展存在一定的负面影响。在东北、内蒙古重点国有林区森林工业企业实施天然林资源保护工程以来,上缴给上级管理部门的管理费和利润逐年增加,大兴安岭林业集团公司等五家森林工业集团公司2000—2005年得到中央财政补助资金213.8亿元,用于其下属森林工业企业森林管护和基本养老保险等支出,但同时五家森林工业集团公司又要求下属森林工业企业逐年增加上缴的管理费和利润,2005年上缴额为2000年的1.5倍,6年共计26.9亿元。这样做虽不违反规定,但使企业负担逐年加重,在一定程度上抵消了国家天然林资源保护工程补助资金发挥的作用。

(3) 森林资源的保护和利用存在缺陷。以2006年审计结果公告为例,在森林资源保护方面,根据28个县、局提供的资料,2004年滥伐盗伐林木1 882立方米,2005年为4 146立方米,上升120.2%。2003—2004年,河南省洛阳市公路管理局未经许可在天然林资源保护工程区内占用林地

71亩建设公路，擅自砍伐林木281立方米。2005年，黑龙江省呼玛县兴安矿业有限责任公司在未取得采矿权的情况下，在天然林资源保护工程区内开采铁矿，违法占用林地89亩，毁坏林木35立方米。在森林资源利用方面，2005年，龙江森工集团按照天然林资源保护工程定产执行的采伐量中，有70%是属于森林后备资源的近熟林和中龄林，造成森林后备资源受到威胁，究其原因是应作为木材生产主要资源的成熟林和过熟林的蓄积量（不包括禁伐区的）仅占其森林总蓄积量的4.3%。

#### 6.2.2.2 森林资源环境责任审计评价指标体系构建

对于森林资源资产责任审计评价，本书将从森林资源资产开发、森林资源政策制定及执行、森林资源资产利用、森林资源资产和环境保护项目投资建设、森林资源资产相关资金管理和使用这五个一级评价指标出发，对责任主体的森林资源责任履行情况进行综合评价，在设计指标时，注意综合考虑财务与业务标准、定性与定量标准、长期与短期标准。

##### 6.2.2.2.1 森林资源资产开发评价指标

评价森林资源的开发情况，应在总体上评价辖区内森林资源资产开发程度，计算已开发森林资源面积占辖区内森林资源资产总面积的比重，所以本书设置了"森林资源开发率"二级指标。已开发的森林资源还可划分为生态林和商品林，这两种类别林木面积所占比重可以反映森林资源开发的结构，所以设置了"生态林开发率""商品林开发率"，对森林资源资产的开发程度进行分类细化分析，评价森林资源开发的侧重点，开发是否合理。森林资源资产开发应符合国家相关法律法规，所以本书设置了"森林资源违规开发率"二级指标。森林资源的开发应产生经济、社会及环境方面的效益，所以本书设置了"林业产值贡献率"，此指标可以反映林业产值对于辖区内经济发展的贡献；设置了"林业就业贡献率"，此指标可以反映开发森林对于辖区内人口就业的贡献，反映社会效益；设置了"辖区内居民对森林资源开发情况满意度"，调查辖区内居民对于森林资源开发所产生的经济、社会和环境效益的满意度，定性评价森林开发所产生的效益。这三项二级指标可综合评价开发森林资源资产所产生的效益。

最后，根据辖区的经济状况、发展阶段、地理位置、气候等特性，再结合国家针对不同地区有关森林资源开发的重大政策、法律法规，应用计算和调查的方法得出森林资源资产开发程度、合规性以及产生的效益，进

而综合判断森林资源资产开发是否合理，是否存在开发过度或开发不足的问题，开发效益是否处于正常水平，目前森林开发的模式是否支持可持续发展等结论。本书构建的森林资源资产开发评价指标如表6-13所示。

表6-13 森林资源资产开发评价指标

| 一级指标 | 二级指标 | 性质 | 指标说明 |
| --- | --- | --- | --- |
| 森林资源资产开发 | 森林资源开发率 | 定量 | 已开发森林资源资产面积/辖区内森林资源资产总面积 |
| | 生态林开发率 | 定量 | 生态林面积/辖区内森林资源资产总面积 |
| | 商品林开发率 | 定量 | 商品林面积/辖区内森林资源资产总面积 |
| | 森林资源违规开发率 | 定量 | 违规开发森林面积/辖区内森林资源资产总面积 |
| | 林业产值贡献率 | 定量 | 辖区内森林资源产值/辖区内GDP总值 |
| | 林业就业贡献率 | 定量 | 当年林业就业人数/当年辖区内就业人数 |
| | 辖区内居民对森林资源开发情况满意度 | 定性 | 辖区内居民对森林资源开发情况的调查满意程度 |

#### 6.2.2.2.2 森林资源资产政策制定及执行评价指标

使用此部分评价指标的目的是评价是否制定了有关森林资源的保护政策，政策的制定是否合理、可行，是否按照制定的政策认真执行。火灾和有害生物是造成森林资源毁损的主要原因，为此审计部门应考察相关责任主体是否制定了防火灾政策、防治有害生物政策。还应评价森林投保政策、造林政策的制定和执行情况，这些政策的制定和执行关系森林资源抗灾和灾后恢复的能力。森林资源的保护还需要拥有林木知识的高素质人才和严格的法律法规作为支撑，所以相关部门还应评价人力资源建设政策、森林管理等相关法律法规政策的制定和执行情况，在评价时，主要考虑是否已经制定相关政策、相关政策中对执行是否作出明确规定，评价政策制定的可行性、合理性、有效性。为评价政策的执行情况，审计部门可以计算辖区内已经进行防灾处理的森林面积比重，调查相关造林的进度，根据辖区内制定的有关环保政策所规定和计划的内容，判断防灾处理是否全面、造林进度是否过慢，是否严格按照制定的政策执行。此外，审计部门还需评价领导对于政策执行的重视程度，人力资源建设的情况，违法违规

的问责情况,定性判断政策的执行是否到位。本书构建的森林资源资产政策制定及执行评价指标如表 6-14 所示。

**表 6-14 森林资源资产政策制定及执行评价指标**

| 一级指标 | 二级指标 | 性质 | 指标说明 |
| --- | --- | --- | --- |
| 森林资源资产政策制定及执行 | 森林防火灾政策 | 定性 | 定性指标,检查是否制定了相关政策,政策制定是否经过充分论证和集体研究、民主决策,相关政策是否具有可行性和有效性,政策是否对执行程序作出明确规定 |
| | 森林防治有害生物政策 | 定性 | |
| | 森林投保政策 | 定性 | |
| | 造林政策 | 定性 | |
| | 人才培养政策 | 定性 | |
| | 相关法律法规政策 | 定性 | |
| | 森林防火灾率 | 定量 | 森林防火灾面积/辖区内森林资源资产总面积 |
| | 森林有害生物防治率 | 定量 | 森林无公害防治面积/辖区内森林资源资产总面积 |
| | 森林投保率 | 定量 | 森林投保面积/辖区内森林资源资产总面积 |
| | 造林任务完成度 | 定量 | 已完成造林任务/计划造林总任务量 |
| | 人才培养建设情况 | 定性 | |
| | 领导重视程度 | 定性 | |
| | 违法违规问责情况 | 定性 | |

### 6.2.2.2.3 森林资源资产利用评价指标

森林资源的利用情况应体现在森林资源资产的增减变动、有无发生流失及损毁、有无环境保护措施等方面,评价指标的设计应以这些方面为出发点。为反映辖区内森林资源资产的变动情况,本书设置了"森林面积增长率""人均森林储积量增长率""生态林面积增长率""商品林面积增长率"四项二级指标,利用这些指标判断森林面积有无异常减少,观察森林资源资产的变化趋势,结合相关政策、辖区经济和地理特性,判断异常减少是否归于不可抗力因素,变化是否符合规律;设置了"超计划林木采伐量""违法违规林木采伐量"二级指标。如果这两个指标越高,代表采伐

过度；设置了"森林虫害发生率""森林火灾发生率""有害生物成灾率"，定量评价森林毁损受灾情况，指标越高代表受灾越严重、利用过程中没有注意森林保护。本书构建的森林资源资产利用评价指标如表6-15所示。

表6-15 森林资源资产利用评价指标

| 一级指标 | 二级指标 | 性质 | 指标说明 |
| --- | --- | --- | --- |
| 森林资源资产利用 | 森林面积增长率 | 定量 | 本年森林增长面积/上一年辖区内森林资源资产总面积 |
| | 人均森林储积量增长率 | 定量 | 本年人均森林储积量增长/上一年人均森林储积量 |
| | 生态林面积增长率 | 定量 | 当年生态林增长面积/上一年生态林面积 |
| | 商品林面积增长率 | 定量 | 当年商品林增长面积/上一年生态林面积 |
| | 超计划林木采伐量 | 定量 | 当年实际林木采伐量-当年计划采伐量 |
| | 违法违规林木采伐量 | 定量 | 辖区内因不合法、不合规查获的林木数量 |
| | 森林虫害发生率 | 定量 | 森林发生虫害面积/辖区内森林资源资产总面积 |
| | 森林火灾发生率 | 定量 | 森林发生火灾面积/辖区内森林资源资产总面积 |
| | 有害生物成灾率 | 定量 | 森林有害生物成灾面积/辖区内森林资源资产总面积 |

#### 6.2.2.2.4 森林资源资产和环境保护项目投资建设评价指标

为评价建设资金的拨付情况和建设项目的完成情况，本书使用"森林资源资金拨付到位率"反映责任主体对于建设资金的投入、使用情况，指标越高代表项目资金的拨付效率越高，开展工作的时效性越好；使用"项目建设完成率"表示项目建设的进程，根据项目的立项书、制定的相关政策，判断项目的建设进程是否过慢；还设置"项目建设合规合法性"二级指标，根据立项书、相关项目建设法律法规，观察实际建设执行情况，综合定性判断项目建设是否合规合法。此外，为评价项目建设带来的效益，本书使用"项目产值贡献率"来表示项目建设的经济效益，使用"居民对于项目建设的满意度"定性评价项目建设的效益，使用一系列有关造林成活保存、水质、空气等环境指标评价项目建设带

来的环境效益，这些均为正向指标，指标数值越高，代表效益越高。本书构建的森林资源资产和环境保护项目投资建设评价指标如表 6-16 所示。

表 6-16 森林资源资产和环境保护项目投资建设评价指标

| 一级指标 | 二级指标 | 单位 | 指标说明 |
| --- | --- | --- | --- |
| 森林资源资产和环境保护项目投资建设 | 森林资源资金拨付到位率 | 定量 | 当年实际投入金额/当年计划投入金额 |
| | 项目建设完成率 | 定量 | 项目建设已完成任务量/项目建设计划任务量 |
| | 项目建设合规合法性 | 定性 | 定性指标，检查项目建设是否符合相关法律法规 |
| | 项目产值贡献率 | 定性 | 所建设项目的产值/当年辖区内 GDP 总值 |
| | 居民对于项目建设的满意度 | 定性 | 定性指标，调查居民对于项目建设所带来效益的满意程度 |
| | 造林成活率 | 定量 | 造林次年，单位面积苗木成活株数占造林株数的百分比 |
| | 造林保存率 | 定量 | 造林三年后，单位面积保存株数占造林株数的百分比 |
| | 城市水质达标率 | 定量 | 显示辖区内水质情况，间接体现利用森林资源涵养水源的效果 |
| | 空气污染指数（AQI）≤100 天数占全年比率 | 定量 | 反映辖区内空气质量，间接体现利用森林资源净化空气的效果 |
| | 年平均二氧化硫浓度 | 定量 | |
| | 年平均二氧化氮浓度 | 定量 | |
| | 生物多样性 | 定性 | 定性指标，调查利用森林资源维护生物多样性的效果 |

**6.2.2.2.5 森林资源资产相关资金管理和使用评价指标**

森林资源环境审计依然要将资金审计作为一大重点，利用相关指标评价资金的管理使用情况。本书设置了"资金筹集率"二级指标，反映责任主体资金筹措方面的能力；设置了"资金预算管理率"，反映责任主体对于筹措资金的预算安排程度，此指标是正向指标，可用来评价责任主体对

于资金安排的重视程度和执行力。此外，设置了"资金使用合规率"，指标数值越高，代表合规性越好；设置了"资金使用真实率"，评价资金使用的真实性。本书构建的森林资源资产相关资金管理和使用评价指标如表6-17所示。

表6-17  森林资源资产相关资金管理和使用评价指标

| 一级指标 | 二级指标 | 单位 | 指标说明 |
| --- | --- | --- | --- |
| 森林资源资产相关资金管理和使用 | 资金筹集率 | 定量 | 资金实际筹集金额/资金应筹集金额 |
| | 资金预算管理率 | 定量 | 资金纳入预算管理金额/资金实际筹集数 |
| | 资金使用合规率 | 定量 | 1-（违规金额/项目审批总额） |
| | 资金使用真实率 | 定量 | 合规使用资金金额/当年资金预算规划数 |

综上，本书构建的森林资源环境责任审计评价指标如表6-18所示：

表6-18  森林资源环境责任审计评价指标

| 一级指标 | 二级指标 | 性质 | 指标说明 |
| --- | --- | --- | --- |
| 森林资源资产开发 | 森林资源开发率 | 定量 | 已开发森林资源资产面积/辖区内森林资源资产总面积 |
| | 生态林开发率 | 定量 | 生态林面积/辖区内森林资源资产总面积 |
| | 商品林开发率 | 定量 | 商品林面积/辖区内森林资源资产总面积 |
| | 森林资源违规开发率 | 定量 | 违规开发森林面积/辖区内森林资源资产总面积 |
| | 林业产值贡献率 | 定量 | 辖区内森林资源产值/辖区内GDP总值 |
| | 林业就业贡献率 | 定量 | 当年林业就业人数/当年辖区内就业人数 |
| | 辖区内居民对森林资源开发情况满意度 | 定性 | 辖区内居民对森林资源开发情况的调查满意程度 |
| 森林资源资产政策制定及执行 | 森林防火灾政策 | 定性 | 定性指标，检查是否制定了相关政策，政策制定是否经过充分论证和集体研究、民主决策，相关政策是否具有可行性和有效性，政策是否对执行程序作出明确规定 |
| | 森林防治有害生物政策 | 定性 | |
| | 森林投保政策 | 定性 | |
| | 造林政策 | 定性 | |
| | 人才培养政策 | 定性 | |
| | 相关法律法规政策 | 定性 | |

续表

| 一级指标 | 二级指标 | 性质 | 指标说明 |
|---|---|---|---|
| 森林资源资产政策制定及执行 | 森林防火灾率 | 定量 | 森林防火灾面积/辖区内森林资源资产总面积 |
| | 森林有害生物防治率 | 定量 | 森林无公害防治面积/辖区内森林资源资产总面积 |
| | 森林投保率 | 定量 | 森林投保面积/辖区内森林资源资产总面积 |
| | 造林任务完成度 | 定量 | 已完成造林任务/计划造林总任务量 |
| | 人才培养建设情况 | 定性 | |
| | 领导重视程度 | 定性 | |
| 森林资源资产利用 | 森林面积增长率 | 定量 | 当年森林增长面积/上一年辖区内森林资源资产总面积 |
| | 人均森林储积量增长率 | 定量 | 本年人均森林储积量增长/上一年人均森林储积量 |
| | 生态林面积增长率 | 定量 | 当年生态林增长面积/上一年生态林面积 |
| | 商品林面积增长率 | 定量 | 当年商品林增长面积/上一年生态林面积 |
| | 超计划林木采伐量 | 定量 | 当年实际林木采伐量-当年计划采伐量 |
| | 违法违规林木采伐量 | 定量 | 辖区内因不合法、不合规查获的林木数量 |
| | 森林虫害发生率 | 定量 | 森林发生虫害面积/辖区内森林资源资产总面积 |
| | 森林火灾发生率 | 定量 | 森林发生火灾面积/辖区内森林资源资产总面积 |
| | 有害生物成灾率 | 定量 | 森林有害生物成灾面积/辖区内森林资源资产总面积 |
| 森林资源资产和环境保护项目投资建设 | 森林资源资金拨付到位率 | 定量 | 当年实际投入金额/当年计划投入金额 |
| | 项目建设完成率 | 定量 | 项目建设已完成任务量/项目建设计划任务量 |
| | 项目建设合规合法性 | 定性 | 定性指标，检查项目建设是否符合相关法律法规 |
| | 项目产值贡献率 | 定性 | 所建设项目的产值/当年辖区内GDP总值 |

续表

| 一级指标 | 二级指标 | 性质 | 指标说明 |
| --- | --- | --- | --- |
| 森林资源资产和环境保护项目投资建设 | 居民对于项目建设的满意度 | 定性 | 定性指标，调查居民对于项目建设所带来效益的满意程度 |
| | 造林成活率 | 定量 | 造林次年，单位面积苗木成活株数占造林株数的百分比 |
| | 造林保存率 | 定量 | 造林三年后，单位面积保存株数占造林株数的百分比 |
| | 城市水质达标率 | 定量 | 显示辖区内水质情况，间接体现利用森林资源涵养水源的效果 |
| | 空气污染指数（AQI）≤100天数占全年比率 | 定量 | 反映辖区内空气质量，间接体现利用森林资源净化空气的效果 |
| | 年平均二氧化硫浓度 | 定量 | |
| | 年平均二氧化氮浓度 | 定量 | |
| | 生物多样性 | 定性 | |
| 森林资源资产相关资金管理和使用 | 资金筹集率 | 定量 | 资金实际筹集金额/资金应筹集金额 |
| | 资金预算管理率 | 定量 | 资金纳入预算管理金额/资金实际筹集数 |
| | 资金使用合规率 | 定量 | 1－（违规金额/项目审批总额） |
| | 资金使用真实率 | 定量 | 合规使用资金金额/当年资金预算规划数 |

## 6.2.3　森林资源环境责任审计案例——山东青岛崂山区林长制下领导干部责任审计

### 6.2.3.1　案例背景及其审计内容

#### 6.2.3.1.1　审计背景

2021年1月，中共中央办公厅、国务院办公厅印发了《关于全面推行林长制的意见》，要求各省、市、地区以及各部门结合当地实际情况认真贯彻落实。文件指出森林和草原是重要的自然生态系统，对于维护国家生态安全、推进生态文明建设具有基础性、战略性作用。在全国全面推行林长制，明确地方党政领导干部保护发展森林草原资源的目标责任。在党政领导中设置各省市各级林长，协同林业和草原等政府部门，建立林长制推行组织体系，强化地方党委政府对林草的主体责任。将工作重点放在森

林、草原资源的生态保护、生态修复、灾害防控、检测监管、领域改革以及基层基础建设上。

2017年，安徽省和江西省作为改革示范区率先试点开展林长制改革，建立以党政领导负责制为核心的森林资源责任体系。截至2021年，安徽、山西、山东、新疆等12个省、地区、直辖市已全面建立各级林长体系，并发布林长会议、部门协作、信息公开、工作督查等各项制度，因地制宜地保护森林资源。与此同时，按照党中央要求，强化监督考核，通过责任审计对党政领导责任落实、履职情况进行考核评价，对于领导干部损害资源环境终身追责。

自2017年，山东省深入推进"绿满齐鲁·美丽山东"国土绿化行动，2018年全年完成人工造林190万亩，森林抚育227万亩的任务。2019年，山东省积极响应国家政策号召，全面推行林长制，建立健全党政领导干部责任制，以森林草原等自然资源的生态保护、合理利用和监督管理作为主要任务目标，建立省、市、县、乡、村五级林长制体系。2021年，山东研究开发建设林长制信息系统，直接展现各级林长责任范围内的森林资源情况，为其履职情况提供数据来源，以便审计和监督。

#### 6.2.3.1.2 审计目标

基于《关于全面推行林长制的意见》，下面以山东省青岛市崂山区推行林长制情况为例，反映审计党政领导干部担任各级林长职责范围之内的政策落实情况和责任履职情况。其中，重点审查、评价相关领导干部任期内对森林资源的保护、治理及资金管理使用和项目建设运行情况，从而对森林资源资产审计提供可参考的审计方法，对自然资源领导干部责任审计提供需考虑的审计方向，提升自然资源资产审计实效，帮助领导干部更好履行自然资源资产管理责任和生态环境保护责任，推进我国生态文明建设。

### 6.2.3.2 审计实施过程及结果

#### 6.2.3.2.1 审计流程

（1）了解林长制体系构建，明确党政领导干部责任。2019年山东省建立五级林长制体系，由省委书记、省长担任总林长，省委副书记、副省长任副总林长，在重要生态区崂山设立省级林长，由总林长和副总林长兼任，所涉市、县（区）、乡（镇、街道）、村的部门领导分别担任相应级别林长。同时各级责任单位设立林长制专项部门和联络员职位，建立部门

协作机制，定期召开工作会议，了解政策落实情况。省级领导干部即总林长负责全省森林资源工作开展，明确发展目标，统筹规划并定期监督各级林长工作。崂山区所属市、区级林长负责以下工作：第一，保护森林资源，防火防害；第二，严格管制林地用途，依法打击破坏森林资源的违法犯罪行为；第三，扩大林业面积，精准提升森林资源质量。为此，崂山区审计局审查了林长制的体系构建，确认其已建立各级领导干部的目标责任制，并根据林长制工作会议报告，确认其定期实质性开展年度检查考核，并获得了崂山区执行任务情况的审计信息。

（2）运用科学审计方法，精准定位审计方向。崂山区审计局在对林长制推行的领导干部责任进行审计时，结合森林资源资产的特性，采取科学的审计方法，以获得真实可靠的审计证据。即运用地理信息技术和大数据审计，创新审计方法，精准找到审计切入点，提高审计工作效率。例如利用全球定位系统精准把握森林资源资产的范围，明确领导干部在职期间的森林资源空间上的发展变化趋势；引用遥感技术，获得审计年度直观的林地遥感影像，充分了解资源分布状况和质量状态，关注资源保护责任；在大数据审计下，运用地理信息系统软件 ArcGIS，整合数据信息，梳理数据关系，进行数据对比，实现大数据分析与审计过程同步。对于审计过程中发现的问题疑点或者非常规变化，实时定位并现场实地测量取证，锁定重点审计方向。

#### 6.2.3.2.2 审计结果及所发现问题

##### 6.2.3.2.2.1 森林资源资产的总体状况及变动情况。

据崂山政务公告数据，2018 年崂山区森林面积 2.4 万公顷，森林覆盖率达 52.58%，居青岛市第一。2021 年现有森林面积 36 万亩，森林覆盖率 52.92%。总体来说，自全面推行林长制以来，崂山区森林面积基本保持不变，森林覆盖率有一定比例增长。对此进行分析，主要是因为崂山区森林资源占地面积已相对较高，现有造林空间不足；自然或人为原因导致森林火灾，过火迹地恢复工作具有一定难度；可将工作重点从传统的植树造林向森林提质增效转变，即从量的积累向质的提升转变，有计划地开展提升森林资源质量的工作。在对森林资源资产进行审计时，崂山区审计局为审查森林资源状况，着重检查了崂山区人民政府和林业局的公报及工作总结报告，以确定林地面积、森林覆盖率和森林蓄积量等指标是否纳入各级部门的目标考核。借助遥感技术关注资源质量，深入一线对问题区域进行实

地摸排、现场核实，以获得真实、可靠的审计证据。

#### 6.2.3.2.2.2 林长制的政策执行和履责情况

审查领导干部在林长制推行方面的政策执行和责任履职，主要关注的是与林长制相关的制度建设和实际执行情况。

制度建设方面，为促进领导干部更好地履行林长制推行、自然资源资产和环境保护责任，2019年，崂山区审计局依据相关法律法规、结合本区资源资产实际情况和以往年度审计经验，出台了《自然资源资产和生态环境保护审计指南》，其中提出了森林资源资产审计应关注的具体问题，如法规政策执行情况、重大决策情况、保护修复情况和相关部门履责情况等，以及相应可参考的审计方法。

实际执行方面，结合崂山区人民政府的政府公报、崂山区审计局的工作信息和审计结果公布、林长制工作会议记录等，审计局认为崂山区相关领导干部对于林长制推行能够做到贯彻落实、履行责任。首先，已建立起完善的林长制组织体系，崂山区所在区级林长对区域内的森林资源保护发展负责，始终保持林长队伍的动态稳定；林长制责任单位，地方林业局和政府部门等共同协作，发展横向合力。其次，正在进一步完善林长制工作机制，即严格执行林长制会议、绩效评价、信息管理、巡查督办、投入保障、护林员和防灭火巡查员建设等六项制度。最后，工作执行重点放在森林资源资产的保护，防火防害上，对盗伐、滥伐森林或者其他林木进行严格处罚，对自然或者人为原因导致的森林火灾实施相应应急预案，对森林病虫害进行严格监督和治理。

#### 6.2.3.2.2.3 森林资源资产的开发利用情况

为审查崂山区林地开发和占用是否符合《国家森林法实施条例》《山东省森林资源条例》《建设项目使用林地审核审批管理办法》等文件规定，是否存在违法违规情况，审计局在审计时，检查了年度范围内崂山区所有林地开发和占用项目的文件档案，包括林地占用的申请材料、受理条件、相关批准文件、办理流程、收费依据等信息作为审计证据，判断其是否合法合规。例如2021年一项森林经营单位修筑直接为林业生产服务的工程设施占用林地审批，根据审计，符合林业发展规划和国家产业政策的相关要求，检查了申请文件等材料，以及审批过程的合法性。通过实地查看，确认了该项林地占用的真实性。

#### 6.2.3.2.2.4 林长制推行相关的重大项目建设情况

审计局在项目建设审计中，着重关注了林长制信息综合管理系统建设，该系统根据山东省林长制体系结构和工作需求而建设，包括林长制综合管理平台、林长"一张图"以及林长制专题公众服务等内容。林长制综合管理平台主要汇集了各级林长的工作情况，为审计局提供领导干部的任务落实和绩效考核的数据信息。林长"一张图"是山东省作为试点响应国家统筹山水林田湖统一管理、统一检测的重要举措，是国土三调成果与林业一张图充分融合而形成的森林资源管理"一张图"，可宏观掌握各级林长责任区范围内的森林资源资产状况，辅助领导干部责任审计，获取充分的审计证据。林长制专题公众服务提供了公众参与平台，以了解林业动态和林长制推行过程，引导公众关注森林资源动态，并接受公众监督。

#### 6.2.3.2.3 审计结果运用

根据以上审计结果，审计局定期颁布崂山区在林长制推行下的责任审计结果公告，从中总结审计过程、采用的审计方法以及审计结果。其主要围绕崂山区森林资源占地面积、森林覆盖率变化等，结合崂山区实际情况，着重审计森林资源资产的总体状况、政策落实和责任履行情况、相关重大项目建设运行等情况。对于林长制专题审计过程中发现的问题，比如审计街道办事处在火烧迹地恢复工作开展上，查出其工作落实的短板和问题，并提出相应合理化建议。以此评价林长制推行下领导干部履行森林资源资产管理和保护责任状况，是否履行所在责任范围内的工作任务，以实现绿水青山目标，推动生态文明建设。

### 6.2.3.3 案例启示

在全国大范围推行林长制的背景下，本案例对山东青岛崂山的森林资源资产进行林长责任审计，从而对森林资源资产责任审计提供可借鉴的审计经验。

#### 6.2.3.3.1 责任认定方面

要明确该项审计针对的森林资源具体的负责部门和领导干部，一对一找准责任方，进而审计其是否切实肩负了森林资源管理的属地责任。同时，强调对审计结果的运用，以此作为领导干部提拔晋升、评优评先、离任审计的重要依据。

#### 6.2.3.3.2 责任体系方面

要建立完善的审计工作机制。为压实领导干部对自然资源的责任，相

关部门往往会设立组织体系，如林长制的层级体系涉及地方政府部门、林业部门等。对此，审计组也要设立对应的工作机制，审计局、环境主管部门、内部督察组等职责分工、各司其职，互相协调配合。

#### 6.2.3.3.3 审计方法方面

要综合考虑所在区域和森林资源资产的特点，选取适当的审计方法。在对森林资源资产进行审计时，首先要关注相关政策和决策部署。可以通过阅读政府部门的政务公告、工作计划和制度背景，审查领导干部是否按照政策规定对自然进行了管理和保护。其次要关注森林资源的特性，将森林占地面积、森林覆盖率、森林质量状态作为审计重点，再充分利用地理信息技术、大数据审计等科学审计方法，如巧妙运用遥感影像等信息，获得资源资产实时数据，并根据信息系统分析其变化情况。

#### 6.2.3.3.4 审计内容方面

针对森林资源资产确定审计内容和方向。对于责任审计：第一，要审查森林资源目标责任制是否建立以及执行情况如何，即了解责任体系，审计中着重防止形式主义。第二，对于森林资源资产的状况进行审计，要关注森林覆盖率、森林质量状况、防虫害措施是否落实到位等；审查资源生态保护区、重大项目建设情况，程序是否合法合规；森林资源开发利用是否受到严格限制；林业专项资金是否按规定使用并受到监督；森林防火和植树造林的目标任务完成情况，等等。

#### 6.2.3.3.5 责任问责方面

根据审计结果评价领导干部的履责情况。对于审计得到的森林资源资产在领导干部任职期间的总体变化情况，分析其具体原因，找到问题关键。比如自然资源受到损害，经过审计无违法违纪行为，而是由于相应计划措施欠缺、工作程序不严谨，属于责任落实不到位，要对其严肃追责问责，进行相应的组织调整。而对于情节比较严重的、对自然资源或者生态环境造成严重影响的或者存在专项资金套取骗取、虚假支出现象，要移交纪检、司法机关进行查处，对领导干部终身追责。

## [本章小结]

森林资源是自然资源的重要组成。广义的森林资源除了林地和林木以

外还包括在森林里栖息的动物、植物、微生物及景观等生态环境。本书的核算对象仅限于狭义的森林资源环境范畴——林地、林木及其功效。森林资源具有生命周期长、分布范围广、再生能力强、环境影响大的自然属性，以及涵养水源、防风固沙、保持水土、调节气候、固碳释氧、净化空气、保护生物多样性等生态价值。同时，它还具有有益人类身心健康、改善人类生存环境等社会属性，提供人类生活生产资料、休闲游憩、养生锻炼等社会经济价值。

我国森林资源较为贫乏，"总量不足、人均占有少、分布不均、质量不高、增长缓慢"。对此，习近平总书记提出了"绿水青山就是金山银山"的发展理念。"节约优先、保护优先、自然恢复为主"成为我国森林资源管理的根本目标和要求。

本章根据《中华人民共和国森林法》和相关国家标准，从社会属性的角度对森林资源资产进行分类并设置核算科目和账户。根据"资产=权属"的二维分类平衡原理，从权属责任角度对森林资源负债权益进行分类，并设置核算科目和账户。按照复式记账方法，以某区域的政府主管机构为报表编制主体，预想了覆盖八种变化类型的18项涉林事项，利用会计核算原理设计森林资源环境资产负债核算的账户系统和报表系统，并进行模拟核算，最终编制出该区域的《森林资源环境资产负债表》及其分表《森林资源环境资产变动表》和《森林资源环境负债与权益变动表》。在此基础上，根据森林资源资产负债核算系统提供的核算数据，从报表层面、报表数据核实层面、森林资源环境责任三个方面进行两个系统对接的审计演示。

我国森林资源环境审计的主要内容是森林资源法律及政策保障体系建设情况、森林资源的培育情况、森林资源的监管情况及其效益、森林资源的利用情况、森林资源保护情况和森林资源专项资金使用情况。通过审计揭示的主要问题包括专项资金的拨付、管理和使用不规范，降低森林工业企业负担的政策落实不到位，森林资源的保护和利用存在缺陷。针对森林资源环境审计的现状和问题，本书构建了五项一级指标以及44项二级指标的森林资源环境责任审计评价指标体系。

最后对山东省青岛市崂山区实行林长制的审计案例进行了分析。

# 7 土地资源环境核算与审计

# 7.1 土地资源环境资产负债核算

## 7.1.1 土地资源环境特点及管理要求

大地承载万物，因此，土地是人类生存发展所必不可少的自然资源。土地资源环境资产（简称土地资产）对于人类来说有两个基本作用：一是直接或间接为人类提供生存发展所需要的产出物，如各种食品、药材和畜牧产品等各种生物资源；二是为人类提供居住与活动的空间。土地在经济社会发展进程中的重要作用，早已为人类所认识。远古时代，囿于人类自身的认知限制，把大自然归为天和地，面对天地的变化，发出"天行健，君子以自强不息。地势坤，君子以厚德载物"的箴言，劝人顺其自然，顺势而为。① 这里的"地"泛指大地，相当于地球岩石圈的地表层。西方经济学家威廉·配第讲：土地是财富之母，劳动是财富之父；亚当·斯密讲：土地、资本和劳动是创造财富的三要素；马克思认为土地是生产资料的重要构成，地主依据土地所有权而获得剩余价值。② 他们所指的土地，正是狭义的土地资产。

本书的观点是，我国的土地资源，只要具备了生态价值、文化价值和经济价值的三重属性或其中的某一种属性，均可成为土地资源环境资产，即土地资产。例如，即便是人类至今也未能攀登成功的梅里雪山，因其地理位置和特征而承载了丰富的生态价值要素和文化价值要素，理所当然地属于土地资源资产。以此逻辑，我国所有的土地几乎都可以纳入土地资源资产范围，但纳入土地资源资产范畴的土地资源却未必可以纳入核算范围。能否将其纳入核算范围，取决于核算主体的管理权限、管理需求和管理能力。

---

① 周易 [M]. 杨天才，张善文，译注. 北京：中华书局，2011：8-29.
② 威廉·配第. 赋税论 [M]. 邱霞，原磊，译. 北京：华夏出版社，2006：91.
亚当·斯密. 国富论 [M]. 唐日松，等译. 北京：华夏出版社，2005：173，188.
马克思. 资本论（第三卷）[M]. 中共中央编译局，译. 北京：人民出版社，2004：698，732，822，854.

#### 7.1.1.1 土地资源环境资产的特性

具有生态价值、文化价值和经济价值是自然资源资产的共同属性。具体到土地资源资产，其具有下述特性：

##### 7.1.1.1.1 空间位置的固定性

土地资源的空间位置通常是固定的。虽然由于自然力的作用，土地面积会发生增减变化，如江河出海口由于泥沙沉积而陆地面积不断扩大，但是位置却具有相对的固定性。土地面积也同样。

##### 7.1.1.1.2 土地构成的差异性

位于不同地段或空间位置的土地，其形状、厚薄、成分、物理化学性质等都存在差异。这种差异正是土地提供产出物的质量和数量差异之源。

##### 7.1.1.1.3 土地资源的稀缺性

土地空间位置的固定性与具体形态的差异性，使得特定空间位置与形态的土地是有限的，形成了特定土地资源的稀缺性。人们越是关注与重视的地段就越是稀缺，稀缺的程度与人类对其利用的强度与密度成正比。

##### 7.1.1.1.4 土地用途的相容性与互斥性

同一分类标准下，不同类别的土地之间具有互斥性，否则其统分平衡的数量关系就建立不起来。例如，我国将陆地资源分为农用地、建设用地和未利用地三类，三者面积之和就是陆地资源总面积。某一块土地，一旦被分类确定为农用地，就不可能同时成为建设用地或未利用地。也就是说，同一分类标准下，土地用途具有互斥性。但是，这并不意味着土地的具体用途没有相容性。

##### 7.1.1.1.5 土地改善的困难性

首先，对地形地貌的改变尤其是较大范围内和较大程度的改变是比较困难的。尽管人类工程技术手段在不断进步，在一定范围内可以移山填海，但是付出的代价十分高昂。其次，土质的改善困难。土地污染尤其是深度污染一旦形成，其对水质、作物甚至人类健康的不利影响就会长期存在，其治理的代价和难度要大于水资源和空气环境的治理。

#### 7.1.1.2 土地资源环境资产分类

##### 7.1.1.2.1 国际分类

SNA 未对土地资源资产作进一步分类。作为 SNA2008 卫星账户系统的 SEEA2012 则将土地资源分为土地和土壤，其中从用途和覆盖两个角度对土

地进行了分类。从用途视角，土地分为陆地和内陆水域，陆地的下一层次分类包括：农业用地、林业用地、水产养殖用地、建筑用地和相关区域、维护和恢复环境功能用地、别处未作分类的其他用途土地、未使用的土地。内陆水域的下一层次分类包括：用作水产养殖或者容留设施的内陆水域、用于维护和恢复环境功能的内陆水域、别处未作分类的其他用途内陆水域以及未加使用的内陆水域。从覆盖物视角，土地分为14类：人工地表（包括城市和相关区域）、草本作物、木本作物、多种或分层作物、草地、树木覆被区、红树林、灌木覆被区、水生或定期淹没的灌木和/或草本植被、天然植被稀少的区域、陆地荒原、永久积雪和冰川、内陆水体、近岸水体和潮间带。土壤则没有具体的分类，按照SEEA的说法：对不同类型土壤的界定，参照它们的成分和属性。土壤成分反映土壤的生物地球化学构成——土壤中含有矿物质、液体、气体和有机物质。土壤属性反映土壤的物理、化学和生物特征，例如孔隙度、质地、pH值和微生物生物量，可以使用土壤成分和属性不同组合的信息，界定各种土壤类型。

#### 7.1.1.2.2 国内分类

第一种分类，根据国家土地规划用途分类，分为农用地、建设用地、未利用地三大类。农用地是指直接用于农业生产的土地，包括耕地、林地、草地、农田水利用地、养殖水面等；建设用地是指建造建筑物、构筑物的土地，包括城乡住宅和公共设施用地、工矿用地、交通水利设施用地、旅游用地、军事设施用地等；未利用地是指农用地和建设用地以外的土地。[①]

第二种分类，根据土地利用状态（即国家标准）分类，分为耕地、园地、林地、草地、商服用地、工矿仓储用地、住宅用地、公共管理与公共服务用地、特殊用地、交通运输用地、水域及水利设施用地、其他用地等12个一级类、72个二级类[②]。

第三种分类，根据土地的权属关系分类，分为全民所有和集体所有两大类。其中：矿藏、水流、森林、山岭、草原、荒地、滩涂等自然资源，都属于国家所有，即全民所有；由法律规定属于集体所有的森林和山岭、草原、荒地、滩涂除外。农村和城市郊区的土地,除由法律规定属于国家

---

① 全国人大：《中华人民共和国土地管理法》，2004年。
② 国土资源部等：《土地利用现状分类》（GB/T21010—2017）。

所有的以外，属于集体所有；宅基地和自留地、自留山，也属于集体所有。①

第四种分类，复合型分类，即根据土地的特定权属关系、利用现状和管理要求进行的分类。例如，在《全民所有自然资源清查技术指南（试行稿）》中，就在全民所有和12类利用现状的基础上，加上"湿地"项并对"储备土地"作出定义。其"湿地"含义是狭义的，不包含自然湖泊水面。具体内容是"红树林地、森林沼泽、灌丛沼泽、沼泽草地、沿海滩涂、内陆滩涂、沼泽地"。储备土地的定义是：指产权清晰的政府储备土地，即政府已取得完整产权的土地，尚未设立使用权或使用权已经灭失、以国家所有权形态存在的国有土地资产，包括依法收回的国有土地、收购的土地、行使优先购买权购得的土地、已办理农用地转用征收批准手续并完成征收的土地、其他依法取得的土地。全口径统计涵盖范围包括基层政府管理、土地储备机构以及各类开发区、园区管委会和国有平台公司代政府管理的已征未供土地。储备土地必须是产权清晰的土地。产权清晰，即依法取得征转或收回的批准文件且完成全部征转或收回程序，补偿到位，原权利人正式移交产权给政府。

### 7.1.1.3 对土地资源环境资产的管理要求

根据宪法，我国的土地资产分为全民所有和农村集体所有两部分。

全民所有的土地资产，由政府不同的专业部门分管。例如：地表水域归水利部监管，林地、湿地、草地归林草局监管，农用地归农业农村部监管，土地污染防治归生态环境部监管，其他的土地资源归自然资源部监管，对土地资源环境责任的监督审计由审计署负责，等等。对全民所有的土地的具体开发和利用，最后落实到各个企事业单位。

农村集体所有的土地资产，目前实行所有权、承包权、经营权"三权"分置，即村集体行使土地所有权，各户农民行使土地承包权和经营权，专业种植户或专业公司行使从农户流转过来土地的经营权。

自然资源部的职能是：统一行使全民所有自然资源资产所有者职责，统一行使所有国土空间用途管制和生态保护修复职责，着力解决自然资源所有者不到位、空间规划重叠等问题。对自然资源开发利用和保护进行监

---

① 全国人大：《中华人民共和国宪法》，2018年。

管，建立空间规划体系并监督实施，履行全民所有各类自然资源资产所有者职责，统一调查和确权登记，建立自然资源有偿使用制度，负责测绘和地质勘查行业管理等。[①] 所以，从宏观层面看，构建以空间规划为基础、以用途管制为主要手段的国土空间开发保护制度，着力解决因无序开发、过度开发、分散开发导致的优质耕地和生态空间占用过多、生态破坏、环境污染等问题[②]，就成为对我国土地资源环境资产的总体管理要求。

## 7.1.2 土地资源环境资产负债核算要素分类分级与科目设置

土地资源资产负债核算涉及的核算要素主要有土地资源环境资产（简称土地资产）、土地资源环境负债（简称土地负债）和土地资源环境权益（简称土地权益）三种。对每一种核算要素，都可以进行分类。分类有两种类型，一种是单一标准分类，如根据用途对土地资源资产分类；另一种是复合标准分类，就是将两种单一标准分类的结果互相嵌入。

#### 7.1.2.1 土地资产

##### 7.1.2.1.1 土地资产核算范围

人类居住的地球表面由海洋和陆地组成。前者是海洋资源，后者是土地资源。土地资产是具有经济价值、生态价值和文化价值的土地资源。其中，具有现实经济价值的土地资源，是纳入国民经济核算系统和企事业单位会计核算系统的土地资产，应分别在国家资产负债表和企事业单位资产负债表里列示。而具有三重价值的土地资产，则纳入土地资源环境资产负债表中列示（见表7-1）。

表7-1 不同核算系统的土地资源资产范围

| | | 具有的价值 | 核算系统 |
|---|---|---|---|
| 土地资源 | 土地资产 | 现实经济价值（含已转化的生态价值和文化价值） | 国民经济核算和企事业单位会计核算 |
| | | 潜在经济价值<br>未转化的生态价值<br>未转化的文化价值 | 土地资源环境资产负债核算 |
| | 未纳入土地资源环境资产范围的土地资源 | | |

---

① 中共中央：《深化党和国家机构改革方案》，2018年2月28日。
② 中共中央、国务院：《生态文明体制改革总体方案》，2015年9月21日。

即便是纳入以政府自然资源管理部门为核算主体的土地资产，也可以根据全面性原则和重要性原则，将其划分成不同的圈层，出具不同圈层的核算报表。基于全面性原则，可将全部土地资产纳入核算范围，形成面上核算系统，编制相应的核算报表。例如，在土地资源环境资产核算模式下，可以设置账户核算土地资产，编制土地资产变动表。基于重要性原则，可将部分土地资产纳入核算范围，形成专项核算系统，编制专项土地资产变动表。例如，全民所有土地资产变动表、政府储备土地资产变动表、农用地资产变动表、建设用地资产变动表等。

#### 7.1.2.1.2 纳入核算系统的土地资源资产分类（全部）

本书根据土地资源资产的用途现状进行分类（见表7-2）并以此设置核算账户。

表7-2 我国土地利用现状分类

| 一级分类 | 二级分类 | 土地资源资产核算科目适用范围 |
| --- | --- | --- |
| 耕地资产 | 水田 | 指用于种植水稻、莲藕等水生农作物的耕地。包括实行水生、旱生农作物轮种的耕地 |
| | 水浇地 | 指有水源保证和灌溉设施，在一般年景能正常灌溉，种植旱生农作物的耕地。包括种植蔬菜等的非工厂化的大棚用地 |
| | 旱地 | 指无灌溉设施，主要靠天然降水种植旱生农作物的耕地，包括没有灌溉设施，仅靠引洪淤灌的耕地 |
| 园地资产 | 果园 | 指种植果树的园地 |
| | 茶园 | 指种植茶树的园地 |
| | 橡胶园 | 指种植橡胶树的园地 |
| | 其他园地 | 指种植桑树、橡胶、可可、咖啡、油棕、胡椒、药材等其他多年生作物的园地 |
| 林地资产 | 乔木林地 | 指乔木郁闭度≥0.2的林地，不包括森林沼泽 |
| | 竹林地 | 指生长竹类植物，郁闭度≥0.2的林地 |
| | 红树林地 | 指沿海生长红树植物的林地 |
| | 森林沼泽 | 指生长竹类植物，郁闭度≥0.2的林地 |
| | 灌木沼泽 | 以灌丛植物为优势群落的淡水沼泽 |
| | 其他林地 | 包括疏林地（指树木郁闭度≥0.1、<0.2的林地）、未成林地、迹地、苗圃等林地 |

续表

| 一级分类 | 二级分类 | 土地资源资产核算科目适用范围 |
|---|---|---|
| 草地资产 | 天然牧草地 | 指以天然草本植物为主，用于放牧或割草的草地 |
| | 沼泽草地 | 指以天然草本植物为主的沼泽化的低地草甸、高寒草甸 |
| | 人工牧草地 | 指人工种植牧草的草地 |
| | 其他草地 | 指树木郁闭度<0.1，表层为土质，不用于放牧的草地 |
| 商服用地资产 | 零售商业用地 | 以零售功能为主的商铺、商场、超市、市场和加油、加气、充换电站等的用地 |
| | 批发市场用地 | 以批发功能为主的市场用地 |
| | 餐饮用地 | 饭店、餐厅、酒吧等用地 |
| | 旅馆用地 | 宾馆、旅馆、招待所、服务型公寓、度假村等用地 |
| | 商务金融用地 | 指商务服务用地，以及经营性的办公场所用地。包括写字楼、商业性办公场所、金融活动场所和企业厂区外独立的办公场所；信息网络服务、信息技术服务、电子商务服务、广告传媒等用地 |
| | 娱乐用地 | 指剧院、音乐厅、电影院、歌舞厅、网吧、影视城、仿古城以及绿地率小于65%的大型游乐设施用地 |
| | 其他商服用地 | 指零售商业、批发市场、餐饮、旅馆、商务金融、娱乐用地以外的其他商业服务业用地。包括洗车场，洗染店，照相馆，理发美容店，洗浴场所，赛马场，高尔夫球场，废旧物资回收站，机动车、电子产品和日用产品修理网点，物流营业网点，以及居住小区及小区级以下的配套的服务设施等用地 |
| 工矿仓储用地资产 | 工业用地 | 指工业生产、产品加工制造、机械和设备修理及直接为工业生产等服务的附属设施用地 |
| | 采矿用地 | 指采矿、采石、采砂（沙）场，砖瓦窑等地面生产用地，排土（石）及尾矿堆放地 |
| | 盐田 | 指用于生产盐的土地，包括晒盐场所、盐池及附属设施用地 |
| | 仓储用地 | 指用于物资储备、中转的场所用地，包括物流仓储设施、配送中心、转运中心等 |
| 住宅用地资产 | 城镇住宅用地 | 指城镇用于生活居住的各类房屋用地及其附属设施用地。不含配套的商业服务设施等用地 |
| | 农村宅基地 | 指农村用于生活居住的宅基地 |

续表

| 一级分类 | 二级分类 | 土地资源资产核算科目适用范围 |
|---|---|---|
| 公共管理与公共服务用地资产 | 机关团体用地 | 指用于党政机关、社会团体、群众自治组织等的用地。 |
| | 新闻出版用地 | 指用于广播电台、电视台、电影厂、报社、杂志社、通讯社、出版社等的用地 |
| | 教育用地 | 指用于各类教育用地,包括高等院校、中等专业学校、中学、小学、幼儿园及其附属设施用地。聋、哑、盲人学校及工读学校用地,以及为学校配建的独立地段的学生生活用地 |
| | 科研用地 | 指独立的科研、勘察、研发、设计、检验检测、技术推广、环境评估与检测、科普等科研事业单位及其附属基础设施用地 |
| | 医疗卫生用地 | 指医疗、保健、卫生、防疫、康复和急救设施用地。包括综合医院、专科医院、社区卫生服务中心等用地;卫生防疫站、专科防治所、检验中心和动物检疫站等用地;对环境有特殊要求的传染病、精神病等专科医院用地;急救中心、血库等用地 |
| | 社会福利用地 | 指为社会提供福利和慈善服务的设施及其附属设施用地。包括福利院、养老院、孤儿院等用地 |
| | 文化设施用地 | 指图书馆、展览馆等公共文化活动设施用地。包括公共图书馆、博物馆、档案馆、科技馆、纪念馆、美术馆和展览馆等设施用地;综合文化活动中心、文化馆、青少年宫、儿童活动中心、老年活动中心等设施用地 |
| | 体育用地 | 指体育场馆和体育训练基地等用地,包括室内外体育运动用地,如体育场馆、游泳场馆、各类球场及其附属的业余体校等用地,溜冰场、跳伞场、摩托车场、射击场及水上运动的陆域部分等用地,以及为体育运动专设的训练基地用地,不包括学校等机构专用的体育设施用地 |
| | 公共设施用地 | 指用于城乡基础设施的用地。包括给供水、排水、污水处理、供电、供热、供气、邮政、电信、消防、环卫、公用设施维修等用地 |
| | 公园与绿地 | 指城镇、村庄内部的公园、动物园、植物园、街心花园、广场和用于休憩、美化环境及防护的绿化用地 |

续表

| 一级分类 | 二级分类 | 土地资源资产核算科目适用范围 |
| --- | --- | --- |
| 特殊用地资产 | 军事设施用地 | 指直接用于军事目的的设施用地 |
|  | 使领馆用地 | 指用于外国政府及国际组织驻华使领馆、办事处等的用地 |
|  | 监教场所用地 | 指用于监狱、看守所、劳改场、戒毒所等的建筑用地 |
|  | 宗教用地 | 指专门用于宗教活动的庙宇、寺院、道观、教堂等宗教自用地 |
|  | 殡葬用地 | 指陵园、墓地、殡葬场所用地 |
|  | 风景名胜设施用地 | 指风景名胜景点（包括名胜古迹、旅游景点、革命遗址、自然保护区、森林公园、地质公园、湿地公园等）的管理机构，以及旅游服务设施的建筑用地。景区内的其他用地按现状归入相应地类 |
| 交通运输用地资产 | 铁路用地 | 指用于铁道线路及场站的用地。包括征地范围内的路堤、路堑、道沟、桥梁、林木等用地 |
|  | 轨道交通用地 | 指用于轻轨、现代有轨电车、单轨等轨道交通用地，以及场站的用地 |
|  | 公路用地 | 指用于国道、省道、县道和乡道的用地。包括征地范围内的路堤、路堑、道沟、桥梁、汽车停靠站、林木及直接为其服务的附属用地 |
|  | 城镇村道路用地 | 指城镇、村庄范围内公用道路及行道树用地，包括快速路、主干路、次干路、支路、专用人行道和非机动车道，及其交叉口等 |
|  | 交通服务场站用地 | 指城镇、村庄范围内交通服务设施用地，包括公交枢纽及其附属设施用地，公路长途客运站、公共交通场站、公共停车场（含设有充电桩的停车场）、停车楼、教练场等用地，不包括交通指挥中心、交通队用地 |
|  | 农村道路 | 在农村范围内，南方宽度≥1.0 米、≤8 米，北方宽度≥2.0 米、≤8 米，用于村间、田间交通运输，并在国家公路网络体系之外，以服务于农村农业生产为主要用途的道路（含机耕道） |
|  | 机场用地 | 指用于民用机场、军民合用机场的用地 |
|  | 港口码头用地 | 指用于人工修建的客运、货运、捕捞及工程、工作船舶停靠的场所及其附属建筑物的用地，不包括常水位以下部分 |
|  | 管道运输用地 | 指用于运输煤炭、矿石、石油、天然气等管道及其相应附属设施的地上部分用地 |

续表

| 一级分类 | 二级分类 | 土地资源资产核算科目适用范围 |
|---|---|---|
| 水域及水利设施用地资产 | 河流水面 | 指天然形成或人工开挖河流常水位岸线之间的水面,不包括被堤坝拦截后形成的水库区段水面 |
| | 湖泊水面 | 指天然形成的积水区常水位岸线所围成的水面 |
| | 水库水面 | 指人工拦截汇集而成的总库容≥10万立方米的水库正常蓄水位岸线所围成的水面 |
| | 坑塘水面 | 指人工开挖或天然形成的蓄水量<10万立方米的坑塘常水位岸线所围成的水面 |
| | 沿海滩涂 | 指沿海大潮高潮位与低潮位之间的潮浸地带,包括海岛的沿海滩涂,不包括已利用的滩涂 |
| | 内陆滩涂 | 指河流、湖泊常水位至洪水位间的滩地;时令湖、河洪水位以下的滩地;水库、坑塘的正常蓄水位与洪水位间的滩地。包括海岛的内陆滩地,不包括已利用的滩地 |
| | 沟渠 | 指人工修建,南方宽度≥1.0米、北方宽度≥2.0米用于引、排、灌的渠道,包括渠槽、渠堤、护堤林及小型泵站 |
| | 沼泽地 | 指经常积水或渍水,一般生长湿生植物的土地。包括草本沼泽、苔藓沼泽、内陆盐沼等,不包括森林沼泽、灌丛沼泽和沼泽草地 |
| | 水工建筑用地 | 指人工修建的闸、坝、堤路林、水电厂房、扬水站等常水位岸线以上的建(构)筑物用地 |
| | 冰川及永久积雪 | 指表层被冰雪常年覆盖的土地 |
| 其他土地资产 | 空闲地 | 指城镇、村庄、工矿内部尚未利用的土地。包括尚未确定用途的土地 |
| | 设施农用地 | 指直接用于经营性养殖生产设施及附属设施用地;直接用于作物栽培或水产养殖等农产品生产的设施及附属设施用地;直接用于设施农业项目辅助生产的设置用地;晾晒场、粮食果品烘干设施、粮食和农资临时存放场所、大型农机具临时存放场所等规模化粮食生产所必需的配套设施用地 |
| | 田坎 | 指梯田及梯状坡地耕地中,主要用于拦蓄水和护坡,南方宽度≥1.0米、北方宽度≥2.0米的地坎 |
| | 盐碱地 | 指表层盐碱聚集,生长天然耐盐植物的土地 |

续表

| 一级分类 | 二级分类 | 土地资源资产核算科目适用范围 |
|---|---|---|
| 其他土地资产 | 沙地 | 指表层为沙覆盖、基本无植被的土地。不包括滩涂中的沙地 |
| | 裸土地 | 指表层为土质，基本无植被覆盖的土地 |
| | 裸岩石砾地 | 指表层为岩石或石砾，其覆盖面积≥70%的土地 |

[资料来源：作者根据《土地利用现状分类》（GB/T 21010—2017）整理]

#### 7.1.2.1.3 纳入核算系统的土地资产分类（全民）

我国的土地资产分别归属于全民所有和集体所有。从所有者权益保障的视角，可以将土地资产作以下分类与分层。第一层次：中央直管、地方分管、归属未明；第二层次：在中央直管下面分设企业分管、行政事业单位分管、归属未明；在地方分管下面分设地方企业分管、地方行政事业单位分管、归属未明；第三层次：根据需要分责任单位设置；第四层次：根据土地利用现状分类。详见表7-3。

表7-3 全民所有土地资源资产分类

| 第一级层次 | 第二层次 | 第三层次 | 第四层次 | 第五层次 |
|---|---|---|---|---|
| 中央直管 | 央属企业 | 下级责任单位 | 土地利用现状一级分类 | 土地利用现状二级分类 |
| | 央属行政事业单位 | | | |
| | 归属未明 | 归属未明 | | |
| 地方分管 | 地方企业 | 下级责任单位 | | |
| | 地方行政事业单位 | | | |
| | 归属未明 | 归属未明 | | |

（资料来源：作者整理）

表7-3中的"归属未明"，一是指全民所有抑或集体所有尚不清楚，二是指中央所属抑或地方所属尚不清楚，三是指混合所有制企业中的土地资源资产归属尚不清楚。

#### 7.1.2.1.4 纳入核算系统的土地资产分类（政府储备）

政府储备土地是改变现有土地用途（在用）和开发利用土地（未利用）的前置准备阶段，是优化国土空间利用和落实经济社会发展规划的重

要环节。根据重要性原则，政府有必要针对收储的土地资源资产进行核算。对此，土地资产分类分层如下：第一层次，待实施储备土地、正在实施储备土地、待供应储备土地；第二层次，规划用途明确储备土地、规划用途未明确储备土地；第三层次，土地利用现状一级分类；第四层次，土地利用现状二级分类。详见表7-4。

表7-4 政府储备土地分类

| 第一层次 | 第二层次 | 第三层次 | 第四层次 |
| --- | --- | --- | --- |
| 待实施储备土地 |  | 土地利用现状一级分类 | 土地利用现状二级分类 |
| 正在实施储备土地 | 规划用途明确储备土地 |  |  |
|  | 规划用途未明确储备土地 |  |  |
| 待供应储备土地 | 规划用途明确储备土地 |  |  |
|  | 规划用途未明确储备土地 |  |  |

（资料来源：作者整理）

#### 7.1.2.1.5 纳入核算系统的土地资产质量等级

我国对土地资源资产的质量进行规范化管理的主要是耕地土壤质量。全国土壤质量标准化技术委员会制定的国家标准《耕地质量等级》（GB/T 33469—2016），将耕地分为15个等级，1~4等是优等地，5~8等是高等地，9~12等是中等地，13~15等是低等地。1等耕地质量最好，15等最差。

### 7.1.2.2 土地负债

#### 7.1.2.2.1 土地资源负债的性质与成因

根据本书的观点，土地负债是附着于土地资产的权属，它是基于土地资产这一对象物而产生的债务，因土地资产的存在而存在，因土地资产的不存在而不存在。它的本质依然是人与人之间的关系，是基于土地资产而形成的人与人之间的关系。土地资产不仅具有经济价值，还具有生态价值和文化价值，所以土地负债并非传统经济学意义上的债务，而是对土地资源质量、用途及其环境影响承担的义务或责任。从政府管理土地资源的角度看，土地负债的主要原因来自三个方面：

一是质量方面，如土壤等级下降或被污染等，如要继续使用就要进行修复，不仅农业用地，建设用地也存在生态修复问题。

二是数量结构被破坏，如过多占用耕地逾越生态红线、违法违规批地、供地、占地，土地闲置等，无论何种原因，只要发生土地负债，就要弄清负债的责任主体。一方面，政府主管部门承担受托监管土地资产的合理合规使用与否的责任（地政管理责任）；另一方面，又委托土地使用单位负责土地的使用。

三是政府在改变土地用途，或开发利用土地、修复土地生态环境过程中形成的经济债务。

需要指出，负债并非都是负面因素。负债所反映的是核算主体（报表编制主体）应承担的现时义务（责任），对于生态环境负债，既有被动的需要修复或恢复的土地生态质量，也有主动的需要提升或改善的土地生态质量。站在土地资源管理者的立场，凡是违法违规占用和使用土地的行为都在纠正之列。如果将土地资源环境资产负债表作为管理用报表，则可将已确认违法违规占用和使用土地的面积及其责任承担者纳入土地负债的范围。

#### 7.1.2.2.2 土地负债分类

根据不同的分类依据可以形成不同的分类。

（1）根据负债成因分类。这属于单一标准分类，即根据上述三类原因，将土地负债分成三类：生态环境负债、违规用地负债、经济往来负债。三类成因下面再根据具体原因进一步细分（见表7-5）。

表7-5 土地资源环境负债分类（按成因）

| | | |
|---|---|---|
| 土地负债 | 生态环境负债 | 土壤质量负债（含待提升土壤质量）、待处理土壤污染、水土保持负债、土地生态功能改善负债、灾害整治负债、土地整治负债、待营造林地负债…… |
| | 违规用地负债 | 逾越红线负债、违规批地负债、违规供地负债、违规占地负债、违规建筑负债、土地闲置负债…… |
| | 经济往来负债 | 土地储备负债、其他原因负债…… |

（资料来源：作者整理）

（2）根据土地资源资产用途和成因分类。这属于复合型标准分类，即根据土地资源资产用途和成因两重标准分类，它有利于辨别各种用途所产生的负债内容及其数量和成因（见表7-6）。

表 7-6  土地资源环境负债来源与成因分类

| 一级分类 | 二级分类 | 三级分类 |
|---|---|---|
| 耕地负债 | 水田、水浇地、旱地 | 具体负债成因：<br>土壤质量负债（含待提升土壤质量）、待处理土壤污染、水土保持负债、土地生态功能改善负债、灾害整治负债、土地整治负债、待营造林地负债……<br>逾越红线负债、违规批地负债、违规供地负债、违规占地负债、违规建筑负债、土地闲置负债……<br>土地储备负债、其他原因负债…… |
| 园地负债 | 果园、茶园、橡胶园、其他园地 | |
| 林地负债 | 乔木林地、竹林地、红树林地、森林沼泽、灌木沼泽、其他林地 | |
| 草地负债 | 天然牧草地、沼泽草地、人工牧草地、其他草地 | |
| 商服用地负债 | 零售商业用地、批发市场用地、餐饮用地、旅馆用地、商务金融用地、娱乐用地、其他商服用地 | |
| 工矿仓储用地负债 | 工业用地、采矿用地、盐田、仓储用地 | |
| 住宅用地负债 | 城镇住宅用地、农村宅基地 | |
| 公共管理与公共服务用地负债 | 机关团体用地、新闻出版用地、教育用地、科研用地、医疗卫生用地、社会福利用地、文化设施用地、体育用地、公共设施用地、公园与绿地 | |
| 特殊用地负债 | 军事设施用地、使领馆用地、监教场所用地、宗教用地、殡葬用地、风景名胜设施用地 | |
| 交通运输用地负债 | 铁路用地、轨道交通用地、公路用地、城镇村道路用地、交通服务场站用地、农村道路、机场用地、港口码头用地、管道运输用地 | |
| 水域及水利设施用地负债 | 河流水面、湖泊水面、水库水面、坑塘水面、沿海滩涂、内陆滩涂、沟渠、沼泽地、水工建筑用地、冰川及永久积雪 | |
| 其他土地负债 | 空闲地、设施农用地、田坎、盐碱地、沙地、裸土地、裸岩石砾地 | |

（资料来源：作者整理）

（3）根据所有者权属分类。这属于复合型标准分类，即根据所有者权属和负债成因双重标准复合分类，它有利于区分不同所有者权益受托者所承担的土地负债（见表 7-7）。

表 7-7　全民所有土地资源环境负债及成因分类

| 第一级层次 | 第二层次 | 第三层次 | 第四层次 | 第五层次 |
|---|---|---|---|---|
| 中央直管 | 央属企业 | 下级责任单位 | 土地资源负债：生态环境负债、违规用地负债、经济往来负债 | 土地资源环境负债的具体成因 |
| | 央属行政事业单位 | | | |
| | 归属未明 | 归属未明 | | |
| 地方分管 | 地方企业 | 下级责任单位 | | |
| | 地方行政事业单位 | | | |
| | 归属未明 | 归属未明 | | |

（资料来源：作者整理）

（4）根据经济往来中负债的成因与对象分类。自然资源主管部门在对土地资源资产的管理过程中难免发生资金往来（如政府储备土地），由此而形成的经济往来负债分类见表7-8。

表 7-8　经济往来中的土地资源负债分类

| 第一层次 | 第二层次 | 第三层次 |
|---|---|---|
| 专项贷款 | 贷款名称 | 具体债权人 |
| 专项债券 | 债券名称 | |
| 应付账款 | 应付工程款、应付补偿款、应付利息 | |
| 其他应付款 | | |
| 其他负债 | | |

（资料来源：作者整理）

### 7.1.2.3　土地权益

#### 7.1.2.3.1　土地净资产

土地净资产是指土地资产扣除土地负债以后的余额，即：土地净资产＝土地资产－土地负债。

土地净资产的分类与土地资产相同。从这个角度看：土地负债类似于企业固定资产核算中的折旧，土地净资产类似于企业固定资产净值。

#### 7.1.2.3.2　土地权益的性质

土地权益对应于土地净资产的权属关系。目前我国土地的权属关系是：基于全民所有土地之上的产权是使用权、占有权、开发权、经营权等；基于集体所有土地之上的产权是承包权、经营权。所有的产权皆内含

相应的收益权。

根据权责相称的法则，权利主体在拥有土地资源某种权益的同时也要承担相应的责任。从这个意义讲，土地资源权属就是土地资源责任。土地资源权属分为"属他"和"属己"两类，负债是"属他"，权益是"属己"。即，土地负债所体现的资源环境责任归核算主体承担，核算主体是"欠债人"，土地资源权益所体现的资源环境责任虽然也归核算主体自身承担，但并不"欠债"。

#### 7.1.2.3.3 土地权益分类

土地资源权益分类亦可单一标准和复合标准并行，不同分类及其组合有不同的作用。

（1）土地权益根据土地资产用途分类。这是单一标准分类，其优点是资产权益与资产实物之间对应关系清晰（见表7-9）。

表7-9 不同用途土地权益分类

| 一级分类 | 二级分类 |
| --- | --- |
| 耕地权益 | 水田、水浇地、旱地 |
| 园地权益 | 果园、茶园、橡胶园、其他园地 |
| 林地权益 | 乔木林地、竹林地、红树林地、森林沼泽、灌木沼泽、其他林地 |
| 草地权益 | 天然牧草地、沼泽草地、人工牧草地、其他草地 |
| 商服用地权益 | 零售商业用地、批发市场用地、餐饮用地、旅馆用地、商务金融用地、娱乐用地、其他商服用地 |
| 工矿仓储用地权益 | 工业用地、采矿用地、盐田、仓储用地 |
| 住宅用地权益 | 城镇住宅用地、农村宅基地 |
| 公共管理与公共服务用地权益 | 机关团体用地、新闻出版用地、教育用地、科研用地、医疗卫生用地、社会福利用地、文化设施用地、体育用地、公共设施用地、公园与绿地 |
| 特殊用地权益 | 军事设施用地、使领馆用地、监教场所用地、宗教用地、殡葬用地、风景名胜设施用地 |
| 交通运输用地权益 | 铁路用地、轨道交通用地、公路用地、城镇村道路用地、交通服务场站用地、农村道路、机场用地、港口码头用地、管道运输用地 |
| 水域及水利设施用地权益 | 河流水面、湖泊水面、水库水面、坑塘水面、沿海滩涂、内陆滩涂、沟渠、沼泽地、水工建筑用地、冰川及永久积雪 |
| 其他土地权益 | 空闲地、设施农用地、田坎、盐碱地、沙地、裸土地、裸岩石砾地 |

（资料来源：作者整理）

（2）土地资源权益根据权属部门（单位）分类。这也是单一标准分类，其优点是资产权益主体明确，资源环境责任的数量边界清晰（见表7-10）。

表7-10　不同权属主体土地权益分类

| 第一层级 | 第二层级 | 第三层级 | 第四层级 | 第四层次 | 第五层次 |
|---|---|---|---|---|---|
| 全民所有 | 中央直管 | 央属企业 | 下级责任单位 | | |
| | | 央属行政事业单位 | | | |
| | | 归属未明 | 归属未明 | | |
| | 地方分管 | 地方企业 | 下级责任单位 | | |
| | | 地方行政事业单位 | | | |
| | | 归属未明 | 归属未明 | | |
| 集体所有 | 省级 | 地级 | 县级 | 乡（镇）级 | 村级 |

（资料来源：作者整理）

（3）土地资源权益根据权属部门（单位）和土地资产用途分类。这是复合标准分类，集合了两种分类的优点，缺点是层次较多，编表难度更大（见表7-11）。

表7-11　土地资源权益分类

| 一级分类 | 二级分类 | 三级分类 | 明细分类 |
|---|---|---|---|
| 全民所有 | 耕地权益 | 权属及责任单位<br>例如：<br>某农场<br>某林场<br>某企业<br>某单位 | 对应二级分类<br>例如：水田<br>果园<br>商务金融用地 |
| | 园地权益 | | |
| | 林地权益 | | |
| | 草地资产 | | |
| | 商服用地权益 | | |
| | 工矿仓储用地权益 | | |
| | 住宅用地权益 | | |
| | 公共管理与公共服务用地权益 | | |
| | 特殊用地权益 | | |
| | 交通运输用地权益 | | |
| | 水域及水利设施用地权益 | | |
| | 其他土地权益 | | |

续表

| 一级分类 | 二级分类 | 三级分类 | 明细分类 |
|---|---|---|---|
| 集体所有 | 耕地权益 | 权属及责任单位 例如：某乡镇 某村 | 对应二级分类 例如：水浇地 农村住宅用地 设施农用地 |
|  | 园地权益 |  |  |
|  | 林地权益 |  |  |
|  | 草地权益 |  |  |
|  | 商服用地权益 |  |  |
|  | 住宅用地权益 |  |  |
|  | 交通运输用地权益 |  |  |
|  | 水域及水利设施用地权益 |  |  |
|  | 其他土地权益 |  |  |

### 7.1.2.4 土地资产、土地负债和土地权益的核算科目设置

#### 7.1.2.4.1 土地资产核算科目

根据复合标准设置土地资源资产核算科目如表 7-12 所示。

表 7-12 土地资源环境资产核算科目表

| 一级科目 | 二级科目 |
|---|---|
| 耕地 | 水田、水浇地、旱地 |
| 草地 | 天然牧草地、人工牧草地、其他草地 |
| 商服用地 | 零售商业用地、批发市场用地、餐饮用地、旅馆用地、商务金融用地、娱乐用地、其他商服用地 |
| 工矿仓储用地 | 工业用地、采矿用地、盐田、仓储用地 |
| 住宅用地 | 城镇住宅用地、农村宅基地 |
| 公共管理与公共服务用地 | 机关团体用地、新闻出版用地、教育用地、科研用地、医疗卫生用地、社会福利用地、文化设施用地、体育用地、公共设施用地、公园与绿地 |
| 特殊用地 | 军事设施用地、使领馆用地、监教场所用地、宗教用地、殡葬用地、风景名胜设施用地 |
| 交通运输用地 | 铁路用地、轨道交通用地、公路用地、城镇村道路用地、交通服务场站用地、农村道路、机场用地、港口码头用地、管道运输用地 |
| 其他土地 | 空闲地、设施农用地、田坎、盐碱地、沙地、裸土地、裸岩石砾地 |
| 政府储备用地 | 待实施储备土地、正实施储备土地、待供应储备土地 |

续表

| 一级科目 | 二级科目 |
|---|---|
| 土地功效资产 | 固碳功效、蓄水功效、物种保育功效、降解功效、文旅功效等 |
| 土地信托资产 | 下级或受托单位 |
| 土地结算资产 | 往来方 |
| 土地货币资产 | 银行 |
| 待处理土地资产 | 待归属土地资源资产、待修复土地资源资产、涉案待处理土地资源资产（含债权） |

注：因为"湿地"和"水域及水利设施用地"已纳入第五章的水资产核算，"林地""园地"也纳入第六章的森林资产核算，所以此处省略。"土地信托资产"核算本级政府主管部门按照"分级授权管理"原则以委托方式将下级部门辖区范围内的全民所有土地资源资产。"待处理土地资源资产"因核算权属未明，是需要进行生态修复以及涉案待处理的土地资源资产。

#### 7.1.2.4.2 土地负债核算科目

根据复合标准设置土地负债核算科目如表7-13所示。

表7-13 土地资源环境负债核算科目表

| 一级科目 | 二级科目 | 三级科目 |
|---|---|---|
| 生态环境负债 | 土壤质量负债、待处理土壤污染、水土保持负债、土地生态功能改善负债、灾害整治负债、土地整治负债、待营造林地负债…… | 责任单位 |
| 违规用地负债 | 逾越红线负债、违规批地负债、违规供地负债、违规占地负债、违规建筑负债、土地闲置负债…… | 责任单位 |
| 经济往来负债 | 应缴土地资源环境款项、土地储备负债、其他原因负债…… | 债权人 |

#### 7.1.2.4.3 土地权益核算科目

根据复合标准设置土地权益核算科目如表7-14所示。

表7-14 土地资源环境权益核算科目表

| 一级科目 | 二级科目 | 三级科目 |
|---|---|---|
| 国有土地权益 | 本级政府、央属国企、央属单位、地方国企、责任单位 | 湿地权益、耕地权益、园地权益、草地权益、商服用地权益、工矿仓储用地权益、住宅用地权益、公共管理与公共服务用地权益、特殊用地权益、交通运输用地权益、水域及水利设施用地权益、其他土地权益 |
| 集体土地权益 | 城镇、乡村 | |
| 权属未明土地权益 | 责任单位 | |

注："权属未明土地权益"核算在本辖区范围内尚未确权的土地资源。

## 7.1.3 土地资源环境资产负债核算账户结构与业务类型

### 7.1.3.1 土地资源环境资产负债核算账户结构

根据核算要素之间的平衡关系"土地资产=土地权属"或"土地资产=土地负债+土地权益",在保持核算要素之间平衡关系的前提下,等式两端账户结构的设置相反。

根据土地资产类科目设置相应的盘存类账户,借方为增加,贷方为减少,余额在借方。在此结构下,土地资产类账户记录的对象,其存量和变量之间符合四柱平衡关系。即"土地资产期初借方存量+土地资产核算期内借方发生数量=土地资产核算期内贷方发生数量+土地资产核算期末借方存量"。

根据土地权属类科目设置相应的盘存类账户,贷方为增加,借方为减少,余额在贷方。在此结构下,土地负债类账户记录的对象,其存量和变量之间符合四柱平衡关系,即"土地权属期初贷方存量+土地权属核算期内贷方发生数量=土地权属核算期内借方发生数量+土地权属核算期末贷方存量"。由于土地负债和土地权益是土地权属下面的分类,因此土地负债账户和土地权益账户的结构一致。

### 7.1.3.2 土地资源环境资产负债核算的业务类型

根据"土地资产=土地负债+土地权益"的平衡关系,涉及土地资源环境资产负债三要素数量变化的业务类型有八种,即土地资产增减×土地负债增减×土地权益增减（=2×2×2=8）。

第一种类型,土地资产类账户之间此增彼减,增减数额相等,并未引起"土地资产=土地负债+土地权益"关系式左端总数的改变,不破坏等式的平衡关系。

第二种类型,土地负债类账户之间此增彼减,增减数额相等,并未引起"土地资产=土地负债+土地权益"关系式右端总数的改变,不破坏等式的平衡关系。

第三种类型,土地权益类账户之间此增彼减,增减数额相等,并未引起"土地资产=土地负债+土地权益"关系式右端总数的改变,不破坏等式的平衡关系。

第四种类型,土地资产类账户与土地权益类账户同时增加,增加数额相等,不会破坏"土地资产=土地负债+土地权益"关系式两端总数的改

变，平衡关系不变。

第五种类型，土地资产类账户与土地负债类账户同时增加，增加数额相等，不会破坏"土地资产＝土地负债＋土地权益"关系式两端总数的改变，平衡关系不变。

第六种类型，土地权益类账户与土地负债类账户之间此增彼减，增减数额相等，也不增加"土地资产＝土地负债＋土地权益"关系式的右端总数，平衡关系不变。

第七种类型，土地资产类账户与土地负债类账户同时减少，等式两端减少数额相等，也不改变"土地资产＝土地负债＋土地权益"的平衡关系。

第八种类型，土地资产类账户与土地权益类账户同时减少，等式两端减少数额相等，也不改变"土地资产＝土地负债＋土地权益"的平衡关系。

## 7.1.4 土地资源环境资产负债核算试算平衡与表系结构

### 7.1.4.1 土地资源环境资产负债核算的试算平衡

试算平衡指的是不同账户记录之间的平衡关系。在单式记账法下，账户之间的试算平衡通过利用统分平衡、来源去向平衡关系进行。在复式记账法下，则可以通过编制试算平衡表的方式来进行。表7-15就是试算平衡表示例。如果表中三栏里都是借方＝贷方，则意味着账户记录无误（技术层面）。

表 7-15 试算平衡表

| 核算账户名称 | 期初余额 || 本期发生额 || 期末余额 ||
|---|---|---|---|---|---|---|
| | 借方 | 贷方 | 借方 | 贷方 | 借方 | 贷方 |
| 一、土地资产类账户 | | | | | | |
| …… | | | | | | |
| 二、土地负债类账户 | | | | | | |
| …… | | | | | | |
| 三、土地权益类账户 | | | | | | |
| …… | | | | | | |
| 总计 | | | | | | |

试算平衡的理论基础是：只要两类（三类）账户结构增减相反且遵循复式记账的规则来记录每一笔账务事项，则借贷平衡的关系就能够始终保

持。因为记账事项的变化类型不外乎八种（三类账户下），均不会破坏基本的平衡关系。

### 7.1.4.2 土地资源环境资产负债核算的表系结构

土地资源环境资产负债核算的报表根据管理需求分为：基本报表、专项报表和辅助报表（见表7-16）。

表7-16 土地资源环境资产负债核算的表系结构

| 报表类型 | 主表名称 | 分表名称 |
| --- | --- | --- |
| 基本报表 | 土地资源环境资产负债表 | 土地资源环境资产变动表、土地资源环境负债与权益变动表 |
| 专项报表 | 政府储备土地资产变动表、不同土地用途转换情况表 | 政府储备土地资金收支表、土地资产空间价值量表 |
| 辅助报表 | 耕地质量变动表 | 耕地资源环境资产负债表、土地功效资产变动表、土地信托资产变动表等 |

（资料来源：作者整理）

本书设计的土地资源环境资产负债核算系统的基本报表分为主表、分表和辅助表。主表为《土地资源环境资产负债表》，亦可分为《土地资源环境资产负债实物量表》和《土地资源环境资产负债价值量表》两张。分表为《土地资源环境资产变动表》和《土地资源环境负债与权益变动表》。辅助表为《账户记录试算平衡表》。

主表《土地资源环境资产负债表》反映报告单位辖区范围内各类土地资产及其权属关系核算期末的分布和存量。《土地资源环境资产负债表》是土地资源环境资产负债核算系统的总括报表，具有纲举目张的统领作用。由于此表是静态报表，只能反映报告期初和期末两个时点的土地资产及其权属的存量，所以还需要编制两张动态分表来反映其期初期末存量差异的形成原因。

分表之一《土地资源环境资产变动表》反映报告单位辖区范围内各类土地资产在报告期内的增加量和减少量，是对《土地资源环境资产负债表》中土地资产期初期末存量差异形成原因的解释。

分表之二《土地资源环境负债与权益变动表》反映报告单位辖区范围内各类土地负债和权益在报告期内的增加量和减少量，是对《土地资源环

境资产负债表》中土地负债和权益期初期末存量差异形成原因的解释。

辅助表《账户记录试算平衡表》是利用土地资源二维分类平衡关系和复式记账规则，对土地资产类账户、土地负债类账户和土地权益类账户的记录进行试算，看其平衡关系是否成立。若试算结果平衡，说明记账过程符合规则，否则有误。

### 7.1.5 土地资源环境资产负债核算举例

本书围绕基本报表《土地资源环境资产负债表》及其分表的编制来阐述核算的方法与程序。

#### 7.1.5.1 前提条件

土地资产既有实物形态也有非实物形态（如功效、信托、结算等），所以其物理计量单位难于统一，本案例假设各种土地资产都有基于其物理计量单位的价格。表 7-17 是本书假设的土地资产价格，可据此编制土地资源环境资产负债核算的价值量表。土地对于影响生态环境变化的各种功效已得到专业机构的量化评估，其经济价值得到了确认。

表 7-17　土地资产价格表　　计量单位：百万元/公顷

| 资产名称 | 价格 | 资产名称 | 价格 |
| --- | --- | --- | --- |
| 耕地 | 180 | 公共管理与公共服务用地 | 250 |
| 草地 | 130 | 特殊用地 | 150 |
| 商服用地 | 280 | 交通运输用地 | 200 |
| 工矿仓储用地 | 220 | 其他土地 | 120 |
| 住宅用地 | 300 | 政府储备用地 | 190 |

（资料来源：作者假设）

#### 7.1.5.2 核算事项及其分录

某级政府辖区土地资源资产及其权属的期初存量为事先假设。该政府辖区范围内在核算期内发生了下列记账事项（以借贷记账法示范有关事项与政府主管部门的账务处理）：

（1）某企业申报将一处面积为 20 公顷的工业用地改为商业服务用地。（第一种业务类型与第四种业务类型的复合）

借：商业服务用地——批发市场用地　　　20 公顷及 5 600 百万元

贷：工矿仓储用地——仓储用地　　　　20公顷及4 400百万元
　　　　国有土地权益——本级政府　　　　20公顷及1 200百万元
　（2）下辖某县乡村水田受到农药过量使用污染，面积达到80公顷，经济损失为400万元，该水田属于村集体所有。（分录1是第五种业务类型，分录2是第八种业务类型）
　　①借：土地结算资产——某县乡村　　　　80公顷/4百万元
　　　　贷：生态环境负债——某县乡村　　　　80公顷/4百万元
　　②借：集体土地权益——某县乡村　　　　80公顷/4百万元
　　　　贷：耕地——水田　　　　　　　　　　80公顷/4百万元
　（3）经过司法仲裁，下辖某县乡村水田受到污染面积80公顷的责任主体最终确认为某地方国有企业，并判定该企业应赔付400万元损失费，由政府主管部门督促企业支付。（分录1是第一种业务类型，分录2是第二种业务类型）
　　①借：土地结算资产——某地方国企　　　　80公顷/4百万元
　　　　贷：土地结算资产——某县乡村　　　　80公顷/4百万元
　　②借：生态环境负债-待处理土壤污染——某县乡村
　　　　　　　　　　　　　　　　　　　　　　80公顷及4百万元
　　　　贷：生态环境负债——待处理土壤污染——某地方国企
　　　　　　　　　　　　　　　　　　　　　　80公顷及4百万元
　（4）经过某地方国企向村民赔偿，上述80公顷水田污染的赔偿问题得到解决。但是在水田污染问题没有得到检测合格验收之前，原有账簿记录不变。当水田污染问题得到解决之后，可作如下分录：（分录1是第七种业务类型，分录2是第四种业务类型）
　　①借：生态环境负债——待处理土壤污染——某地方国企
　　　　　　　　　　　　　　　　　　　　　　80公顷/4百万元
　　　　贷：土地结算资产——某地方国企　　　　80公顷/4百万元
　　②借：耕地——水田——某县乡村　　　　80公顷/4百万元
　　　　贷：集体土地权益——水田　　　　　　80公顷/4百万元
　（5）为了修建高速公路，政府征用集体耕地60公顷。（分录1是第一种业务类型，分录2是第八种业务类型）
　　①借：政府储备用地——待实施储备土地　　60公顷/10 800百万元

7　土地资源环境核算与审计

　　　　贷：土地货币资产　　　　　　　　　　60 公顷/10 800 百万元
　　②借：集体土地权益——耕地权益——旱地　60 公顷/10 800 百万元
　　　　贷：耕地——旱地　　　　　　　　　　60 公顷/10 800 百万元
　（6）政府完成储备土地处理 30 公顷，划入待供应储备土地。（第一种业务类型）
　　　借：政府储备用地——待供应储备土地　　30 公顷/5 700 百万元
　　　　贷：政府储备用地——正实施储备土地　30 公顷/5 700 百万元
　（7）政府提供医疗卫生用地 40 公顷。（分录 1 是第一种业务类型与第四种业务类型的复合，分录 2 是第三种业务类型，分录 3 是第五种业务类型）
　　①借：公共管理与公共服务用地——医疗卫生用地
　　　　　　　　　　　　　　　　　　　　　40 公顷/10 000 百万元
　　　　贷：政府储备用地——待供应储备土地　40 公顷/7 600 百万元
　　　　　　国有土地权益——某医院　　　　　40 公顷/2 400 百万元
　　②借：国有土地权益——本级政府　　　　　40 公顷/7 600 百万元
　　　　贷：国有土地权益——某医院　　　　　40 公顷/7 600 百万元
　　③借：土地货币资产　　　　　　　　　　　　　　10 000 百万元
　　　　贷：经济往来负债——应缴土地资源环境款项　10 000 百万元
　（8）执法队确认一起重大违规建筑事项，涉及风景名胜设施用地 50 公顷。（分录 1 是第一种业务类型，分录 2 是第六种业务类型）
　　①借：待处理土地资产——涉案待处理　　　50 公顷/7 500 百万元
　　　　贷：特殊用地——风景名胜设施用地　　50 公顷/7 500 百万元
　　②借：国有土地权益——某公园　　　　　　50 公顷/7 500 百万元
　　　　贷：违规用地负债——违规建筑负债　　50 公顷/7 500 百万元
　（9）由于行政区划调整，划入本级政府辖区范围土地 1 200 公顷。其中耕地 700 公顷，商服用地 120 公顷，工矿仓储用地面积 80 公顷，公共管理与公共服务用地 90 公顷，交通运输用地 210 公顷。（第四种业务类型）
　　　借：耕地——旱地　　　　　　　　　　700 公顷/126 000 百万元
　　　　　商服用地　　　　　　　　　　　　120 公顷/33 600 百万元
　　　　　工矿仓储用地　　　　　　　　　　 80 公顷/17 600 百万元
　　　　　公管与公服用地——教育用地　　　 90 公顷/22 500 百万元

交通运输用地　　　　　　　　　　　　210 公顷/42 000 百万元
　　　贷：集体土地权益——某乡村　　　　　700 公顷/126 000 百万元
　　　　　国有土地权益——本级政府　　　　500 公顷/115 700 百万元
　（10）航测大队提交报告称由于全球温度持续升高致使海平面升高，本级政府管辖的沿海陆地面积减少 1 000 公顷，其中涉及集体所有土地 400 公顷。（第八种业务类型）
　　　借：国有土地权益——本级政府　　　　600 公顷/72 000 百万元
　　　　　集体土地权益——某乡镇　　　　　400 公顷/52 000 百万元
　　　贷：草地——其他草地　　　　　　　　400 公顷/52 000 百万元
　　　　　其他土地——裸岩石砾地　　　　　600 公顷/72 000 百万元
　（11）为引进投资，政府决定将 10 公顷的储备用地供应给某企业使用。（分录 1 是第一和第四种业务类型复合，分录 2 是第五种业务类型）
　　　①借：工矿仓储用地——某企业　　　　10 公顷/2 200 百万元
　　　　　贷：政府储备用地——待供应储备土地　10 公顷/1 900 百万元
　　　　　　　国有土地权益——本级政府　　　10 公顷/300 百万元
　　　②借：土地货币资产　　　　　　　　　　　2 200 百万元
　　　　　贷：经济往来负债——应缴土地资源环境款项　2 200 百万元
　（12）经专门机构检测，核算期间辖区范围内的土地生态功效有所改善，其中固碳功效资产增加 20 百万元，蓄水功效资产增加 30 百万元，物种保育功效资产增加 40 百万元，降解垃圾功效资产增加 25 百万元，文旅功效资产增加 350 百万元。（第四种业务类型）
　　　借：土地功效资产——固碳功效资产　　　　20 百万元
　　　　　　　　　　　——蓄水功效资产　　　　30 百万元
　　　　　　　　　　　——物种保育功效资产　　40 百万元
　　　　　　　　　　　——降解垃圾功效资产　　25 百万元
　　　　　　　　　　　——文旅功效资产　　　　350 百万元
　　　贷：国有土地权益——本级政府　　　　　　465 百万元
　（13）按财政部门要求将供应土地收到款项 12 200 百万元上缴。
　　　借：经济往来负债——应缴土地资源环境款项　12 200 百万元
　　　贷：土地货币资产　　　　　　　　　　　　12 200 百万元
　（14）将核算期内供应给医院和企业的土地划归其管理。

借：土地信托资产——某医院　　　　　　40 公顷/10 000 百万元
　　　　　　　　——某企业　　　　　　10 公顷/2 200 百万元
　　贷：公共管理与公共服务用地——某医院 40 公顷/10 000 百万元
　　　　工矿仓储用地——某企业　　　　10 公顷/2200 百万元

### 7.1.5.3 账户记录

将上述分录登记入账，账户里的期初余数为事先假设。

账户名称：耕地　　　　　　　　　　　　　　　　　计量单位：百万元

| 期初借方存量 | 本期借方发生额 | 本期贷方发生额 | 期末借方存量 |
| --- | --- | --- | --- |
|  | (4) ②：4<br>(9)：126 000 | (2) ②：4<br>(5) ②：10 800 |  |
| 585 008 | 126 004 | 10 804 | 700 208 |

账户名称：草地　　　　　　　　　　　　　　　　　计量单位：百万元

| 期初借方存量 | 本期借方发生额 | 本期贷方发生额 | 期末借方存量 |
| --- | --- | --- | --- |
|  |  | (10)：52 000 |  |
| 105 281 |  | 52 000 | 53 281 |

账户名称：商服用地　　　　　　　　　　　　　　　计量单位：百万元

| 期初借方存量 | 本期借方发生额 | 本期贷方发生额 | 期末借方存量 |
| --- | --- | --- | --- |
|  | (1)：5 600<br>(9)：33 600 |  |  |
| 132 234 | 39 200 |  | 171 434 |

账户名称：工矿仓储用地　　　　　　　　　　　　　计量单位：百万元

| 期初借方存量 | 本期借方发生额 | 本期贷方发生额 | 期末借方存量 |
| --- | --- | --- | --- |
|  | (9)：17 600<br>(11) ①：2 200 | (1)：4 400<br>(14)：2 200 |  |
| 234 567 | 19 800 | 6 600 | 247 767 |

| 账户名称：住宅用地 | | | 计量单位：百万元 |
|---|---|---|---|
| 期初借方存量 | 本期借方发生额 | 本期贷方发生额 | 期末借方存量 |
|  |  |  |  |
| 256 789 | — | — | 256 789 |

| 账户名称：公共管理与公共服务用地 | | | 计量单位：百万元 |
|---|---|---|---|
| 期初借方存量 | 本期借方发生额 | 本期贷方发生额 | 期末借方存量 |
|  | (7) ①：10 000<br>(9)：22 500 | (14)：10 000 |  |
| 567 800 | 32 500 | 10 000 | 590 300 |

| 账户名称：特殊用地 | | | 计量单位：百万元 |
|---|---|---|---|
| 期初借方存量 | 本期借方发生额 | 本期贷方发生额 | 期末借方存量 |
|  |  | (8) ①：7 500 |  |
| 684 500 |  | 7 500 | 677 000 |

| 账户名称：交通运输用地 | | | 计量单位：百万元 |
|---|---|---|---|
| 期初借方存量 | 本期借方发生额 | 本期贷方发生额 | 期末借方存量 |
|  | (9)：42 000 |  |  |
| 236 780 | 42 000 |  | 278 780 |

| 账户名称：其他土地 | | | 计量单位：百万元 |
|---|---|---|---|
| 期初借方存量 | 本期借方发生额 | 本期贷方发生额 | 期末借方存量 |
|  |  | (10)：72 000 |  |
| 89 800 |  | 72 000 | 17 800 |

| 账户名称：政府储备用地 | | | 计量单位：百万元 |
|---|---|---|---|
| 期初借方存量 | 本期借方发生额 | 本期贷方发生额 | 期末借方存量 |
|  | (5) ①：10 800<br>(6)：5 700 | (6)：5 700<br>(7) ①：7 600<br>(11)：1 900 |  |
| 345 678 | 16 500 | 15 200 | 346 978 |

| 账户名称：土地功效资产——固碳功效资产 | | | 计量单位：百万元 |
|---|---|---|---|
| 期初借方存量 | 本期借方发生额 | 本期贷方发生额 | 期末借方存量 |
| | (12)：20 | | |
| 180 | 20 | | 200 |

| 账户名称：土地功效资产——蓄水功效资产 | | | 计量单位：百万元 |
|---|---|---|---|
| 期初借方存量 | 本期借方发生额 | 本期贷方发生额 | 期末借方存量 |
| | (12)：30 | | |
| 260 | 30 | | 290 |

| 账户名称：土地功效资产——物种保育功效资产 | | | 计量单位：百万元 |
|---|---|---|---|
| 期初借方存量 | 本期借方发生额 | 本期贷方发生额 | 期末借方存量 |
| | (12)：40 | | |
| 640 | 40 | | 680 |

| 账户名称：土地功效资产——降解垃圾功效资产 | | | 计量单位：百万元 |
|---|---|---|---|
| 期初借方存量 | 本期借方发生额 | 本期贷方发生额 | 期末借方存量 |
| | (12)：25 | | |
| 135 | 25 | | 160 |

| 账户名称：土地功效资产——文旅功效资产 | | | 计量单位：百万元 |
|---|---|---|---|
| 期初借方存量 | 本期借方发生额 | 本期贷方发生额 | 期末借方存量 |
| | (12)：350 | | |
| 1 200 | 350 | | 1 550 |

| 账户名称：土地信托资产 | | | 计量单位：百万元 |
|---|---|---|---|
| 期初借方存量 | 本期借方发生额 | 本期贷方发生额 | 期末借方存量 |
| | (14)：12 200 | | |
| 326 600 | 12 200 | | 338 800 |

| 账户名称：土地结算资产 | | | 计量单位：百万元 |
|---|---|---|---|
| 期初借方存量 | 本期借方发生额 | 本期贷方发生额 | 期末借方存量 |
| | (2) ①：4<br>(3) ①：4 | (3) ①：4<br>(4) ①：4 | |
| 0 | 8 | 8 | 0 |

| 账户名称：土地货币资产 | | | 计量单位：百万元 |
|---|---|---|---|
| 期初借方存量 | 本期借方发生额 | 本期贷方发生额 | 期末借方存量 |
| | (11) ②：2 200<br>(7) ③：10 000 | (5) ①：10 800<br>(13)：12 200 | |
| 25 220 | 12 200 | 23 000 | 14 420 |

| 账户名称：待处理土地资产 | | | 计量单位：百万元 |
|---|---|---|---|
| 期初借方存量 | 本期借方发生额 | 本期贷方发生额 | 期末借方存量 |
| | (8) ①：7 500 | | |
| 0 | 7 500 | | 7 500 |

| 账户名称：生态环境负债 | | | 计量单位：百万元 |
|---|---|---|---|
| 期初贷方存量 | 本期借方发生额 | 本期贷方发生额 | 期末贷方存量 |
| | (3) ②：4<br>(4) ①：4 | (2) ①：4<br>(3) ②：4 | |
| 170 | 8 | 8 | 170 |

| 账户名称：违规用地负债 | | | 计量单位：百万元 |
|---|---|---|---|
| 期初贷方存量 | 本期借方发生额 | 本期贷方发生额 | 期末贷方存量 |
| | | (8) ②：7 500 | |
| 13 | | 7 500 | 7 513 |

| 账户名称：经济往来负债 | | | 计量单位：百万元 |
|---|---|---|---|
| 期初贷方存量 | 本期借方发生额 | 本期贷方发生额 | 期末贷方存量 |
| | (13)：12 200 | (11) ②：2 200<br>(7) ③：10 000 | |
| 0 | 12 200 | 12 200 | 0 |

| 账户名称：国有土地权益 | | | 计量单位：百万元 |
|---|---|---|---|
| 期初贷方存量 | 本期借方发生额 | 本期贷方发生额 | 期末贷方存量 |
| | (7) ②：7 600<br>(8) ②：7 500<br>(10)：72 000 | (1)：1 200<br>(7) ①：2 400<br>(7) ②：7 600<br>(9)：115 700<br>(11)：300<br>(12)：465 | |
| 2 812 380 | 87 100 | 127 665 | 2 852 945 |

| 账户名称：集体土地权益 | | | 计量单位：百万元 |
|---|---|---|---|
| 期初贷方存量 | 本期借方发生额 | 本期贷方发生额 | 期末贷方存量 |
| | (2) ②：4<br>(5) ②：10 800<br>(10)：52 000 | (4) ②：4<br>(9)：126 000 | |
| 780 089 | 62 804 | 126 004 | 843 289 |

| 账户名称：权属未明土地权益 | | | 计量单位：百万元 |
|---|---|---|---|
| 期初贷方存量 | 本期借方发生额 | 本期贷方发生额 | 期末贷方存量 |
| 20 | — | — | 20 |

#### 7.1.5.4 试算平衡

根据上述账户记录编制试算平衡表（见表7-18）。

表 7-18　账户记录试算平衡表（价值量）　计量单位：百万元

| 科目名称 | 期初余额 借方 | 期初余额 贷方 | 本期发生额 借方 | 本期发生额 贷方 | 期末余额 借方 | 期末余额 贷方 |
|---|---|---|---|---|---|---|
| 耕地 | 585 008 | | 126 004 | 10 804 | 700 208 | |
| 草地 | 105 281 | | — | 52 000 | 53 281 | |
| 商服用地 | 132 234 | | 39 200 | — | 171 434 | |
| 工矿仓储用地 | 234 567 | | 19 800 | 6 600 | 247 767 | |
| 住宅用地 | 256 789 | | — | — | 256 789 | |
| 公共管理与公共服务用地 | 567 800 | | 32 500 | 10 000 | 590 300 | |
| 特殊用地 | 684 500 | | — | 7 500 | 677 000 | |
| 交通运输用地 | 236 780 | | 42 000 | — | 278 780 | |
| 其他土地 | 89 800 | | — | 72 000 | 17 800 | |
| 政府储备用地 | 345 678 | | 16 500 | 15 200 | 346 978 | |
| 土地功效资产 | 2 415 | | 465 | — | 2 880 | |
| ——固碳功效资产 | 180 | | 20 | | 200 | |
| ——蓄水功效资产 | 260 | | 30 | | 290 | |
| ——物种保育功效资产 | 640 | | 40 | | 680 | |
| ——降解垃圾功效资产 | 135 | | 25 | | 160 | |
| ——文旅功效资产 | 1 200 | | 350 | | 1 550 | |
| 土地信托资产 | 326 600 | | 12 200 | | 338 800 | |
| 土地结算资产 | 0 | | 8 | 8 | 0 | |
| 土地货币资产 | 25 220 | | 12 200 | 23 000 | 14 420 | |
| 待处理土地资产 | 0 | | 7 500 | — | 7 500 | |
| 土地资产总计 | 359 2672 | | 308 377 | 197 112 | 370 3937 | |
| 生态环境负债 | | 170 | 8 | 8 | | 170 |
| 违规用地负债 | | 13 | | 7 500 | | 7 513 |
| 经济往来负债 | | 0 | 12 200 | 12 200 | | 0 |
| 土地负债合计 | | 183 | 12 208 | 19 708 | | 7 683 |

续表

| 科目名称 | 期初余额 借方 | 期初余额 贷方 | 本期发生额 借方 | 本期发生额 贷方 | 期末余额 借方 | 期末余额 贷方 |
|---|---|---|---|---|---|---|
| 国有土地权益 |  | 2 812 380 | 87 100 | 127 665 |  | 2 852 945 |
| 集体土地权益 |  | 780 089 | 62 804 | 126 004 |  | 843 289 |
| 权属未明土地权益 |  | 20 | — | — |  | 20 |
| 土地权益合计 |  | 3 592 489 | 149 904 | 253 669 |  | 3 696 254 |
| 土地负债与权益总计 |  | 3 592 672 | 162 112 | 273 373 |  | 3 703 937 |
| 所有科目借贷方总计 | 3 593 672 | 3 592 672 | 470 489 | 470 489 | 3 703 937 | 3 703 937 |

根据试算，所有科目的期初余额、本期发生额和期末余额三个方面的借方与贷方均相等。

### 7.1.5.5 编制报表

为简化核算过程，本书仅根据上述账户记录编制土地资源环境资产负债核算的基本报表（见表7-19至表7-21）。

#### 7.1.5.5.1 编制《土地资源环境资产负债表》

详见表7-19。

**表7-19 土地资源环境资产负债表** 　　计量单位：百万元

| 土地资产 | 期初余额 | 期末余额 | 土地负债与权益 | 期初余额 | 期末余额 |
|---|---|---|---|---|---|
| 耕地 | 585 008 | 700 208 | 一、土地负债 |  |  |
| 草地 | 105 281 | 53 281 | （一）生态环境负债 | 170 | 170 |
| 商服用地 | 132 234 | 171 434 | …… |  |  |
| 工矿仓储用地 | 234 567 | 247 767 | （二）违规用地负债 | 13 | 7 513 |
| 住宅用地 | 256 789 | 256 789 | …… |  |  |
| 公共管理与公共服务用地 | 567 800 | 590 300 | （三）经济往来负债 | 0 | 0 |
| 特殊用地 | 684 500 | 677 000 | **土地负债合计** | 183 | 7 683 |
| 交通运输用地 | 236 780 | 278 780 | 二、土地权益 |  |  |
| 其他土地 | 89 800 | 17 800 | （一）国有土地权益 | 2 812 380 | 2 852 945 |
| 政府储备用地 | 345 678 | 346 978 | 1. 本级政府 |  |  |
| 土地功效资产 | 2 415 | 2 880 | 2. 央属企业 |  |  |

续表

| 土地资产 | 期初余额 | 期末余额 | 土地负债与权益 | 期初余额 | 期末余额 |
|---|---|---|---|---|---|
| 土地信托资产 | 326 600 | 338 800 | …… | | |
| 土地结算资产 | 0 | 0 | 集体土地权益 | 780 089 | 843 289 |
| 土地货币资产 | 25 220 | 14 420 | 权属未明土地权益 | 20 | 20 |
| 待处理土地资产 | 0 | 7 500 | 土地权益合计 | 3 592 489 | 3 696 254 |
| 土地资产总计 | 3 592 672 | 3 703 937 | 土地负债与权益总计 | 3 592 672 | 3 703 937 |

#### 7.1.5.5.2 编制《土地资源环境资产变动表》

详见表7-20。

表7-20 土地资源环境资产变动表　　计量单位：百万元

| 土地资产项目 | 期初余额 | 本期增加 | 本期减少 | 期末余额 |
|---|---|---|---|---|
| 耕地 | 585 008 | 126 004 | 10 804 | 700 208 |
| 草地 | 105 281 | — | 52 000 | 53 281 |
| 商服用地 | 132 234 | 39 200 | — | 171 434 |
| 工矿仓储用地 | 234 567 | 19 800 | 6 600 | 247 767 |
| 住宅用地 | 256 789 | — | — | 256 789 |
| 公共管理与公共服务用地 | 567 800 | 32 500 | 10 000 | 590 300 |
| 特殊用地 | 684 500 | — | 7 500 | 677 000 |
| 交通运输用地 | 236 780 | 42 000 | — | 278 780 |
| 其他土地 | 89 800 | — | 72 000 | 17 800 |
| 政府储备用地 | 345 678 | 16 500 | 15 200 | 346 978 |
| 土地功效资产 | 2 415 | 465 | — | 2 880 |
| 土地信托资产 | 326 600 | 12 200 | — | 338 800 |
| 土地结算资产 | 0 | 8 | 8 | 0 |
| 土地货币资产 | 25 220 | 12 200 | 23 000 | 14 420 |
| 待处理土地资产 | 0 | 7 500 | — | 7 500 |
| 土地资产总计 | 3 592 672 | 308 377 | 197 112 | 3 703 937 |

### 7.1.5.5.3 编制《土地资源环境负债与权益变动表》

详见表7-21。

表7-21 土地资源环境负债与权益变动表 计量单位：百万元

| 土地负债与权益项目 | 期初余额 | 本期增加 | 本期减少 | 期末余额 |
|---|---|---|---|---|
| 生态环境负债 | 170 | 8 | 8 | 170 |
| 违规用地负债 | 13 | 7 500 | — | 7 513 |
| 经济往来负债 | 0 | 12 200 | 12 200 | 0 |
| **土地负债合计** | **183** | **19 708** | **12 208** | **7 683** |
| 国有土地权益 | 2 812 380 | 127 665 | 87 100 | 2 852 945 |
| 集体土地权益 | 780 089 | 126 004 | 62 804 | 843 289 |
| 权属未明土地权益 | 20 | | | 20 |
| **土地权益合计** | **3 592 489** | **253 669** | **149 904** | **3 696 254** |
| **土地负债与权益总计** | **3 592 672** | **273 377** | **162 112** | **3 703 937** |

由于主表《土地资源环境资产负债表》只是静态地反映期初期末两个时点的土地资产及其负债权益的分布状况，不能揭示各类土地资产及其负债权益在核算期内发生的增减变化，所以需要通过编制《土地资源环境资产变动表》和《土地资源环境负债与权益变动表》来说明每一类土地资产或土地负债、土地权益变化的来龙去脉。为此，本例侧重说明核算的原理，未在报表中对每项土地资产或权属的本期增加减少的具体内容原因加以揭示。在实际运用中，可以在"本期增加"和"本期减少"栏内进行细分，形成多栏式，以便于阅读报表的管理者更好地了解具体情况。

## 7.2 土地资源环境审计

### 7.2.1 基于土地资源环境资产负债核算系统的环境责任审计

与前述水资源环境和森林资源环境资产负债核算审计相同，对土地资源环境资产负债核算系统的审计亦分为报表层面审计、报表数据核实审计、资源环境责任审计三部分。

#### 7.2.1.1 报表项目审计

对于《土地资源环境资产负债表》《土地资源环境资产变动表》《土

地资源环境负债与权益变动表》的报表层面审计。检查四个方面的平衡与勾稽关系：一是分类汇总平衡关系，即报表中各项具体的土地资产、土地负债和土地权益数据之和是否与报表合计数一致；二是二维分类平衡关系，即土地资产总计是否等于土地负债与权益的总计；三是四柱平衡关系，即《土地资源环境资产变动表》和《土地资源环境资产负债与权益变动表》中各列示项目的期初存量与期内增加量之和是否等于期内减少量与期末存量之和；四是表间勾稽关系是否成立，即《土地资源环境资产负债表》左端（资产）各列示项目的期初数和期末数是否与《土地资源环境资产变动表》各列示项目的期初数和期末数一致，《土地资源资产负债表》右端（负债与权益）各列示项目的期初数和期末数是否与《土地资源环境负债与权益变动表》各列示项目的期初数和期末数一致。

7.2.1.1.1 对主表与分表的分类汇总平衡检查

（1）土地资产期初存量总计＝耕地 585 008＋草地 105 281＋商服用地 132 234＋工矿仓储用地 234 567＋住宅用地 256 789＋公共管理与公共服务用地 567 800＋特殊用地 684 500＋交通运输用地 236 780＋其他土地 89 800＋政府储备用地 345 678＋土地功效资产 2415＋土地信托资产 326 600＋土地货币资产 25 220＝3 592 672（百万元）。

（2）土地负债和权益期初存量总计＝生态环境负债 170＋违规用地负债 13＋国有土地权益 2 812 380＋集体土地权益 780 089＋权属未明土地权益 20＝3 592 672（百万元）。

（3）土地资产期末存量总计＝耕地 700 208＋草地 53 281＋商服用地 171 434＋工矿仓储用地 247 767＋住宅用地 256 789＋公共管理与公共服务用地 590 300＋特殊用地 677 000＋交通运输用地 278 780＋其他土地 17 800＋政府储备用地 346 978＋土地功效资产 2 880＋土地信托资产 338 800＋土地货币资产 14 420＋待处理土地资产 7 500＝3 703 937（百万元）。

（4）土地负债和权益期末存量总计＝生态环境负债 170＋违规用地负债 7 513＋国有土地权益 2 852 945＋集体土地权益 843 289＋权属未明土地权益 20＝3 703 937（百万元）。

检查结果，主表与各分表分类汇总平衡关系成立。

7.2.1.1.2 对主表的二维分类平衡关系检查

土地资产期初存量总计 3 592 672 百万元＝土地负债与权益期初存量总

计 3 592 672 百万元；土地资产期末存量总计 3 703 937 百万元＝土地负债与权益期末存量总计 3 703 937 百万元。

检查结果，主表的二维平衡关系成立。

#### 7.2.1.1.3 四柱平衡关系检查

四柱平衡关系检查见表 7-22、表 7-23。

表 7-22 对《土地资源环境资产变动表》（表 7-20）的四柱平衡关系检查

计量单位：百万元

| 土地资产项目 | 期初存量 (1) | 期内增加 (2) | 期内减少 (3) | 期末存量 (4)=(1)+(2)-(3) |
|---|---|---|---|---|
| 耕地 | 585 008 | 126 004 | 10 804 | 700 208 |
| 草地 | 105 281 | — | 52 000 | 53 281 |
| 商服用地 | 132 234 | 39 200 | — | 171 434 |
| 工矿仓储用地 | 234 567 | 19 800 | 6 600 | 247 767 |
| 住宅用地 | 256 789 | — | — | 256 789 |
| 公共管理与公共服务用地 | 567 800 | 32 500 | 10 000 | 590 300 |
| 特殊用地 | 684 500 | — | 7 500 | 677 000 |
| 交通运输用地 | 236 780 | 42 000 | — | 278 780 |
| 其他土地 | 89 800 | — | 72 000 | 17 800 |
| 政府储备用地 | 345 678 | 16 500 | 15 200 | 346 978 |
| 土地功效资产 | 2 415 | 465 | — | 2 880 |
| 土地信托资产 | 326 600 | 12 200 | — | 338 800 |
| 土地结算资产 | 0 | 8 | 8 | 0 |
| 土地货币资产 | 25 220 | 12 200 | 23 000 | 14 420 |
| 待处理土地资产 | 0 | 7 500 | — | 7 500 |
| 土地资产总计 | 3 592 672 | 308 377 | 197 112 | 3 703 937 |

表 7-23 对《土地资源环境资产变动表》（表 7-20）的四柱平衡关系检查

计量单位：百万元

| 土地负债与权益项目 | 期初余额 (1) | 本期增加 (2) | 本期减少 (3) | 期末余额 (4)=(1)+(2)-(3) |
|---|---|---|---|---|
| 生态环境负债 | 170 | 8 | 8 | 170 |
| 违规用地负债 | 13 | 7 500 | — | 7 513 |

续表

| 土地负债与权益项目 | 期初余额<br>（1） | 本期增加<br>（2） | 本期减少<br>（3） | 期末余额<br>（4）=（1）+（2）-（3） |
|---|---|---|---|---|
| 经济往来负债 | 0 | 12 200 | 12 200 | 0 |
| 国有土地权益 | 2 812 380 | 127 665 | 87 100 | 2 852 945 |
| 集体土地权益 | 780 089 | 126 004 | 62 804 | 843 289 |
| 权属未明土地权益 | 20 | — | — | 20 |
| 土地负债与权益总计 | 3 592 672 | 273 377 | 162 112 | 3 703 937 |

检查结果，两张分表的四柱平衡关系成立。

#### 7.2.1.1.4 对主表与分表的勾稽关系检查

经检查，《土地资源环境资产负债表》（表7-19）左端所列示的土地资产项目与《土地资源环境资产变动表》（表7-20）主词栏列示的土地资产项目一致，其期初存量与期末存量的数字也一致；《土地资源环境资产负债表》右端所列示的土地负债与权益项目与《土地资源环境负债与权益变动表》主词栏列示的土地资源环境负债与权益项目一致，其期初存量与期末存量的数字同样一致。综上所述，勾稽关系成立。

经过上述报表层面审计，证明报表编制符合技术规范。

### 7.2.1.2 报表数据核实

#### 7.2.1.2.1 账表之间的对比印证

通过账户记录与报表项目之间的来源关系进行溯源对比。如第一项"耕地"账户记录的期初余额585 008、本期增加126 004、本期减少10 804、期末余额700 208，就要分别与主表《土地资源环境资产负债表》中的"耕地"项目列示期初余额和期末余额相对比，与分表《土地资源环境资产变动表》中的期初余额、本期增加、本期减少、期末余额四位数进行对比，相互印证。

#### 7.2.1.2.2 账账之间的对比印证

通过账户记录的勾稽关系来检查，即编制账户记录的试算平衡表。试算平衡表（见表7-18）便是基于一级账户记录的账账之间的对比印证。如果有必要，可以进一步编制基于二级账户记录的试算平衡表。

#### 7.2.1.2.3 账证之间的对比印证

对比印证亦称凭证核实，是将账面记录与记账凭证进行对照，检查账

证是否相符。如"耕地"账户记录的 80 公顷耕地及权益恢复以及 4 百万元赔款的事项，要与某地方国企向村民赔偿的损失费用凭证及污染治理验收的证明相对比，查看有关记录与相关记账凭证及其所附原始凭证之间是否相符，相符则实，不符则不实。

#### 7.2.1.2.4 凭证之间的对比印证

这里主要是将记账凭证与所依据的原始凭证进行对照，检查二者是否相符。如上述例子，记账凭证与所附原始凭证之间的事项内容、时间、数量、经办人等要素是否一致，一致则实，不一致则不实。

#### 7.2.1.2.5 账实之间的对比印证

这是直接将账户记录与调查获取的证据之间进行对比，查看二者是否相符。如前述核算期间所发生的涉及土地资源环境的事项，根据有关线索，需要对其中的某个事项进行查证。这就要对该事项进行调查，对相关责任人（经办人、审核人等）进行当面或信函询问，以了解事情的经过，必要时到现场取证。将调查取证的实际情况与账面反映的情况进行对比印证，以此鉴别真伪，得出结论。

### 7.2.1.3 报表层面土地资源环境责任审计

#### 7.2.1.3.1 土地资源环境责任的显性表现检查——对土地资源环境负债的审计

根据具体土地资源负债项目或事项的形成原因，可以辨别出土地资源环境责任的承担者及其责任大小。一般地，土地资源环境负债产生的原因有自然原因和人为原因两类。自然原因是自然作用力造成的土地资源毁损或环境破坏，如植被破坏引起水土流失导致耕地减少；人为原因则是人的行为引起的土地资源毁损或环境破坏，如城市盲目扩建导致农用地减少。

土地资源环境责任审计可以直接根据《土地资源环境负债与权益变动表》及其相关记录进行。

核算期内涉及土地资源环境负债增加的事项有：①某县乡村水田受到农药过量使用污染，面积达到 80 公顷，经济损失为 400 万元。②政府向医院和企业提供土地，获取的收益应缴财政。③某公园发生重大违规建筑事项，涉及风景名胜设施用地 50 公顷。

涉及土地资源环境负债分类调整的事项有：经过司法仲裁，甲村庄水

田受到污染面积80公顷的责任主体最终确认为某地方国企由其排污所致，于是将甲村庄承担的80公顷污染土地治理的负债转为某地方国企。

涉及土地资源负债减少的事项有：①制造水田污染的企业通过经济赔偿和处理污染物等措施，解决了水田污染问题。②向财政部门上缴供应土地取得的收入。

#### 7.2.1.3.2 土地资源环境责任的隐性表现检查——对土地资源环境权益的审计

核算期内涉及土地资源环境权益增加的事项有：①土地变性，将20公顷的工业用地改为商业服务用地，由此增加国有土地权益1 200百万元。②经过治理消除80公顷的水田污染，由此减少土地资源环境负债，恢复集体土地权益。③政府向医院供应土地取得2 400百万元的增值收入。④由于行政区划调整，划入本级政府辖区范围土地1 200公顷，其中耕地700公顷，商服用地120公顷，工矿仓储用地面积80公顷，公共管理与公共服务用地90公顷，交通运输用地210公顷；集体土地权益126 000百万元，国有土地权益115 700百万元。⑤经专门机构检测，核算期间辖区范围内的土地生态功效有所改善，由此增加465百万元的土地资源环境功效价值。

涉及土地资源环境权益调整的事项有：为了修建高速公路，建设单位向乙村庄征用集体耕地60公顷，集体所有的乙村庄耕地资源权益减少，国家所有的交通运输资源权益（某建设单位公路用地）增加。

涉及土地资源环境权益减少的事项有：①据消费者反映甲村庄出产的大米有害元素严重超标，经技术部门测定，原因是甲村庄水田受到污染，由此形成土地资源环境负债并减少耕地及集体土地权益4百万元。②由于政府征用土地建设高速公路，由此减少集体耕地60公顷。③由于全球温度持续升高致使海平面升高，本级政府管辖的沿海陆地面积减少1 000公顷，其中涉及集体所有土地400公顷/52 000百万元，国有土地600公顷/72 000百万元。

根据上述从《土地资源环境负债和权益实物量变动表》中析出的事项，可以分析和追溯相关责任单位及其领导干部土地资源环境责任。

#### 7.2.1.4 审计意见

仅根据对土地资源资产负债表系统提供的信息进行土地资源环境责任

审计还不能得出最终审计结论。最终审计结论的得出，需要对照党和国家的相关政策法规、区域经济社会发展规划、被审计单位的有关规章、生态文明建设考核指标和领导干部自然资源资产离任审计要求，等等。表达审计结论的审计意见有两种形式：一是参照注册会计师行业的规范性要求，得出规范性的审计结论；二是根据具体的审计证据和相关法规说明具体的责任性质及其归属。

## 7.2.2 土地资源环境责任审计实践与探索

### 7.2.2.1 我国土地资源环境审计现状

公共部门受托管理自然资源资产的目的是为了满足社会公众需要，由于自然资源资产相对于公共需要的稀缺性，政府及其部门、其他公共部门和组织必须"负责任"地管理、使用土地资源资产。无论是土地的审批、转让、开发、利用，还是环境保护政策的落实，都需要领导干部的决策。领导干部特别是地方"一把手"对土地资源的管理、使用和保护具有重要的决策权，相应地责任也十分重大。

迄今为止，我国共开展了六次全国性的土地资源专项审计。归纳总结历次土地资源审计后发现，土地资源审计中土地问题突出，其中的绝大部分问题都与领导干部履责不当有关。从审计署网站公布的审计处理结果公告来看，土地资源违规违法案件中可以归于土地资源管理部门领导责任的案件占绝大多数。因此，加强土地资源领导干部责任审计是加强权力制约和监督的客观需要，也是保护土地资源的必由之路。通过揭示土地资源管理使用中的决策失误、损失浪费和腐败等问题，可增强领导干部的责任意识，促进责任政府建设。本书基于审计署公告分析土地资源审计中发现的问题，以及存在领导干部职责缺失的原因，以进一步落实领导干部的土地资源环境管理责任，提升土地资源环境的质量与价值。

#### 7.2.2.1.1 我国土地资源环境审计开展情况

土地资源审计以优化国土开发利用、保障耕地红线、维护国家利益为目标，以土地征收、供应、复垦及土地出让收入等相关资金的征收管理使用为审计主线，反映和揭示土地资源管理中存在的机制、体制、政策、管理方面的成效与缺失，揭露和查处土地资源利用中的重大违法违规案件，发挥土地资源审计对促进强化土地调控、推动经济发展方式转变的重要作

用。自 2002 年开始，审计署共实施了六次大规模的土地专项审计。2002年对 3 个城市国土专项资金实施试点审计；2003 年组织对 10 个城市国有土地使用权出让金的试点审计；2007 年开展对 11 个省（市）土地开发整理资金及省会城市国有土地使用权出让金的审计调查；2009 年对 11 个省土地资源开展专项资金审计调查；2014 年审计署共组织审计全国 29 个省本级、200 个市本级和 709 个县，重点抽查 11.81 万宗土地、1 万多个农村土地整治项目，新疆、西藏和新疆生产建设兵团也按照要求自行组织开展了土地审计。[①] 总的来说，以往历次土地审计都有力地打击了土地违法犯罪行为，促进土地资金效益和土地管理水平不断提升，取得了较好的审计成效。

#### 7.2.2.1.2 土地资源环境审计特征

（1）审计涉及部门具有广泛性。自然资源部及县级以上地方人民政府土地行政主管部门和用地单位是审计的主要对象，由于土地资源涉及领域广泛，审计范围还涉及财政、房产、建设、环保、住建、农业、林业等有关部门和项目所在地政府部门。

（2）审计时间与涉及地域具有不确定性。历次土地专项审计开展的时间并不确定也无规律可循，一般审计涵盖的时间范围是前后两次土地审计的间隔期；另外，土地审计所涉及的地域范围也充满随机性，审计地点一般采取抽查的方式确定。

（3）审计对象逐次增加。随着国家土地政策的出台，土地关注的重点问题也在不断变化。2007 年之前将土地专项资金、土地出让金的征收管理与使用作为土地审计重点；随着对土地资源开发整理项目资金投入比例的增加，2007 年之后，政府开始将土地资源的开发整理项目资金使用与实施效果作为审计的一项重点工作；2011 年政府经济责任审计作为一项审计内容出现在审计任务中；之后，国家重点关注生态环境的保护与治理，从审计的角度，为贯彻实施国家宏观政策，2014 年土地专项审计的对象直指耕地保护和粮食安全问题，重点关注土地资源节约、环境保护以及减少土地领域腐败。

（4）审计机关审计目标进一步拓展。本书将六次土地资源专项审计依

---

① 中华人民共和国审计署审计结果公告，http://www.audit.gov.cn。下同。

据审计目标划分成四个阶段：2002年和2003年两次土地资源审计为第一个阶段，这个阶段审计的主要目标是整治财经纪律，提升资金的使用效率；2007年、2009年两次土地资源审计为第二个阶段，这个阶段审计的主要目标是加强对土地资源开发整理项目的管理与监督，促进土地政策的落实；2011年的土地资源审计为第三个阶段，主要目的是探索从宏观决策的角度评价地区土地资源管理情况；第四个阶段，即2014年的土地资源审计为土地资源离任审计拉开序幕。总而言之，土地资源审计目标顺应审计重点的变化而变化，伴随审计内容的扩展而扩展。

(5) 审计覆盖面逐渐扩大。土地资源专项审计的审计规模从2002年的3个城市发展到2014年29个省，并有望向全国覆盖的土地资源专项审计转变，国家对土地资源审计的重视程度正在不断加强。

鉴于我国人口众多，可利用土地资源日渐贫乏，我国对土地资源的保护从未停止，在开展全国性的土地资源专项审计的同时，审计署还会定期或不定期地对土地资源进行检查，以期全面了解土地管理方面采取的措施及其取得的成效，揭露和查处土地开发、利用、征收和使用资金等方面的违法违规问题，维护国有土地资源的安全完整、土地收益的真实合法，保障国家土地资源战略安全。

#### 7.2.2.1.3 土地资源审计中发现的问题及其原因
##### 7.2.2.1.3.1 土地资源管理中存在的问题

迄今为止，审计署共进行了六次土地专项审计，每次的审计结果也会以公告的形式在审计署网站上进行公布。从六次审计结果公告看，土地资源管理中存在的问题仍然比较突出，经过整理发现，土地资源管理中存在的问题主要涉及以下方面：

(1) 国土专项资金与土地出让金征收、管理和使用不当。此类问题在六次土地资源专项审计中均有涉及，而且违规金额在所审计总金额中占比相当大。在2002年审计的三个城市中，该项违规金额为67.5亿元；2007年达到了2 303.01亿元；2009年有所减少，为1 114.45亿元；2011年该类问题涉及金额175.75亿元；2014年土地审计时间跨度较大，审计地域范围较广，因此审计出的问题也相应增多，涉及该类问题的金额达到27 048.55亿元。2007年的审计结果见表7-24。

表 7-24　2007 年土地资源该问题的审计结果

| 土地出让金相关问题 | 涉及范围（城市数） | 涉及金额（亿元） | 占比（%） |
| --- | --- | --- | --- |
| 违规减免、变相减免出让金 | 9 | 47.88 | 2.17 |
| "零地价"出让工业用地 | 6 | — | — |
| 拖欠出让金 | 10 | 173.27 | 4.93 |
| 违规使用出让金 | — | 83.73 | 2.38 |
| 土地出让净收益未按规定纳入基金预算管理 | — | 1 864.11 | 71.18 |
| 土地出让金未按规定纳入财政管理 | — | 108.68 | 3.09 |

(2) 征地补偿安置和被征地农民社会保障政策落实不到位：未按照国务院有关要求制定被征地农民社会保障制度；征地补偿政策落实不到位，拖欠、出借征地补偿资金，低价补偿或截留挪用农民征地补偿费侵害农民利益等问题突出。详见表 7-25。

表 7-25　历次土地资源审计公告中涉及第二类问题的结果汇总

| 年份 | 问题 | 金额（亿元） | 涉及范围（城市数） |
| --- | --- | --- | --- |
| 2007 | 拖欠、出借征地补偿资金 | 5.61 | — |
| | 欠收、挪用被征地农民社会保障资金 | 51.17 | — |
| 2011 | "三类住房"用地占住宅供地的比例未达到70%的政策要求 | — | 4 |
| | 被征地农民实际参保率为 60.56% | — | 7 |
| 2014 | 征地拆迁少支付补偿款 | 17.41 | — |
| | 编造虚假资料等套取或骗取补偿款 | 10.57 | — |

(3) 土地出让管理中违规现象严重：违规协议出让或违反招拍挂制度供地；通过事先确定土地使用者和土地价格、设置排他性条件等方式协议出让经营性用地；向禁止占用耕地的"主题公园"、低密度住宅项目供应耕地；开发区圈地。详见表 7-26。

表 7-26　历次土地资源审计公告中涉及第三类问题的结果汇总

| 年份 | 问题 | 土地面积（公顷） |
| --- | --- | --- |
| 2002 | 违规协议出让土地或违反"招拍挂"制度 | 28.5 万 |
|  | 擅自建立各类园区、圈占土地 | 2 799 |
| 2007 | 违规协议出让或违反"招拍挂"制度 | 689.88 |
|  | "以租代征"农民集体土地建娱乐场所 | 1 541.05 |
| 2011 | 违规协议出让或违反"招拍挂"制度 | 614 |
|  | 超低价违规批准土地 | 78.46 |
| 2014 | 批地征地问题 | 38.77 万 |
|  | 违规协议出让、虚假"招拍挂"或"毛地"出让 | 14.43 万 |
|  | 违规以租代征、改变规划条件 | 21.86 万 |

（4）土地储备贷款风险和违规使用问题突出：土地储备贷款抵押物不实；土地储备机构贷款金额过大而还贷能力不足；土地储备贷款被挪作他用。2007 年审计发现，一些城市的土地储备机构将主要以贷款方式取得的土地储备资金共 142.36 亿元用于股权投资、出借和市政设施建设等。

（5）土地整治项目落实不到位：土地整治项目不合格、耕地质量不达标或撂荒；违规、超计划或超规划审批建设用地；挤占、挪用土地整治资金等。详见表 7-27。

表 7-27　历次土地资源审计公告中涉及第五类问题的结果汇总

| 年份 | 问题 | 金额（亿元） | 土地面积（公顷） |
| --- | --- | --- | --- |
| 2009 | 未足额征收、计提土地开发整理相关资金 | 28.37 | — |
|  | 未按规定将土地开发整理相关资金纳入国库管理 | 9.18 | — |
|  | 改变土地开发整理相关资金用途 | 20.94 | — |
| 2011 | 土地整治项目耕地质量不达标或撂荒 | — | 1 220 |

（6）违规乱占耕地、虚增耕地问题严重：基本农田面积低于考核目标，划定非耕地为基本农田；虚增耕地、耕地质量不达标。详见表 7-28。

表 7-28 历次土地资源审计公告中涉及第六类问题的结果汇总

| 年份 | 问题 | 面积（公顷） | 金额（亿元） |
|---|---|---|---|
| 2009 | 虚报新增耕地 | 900 | — |
| | 开发整理尚未达标的情况下，上报新增耕地 | 1 953 | — |
| | 建设用地项目多占少补耕地 | 286.3 | — |
| 2014 | 长期占用土地未利用 | 12.21 万 | — |
| | 违规审批设立开发区 | 69.1 万 | — |
| | 违规扩区 | 379.15 万 | — |
| | 基本农田面积不达标 | 7.25 万（低 3%） | — |
| | 划定基本农田中非耕地面积 | 141.76 万（占 4%） | — |
| | 整治资金被挤占挪用 | | 109.46 |

审计发现的这六大类土地管理问题，无论是土地专项资金的征收管理与使用还是土地资源开发与保护，领导干部的所作所为在其中都有重要影响。领导干部职责缺失或是滥用职权的直接后果就是国土资源流失与土地腐败。从土地问题所涉金额来看，也呈现一个上升的趋势，所造成的危害也越来越大，可见对领导干部履职的审查与监督迫在眉睫。

#### 7.2.2.1.3.2 土地资源管理中存在问题的原因分析

整理 2003—2017 年审计署网站公布的 15 个审计处理结果公告发现，涉嫌违规违法处理案件达到 478 起，其中涉及土地资源的案件有 42 起，占比 8.76%，问题比较突出。在 42 起土地案件当中，有 35 起可以归于领导干部个人责任，占比高达 83.3%[1]，领导干部滥用职权谋取私利造成国土资源流失的现象相当严重。其中涉及的领导干部，上至省部级领导，下至普通科员，反映出土地腐败问题具有一定的普遍性，任何级别的领导干部都有可能牵涉其中。另外，由于土地问题的复杂性，土地资源涉案部门不限于专门的土地管理部门，林业部门、财政部门、税务部门、村镇政府等都有可能利用职权从土地中谋取利益，相互勾结、滥用职权、违规操作、贪污受贿等造成的危害极大。因此，可以从领导干部履责不当的角度来具

---

[1] 中华人民共和国审计署官方网站（http://www.audit.gov.cn）审计处理结果公告，下同。

体分析土地问题频发的原因。

（1）对领导干部责任界定不清。土地资源涉及的领域复杂，土地问题牵涉的人员众多。为此，领导人员责任的界定就显得尤为重要。但是在实践工作中存在很多的问题，第一，党政领导干部职责范围不同，执政方式不一；第二，集体决策，责任扩散，难以确定单一主体或主要责任主体；第三，任职时间不同步，前后任领导干部责任难以划分，这些都是领导干部责任界定困难的原因。领导干部责任界定不清，无法对领导干部准确定责，易导致土地腐败问题。2006—2011年，河北省国土资源厅违规批准原所属河北省永兴房地产开发公司的26个耕地开垦项目，并帮助该公司通过转让耕地占补平衡指标，获取巨额不正当利益。该例涉案人员55人，55人的责任如何界定至关重要，若问题归责不清，处罚难免偏颇，也不利于问题的解决。

（2）土地资源相关部门领导干部问责体系缺失。至2014年，我国土地专项审计的范围已经涵盖11.81万宗土地、1万多个农村土地整治项目，其中虚增耕地、质量不达标的达10%和33%，整治资金被挤占挪用达109.46万元。这种具有普遍性的土地问题一旦查处，涉案人员必然不在少数，但是2014年处理的人员中涉及土地问题的只有8项，均涉嫌重大违规，而对于其他人员没有任何惩罚。大错追究，小错放任的问责模式，只能使小问题变为大问题，最终造成恶劣影响。其中一个关键因素是仅有审计没有问责，即审计出问题也没有办法追责，审计流于形式，最终形成恶性循环。

（3）领导干部"内控"工作不到位。土地资源在管理和使用过程中存在很多的风险，包括环境风险和经济风险。若土地资源管理部门因自身能力所限不能及时识别并采取措施防范风险，只会让土地问题进一步加剧，从而产生更大的危害，也为后期治理带来更大的困难。领导干部自身专业素质的高低直接决定了土地政策的制定与执行以及相关问题整改的水平。从审计处理结果看，在查处的42起土地问题中，有13项是属于领导干部"内控工作不到位，占比达到31%，其中比较严重的有两起"，2000—2014年，四川、黑龙江、重庆、辽宁、宁夏等地10个部门单位有关公职人员在工程建设、征地拆迁、土地整理等工作中，因自身能力和态度问题造成国土资金被骗等。无独有偶，2013年，淄博市高新技术产业开

发区规划建设土地局在城市棚户区财政补助资金发放中，对申请资料审核把关不严，棚改资金被南石和魏家两个社区骗取。土地资源内部管理系统不完善，领导干部自身素质不达标、态度不端正，成为土地案件发生的温床。

（4）领导干部环境责任意识薄弱。一段时期内，土地收入是地方财政的重要来源之一，以牺牲环境为代价追求政绩的屡见不鲜，为招商引资违规审批土地的比比皆是。2011—2012年，大庆市政府在推动大庆石油管理局与民营企业"以土地换项目"的过程中，违规以毛地、负地价等方式出让土地，导致国有权益损失。2013年，李贵平、廖晓波等人在处置赤水市天竹纸业有限公司原工业用地过程中，无视纸业属于污染管制行业，违规决策返还土地出让收入，造成国土资源流失和环境污染问题。只求政绩，无视环保的主要原因在于：我国目前的法律体系对环保部门和党政机关所应承担的环境责任都有相当明确的规定，但是针对领导干部却没有具体规定，因此领导干部是否履行环境责任以及履行的成效等都无法进行准确的衡量，领导干部环境责任相关法律明显缺失。

（5）对违规违法人员处罚力度偏弱。从审计署公告违规案件的处理结果看，违法违规案件移送处理之后，对涉案领导干部会进行处罚。首先，没收涉案财产，对相关损失进行赔偿，尽量减少案件造成的损失；其次，按照案件的恶劣程度让当事人承担一定的行政处分或是刑事处罚，行政处分主要包括调离岗位、引咎辞职、责令辞职、免职、降职、党纪政纪处分，情节严重的接受刑事处罚。2002—2005年，资兴市原国土局局长陈志强等人指使市国土资源局、财政局，通过虚构工程项目、伪造资料等方式，骗取该市万亩良田土地开发整理资金1 374万元，后没收其受贿款757 131元、1 000美元上缴国库，以滥用职权罪和受贿罪合并判处陈志强有期徒刑3年。这样的惩罚力度未免过轻，这并不是个案，重案轻罚的现象在审计处理结果公告中比比皆是，截至目前，最长的有期徒刑为15年。如果因违法违规带来的利益远大于接受的惩处，就不能从根本上对涉案人员以及其他领导干部起到惩戒警示作用。

#### 7.2.2.2 土地资源环境责任审计评价指标体系构建

深化土地资源资产责任审计，可促进耕地保护与国土空间的优化开发利用。因此，应将完善土地资源资产责任审计作为当前的一项重点工作，

积极探索土地资源资产责任审计评价指标体系,选取合适的评价指标和科学的评价标准,实现对土地资源的保护,完善对国土空间的管理。

如前所述,自然资源审计的研究对象主要包括自然资源资产开发情况、自然资源政策制定及执行情况、自然资源资产利用状况、自然资源及环境保护项目的投资建设状况、自然资源资产资金使用状况、相关干部的其他责任履行状况。对于土地资源资产责任审计评价,本书将从土地资源资产开发、土地资源政策制定及执行、土地资源资产利用、土地资源和环境保护项目投资建设、土地资源专项资金使用这五个一级评价指标出发,对责任主体的土地资源责任履行情况进行综合评价。在选取指标时,将全面性和重要性相结合,定量与定性相结合,综合考虑各方面的因素。

对于土地资源资产的开发,应重点审查期初期末土地资源资产数量、质量的变化情况及其变动原因;对于土地资源政策制定及执行,应重点关注土地资源资产方面的制度建设和实际执行情况;对于土地资源资产的利用,应审查土地开发利用行为的合法性,安排招商引资项目的合理性,以及对土地的利用效率;对于土地资源及环境保护项目的投资建设,应审查责任主体是否开展了对耕地、农田、土壤等土地资源的保护和修复工程,关注项目的真实性以及项目建设的完成情况,资金的筹集和拨付情况;对于土地资源专项资金的使用,应主要关注土地相关专项资金的预算编制和资金的使用合规情况等。

#### 7.2.2.2.1 土地资源资产开发评价指标

评价土地资源的开发情况,应从总体上考虑期初期末土地资源资产存量和质量的变化情况及其变动原因。土地资源领域的资产受托责任就是要求责任主体合理开发土地资源,在保证土地资源能够承载的情况下,使得土地资源开发的经济效益最大化。因此,这里设置"土地资源开发率"这一指标,该指标能够反映责任主体为带动当地经济发展而开发的土地资源,表明责任主体在开发土地资源方面所作的努力。在土地资源资产实物层面,通过国土局、农业局等相关单位,获取期初期末土地利用现状分类数据,评价领导干部任职期间各类土地资源资产实物数量(面积)的增减变动情况,形成《土地利用现状二级分类变化情况表》,核查是否存在异常变化并分析原因,为此设置二级指标"土地资源总量变化率"。同时,为考察是否有超出土地约束性指标和规划范围的违规情况,包括耕地保有

量、基本农田保护面积、全镇建设用地总规模、新增建设占用农用地规模、土地复垦义务量等，设置二级指标"土地资源违规开发率"。在土地资源资产质量层面，从农业部门获取土地承包经营情况统计表（含撂荒一年以上统计数据）、农业环境统计数据、耕地耕力调查数据、耕地耕力等级图等，评价土地资源资产质量的升降变化情况，设置二级指标"耕地耕力产量变化率"。本书构建的土地资源资产开发评价指标如表7-29所示。

表7-29 土地资源资产开发评价指标

| 一级指标 | 二级指标 | 性质 | 指标说明 |
| --- | --- | --- | --- |
| 土地资源资产开发 | 土地资源开发率 | 定量 | 已开发土地资源面积/辖区内所有土地资源面积 |
| | 土地资源总量变化率 | 定量 | （辖区内本年度土地资源总面积-上年土地资产总面积）/辖区内上年度土地资产总面积 |
| | 土地资源违规开发率 | 定量 | 违规开发土地面积/辖区内土地资源资产总面积 |
| | 耕地耕力产量变化率 | 定量 | （辖区内本年度耕地耕力产量-上年度耕地耕力产量）/上年度耕地耕力产量 |

#### 7.2.2.2.2 土地资源政策制定及执行评价指标

评价土地资源的政策执行和履责审计，要重点关注土地资源资产方面的制度建立和实际执行情况。

制度建立方面，审查乡镇完成上级土地资源政策法规的贯彻和战略规划的组织情况、政策建立情况。审查责任主体是否建立健全管理土地资源资产的政策制度体系，包括土地资源资产源头保护制度、监测预警制度、违建巡查报告制度、监督评估制度、损害赔偿制度、责任追究制度、土壤污染治理和修复保护制度等，以及是否与各村签订土地保护责任书，是否设计地质灾害应急预案等，相关方案是否经过有效程序（演习）验证。为此设置以下二级指标：土地资源管理工作制度、土地保护管理责任书、地质灾害防治方案、地质灾害应急预案。

制度执行方面，结合上级党委、政府、国土等部门对乡镇土地管理工作的考核，审查责任主体对国家、省、市、区土地资源资产方面战略方针和政策的执行情况。检查土地资源资产管理规划是否符合相关法律、法

规、规章、政策以及国民经济和社会发展规划的要求,能否达到相应的土地资源资产保护目标;审查土地资源资产管理规划目标、年度计划目标的落实情况;审阅土地资源保护管理责任书、基本农田保护责任书、土地利用总体规划落实情况;审查打击违法建设工作成果,抽查区域内关于土地保护宣传设施配置情况、检查巡查队人员配置及上岗情况,检查管理和考核制度落实情况。为此设置二级指标如下:土地确权工作落实,违法建设巡查、查处、拆除,土地政策宣传,土地管理部门考核。

在上述两方面的基础上,又设置三个定量指标,即土地资源政策执行率、土地资源政策遵守率、土地资源政策问责率。在保证土地资源不受破坏的前提下,对土地资源进行合理开发,既是责任主体被人民赋予的权利,也是受人民委托承担的义务。考察责任主体是否在意识层面重视管理土地资源这一职责,主要看该责任主体是否完整、准确地落实政府颁布的土地资源开发政策。而"土地资源政策执行率"指标能够反映责任主体对于土地资源开发的积极性和重视程度。为了使土地资源效益最大化,责任主体在作出任何决策之前,都应该遵守政府的政策,包括决策目的、资金支出和执行范围等。"土地资源政策遵守率"指标能够很好地反映责任主体对于土地资源开发保护政策的遵守情况,是否有不按要求作决策的情况。责任主体在执行土地资源管理政策时,可能会由于种种原因导致决策失误,面对这种失误,责任主体能否及时进行修正并开展问责程序,就代表了其自我纠偏的态度。"土地资源政策问责率"指标可反映责任主体有没有正确执行政策,以及出现失误后有没有及时自我纠偏。

综上所述,本书构建的土地资源政策制定及执行评价指标如表7-30所示。

表7-30 土地资源政策制定及执行评价指标

| 一级指标 | 二级指标 | 性质 | 指标说明 |
| --- | --- | --- | --- |
| 土地资源政策制定及执行 | 土地资源管理工作制度 | 定性 | 责任主体是否建立健全管理土地资源资产的政策制度体系 |
| | 土地保护管理责任书 | 定性 | 是否与各村签订土地保护责任书 |
| | 地质灾害防治方案 | 定性 | 是否设计地质灾害防治方案 |
| | 地质灾害应急预案 | 定性 | 是否设计地质灾害应急预案 |

续表

| 一级指标 | 二级指标 | 性质 | 指标说明 |
| --- | --- | --- | --- |
| 土地资源政策制定及执行 | 土地确权工作落实 | 定性 | 审查土地资源资产管理规划目标、年度计划目标的落实情况 |
| | 违法建设巡查、查处、拆除 | 定性 | 审查打击违法建设工作成果 |
| | 土地政策宣传 | 定性 | 审查区域内关于土地保护宣传设施配置情况 |
| | 土地管理部门考核 | 定性 | 检查管理和考核制度落实情况 |
| | 土地资源政策执行率 | 定量 | 已执行政策数/土地资源管理全部政策数 |
| | 土地资源政策遵守率 | 定量 | 执行情况符合要求政策数/土地资源管理全部政策数 |
| | 土地资源政策问责率 | 定量 | 土地资源政策问责数/土地资源管理全部政策数 |

### 7.2.2.2.3 土地资源资产利用评价指标

为保障我国 18 亿亩耕地保护目标，推进依法治国，审查责任主体开发利用土地资源行为的合法性，安排招商引资项目的合理性，以及对土地资源的利用效率十分必要。本书设置"土地资源实际利用率"二级指标反映责任主体在促进土地资源开发过程中对各个开发项目是否督促到位，土地资源的利用是否合理。设置"土地资源循环利用节约效率"指标反映责任主体在开发土地资源时有没有将环境保护、节约资源等理念贯彻始终，落实于实际项目开发中，只有责任主体从自身做起，循环利用节约资源，才能保证其管辖领域土地资源被更好保护，建设资源节约型政府。设置"土地资源消耗降低率"指标反映降低率，表明与上年相比，当年土地资源消耗量是否有所下降，这也体现了责任主体在推动辖区域经济发展时，土地资源消耗是否逐年降低。设置"土地资源利用效益增长率"指标反映责任主体利用土地资源获得的效益，包括经济效益、社会效益等与上年相比是否有所增长，体现的是利用土地资源的效率。本书构建的土地资源资产利用评价指标如表 7-31 所示。

表 7-31 土地资源资产利用评价指标

| 一级指标 | 二级指标 | 性质 | 指标说明 |
| --- | --- | --- | --- |
| 土地资源资产利用 | 土地资源实际利用率 | 定量 | 已审批并利用土地资源量/所有审批土地资源总量 |
| | 土地资源循环利用节约效率 | 定量 | 循环利用节约资源量/预算开发土地资源量 |
| | 土地资源消耗降低率 | 定量 | （当年消耗降低量-上年消耗降低量）/上年消耗降低量 |
| | 土地资源利用效益增长率 | 定量 | （当年效益增长量-上年效益增长量）/上年效益增长量 |

#### 7.2.2.2.4 土地资源及环境保护项目的投资建设评价指标

在评价土地资源及环境保护项目的投资建设情况时，要综合考虑建设资金的拨付情况和建设项目的完成情况。对于土地资源开发投入情况的审计，首先应考查投入的资金来源是否符合相关政策与预算要求，是否有挪用其他项目资金等情况，要判断资金来源是否合法、合规。为此，设置"土地资源资金来源合法性"指标表示责任主体对于各项目资金的筹集情况。在审计土地资源开发保护项目时，应审核资金拨付是否符合相关文件的要求，是否有超出拨付范围、标准和不符合拨付程序的现象。设置"土地资源资金拨付合规性"指标反映责任主体对各项目资金拨付情况是否了解并合理使用。我国每年都会针对土地资源保护设立专项资金，这体现了我国政府对保护自然资源、建设生态文明社会的支持。设置"土地资源资金拨付率"指标反映责任主体是否按规定执行专项资金、能否理解政策并落到实处。此外，还应审查责任主体对于重大建设项目的完成情况，包括农业综合开发土地治理、高标准农田建设、基本农田整治项目、地质灾害防治工程、土地流转等，为此设置"重大项目建设任务完成情况"指标评价土地资源资产重大项目的实施效果和绩效目标的完成情况。本书构建的土地资源及环境保护项目的投资建设评价指标如表 7-32 所示。

表7-32 土地资源及环境保护项目的投资建设评价指标

| 一级指标 | 二级指标 | 性质 | 指标说明 |
|---|---|---|---|
| 土地资源及环境保护项目的投资建设 | 土地资源资金来源合法性 | 定性 | 来源是否合法、合规 |
| | 土地资源资金拨付合规性 | 定性 | 拨付范围、标准、程序是否合法、合规 |
| | 土地资源资金拨付率 | 定量 | 实际拨付资金/土地资源开发保护专项资金 |
| | 重大项目建设任务完成情况 | 定性 | 是否达到预期效果和绩效目标 |

对土地资源专项资金进行审计，应主要关注土地相关专项资金的预算编制、收入支出情况和执行及决算的真实性、合法性等。审查土地资源资产开发、利用、保护和管理所涉的专项资金预算编制是否合法、完整、细化，预算编制的依据是否充分、合理。审查土地资源资产相关项目资金使用的合法性以及审批、招投标、验收等手续的完整性。为此，设置以下三个二级指标：土地资源资金预算支出完成率、土地资源资金使用合规率、财政资金到位及时率。"土地资源资金预算支出完成率"指标反映责任主体在落实土地资源开发政策的过程当中，对于预算资金是否合理支出，是否按要求支出。"土地资源资金使用合规率"指标反映责任主体在所执行的土地资源开发中，项目资金的发放、支出是否符合政策规定，表明责任主体在履行职责过程中是否尽心尽力、认真负责地追踪每一笔项目资金是否到位。"财政资金到位及时率"反映资金到位的效率，财政资金的拨款环节多，资金在途时间长，如果配套资金无法及时到位，就可能导致项目无法按期完成，严重影响资金使用效率。本书构建的土地资源专项资金使用评价指标如表7-33所示。

表7-33 土地资源专项资金使用评价指标

| 一级指标 | 二级指标 | 性质 | 指标说明 |
|---|---|---|---|
| 土地资源专项资金使用 | 土地资源资金预算支出完成率 | 定量 | 土地资源项目实际支出额/土地资源资金总预算支出额 |
| | 土地资源资金使用合规率 | 定量 | 项目资金合规额/项目支出总资金 |
| | 财政资金到位及时率 | 定量 | 实际到位的财政资金/全部应到位的财政资金 |

综上所述，本书构建的土地资源环境责任审计评价指标如表7-34所示。

表 7-34　土地资源环境责任审计评价指标

| 一级指标 | 二级指标 | 性质 | 指标说明 |
| --- | --- | --- | --- |
| 土地资源资产开发 | 土地资源开发率 | 定量 | 已开发土地资源面积/辖区内所有土地资源面积 |
| | 土地资源总量变化率 | 定量 | (辖区内当年土地资源总面积-上年土地资产总面积)/辖区内上年土地资源总面积 |
| | 土地资源违规开发率 | 定量 | 违规开发土地面积/辖区内土地资源资产总面积 |
| | 耕地耕力产量变化率 | 定量 | (辖区内当年耕地耕力产量-上年耕地耕力产量)/上年耕地耕力产量 |
| 土地资源政策制定及执行 | 土地资源管理工作制度 | 定性 | 责任主体是否建立健全管理土地资源资产的政策制度体系 |
| | 土地保护管理责任书 | 定性 | 是否与各村签订土地保护责任书 |
| | 地质灾害防治方案 | 定性 | 是否设计地质灾害防治方案 |
| | 地质灾害应急预案 | 定性 | 是否设计地质灾害应急预案 |
| | 土地确权工作落实 | 定性 | 审查土地资源资产管理规划目标、年度计划目标的落实情况 |
| | 违法建设巡查、查处、拆除 | 定性 | 审查打击违法建设工作成果 |
| | 土地政策宣传 | 定性 | 审查区域内关于土地保护宣传设施配置情况 |
| | 土地管理部门考核 | 定性 | 检查管理和考核制度落实情况 |
| | 土地资源政策执行率 | 定量 | 已执行政策数/土地资源管理全部政策数 |
| | 土地资源政策遵守率 | 定量 | 执行情况符合要求政策数/土地资源管理全部政策数 |
| | 土地资源政策问责率 | 定量 | 土地资源政策问责数/土地资源管理全部政策数 |
| 土地资源资产利用 | 土地资源实际利用率 | 定量 | 已审批并利用土地资源量/所有审批土地资源总量 |
| | 土地资源循环利用节约效率 | 定量 | 循环利用节约资源量/预算开发土地资源量 |
| | 土地资源消耗降低率 | 定量 | (当年消耗降低量-上年消耗降低量)/上年消耗降低量 |
| | 土地资源利用效益增长率 | 定量 | (当年效益增长量-上年效益增长量)/上年效益增长量 |

续表

| 一级指标 | 二级指标 | 性质 | 指标说明 |
|---|---|---|---|
| 土地资源及环境保护项目的投资建设 | 土地资源资金来源合法性 | 定性 | 来源是否合法合规 |
|  | 土地资源资金拨付合规性 | 定性 | 拨付范围、标准、程序是否合法合规 |
|  | 土地资源资金拨付率 | 定量 | 实际拨付资金/土地资源开发保护专项资金 |
|  | 重大项目建设任务完成情况 | 定性 | 是否达到预期效果和绩效目标 |
| 土地资源专项资金使用 | 土地资源资金预算支出完成率 | 定量 | 土地资源项目实际支出额/土地资源资金总预算支出额 |
|  | 土地资源资金使用合规率 | 定量 | 项目资金合规额/项目支出总资金 |
|  | 财政资金到位及时率 | 定量 | 实际到位的财政资金/全部应到位的财政资金 |

## 7.2.3 土地资源环境责任审计案例——北京某乡镇领导干部土地资源责任审计

### 7.2.3.1 审计背景和审计目标

#### 7.2.3.1.1 审计背景

加快推进领导干部自然资源资产离任审计是我国加强生态文明建设、促进领导干部履行资源管理和环境保护责任的重要举措。党的十八届三中全会《决定》明确了对领导干部实行自然资源资产离任审计的改革任务。《京津冀协同发展规划纲要》要求京津冀地区率先开展领导干部自然资源资产和环境责任离任审计试点，《生态文明体制改革总体方案》要求积极探索领导干部自然资源资产离任审计的目标、内容、方法和评价指标体系，《开展领导干部自然资源资产离任审计试点方案》明确了试点步骤和重点。土地资源是北京重要的战略资源和生产资料，涉及广泛的民生利益，加强土地管理、严格保护耕地、推进土地集约利用、加强涉地资金监管，是各级政府的全局性、战略性任务。为促进地方党委、政府领导干部贯彻执行国家土地管理和宏观调控政策，守住18亿亩耕地红线，审计机关应发挥在土地资源资产监管体系中的作用，通过反映和揭示领导干部在土地资源管理、保护和利用等方面的成效与缺失，逐步建立起

领导干部土地资源资产责任制，推动我国经济发展方式转变。在此背景下，北京市X区审计局以生态文明建设目标为导向、以责任评价为手段，对A镇某领导干部B进行了土地资源资产离任审计。A镇属于山区乡镇，山区、丘陵、平原各占三分之一，并有河流过境，全镇面积119.3平方公里，辖15个行政村。近年，A镇为适应市、区发展形势，根据自身地理特点确立发展定位，努力建设具有山地风情的特色运动休闲小镇，打造葡萄酒文化旅游区和体育休闲产业区，力争探索出一条高端旅游产业化道路。A镇原党委书记任职期间为2012年2月至2015年5月，为便于界定，将时间范围确定为2012年1月1日至2015年5月31日。审计实施过程中，土地资源资产审计作为经济责任审计的延伸部分，与经济责任审计同步进行，并入一份审计报告，本报告主要研究土地审计的部分。考虑到2014年审计署对全国范围2008—2013年的土地收支和耕地保护情况进行了审计，此次审计将审计署发现问题的整改情况也作为重点审计内容之一。

#### 7.2.3.1.2 审计目标

审计以领导干部任期内该镇实施的重大土地项目为切入点，以土地政策贯彻落实为主线，在关注涉地资金收支的真实性、合法性、效益性的基础上，重点审查、评价该镇领导干部任期内对土地资源的管理、利用、保护等职责履行情况。通过摸清原党委书记任期内，A镇土地资源资产的总体状况及变动情况（包括数量和质量），土地资源资产的政策执行、履责情况，土地资源资产利用的违法、违规情况，土地资源资产保护的重大项目情况，土地资源资产的资金使用情况，以及对审计署发现的A镇土地资源管理所存在问题的整改情况这六个方面，界定其在土地资源管理、开发、利用、保护等工作中应承担的责任，建立评价指标体系，为提高领导干部土地资源资产保护、管理水平提出意见建议。通过审计，探索并逐步完善对乡镇领导干部的自然资源资产离任审计制度，应用评价指标体系，强化对领导干部自然资源资产管理和生态环境保护责任履责的考核评价，促进资源节约利用和生态治理保护。

### 7.2.3.2 审计实施过程

#### 7.2.3.2.1 审计流程

根据现有体制机制，领导干部自然资源资产离任审计属于领导干部管

理部门委托审计内容,具有离任审计属性。因此项目计划阶段与经济责任离任审计相同,X区组织部门考虑到换届和领导干部任期调整等,向审计机关提出审计的委托建议。年初,由区经济责任审计领导小组确定审计项目并报区政府,审批后由区审计局组织实施。在审计实施阶段,审计组严格执行审计准则,结合土地资源资产审计的特殊方法,增加了土地职能部门取证程序、地图软件核实和现场确认程序。在审计结果报告出具之前,征求被审计单位领导意见,最终审计局形成审计报告、审计结果报告。在审计成果应用方面,建立起领导干部自然资源资产离任审计结果通报、整改落实等制度,及时将审计结果向市审计局、区委区政府、区委组织部等有关部门反映,并将其作为干部考核、任免、奖惩的重要依据,存入个人档案。详见图7-1。

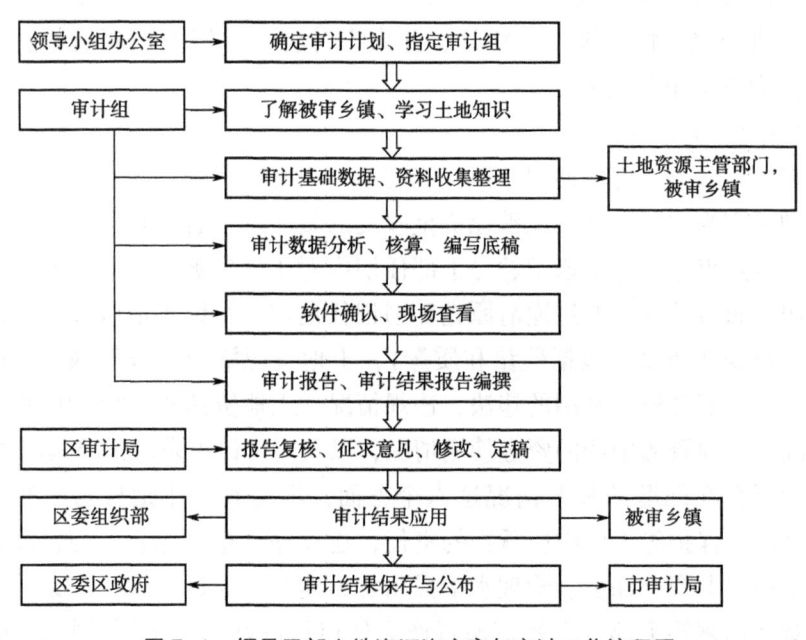

图7-1 领导干部土地资源资产离任审计工作流程图

### 7.2.3.2.2 审计发现问题
#### 7.2.3.2.2.1 土地资源资产总体状况及变动情况

土地资源数量方面,A镇总面积为11 800公顷,经过整理对比国土部门提供的2012年和2015年A镇农村土地利用现状二级分类调查结果数据

（见表7-35），土地资源变化总趋势为各类农用地总面积减少约31公顷，各类建设用地等面积增加。对变化原因进行分析，主要是山区险户搬迁安置房建设占地，社区文化广场和文体活动中心占地，古栈道修复，公路和农村道路修建，水利设施建设以及草地滩涂化。

表7-35　A镇土地利用现状二级分类调查结果数据　　单位：公顷

| 年度 | 耕地 | 园地 | 林地 | 草地 | 城镇村及工矿 | 交通运输 | 水域水利设施 | 其他土地 |
|---|---|---|---|---|---|---|---|---|
| 2012 | 842.38 | 1 109.56 | 1 987.02 | 5 024.38 | 705.76 | 139.21 | 411.76 | 1 581.65 |
| 2015 | 829.56 | 1 098.86 | 1 983.89 | 5 019.57 | 729.13 | 144.73 | 414.52 | 1 580.30 |

在确保全国18亿亩耕地红线原则下，国土管理部门制定了截至2020年的土地利用约束性指标。为审查A镇的指标完成情况，审计组审阅了A镇土地资源保护管理责任书、基本农田保护责任书、土地利用总体规划等文件，收集整理土地利用约束性指标（见表7-36）。结合实际情况，审计组认为A镇耕地、农田、占补平衡的约束性指标尚未达到，但审计重点关注领导任期内土地性质发生变化的31公顷，此部分新增农转用占地项目已经过土地管理部门审批，故不再另行追责。

表7-36　A镇土地利用约束性指标　　单位：公顷

| 项目 | 总量指标 ||| 增量指标 ||| 土地利用空间管制分区 ||||
|---|---|---|---|---|---|---|---|---|---|---|
| 分类 | 建设用地 | 规模耕地保有量 | 基本农田指标 | 建设占农地 | 其中建设占耕地 | 土地复垦补偿（不少于） | 允许建设面积 | 有条件建设区面积 | 限制建设区面积 | 禁止建设区面积 |
| 指标 | 826 | 969 | 1 032 | 268 | 106 | 237 | 596 | 98 | 10 076 | 1 039 |

土地资源质量方面，整理区农业局提供的X区耕地地力等级图（见图7-2）发现，A镇镇域耕地面积较小，均分布在平原地区，耕地地力为4级或5级，质量较差。根据区种植中心提供的A镇2012—2015年耕地地力养分数据明细表（见表7-37），该镇耕地20厘米采样深度的土壤中，有机质、全氮、碱解氮、有效磷、速效钾等养分数据逐年提高，耕地质量逐渐改善。

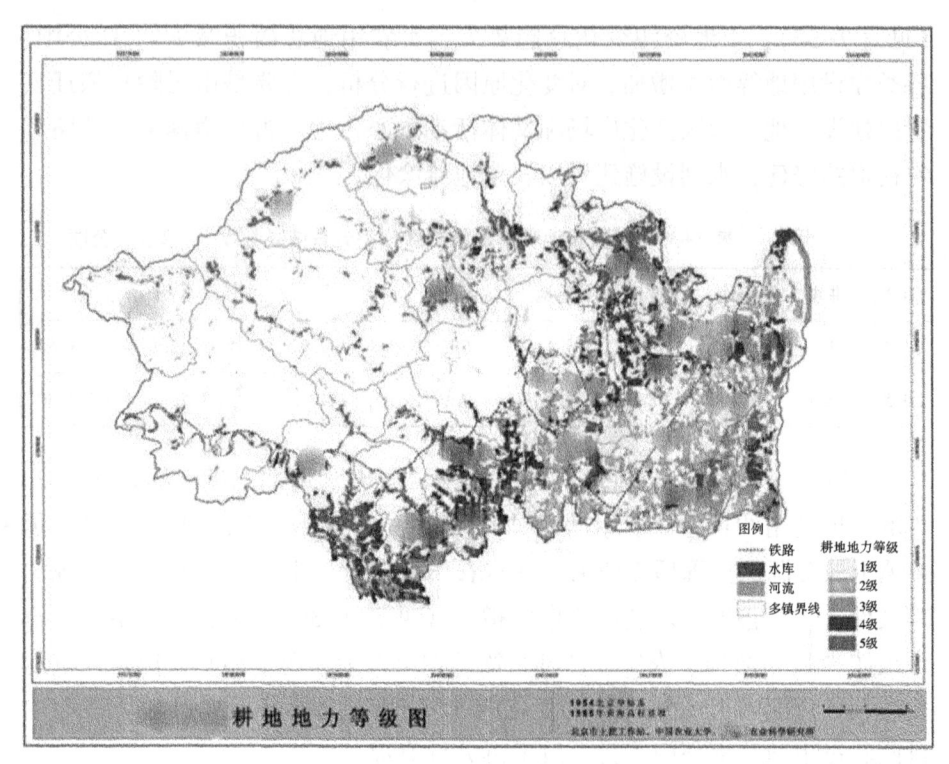

图 7-2　X 区耕地地力等级图

表 7-37　A 镇耕地地力养分数据（2012—2015 年）

| 年份 | 有机质<br>(g/kg) | 全氮<br>(g/kg) | 碱解氮<br>(mg/kg) | 有效磷<br>(mg/kg) | 速效钾<br>(mg/kg) |
|---|---|---|---|---|---|
| 2012 | 18.7 | 0.96 | 55.9 | 20.1 | 140 |
| 2013 | 18.9 | 1.05 | 59.2 | 22.5 | 143 |
| 2014 | 19.4 | 1.15 | 66.9 | 22.7 | 156 |
| 2015 | 19.4 | 1.35 | 70.4 | 23.5 | 157 |

注：土壤采样深度为 0~20 厘米。

#### 7.2.3.2.2.2　土地资源资产的政策执行、履责情况

对于领导干部在土地方面的政策执行和履职的审计，应重点关注土地资源资产方面的制度建设和实际执行情况。

制度建设方面，该镇土地资源管理工作相关制度健全，土地保护管理

责任书、地质灾害防治工作机制和应急预案完备，较好地贯彻了国家"十分珍惜、合理利用土地和切实保护耕地"的基本国策，以及《中华人民共和国土地管理法》及实施条例等政策法规。依据《北京市耕地保护责任目标考核办法》的规定，A镇成立了书记为组长的土地资源保护领导小组，并发布了《关于严格土地管理的工作制度》，明确了：辖区土地保护村党支部书记负总责；违法占地的责任追究和组织处理方式；水、电、工商等部门联动制度；村镇两级土地巡查制度。

制度执行方面，结合A镇的各项土地管理制度、会议记录、国土部门的考核结果，翻阅镇土地资源管理总结并实地考察，认为该镇领导干部能够有效履行土地资源资产管理的责任，有效执行土地保护管理机制，有效落实国家关于土地资源资产政策措施。首先，根据国家土地确权政策，A镇成立了农村集体土地确权领导小组，经确认确权率（按面积）达到94.02%。其次，历年汛期，A镇均按照应急预案提前对地质灾害隐患点全面探测鉴定，树立警示牌，规划逃生路线和避险场地，对危险区域紧急治理；培训负责专员并督促村级防灾组织检查和防治；对无法治理区域做好险户搬迁安置工作。再次，每年通过多种方式多次开展土地法律法规宣传活动，提高村民土地保护意识，村镇联合巡查小组每周两次全镇巡查违章建筑，并对村民举报、卫片、日常巡查的违法建设和盗采砂石案件进行查处或拆除。然后，村建科、信访办、司法所一年多次联合排查案件、接待来访，及时调节涉地纠纷，近几年未出现涉地问题的群体上访事件。最后，针对以上工作落实情况，X区国土分局每年对全区乡镇（街道）土地资源保护管理工作进行考核，2013—2015年，A镇考核结果均为满分；审计组根据巡查台账和现场观察，确认了土地巡查小组配置、出车及人员上岗情况的真实性。

#### 7.2.3.2.2.3 土地资源资产利用的违法违规情况

为审查A镇土地利用是否存在建设国家或北京市禁止的供地项目、未批先建项目、重大土地污染，资源浪费项目等违法违规情况，审计组整理了审计时间范围内镇域新增占用土地的建设项目档案，结合卫星图对比并实地查看，重点关注农用地转建设用地项目的程序规范性、审批合法性、项目建设真实性等。经审计，原党委书记任职期间，A镇引进了四家葡萄酒庄园建设项目、薰衣草庄园项目、银滩娱乐区项目，并自行建设了社区

广场及文体活动中心。根据抽查结果，以上占地建设项目未发现违法建设情况，项目无重大土地污染和资源浪费，符合 A 镇的区域发展定位和战略规划，土地实际利用面积未超出规划审批范围，各项目的手续归档清晰、规范，但涉及占用耕地建设项目没有占补平衡相关资料。

#### 7.2.3.2.2.4　土地资源资产保护的重大项目情况

为了解 A 镇开展的土地资源资产保护、整理的重大项目，审计组抽查调阅了该单位农业综合开发项目档案，包括：高标准农田建设治理项目、3 000 亩生态小流域治理项目、月季庄园基础设施建设项目和流域生态治理建设项目。查看项目档案，审查项目立项审批情况；翻阅可行性研究报告，分析项目对提高土地效益的影响；通过卫星图和现场查看，按照施工图核实项目位置、面积和实际建设进展情况。审计认为，项目手续基本齐全，档案整理完备，项目建设真实，项目施行后对农田效益有提高作用，符合国家发展战略。但也存在自建月季庄园验收不到位，施工位置和面积与设计图不符的情况。

#### 7.2.3.2.2.5　土地资源资产的资金使用情况

乡镇土地资金使用主要分为两部分，征地补偿款发放和涉地项目资金收支。审计组从国土管理部门取得资料，得知 A 镇的主要征地拆迁项目为国务院批准的国家京昆高速公路占地。A 镇非项目主体，因此主要职责为配合协调工作开展，并将项目主体拨入的部分征地补偿款等转拨至各村集体经济合作社。通过对协调工作经费支出和征地补偿款拨付情况的审计，未发现资金收支、拨付违法违规等情况。抽查 A 镇各项土地整理项目和自建占地工程的项目档案，调阅可行性研究报告、施工合同、收支明细账等资料，审查项目审批手续办理情况，施工招投标合规情况，结合卫星图和现场查看确定项目进度情况，核实了资金收取、支付情况的合理性。

#### 7.2.3.2.2.6　对审计署发现土地资源管理所存在问题的整改情况

2014 年审计署对土地出让收支和耕地保护情况进行了审计，发现 A 镇需要整改的事项包括一处违规的高尔夫球俱乐部占地、无审批手续的永久性避险安置房和滩涂游乐设施占地，以及部分耕地撂荒问题。经过对国土部门资料的整理，结合卫星图对比和现场查看确认：违规建设高尔夫球场的当事人收到了行政处罚决定书，但实际未拆除；几处永久性避险安置房

正在补办占地手续；滩涂的违规游乐设施已拆除；耕地撂荒问题已整改。详见表7-38。

表7-38 A镇领导干部土地管理评价指标体系应用

| 序号 | 一级指标 | 总分 | 二级指标 | 类别 | 分值 | 得分 |
|---|---|---|---|---|---|---|
| A1 | 土地资源资产数量和质量指标 | 12 | 约束性指标完成程度 |  | 3 | 2 |
|  |  |  | 面积异常变化 | √ | 3 | 3 |
|  |  |  | 耕地撂荒情况 | √ | 2 | 2 |
|  |  |  | 耕地地力 |  | 4 | 4 |
| A2 | 土地资源政策执行、履责 | 42 | 土地资源管理工作制度健全 |  | 3 | 3 |
|  |  |  | 健全的领导和工作机制 |  | 3 | 3 |
|  |  |  | 签订土地保护管理责任书 |  | 3 | 3 |
|  |  |  | 地质灾害防治方案 |  | 3 | 3 |
|  |  |  | 地质灾害应急预案 |  | 3 | 3 |
|  |  |  | 土地确权工作落实 |  | 4 | 3.5 |
|  |  |  | 地质灾害应急处理措施 |  | 5 | 4.5 |
|  |  |  | 土地管理投入、土地政策宣传 |  | 4 | 3.5 |
|  |  |  | 违法建设巡查、查处、拆除 |  | 7 | 5 |
|  |  |  | 土地案件排查、涉地纠纷处理 |  | 4 | 3.5 |
|  |  |  | 土地管理部门考核 |  | 3 | 3 |
| A3 | 土地资源利用违法违规 | 18 | 新增禁止供地项目 | √ | 4 | 4 |
|  |  |  | 新增未批先建项目 | √ | 6 | 4 |
|  |  |  | 引进重大土地污染项目 | √ | 4 | 4 |
|  |  |  | 引进不符合发展战略占地项目 | √ | 2 | 2 |
|  |  |  | 占补平衡 |  | 2 | 1 |
| A4 | 土地资源保护项目 | 10 | 高标准农田建设任务完成情况 |  | 4 | 4 |
|  |  |  | 生态流域治理 |  | 3 | 3 |
|  |  |  | 其他农业综合开发项目 |  | 3 | 3 |
| A5 | 土地资产资金使用 | 10 | 征地补偿款发放 |  | 5 | 4.5 |
|  |  |  | 涉地项目资金收支 |  | 5 | 3 |

续表

| 序号 | 一级指标 | 总分 | 二级指标 | 类别 | 分值 | 得分 |
|------|---------|------|---------|------|------|------|
| A6 | 以前审计问题整改 | 8 | 违章占地建设查处、拆除 | | 4 | 1.5 |
| | | | 不能拆除项审批手续补办 | | 4 | 2 |
| | 总计 | 100 | 良等BB级 | — | 100 | 84 |

根据以上情况，结合评价指标为84分，良等BB级，可认为该领导干部任职期间在土地管理方面整体履责情况良好，土地管理政策、制度执行有效，土地保护项目的实施切实改善了土地质量，占地项目符合区域发展定位，未发现违法违规或环境污染情况，各类资金使用规范，对审计署发现的问题积极整改。但也存在未关注占补平衡问题，高尔夫球场未整改，月季庄园项目虚报面积，部分占地项目手续不完善的问题。针对发现的问题，审计组提出了相应的整改建议。审计工作形成审计结果——审计报告和审计结果报告。

### 7.2.3.3 审计结果运用

根据审计结果，审计组编撰了A镇领导干部土地资源资产离任审计报告，全面总结了审计过程和结果，包括基本情况、干部履责情况、发现的问题和责任认定、处理建议等部分，经过交换意见和修改，最终定稿。审计报告发送被审计乡镇和被审计领导。被审计领导及其所在单位应根据审计处理意见及建议，及时制定整改方案，采取措施，切实整改，并将整改结果报告发送审计机关和组织部门。对于审计发现的问题，要确定责任人员进行相应处理，并健全制度、加强管理。因此以审计报告为基础形成审计结果报告，发送区委组织部、区委区政府和市审计局。对审计结果的运用要坚持区别对待、慎重使用的原则。对肯定性的审计结果，审计部门会给予适当宣传，组织部门也以此为依据，在考核上予以体现。对于问题性审计结果，须关注问题性质：对于涉及一般性问题的，如北京市共性的耕地占补不平衡问题，以及因工作疏忽造成的需整改问题，可由组织部门对被审领导进行谈话教育，防止问题再次发生；对于工作失误造成重大损失的，由审计部门按规定进行处理处罚；对于严重违法违纪的，审计部门按规定进行审计结果上报或移送纪检、司法机关。此次对A镇的审计未涉及后两种问题。

#### 7.2.3.4 案例启示
##### 7.2.3.4.1 确定重点要因地制宜、按级区分

自然资源环境责任审计一般按照因地制宜、重在责任、稳步推进的原则进行。我国幅员辽阔，各省、市、县、乡之间资源禀赋差异大，审计机关要根据本地自然资源资产禀赋特点和生态环境保护工作重点，选择某一方面、某一领域进行审计探索。北京属于内陆都市，地少人多，人均耕地不足、建筑用地供地价格较高，土地资源涉及民生和区域发展战略，为重点保护和监管对象。空间治理体系以市、区为单位，市、区党委和政府领导干部是自然资源资产审计的重要责任主体。这种责任不能肢解，但可适度分解，基层审计机关可以根据自然资源分布类型和功能区划定位，结合资源管理利用职责和环境保护职责，有选择、有针对性地开展审计。在实践过程中，基层审计机关应逐步建立起适合本机关特点的资源环境审计组织方式和审计形式，建立和不断修正、完善指标，形成与国家指标相衔接又符合本地、本级实际的综合指标体系。在完成上级审计机关统一部署的前提下，更加有效、更有特色地开展资源环境审计工作。

##### 7.2.3.4.2 审计人员要加强相关专业知识和法律法规的学习

审计机关人员大多来自财务、审计专业，更熟悉财政财务收支审计。面对土地、水等自然资源类新型审计，专业知识和经验储备难免不足。显然，若不熟悉土地法律法规、土壤质量数据、耕地约束指标、征占地、"招拍挂"流程等，审计人员将无法对被审领导干部进行定责，因此，审前充分准备，提高审计人员的专业胜任能力十分必要。一方面，要不断提高审计人员综合素质，审计组成员要不断提升自我，学习、掌握土地资源的专业知识和法律规定，解决审计知识结构不完整的问题。另一方面，在开展审计工作时，审计人员要与相关资源管理部门专业人员进行充分的信息沟通和经验共享，熟悉国有自然资源管理业务流程、权责归属和特点，降低审计风险，提升审计工作效率和审计质量水平。

##### 7.2.3.4.3 充分利用现有核算数据，灵活采用多种方法和辅助软件

应采取多种审计方式相结合的模式：一是要自然资源资产审计与经济责任审计相结合，利用自然资源资产与财政财务收支的相关性，结合审计查询，包括谈话记录、会议记录、相关文件、座谈会等，全面掌握账内外情况；二是要结合延伸审计，资源资产的变化具有长期性，可对自然资源

相关的重点项目、计划或经查处需整改的问题进行跟踪延伸；三是要广泛采用现场确认的方式，核实某些资料和数据的真实性，要求审计人员深入自然资源所在地进行现场确认，从而更加真实、全面、准确地评价自然资源资产保护、管理和利用的责任。

由于数据类型不同，国土管理部门运用的地理信息系统与审计常用的 SQL Server 等关系型数据库有本质区别，无法使用现有的计算机审计方法开展审计。审计人员可以创造性地运用地理信息系统（GIS）技术、国土管理部门的地籍数据，甚至 Google earth 等软件的地理信息开展审计。计算机辅助审计可以较好克服审计中违法用地难以查找、区域难以界定、面积无法丈量、不同时间点的状态无法确定等难题，极大地提高审计的效率和精确性。同时应注意的是，运用地理信息系统类软件辅助审计最终也要还原至资金量、资金流，才能更全面地反映问题。

#### 7.2.3.4.4 全面考虑、科学定责、正确评价

自然资源资产审计的目的是分析评价部门或领导干部履行其区域自然资源资产管理责任的情况，而区域自然资源资产管理责任是一个长期、潜在、滞后、动态、综合的概念，不可避免地受到其外在客观环境的制约和影响，履责与否有时不能够完全归因于被审计人。因此，要正确界定被审计人自身努力和自我行为前提下的履责情况，将非主观因素导致的失责现象加以剔除，这就要求在开展自然资源资产审计时，须正确划分被审计人员的任期责任与前任责任、直接责任与间接责任、主观责任与客观责任、集体责任与个体责任。为此，在界定责任时应坚持：遗留问题看整改，潜在问题看对策，常规问题看决策。

#### 7.2.3.4.5 积极协调机构联席、增强配合

自然资源资产审计以国土资源、规划、农业、林业、水务、统计等主管部门的资料数据为基础，审计机关要加强与这些部门的沟通，协调召开多机构联席会议，探索建立数据采集和信息共享机制；对具体时间节点的静态资源资产数量和质量数据进行审计核实，形成基础资料，通过分析静态条件下存在的问题，提出有针对性的审计意见和建议；根据当地主体功能区定位和自然资源资产禀赋特点，推动职能部门建立健全自然资源资产动态统计台账制度，逐步建立自然资源资产信息数据库。审计机关利用自然资源资产信息数据库建立自然资源资产大数据分析平台下的审计模式，

可利用横向部门数据的比对分析和纵向期间数据的比对分析,掌握各主管部门、地方政府的履职情况;在及时推进区域自然资源利用和环境保护工作的同时,更加准确、客观、全面地界定部门以及有关领导干部的责任;通过建立协作配合机制,协调职能部门为开展自然资源资产审计工作提供专业支持和制度保障,明确任务分工、落实工作责任;通过职能部门之间的配合,发挥各职能部门的专业优势,统筹推进审计工作的有序开展。

## [本章小结]

土地资源具有在空间范围内的固定性、土地构成的差异性、在一定的空间范围内具有面积的不变性和形状改变的困难性等自然属性;同时,土地资源还具有可供利用的持续性、使用价值和交易价值的差异性、稀缺性和排他性等社会属性。我国国土面积广阔,陆地面积960万平方公里,在世界上排名第三,拥有高山巨川、沙漠荒原。但是从人均土地面积等指标来看,土地资源并不宽裕。我国现阶段正处于从传统农业社会向现代工业社会转型的进程中,城市化在推进,建设用地和城市用地迅速扩张。为保证14亿人口的粮食安全和生活环境,我国划定了耕地面积、植物覆盖面积、优质水域面积的红线。

按照"土地资源资产=土地资源权属"的二维分类原理,本章探索了《土地资源资产负债表》及其分表的编制过程。根据我国《土地利用现状分类》标准,土地资源资产分为12类。本书据此分别设立12个一级资产类科目、12个一级负债类科目和12个一级权益类科目来开展土地资源资产负债权益的核算。

为了保证"土地资源资产=土地资源权属"或"土地资源资产=土地资源负债+土地资源权益"的平衡关系,根据借贷记账法"有借必有贷,借贷必相等"的规则,对资产类科目设置借方记增加、贷方记减少的账户结构;对负债类科目和权益科目设置贷方记增加、借方记减少的账户结构。在核算中,每一个账户的记录结果都要符合"期初存量+本期增加数量=本期减少数量+期末存量"的四柱平衡关系。基于此,形成四类或八类涉及土地资源资产及权属的事项,无论哪一类事项的发生,都不会破坏三种账户之间的平衡关系。

本章列举出八种类型的涉及土地资源的事项，并对其分别录入相应的账户。对记账过程和结果，从期初存量、本期增加数量、本期减少数量、期末存量四个方面进行试算平衡。在试算平衡、记账无误的基础上，编制《土地资源资产负债实物量表》和《土地资源资产实物量变动表》《土地资源权属实物量变动表》。

自 2002 年以来，审计署进行了六次大规模的土地资源专项审计。土地资源管理存在的主要问题有：国土专项资金与土地出让金征收、管理和使用不当；征地补偿安置和被征地农民社会保障政策落实不到位；土地出让管理中违规现象严重；土地储备贷款风险和违规使用问题突出；土地整治项目落实不到位，违规乱占耕地、虚增耕地问题严重。其主要原因在于：领导干部责任界定不清；土地资源相关部门领导干部问责体系缺失；领导干部"内控"工作不到位；领导干部环境责任意识薄弱；对违规违法人员处罚力度弱。基于此，本书构建了土地资源环境审计评价指标体系。

同时，基于土地资源资产负债核算系统的审计可分为：报表层面审计、报表数据核实审计、资源环境责任审计三部分。报表层面审计的内容有分类汇总平衡关系检查、二维分类平衡关系检查、四柱平衡关系检查、报表间勾稽关系检查。报表数据核实通过检查账表之间、账账之间、账证之间和账实之间的对应关系来进行。资源环境责任审计主要是根据《土地资源资产负债表》和《土地资源负债和权益变动表》及其核算系统提供的数据与国家政策法规、地方规章、区域发展规划和生态文明建设相关考核指标进行对比与辨别。

最后，对北京市 X 区 A 镇某领导干部的土地资源资产离任审计案例进行了介绍和分析，得出了五个方面的认识：确定资源环境审计重点需要因地制宜、按级区分；参加资源环境审计的审计人员应加强相关专业知识和法律法规的学习；在自然资源资产负债核算系统尚未建立和运行之前，进行资源环境审计要充分利用现有核算数据并灵活采用多种方法和辅助软件；开展资源环境审计要坚持全面考虑、科学定责和正确评价要求；资源环境审计涉及机构多，需要积极协调、增强配合等。

# 8

# 矿产资源环境核算与审计

# 8.1 矿产资源环境资产负债核算

## 8.1.1 矿产资源环境特点及管理要求

### 8.1.1.1 矿产资源的属性与特点

#### 8.1.1.1.1 矿产资源的自然属性

矿产资源是指经过地质成矿作用形成，天然赋存于地表或地下的固态、液态或气态的具有人类开发利用价值的特定物质，包括各种能源物质和各种矿物。我国矿产资源法实施细则的定义是："矿产资源是指由地质作用形成的，具有利用价值的，呈固态、液态、气态的自然资源。"[1] 矿产资源具有非再生、可耗竭、隐蔽、可变化、分布不均衡、种类繁多、物理化学性质差异大、在开发利用过程中易造成环境破坏等特性。

#### 8.1.1.1.2 矿产资源的社会属性

经过开发的矿产资源是社会财富的重要组成部分，如钻石、黄金、白银等贵金属通常被人们认为是财富的化身或象征。矿产资源具有用途广泛、稀缺珍贵、附着于产权、可储备与代际分配等多重社会属性。

#### 8.1.1.1.3 我国矿产资源环境的特点

截至 2021 年末，我国已发现 173 种矿产，其中，能源矿产 13 种，金属矿产 59 种，非金属矿产 95 种，水气矿产 6 种。[2] 从已查明的资源情况来看，"我国是世界上少数几个资源大国之一，已探明的矿产资源总量约占世界的 12%，居世界第三位，有 20 多种矿产资源的探明储量位居世界前列，其中钨、锡、稀土、钛、镁等 12 种矿位居世界第一；煤、钒、钼、锂等 7 种矿位居第二；汞、硫、磷等 5 种矿位居第三"[3]。"多种多样的矿产资源，为我国工业化、现代化建设提供了良好的条件。但是，我国人均矿产资源拥有量在世界上处于较低水平，仅为世界人均占有量的 58%，如石油、天然气人均探明储量分别仅相当于世界平均水平的 7%、8%；铝土

---

[1] 国务院：《中华人民共和国矿产资源法实施细则》，第 152 号令，1994 年 3 月 26 日。
[2] 中华人民共和国自然资源部. 中国矿产资源报告 2021 [M]. 北京：地质出版社，2022：5.
[3] 中华人民共和国国土资源部：《中国主要矿产资源可供性论证报告》，2003 年 12 月，第 6 页。

矿、铜矿、铁矿只相当于11%、17%、35%；铬、钾盐等矿产储量更是严重不足，这些重要资源相对短缺成为我国经济发展的长期制约因素"[1]。

从总体情况来看，我国矿产呈现"三多三少"的特征。①优劣矿并存，品位贫富不均，贫矿多，富矿少；既有品质优良的矿石，又有低品位、组分复杂的矿石。②共伴生矿多，单一矿床少。我国80%以上矿床由2个至10多个元素组成，选冶难度大。例如，900多个铜矿床中，多组分的综合矿占73%；金矿总储量中，伴生金矿占28%；银矿总储量中，伴生银矿占60%；③中小型矿床多，大型/超大型矿床少。已探明矿床中，1/3为小型，1/5为中型，大型以上矿床仅占1/10。

新中国成立以来，我国矿业取得了巨大成就，为国民经济发展提供了大量的物质原料。但是，目前中国矿业也面临一些发展问题，主要表现在以下几个方面：

（1）资源消耗大，保有储量不足。今后10~20年，仍然是我国矿产资源消耗增长比较快速的时期，但我国已探明的矿产资源的保障能力严重不足，2020年仅有不足20%的矿山能维持生产。[2] 我国拥有的石油资源不到世界石油资源的4%，却已成为石油消费大国，对外依存度早已超过50%，且越来越高。在一次能源消费中，煤炭消费比重接近70%，是世界水平的2.5倍。多数矿产资源供需形势严峻，其中铁矿石、铜、铝和钾盐的对外依存度分别高达55%、75%、63%和83%。

（2）资源潜力巨大，勘查投入不足。我国矿产资源潜力巨大，但矿产资源勘查投入明显不足，总体资源查明率平均为36%。

（3）资源利用水平低，环境问题突出。我国矿产资源"三多三少"的特点以及管理和技术方面的原因导致我国矿产开采中面临诸多严峻问题，矿产资源开采中的资源浪费和环境污染现象严重。"大矿小开"、采富弃贫、乱开滥采的现象普遍存在。矿产资源总回收率和共伴生矿产资源综合利用率平均比国际先进水平低约20%，加快了我国十分有限的矿产资源的枯竭。此外，由于尾矿处理不当，占用耕地、污染地下水等，给资源所

---

[1] 曾培炎：《国务院关于矿产资源合理利用、保护和管理工作的报告》，全国人民代表大会常务委员会公报，2007年第1期：104-110页。

[2] 裴荣富，李莉，王浩琳. 矿产地质勘查与矿业可持续发展的科学技术模拟 [J]. 矿产保护与利用，2009, 159 (1)：7-12.

在地环境带来了严重的破坏。

（4）矿产风险勘查资金获取渠道比较狭窄，国内缺乏风险资本的有效支持。目前，我国非油气矿产勘查资金约40%来源于财政投资。但依靠财政融资方式既不现实，也不符合矿产勘查的投资规律。国内外实践表明，以营利为目的的矿产勘查所需的投资越来越多地要通过股票市场进行融资。目前中国矿产勘查资本市场发展缓慢，矿产风险勘查缺乏资本市场的有效支持。

### 8.1.1.2 我国矿产资源环境的管理要求

#### 8.1.1.2.1 做到"两个坚持"，推进落实国家可持续发展战略

根据中共中央、国务院《生态文明体制改革总体方案》，需要做到的"两个坚持"——"坚持节约资源和保护环境基本国策，坚持节约优先、保护优先、自然恢复为主方针"。

#### 8.1.1.2.2 摸清家底，明确责任

首先，继续加强矿产资源的勘查、统计与确权登记工作，为经济社会的发展提供更多的探明矿产储量。其次，建立健全矿产资源归属清晰、权责明确、保护严格、流转顺畅、监管有效的产权制度。最后，积极探索和实施矿产资源环境资产负债核算制度，将矿产资源的勘查、开发、利用与改善生态环境有机地衔接起来。

#### 8.1.1.2.3 规范矿产资源勘查、开采行为，积极推进污染防治和矿山修复工作

根据《矿产资源法》：第一，勘查、开采矿产资源，必须是具有特定资质的、经过依法申请、经批准取得探矿权、采矿权并办理登记的单位。第二，开采矿产资源，必须按照国家有关规定缴纳资源税和资源补偿费。第三，国家对矿产资源的勘查、开发实行统一规划、合理布局、综合勘查、合理开采和综合利用的方针。第四，国务院地质矿产主管部门主管全国矿产资源勘查、开采的监督管理工作。省、自治区、直辖市人民政府地质矿产主管部门主管本行政区域内矿产资源勘查、开采的监督管理工作。[①]

根据《环境保护法》规定，企业、事业单位和其他生产经营者应当防

---

[①] 全国人大：《中华人民共和国矿产资源法》，1986年3月19日颁布，1996年8月29日修正。

止、减少环境污染和生态破坏，对所造成的损害依法承担责任①。

## 8.1.2 矿产资源环境资产负债核算要素分类分级与科目设置

### 8.1.2.1 矿产资源环境资产分类分级与科目设置

8.1.2.1.1 矿产资源分类及其核算特征

根据《中华人民共和国矿产资源法实施细则》（1994），矿产资源分为能源矿产、金属矿产、非金属矿产、水气矿产四类，其中，能源矿产下面分为煤、煤成气、石煤、油页岩、石油、天然气、油砂、天然沥青、铀、钍、地热11种；金属矿产分为铁、锰、铬等59种；非金属矿产分为金刚石、石墨等92种；水气矿产分为地下水、矿泉水、二氧化碳气、硫化氢气、氦气、氡气6种。②

矿产资源属于递耗型资源资产。递耗型资源资产是指在开发利用的过程中，其储量水平持续发生递减的资源，即使资源储量在开采过程中得到一定的补充，但只要持续开发利用，资源储量就会持续减少。递耗型资源资产属于不可再生资源，主要是能源、金属、非金属类矿产资源，如煤矿、铁矿、石油、天然气等。

递耗型资源的核算特征表现在：

（1）资源储量在未得到开发利用之前会随着地质勘查工作进程而逐渐增加。

（2）资源储量在开发利用过程中并非单纯减少，也会随着开采过程中的发现而增加新的储量。

（3）已经发现的资源储量会随着开发利用的进程而逐渐减少。

8.1.2.1.2 矿产资源环境资产类科目设置

根据"自然资源环境资产＝自然资源环境负债＋自然资源环境权益"的平衡公式，矿产资源环境资产负债核算的账户系统由"矿产资源环境资产""矿产资源环境负债""矿产资源环境权益"三类组成，亦可简称为"矿产""矿产负债""矿产权益"。因此要设置相应的三类核算科目：一类是矿产类科目。矿产类科目根据现行国家标准分类可以设置四个或五个

---

① 全国人大：《中华人民共和国环境保护法》，1989年12月26日通过实施，2014年4月24日修订。
② 国务院：《中华人民共和国矿产资源法实施细则》，第152号令，1994年3月26日。

(将宝玉石类独立出来)，"能源矿产""金属矿产""非金属矿产""宝玉石矿产""水气矿产"。在一级科目之下再分设二级科目，在二级科目下面分设三级科目。为了落实"谁开采，谁修复""谁破坏，谁治理"的责任，专门设置"矿山修复功效资产"一级科目，其下设置"蓄水功效资产""绿化功效资产""建材功效资产""文旅功效资产"等二级科目。考虑到矿山企业对矿产资源开发利用的矿业权，设置相应的委托权属一级科目"矿产开发信托资产"，二级科目为责任单位。对于涉及矿产资源环境的经济往来，设置"矿产结算资产"和"矿产货币资产"科目。由于自然或人为原因损害或超采的矿产资源储量，在未得到核销处理之前，可计入待处理矿产资源资产科目。矿产资源环境资产科目系统见表8-1。

表8-1 矿产资源环境资产科目表

| 一级科目 | 二级科目 | 三级科目 |
| --- | --- | --- |
| 能源矿产 | 煤、煤层气、油页岩、石油、天然气（含页岩气）、石煤、天然沥青（含地蜡）、铀、钍、地热 | |
| 金属矿产 | 黑色金属 | 铁、锰、铬、钒、钛 |
| | 有色金属 | 铜、铅、锌、铝、镁、镍、钴、钨、锡、铋、钼、锑、汞 |
| | 贵金属 | 铂类金属（铂、钯、铑、铱、钌、锇）、金、银 |
| | 稀有金属 | 铌、钽、铍、锂、锆、锶、铪、铷、铯 |
| | 稀土金属 | 钇、镧、铈、镨、钕、钷、钐、铕、钆、铽、镝、钬、铒、铥、镱、镥 |
| | 分散元素 | 锗、镓、铟、铊、铼、镉、硒、碲 |
| 非金属矿产 | 工业矿物 | 金刚石、石墨、磷、硫（自然硫、硫铁矿）、钾盐、盐（岩盐、湖盐、天然卤水）、碘、溴、砷（雄黄、雌黄、毒砂）、硼、芒硝（无水芒硝、钙芒硝、白钠镁矾）、天然碱、水晶、水镁石、纤维状水镁石、刚玉、金红石、红柱石、蓝晶石、矽线石、硅灰石、钠硝石、钾硝石、滑石、镁式粘土、白云母、金云母、碎云母、石棉、蓝石棉、锂辉石、锂云母、绿泥石、皂土、长石、橄榄石、石榴子石、锆石、叶蜡石、透闪石、透辉石、蛭石、沸石、明矾石、石膏、硬石膏、重晶石、毒重石、天青石（含菱锶矿）、冰洲石、方解石（重质碳酸钙原料）、菱镁矿、萤石、电气石 |

续表

| 一级科目 | 二级科目 | 三级科目 |
|---|---|---|
| 非金属矿产 | 工业岩石 | 石灰岩、大理岩、泥灰岩、白垩、白云岩、白云石大理岩、砂、卵石、碎石（集料用）、铸造用砂、砂岩、水泥用砂、长石砂岩、长石石英砂岩、玻璃、陶瓷、冶金用石英砂、石英砂岩、石英岩、天然油石、脉石英、粉石英、硅藻土、硅质页岩、高岭土、凹凸棒石粘土、纤维状凹凸棒石、海泡石粘土、纤维状海泡石、伊利石粘土、累托石粘土、膨润土（含漂白土）、水泥配料用粘土岩类、砖瓦用粘土岩类、陶粒用粘土岩类、制陶用粘土岩类、铸型用粘土岩类、铁矾土、耐火粘土、榴辉岩、蛇纹岩、绢英岩、绢英片岩、麦饭石、流纹岩、辉绿岩、玄武岩、珍珠岩、松脂岩、火山灰、火山渣、浮岩、磷霞岩、霞石正长岩、花岗石饰面石材、大理石饰面石材、板石饰面石材 |
| 宝玉石矿产 | 钻石、红宝石、蓝宝石、尖晶石宝石、绿柱石宝石（含祖母绿）、金绿宝石、碧玺（电气石）、托帕石（黄玉）、石榴子石宝石、橄榄石宝石、工艺水晶、欧泊（蛋白石）、翡翠、软玉（含和田玉）、独山玉、蛇纹石玉（含岫岩玉）、石英质玉石（含玉髓、玛瑙、木变石）、绿松石 | |
| 水气资产 | 地下水、矿泉水、氢气、氦气、二氧化碳气、硫化氢气 | |
| 矿山修复功效资产 | 矿山蓄水功效资产、矿山绿化功效资产、矿山建材功效资产、矿山文旅功效资产 | |
| 矿山信托资产 | 责任单位 | |
| 矿产结算资产 | 责任单位 | |
| 矿产货币资产 | 银行 | |
| 待处理矿产资产 | 责任单位 | 待处理资产具体内容 |

如果与 SEEA-2012 接轨,则分类与科目设置要重新做。总名称是"矿产和能源",下面一级分为:石油资源、天然气资源、煤和泥炭资源、非金属矿产资源、金属矿产资源。① 其二级分类详见《2009 年联合国化石能源和矿业储量资源框架分类》(联合国、欧洲经济委员会,2010 年)。由于 SEEA-2012 不考虑环境资产的权属关系,仅设置矿产资源资产类科目,所以没必要设立与之相对应的权属类科目。

#### 8.1.2.2 矿产资源环境负债类科目设置

由于 SNA-2008 所编制的国家资产负债表只核算金融负债,将自然资源(可以直接开发利用并带来经济利益的)作为资产的一部分,因此而延伸出来的 SEEA-2012 也不考虑其负债,所以有专家认定自然资源尤其矿产资源不存在负债问题。② 本书的观点是,无论是可再生资源还是不可再生资源(如矿产资源),均存在权属,除了地球的南北极和公海,已经不存在"无主的土地"了。在权属关系中,容易产生负债问题,矿产资源的负债,会在以下三种情形下产生:第一,矿产资源资产数量不变,当矿业权拥有者(某矿山企业)未经矿产资源所有者(政府主管部门)的同意私自将矿业权转让第三者,所有权人向矿业权人追索过程中矿业权拥有者变成债务人,所有权人变为债权人,矿山企业的资产负债表中的权益转变为负债——欠所有权人的债务。这种负债的实质是矿业权人侵犯了所有权人的利益——至少是增加了国有自然资源资产流失的风险。第二,矿产资源数量随着开采利用而减少,矿业权人超出有关规定(权限范围)多采了矿产资源,在未得到矿产资源所有者责任追溯和责任处理完毕之前,不能核销,只能从权益转为负债;待处理完毕允许核销时,再将其从负债中移出。这种负债的实质是矿业权人损害了未来的利益,是对后人的负债。第三,矿产资源在开采过程中增加了储量,矿业权人瞒报被发现,在没有完成责任追溯和处理之前,先列入负债,等到处理完毕允许登记时,再将其转入权益。这种负债的实质,也是矿业权人侵犯了所有权人的利益——将不属于自己的资源据为己有。在这三种情形中,为了保持双方账户记录的

---

① 联合国等:《2012 年环境经济核算体系中心框架》(System of Environmental Economic Accounting),https://seea.un.org/content/homepage。

② 耿建新,等. 我国国家资产负债表与自然资源资产负债表的编制与运用初探:以 SNA 2008 和 SEEA 2012 为线索的分析 [J]. 会计研究,2015 (1):20。

一致，政府主管部门也要作相应的账户记录，所以，不可再生的资源同样也有权属关系中的债权债务关系。

矿产资源环境负债核算要考虑责任主体和责任客体（责任的对象物）两个方面。责任对象（客体）就是矿产资源环境资产，责任主体则可能是组织、个人或虚拟方（子孙后代的代表）。因此核算科目的设置，一方面要明确责任主体，另一方面要清楚具体的矿产资源环境资产，如果有可能，还要明确产生负债的原因。设置科目的方式是按照矿产资源环境资产类别名称设置一级科目，以保持与矿产资源资产核算的一致性——负债要有载体。根据具体的责任单位或责任人设置二级科目或三级科目，对矿产资源负债一定要有承担者。一旦产生矿产资源负债，如找不到政府管辖范围内的责任单位，责任就由核算主体——政府主管部门自身承担。底层明细科目根据矿产资源环境资产的具体内容设置。为什么是"底层"？因为责任单位有层级，如果管理需要，可以多设一级科目。如某企业（公司）为责任单位，将其设置为二级科目，该企业下属矿山（子公司或采矿点）设为三级科目，将底层明细科目设置为具体矿种，同样要与矿产资源资产类科目保持对应关系。表8-2是设想的矿产资源环境负债科目表，表中的二级科目按照责任单位或责任者名称填写。

表 8-2　矿产资源环境负债科目表

| 一级科目 | 二级科目 | 三级科目 |
| --- | --- | --- |
| 能源负债 | 责任单位 | 煤资源负债、煤层气资源负债等 |
| 金属矿产资源负债 | 责任单位 | 铁资源负债、锰资源负债等 |
| 非金属矿产资源负债 | 责任单位 | 金刚石资源负债、石墨资源负债等 |
| 宝玉石矿产资源负债 | 责任单位 | 红宝石资源负债、蓝宝石资源负债等 |
| 水气矿产资源负债 | 责任单位 | 地下水资源负债、天然矿泉水资源负债等 |
| 生态环境负债 | 责任单位 | 具体矿产资源 |
| 违规开采负债 | 责任单位 | 具体矿产资源 |
| 经济往来负债 | 应缴资源环境款项等 | 责任单位 |

### 8.1.2.3　矿产资源环境权益类科目设置

在我国，矿产资源属于全民所有。矿产资源环境权益是矿产资源环境权属扣除矿产资源环境负债之后的净权属。其科目设置既要与矿产资源环

境资产类科目相互对应（权益必须有载体，否则就会落空），又要与矿产资源环境负债类科目衔接（否则计算不出净权属）。一级科目是某类矿产资源资产的权益。二级科目或三级科目是具体的受托权益主体名称——在政府主管部门的账户是受托的归全民所有的矿产资源所有权权益，在矿山企业账户是受托的矿业权。最底层的明细科目是具体矿种的矿产资源资产权益，此处要与前两大类科目（矿产资源环境资产类科目和矿产资源环境负债类科目）保持核算口径一致。表8-3列示了矿产资源环境权益类科目。

表8-3 矿产资源环境权益科目表

| 一级科目 | 二级科目 | 三级科目 |
| --- | --- | --- |
| 能源权益 | 责任单位名称 | 煤资源权益、煤层气资源权益等 |
| 金属矿产资源权益 | 责任单位名称 | 铁资源权益、锰资源权益等 |
| 非金属矿产资源权益 | 责任单位名称 | 金刚石资源权益、石墨资源权益等 |
| 宝玉石矿产资源权益 | 责任单位名称 | 红宝石资源权益、蓝宝石资源权益等 |
| 水气矿产资源权益 | 责任单位名称 | 地下水资源权益、天然矿泉水资源权益等 |
| 矿山修复生态功效权益 | 责任单位名称 | 蓄水功效、绿化功效、建材功效、文旅功效 |

## 8.1.3 矿产资源环境资产负债核算账户结构

### 8.1.3.1 矿产类账户结构

根据矿产类科目设置相应的盘存类账户，借方为增加，贷方为减少，余额在借方。在此结构下，矿产类账户记录的对象，其存量和变量之间符合"核算期初存量+核算期内增加数量=核算期内减少数量+核算期末存量"的四柱平衡关系，即"矿产期初借方存量+矿产核算期内借方发生数量=矿产核算期内贷方发生数量+矿产核算期末借方存量"或"矿产期末借方存量=矿产核算期初借方存量+矿产核算期内借方发生数量-矿产核算期内贷方发生数量"。

### 8.1.3.2 矿产负债类账户结构

根据矿产负债类科目设置相应的盘存类账户，贷方为增加，借方为减少，余额在贷方。在此结构下，矿产负债类账户记录的对象，其存量和变量之间符合"核算期初存量+核算期内增加数量=核算期内减少数

量+核算期末存量"的四柱平衡关系。即"矿产负债期初贷方存量+矿产负债核算期内贷方发生数量=矿产负债核算期内借方发生数量+矿产负债核算期末贷方存量"或"矿产负债期末贷方存量=矿产负债核算期初贷方存量+矿产负债核算期内贷方发生数量—矿产负债核算期内借方发生数量"。

#### 8.1.3.3 矿产权益类账户结构

根据矿产权益类科目设置相应的盘存类账户,贷方为增加,借方为减少,余额在贷方。在此结构下,矿产权益类账户记录的对象,其存量和变量之间符合"核算期初存量+核算期内增加数量=核算期内减少数量+核算期末存量"的四柱平衡关系,即"矿产权益期初贷方存量+矿产权益核算期内贷方发生数量=矿产权益核算期内借方发生数量+矿产权益核算期末贷方存量"或"矿产权益期末贷方存量=矿产权益核算期初贷方存量+矿产权益核算期内贷方发生数量-矿产权益核算期内借方发生数量"。

### 8.1.4 矿产资源环境资产负债核算分录与业务类型

#### 8.1.4.1 涉及矿产资源环境资产及权属的事项类型

在复式记账的前提下,涉及"矿产""矿产负债""矿产权益"三要素的事项有八种类型,即矿产增减×矿产负债增减×矿产权益增减（=2×2×2=8),每一种类型均不会破坏"矿产=矿产负债+矿产权益"的平衡关系。

八种事项（核算业务）类型如下：

第一种,矿产项目之间此增彼减,项目增减数额相同,等式左端数额保持不变,不会破坏"矿产=矿产负债+矿产权益"的平衡关系。

第二种,矿产负债项目之间此增彼减,项目增减数额相同,等式右端数额保持不变,不会破坏"矿产=矿产负债+矿产权益"的平衡关系。

第三种,矿产权益项目之间此增彼减,项目增减数额相同,等式右端数额保持不变,不会破坏"矿产=矿产负债+矿产权益"的平衡关系。

第四种,矿产负债项目与矿产权益项目之间此增彼减,项目增减数额相同,等式右端数额保持不变,不会破坏"矿产=矿产负债+矿产权益"的平衡关系。

第五种，矿产项目与矿产负债项目同时增加，等式两端增加数额相同，不会破坏"矿产=矿产负债+矿产权益"的平衡关系。

第六种，矿产项目与矿产负债项目同时减少，等式两端减少数额相同，不会破坏"矿产=矿产负债+矿产权益"的平衡关系。

第七种，矿产项目与矿产权益项目同时增加，等式两端增加数额相同，不会破坏"矿产=矿产负债+矿产权益"的平衡关系。

第八种，矿产项目与矿产权益项目同时减少，等式两端减少数额相同，不会破坏"矿产=矿产负债+矿产权益"的平衡关系。

#### 8.1.4.2 矿产资源环境计量属性确认

开展矿产资源核算的计量属性，一是实物计量，二是货币计量；而到了矿产资源环境资产负债核算阶段，随着核算对象的复杂化和实物计量单位的多样化，无论是账簿登记还是报表编制，都有必要采用统一的计量单位来保证基本核算公式的平衡。统一的计量单位非货币莫属，用统一的货币单位来计量，有利于衡量矿产资源的价值和计算经济效益，以提高矿产资源的利用率。表8-4是预估的主要矿产的价格。①

表8-4 主要矿产资源的参考价格

| 矿产名称 | 价格 | 矿产名称 | 价格 |
| --- | --- | --- | --- |
| 煤 | 1 000 元/吨 | 铅 | 12 000 元/吨 |
| 石油 | 2 100 元/吨 | 锌 | 13 500 元/吨 |
| 铁矿石 | 700 元/吨 | 锡 | 116 825 元/吨 |
| 铜 | 5 000 元/吨 | 黄金 | 300 元/克 |
| 铝 | 14 000 元/吨 | 白银 | 110 元/克 |

### 8.1.5 矿产资源环境资产负债核算举例

#### 8.1.5.1 涉及矿产资源资产及权属的事项以复式借贷记账法示范其账务处理

（1）某地级市政府自然资源主管部门（以下简称政府）将某铁矿区

---

① 本书预估的价格没有任何实际参考意义，仅用来说明对矿产资源环境资产负债进行价值核算的方法与程序。

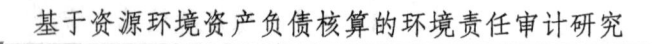

的矿业权（探采合一）无偿委托给 A 企业开采，该矿区铁矿石储量为 8 000 万吨，当期铁矿价格 700 元/吨。

政府账务处理：

借：矿山信托资产——A 企业——铁矿　　　　　8 000 万吨及 560 亿元
　　贷：金属资产——黑色金属——铁　　　　　8 000 万吨及 560 亿元

A 企业账务处理：

借：金属资产——黑色金属——铁　　　　　　8 000 万吨及 560 亿元
　　贷：金属矿产矿业权——政府——铁资源权益
　　　　　　　　　　　　　　　　　　　　　8 000 万吨及 560 亿元

（2）政府改变政策，采取有偿转让方式，要求 A 企业购置矿业权。

政府账务处理：

①借：矿产结算资产——A 企业　　　　　　　8 000 万吨及 560 亿元
　　贷：矿山信托资产——A 企业——铁矿　　8 000 万吨及 560 亿元
②借：金属矿产权益——黑色金属——铁　　　　　　　　　560 亿元
　　贷：经济往来负债——应缴财政款项——A 企业　　　560 亿元

A 企业账务处理：

借：金属矿产矿业权——政府——铁资源权益　8 000 万吨及 560 亿元
　　贷：其他应付款——矿业权购置　　　　　8 000 万吨及 560 亿元

（3）A 企业向政府支付 100 亿元矿业权购置费。

政府账务处理：

①借：矿产货币资产——某银行　　　　　　　　　　　　100 亿元
　　贷：矿产结算资产——A 企业　　　　　　　　　　　100 亿元
②借：经济往来负债——应缴财政款项——A 企业上缴　100 亿元
　　贷：矿产货币资产——某银行　　　　　　　　　　　100 亿元

A 企业账务处理：

借：其他应付款——矿业权购置　　　　　　　　　　　　100 亿元
　　贷：银行存款　　　　　　　　　　　　　　　　　　100 亿元

政府期末编制报表时有两个口径：一是根据政府的账户记录直接汇总编制，这样在政府的矿产资源资产项目里，会出现"矿业权"项目，表明已进入开发利用的资源数量。二是在编制报表之前进行企业与政府之间的对账与轧账，以此还原实际矿产资源资产实际数。前者适合于责任追溯，

可用于管理；后者适合于政府向矿产资源所有权委托方报告受托的矿产资源资产存量与变量。

(4) A企业报告新增铁矿储量600万吨经核实入账。

政府账务处理：

借：矿山信托资产——A企业——铁资源权益　　600万吨及42亿元
　　贷：金属矿产权益——本级政府——铁资源权益
　　　　　　　　　　　　　　　　　　　　　　600万吨及42亿元

A企业账务处理：

借：金属资产——黑色金属——铁　　　　　　600万吨及42亿元
　　贷：金属矿业权——政府——铁资源权益　　600万吨及42亿元

(5) 发现A企业瞒报新增铁矿储量100万吨，经核实等待处理。

政府账务处理：

借：待处理矿产资产——A企业——铁矿　　　100万吨及7亿元
　　贷：违规开采负债——A企业——铁矿负债　100万吨及7亿元

A企业账务处理：

借：待处理金属资源资产——黑色金属——铁　100万吨及7亿元
　　贷：金属矿产负债——政府——铁矿负债　　100万吨及7亿元

(6) 瞒报事项责任追溯并处理完毕。

政府账务处理：

①借：违规开采负债——A企业——铁矿负债　　100万吨及7亿元
　　　贷：待处理矿产资产——A企业——铁矿　100万吨及7亿元
②借：矿山信托资产——A企业——铁矿　　　　100万吨及7亿元
　　　贷：金属矿产权益——本级政府——铁矿资源权益
　　　　　　　　　　　　　　　　　　　　　　100万吨及7亿元

A企业账务处理：

③借：金属资产——黑色金属——铁矿　　　　100万吨及7亿元
　　　贷：待处理金属资源资产——黑色金属——铁
　　　　　　　　　　　　　　　　　　　　　　100万吨及7亿元
④借：金属矿产负债——政府——铁矿资源负债　100万吨及7亿元
　　　贷：金属矿业权——政府——铁资源权益　100万吨及7亿元

(7) A企业正常开采减少铁矿储量700万吨，报告核实。

政府账务处理：

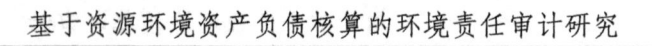

借：金属矿产权益——本级政府——铁资源权益　　700万吨及49亿元
　　贷：矿山信托资产——A企业——铁　　　　　700万吨及49亿元

A企业账务处理：

借：金属矿业权——政府——铁资源权益　　　　　700万吨及49亿元
　　贷：金属资产——黑色金属——铁　　　　　　700万吨及49亿元

（8）发现A企业超采铁矿储量200万吨，等待处理。

政府账务处理：

①借：金属矿产权益——本级政府——铁资源权益200万吨及14亿元
　　贷：金属矿产负债——A企业——铁资源负债

　　　　　　　　　　　　　　　　　　　　　　200万吨及14亿元

②借：矿山信托资产——A企业——铁资源　　　　200万吨及14亿元
　　贷：金属矿产——铁资源　　　　　　　　　　200万吨及14亿元

A企业账务处理：

③借：待处理金属资源资产——黑色金属——铁　　200万吨及14亿元
　　贷：金属资产——黑色金属——铁　　　　　　200万吨及14亿元

④借：金属矿业权——政府——铁资源权益　　　　200万吨及14亿元
　　贷：金属矿产负债——政府——铁资源负债200万吨及14亿元

（9）超采事项责任追溯并处理完毕，核销超采储量。

政府账务处理：

借：金属矿产负债——A企业——铁资源负债　　　200万吨及14亿元
　　贷：矿山信托资产——A企业——铁　　　　　200万吨及14亿元

A企业账务处理：

借：金属矿产负债——政府——铁资源负债　　　　200万吨及14亿元
　　贷：待处理金属资源资产——黑色金属——铁200万吨及14亿元

（10）政府下属勘查单位提交新增铜矿储量400万吨报告，经核实入账，当期铜矿价格5 000元/吨。

政府账务处理：

借：金属资产——有色金属——铜资源　　　　　　400万吨及200亿元
　　贷：金属矿产权益——本级政府——铜资源权益

　　　　　　　　　　　　　　　　　　　　　　400万吨及200亿元

由于勘查单位直属于政府，并不独立核算，所以不必做账。

（11）B 企业在煤炭开采中增加储量 150 万吨，价格 1 000 元/吨。

政府账务处理：

借：矿山信托资产——B 企业——煤炭资源　　　150 万吨及 15 亿元

　　贷：能源矿产权益——B 企业——煤炭资源　　150 万吨及 15 亿元

B 企业账务处理：

借：能源矿产——煤炭资源　　　　　　　　　　150 万吨及 15 亿元

　　贷：能源矿业权——政府——煤炭资源权益　　150 万吨及 15 亿元

（12）C 企业负责石油勘探及开采，当期新增探明储量 300 万吨，当期开采减少储量 160 万吨，石油价格 2 100 元/吨。

政府账务处理：

①借：矿山信托资产——C 企业——石油　　　　300 万吨及 63 亿元

　　贷：能源矿产权益——C 企业——石油　　　300 万吨及 63 亿元

②借：能源矿产权益——C 企业——石油　　　　160 万吨及 33.6 亿元

　　贷：矿山信托资产——C 企业——石油　　　160 万吨及 33.6 亿元

C 企业账务处理：

③借：能源矿产——石油　　　　　　　　　　　300 万吨及 63 亿元

　　贷：能源矿业权——政府——石油　　　　　300 万吨及 63 亿元

④借：能源矿业权——政府——石油　　　　　　160 万吨及 33.6 亿元

　　贷：能源矿产——石油　　　　　　　　　　160 万吨及 33.6 亿元

（13）经有关部门测定，D 企业应修复矿山开采后的裸露地面，需投入资金 3 亿元。

政府账务处理：

借：矿产结算资产——D 企业——矿山生态修复　　　　　　　3 亿元

　　贷：生态环境负债——D 企业　　　　　　　　　　　　　3 亿元

D 企业账务处理：

①借：盈余公积　　　　　　　　　　　　　　　　　　　　　3 亿元

　　贷：生态环境负债——矿山修复　　　　　　　　　　　　3 亿元

②修复过程中发生日常开支

借：专项工程——矿山修复

　　贷：银行存款

(14) D企业完成矿山修复并经有关部门验收合格，予以结项；节约留用，超支不补。

政府账务处理：

借：生态环境负债——D企业——矿山修复　　　　　　3亿元
　　贷：矿产结算资产——D企业——矿山生态修复　　3亿元

D企业账务处理：

①借：生态环境负债——矿山修复　　　　　　　　　　3亿元
　　贷：专项工程——矿山修复　　　　　　　　　　　3亿元

②转出节约部分，贷记"盈余公积"。

③处理超支部分，借记"营业外支出"。

(15) 经有关部门测定，本辖区范围内因开展矿山生态修复工作而获得新增生态功效4亿元，其中蓄水功效9 000万元，绿化功效8 000万元，建材功效1.1亿元，文旅功效1.2亿元。

政府账务处理：

借：矿山修复功效资产——各企业创造生态功效　　　　4亿元
　　贷：矿山生态修复功效权益——某企业等　　　　　4亿元

各企业账务处理：

借记"矿山修复生态功效资产——蓄水功效资产等4亿元"，贷记"某资产矿业权——政府4亿元"。

(16) 因C企业在石油开采过程中产生污染，应向政府缴纳环境污染治理费用0.1亿元。

政府账务处理：

借：矿产结算资产——C企业　　　　　　　　　　　　0.1亿元
　　贷：生态环境负债——C企业　　　　　　　　　　0.1亿元

C企业账务处理：

借：管理费用　　　　　　　　　　　　　　　　　　　0.1亿元
　　贷：应缴资源环境款项　　　　　　　　　　　　　0.1亿元

(17) C企业完成款项上缴。

政府账务处理：

借：生态环境负债——C企业　　　　　　　　　　　　0.1亿元
　　贷：矿产结算资产——C企业　　　　　　　　　　0.1亿元

C 企业账务处理：

借：应缴资源环境款项　　　　　　　　　　　　　0.1 亿元
　　贷：银行存款　　　　　　　　　　　　　　　0.1 亿元

#### 8.1.5.2　政府主管部门对上述事项的账户记录

我们将上述分录登记入账，账户里的期初余数为事先假设。

账户名称：能源矿产——石油　　　　　　　　　　　　计量单位：亿元

| 期初借方存量 | 本期借方发生额 | 本期贷方发生额 | 期末借方存量 |
| --- | --- | --- | --- |
| 1 900 | — | — | 1 900 |

账户名称：金属矿产——黑色金属——铁　　　　　　　计量单位：亿元

| 期初借方存量 | 本期借方发生额 | 本期贷方发生额 | 期末借方存量 |
| --- | --- | --- | --- |
|  |  | (1)：560<br>(8) ②：14 |  |
| 1 560 | — | 574 | 986 |

账户名称：金属矿产——有色金属——铜　　　　　　　计量单位：亿元

| 期初借方存量 | 本期借方发生额 | 本期贷方发生额 | 期末借方存量 |
| --- | --- | --- | --- |
|  | (10)：200 |  |  |
| 1 290 | 200 | — | 1 490 |

账户名称：非金属矿产　　　　　　　　　　　　　　　计量单位：亿元

| 期初借方存量 | 本期借方发生额 | 本期贷方发生额 | 期末借方存量 |
| --- | --- | --- | --- |
| 3 760 | — | — | 3 760 |

| 账户名称：宝玉石矿产 | | | 计量单位：亿元 |
|---|---|---|---|
| 期初借方存量 | 本期借方发生额 | 本期贷方发生额 | 期末借方存量 |
| 4 280 | — | — | 4 280 |

| 账户名称：水气矿产 | | | 计量单位：亿元 |
|---|---|---|---|
| 期初借方存量 | 本期借方发生额 | 本期贷方发生额 | 期末借方存量 |
| 890 | — | — | 890 |

| 账户名称：矿山修复功效资产 | | | 计量单位：亿元 |
|---|---|---|---|
| 期初借方存量 | 本期借方发生额 | 本期贷方发生额 | 期末借方存量 |
| | (15)：4 | | |
| 1 200 | 4 | — | 1 204 |

| 账户名称：矿山信托资产 | | | 计量单位：亿元 |
|---|---|---|---|
| 期初借方存量 | 本期借方发生额 | 本期贷方发生额 | 期末借方存量 |
| | (1)：560<br>(4)：42<br>(6) ②：7<br>(8) ②：14<br>(11)：15<br>(12) ①：63 | (2) ①：560<br>(7)：49<br>(9)：14<br>(12) ②：33.6 | |
| 98 500 | 701 | 656.6 | 98 544.4 |

| 账户名称：矿产结算资产 | | | 计量单位：亿元 |
|---|---|---|---|
| 期初借方存量 | 本期借方发生额 | 本期贷方发生额 | 期末借方存量 |
| | (2) ①：560<br>(13)：3<br>(16)：0.1 | (3) ①：100<br>(14)：3<br>(17)：0.1 | |
| 621 | 563.1 | 103.1 | 1 081 |

## 8 矿产资源环境核算与审计

| 账户名称：矿产货币资产 | | | 计量单位：亿元 |
|---|---|---|---|
| 期初借方存量 | 本期借方发生额 | 本期贷方发生额 | 期末借方存量 |
| | (3) ①：100 | (3) ②：100 | |
| 0 | 100 | 100 | 0 |

| 账户名称：待处理矿产资产 | | | 计量单位：亿元 |
|---|---|---|---|
| 期初借方存量 | 本期借方发生额 | 本期贷方发生额 | 期末借方存量 |
| | (5)：7 | (6) ①：7 | |
| 0 | 7 | 7 | 0 |

| 账户名称：能源矿产负债 | | | 计量单位：亿元 |
|---|---|---|---|
| 期初贷方存量 | 本期借方发生额 | 本期贷方发生额 | 期末贷方存量 |
| 0 | — | — | 0 |

| 账户名称：金属矿产负债 | | | 计量单位：亿元 |
|---|---|---|---|
| 期初贷方存量 | 本期借方发生额 | 本期贷方发生额 | 期末贷方存量 |
| | (9)：14 | (8) ①：14 | |
| 0 | 14 | 14 | 0 |

| 账户名称：非金属矿产负债 | | | 计量单位：亿元 |
|---|---|---|---|
| 期初贷方存量 | 本期借方发生额 | 本期贷方发生额 | 期末贷方存量 |
| 0 | — | — | 0 |

| 账户名称：宝玉石矿产负债 | | | 计量单位：亿元 |
|---|---|---|---|
| 期初贷方存量 | 本期借方发生额 | 本期贷方发生额 | 期末贷方存量 |
| 0 | — | — | 0 |

| 账户名称：水气矿产负债 | | | 计量单位：亿元 |
|---|---|---|---|
| 期初贷方存量 | 本期借方发生额 | 本期贷方发生额 | 期末贷方存量 |
| 0 | — | — | 0 |

| 账户名称：生态环境负债 | | | 计量单位：亿元 |
|---|---|---|---|
| 期初贷方存量 | 本期借方发生额 | 本期贷方发生额 | 期末贷方存量 |
| | (14)：3<br>(17)：0.1 | (13)：3<br>(16)：0.1 | |
| 5 | 3.1 | 3.1 | 5 |

| 账户名称：违规开采负债 | | | 计量单位：亿元 |
|---|---|---|---|
| 期初贷方存量 | 本期借方发生额 | 本期贷方发生额 | 期末贷方存量 |
| | (6)①：7 | (5)：7 | |
| 0 | 7 | 7 | 0 |

| 账户名称：经济往来负债 | | | 计量单位：亿元 |
|---|---|---|---|
| 期初贷方存量 | 本期借方发生额 | 本期贷方发生额 | 期末贷方存量 |
| | (3)②：100 | (2)②：560 | |
| 0 | 100 | 560 | 460 |

| 账户名称：能源矿产权益 | | | 计量单位：亿元 |
|---|---|---|---|
| 期初贷方存量 | 本期借方发生额 | 本期贷方发生额 | 期末贷方存量 |
| | (12)②：33.6 | (11)：15<br>(12)①：63 | |
| 1 823 | 33.6 | 78 | 1 867.4 |

| 账户名称：金属矿产权益 | | | 计量单位：亿元 |
|---|---|---|---|
| 期初贷方存量 | 本期借方发生额 | 本期贷方发生额 | 期末贷方存量 |
| | (2)②：560<br>(7)：49<br>(8)①：14 | (4)：42<br>(6)②：7<br>(10)：200 | |
| 48 562 | 623 | 249 | 48 188 |

| 账户名称：非金属矿产权益 | | | 计量单位：亿元 |
|---|---|---|---|
| 期初贷方存量 | 本期借方发生额 | 本期贷方发生额 | 期末贷方存量 |
| 35 790 | — | — | 35 790 |

| 账户名称：宝玉石矿产权益 | | | 计量单位：亿元 |
|---|---|---|---|
| 期初贷方存量 | 本期借方发生额 | 本期贷方发生额 | 期末贷方存量 |
| 26 461 | — | — | 26 461 |

| 账户名称：水气矿产权益 | | | 计量单位：亿元 |
|---|---|---|---|
| 期初贷方存量 | 本期借方发生额 | 本期贷方发生额 | 期末贷方存量 |
| 1 345 | — | — | 1 345 |

| 账户名称：矿山修复生态功效权益 | | | 计量单位：亿元 |
|---|---|---|---|
| 期初贷方存量 | 本期借方发生额 | 本期贷方发生额 | 期末贷方存量 |
| | | (15)：4 | |
| 15 | — | 4 | 19 |

从上述账户记录可知，本级政府主管部门直接持有的矿产资源在本期基本不发生变动，而授权企业勘查与开采的矿产资源则在核算期内有了变动。

### 8.1.5.3 试算平衡

根据上述账户记录编制试算平衡表（见表8-5）。

**表8-5 账户记录试算平衡表（价值量）** 计量单位：亿元

| 科目名称 | 期初余额 | | 本期发生额 | | 期末余额 | |
|---|---|---|---|---|---|---|
| | 借方 | 贷方 | 借方 | 贷方 | 借方 | 贷方 |
| 能源矿产 | 1 900 | | — | — | 1 900 | |
| 金属矿产 | 2 850 | | 200 | 574 | 2 476 | |
| 非金属矿产 | 3 760 | | | | 3 760 | |
| 宝玉石矿产 | 4 280 | | | | 4 280 | |
| 水气矿产 | 890 | | | | 890 | |

续表

| 科目名称 | 期初余额 借方 | 期初余额 贷方 | 本期发生额 借方 | 本期发生额 贷方 | 期末余额 借方 | 期末余额 贷方 |
|---|---|---|---|---|---|---|
| 矿山修复功效资产 | 1 200 | | 4 | — | 1 204 | |
| 矿山信托资产 | 98 500 | | 701 | 656.6 | 98 544.4 | |
| 矿产结算资产 | 621 | | 563.1 | 103.1 | 1 081 | |
| 矿产货币资产 | 0 | | 100 | 100 | 0 | |
| 待处理矿产资产 | 0 | | 7 | 7 | 0 | |
| 矿产总计 | 114 001 | | 1 575.1 | 1 440.7 | 114 135.4 | |
| 能源矿产负债 | | 0 | — | — | | 0 |
| 金属矿产负债 | | 0 | 14 | 14 | | 0 |
| 非金属矿产负债 | | 0 | — | — | | 0 |
| 宝玉石矿产负债 | | 0 | — | — | | 0 |
| 水气矿产负债 | | 0 | — | — | | 0 |
| 生态环境负债 | | 5 | 3.1 | 3.1 | | 5 |
| 违规开采负债 | | 0 | 7 | 7 | | 0 |
| 经济往来负债 | | 0 | 100 | 560 | | 460 |
| 矿产负债合计 | | 5 | 124.1 | 584.1 | | 465 |
| 能源矿产权益 | | 1 823 | 33.6 | 78 | | 1 867.4 |
| 金属矿产权益 | | 48 562 | 623 | 249 | | 48 188 |
| 非金属矿产权益 | | 35 790 | — | — | | 35 790 |
| 宝玉石矿产权益 | | 26 461 | — | — | | 26 461 |
| 水气矿产权益 | | 1 345 | — | — | | 1 345 |
| 矿山修复生态功效权益 | | 15 | — | 4 | | 19 |
| 矿产权益合计 | | 113 996 | 656.6 | 331 | | 113 670.4 |
| 矿产负债与权益总计 | | 114 001 | 780.7 | 915.1 | | 114 135.4 |
| 所有账户记录总计 | 114 001 | 114 001 | 2 355.8 | 2 355.8 | 114 135.4 | 114 135.4 |

根据试算，所有科目的期初余额、本期发生额和期末余额三个方面的借方与贷方合计数均相等。

### 8.1.5.4 矿产资源环境资产负债核算报表编制

矿产资源环境资产负债核算报表根据账户记录可以编制基本报表——主表《矿产资源环境资产负债表》和分表《矿产资源环境资产变动表》《矿产资源环境负债与权益变动表》。

#### 8.1.5.4.1 编制《矿产资源环境资产负债表》

根据试算平衡之后的账户记录可以编制《矿产资源环境资产负债表》(见表8-6),为简化核算,所列项目均为一级科目。

表8-6 矿产资源环境资产负债表　　　　　　单位:亿元

| 矿产 | 期初 | 期末 | 矿产负债和权益 | 期初 | 期末 |
|---|---|---|---|---|---|
| 能源矿产 | 1 900 | 1 900 | 金属矿产负债 | 0 | 0 |
| 金属矿产 | 2 850 | 2 476 | 生态环境负债 | 5 | 5 |
| 非金属矿产 | 3 760 | 3 760 | 违规开采负债 | 0 | 0 |
| 宝玉石矿产 | 4 280 | 4 280 | 经济往来负债 | 0 | 460 |
| 水气矿产 | 890 | 890 | **矿产负债合计** | 5 | 465 |
| 矿山修复功效资产 | 1 200 | 1 204 | 能源矿产权益 | 1 823 | 1 867.4 |
| 矿山信托资产 | 98 500 | 98 544.4 | 金属矿产权益 | 48 562 | 48 188 |
| 矿产结算资产 | 621 | 1 081 | 非金属矿产权益 | 35 790 | 35 790 |
| 矿产货币资产 | 0 | 0 | 宝玉石矿产权益 | 26 461 | 26 461 |
| 待处理矿产资产 | 0 | 0 | 水气矿产权益 | 1 345 | 1 345 |
| — | — | — | 矿山修复生态功效权益 | 15 | 19 |
| — | — | — | 矿产权益合计 | 113 996 | 113 670.4 |
| **矿产总计** | 114 001 | 114 135.4 | 矿产负债与权益总计 | 114 001 | 114 135.4 |

主表说明了核算期初和期末两个时点辖区范围内的矿产及其负债与权益的分布。由于大量的矿产委托企业经营管理,仅以此表还不能看到矿产项目的全貌,只能看到尚未委托企业经营、由政府直接管理的矿产。若要看到矿产项目的全貌,还需要进行报表合并,即受托企业要将受托的矿产定期向政府分管机构报告,双方进行账务稽核:一方面,企业的矿业权要与其矿产相对应;另一方面,政府的矿产信托资产要与企业的矿业权相对应。账务稽核无误,企业上报的矿产可以与政府报表的矿产合并,合并完成以后,政府报表中的矿产信托资产项目取消。

由于主表仅反映各矿产及其权属项目的期初期末时点的静态状况，从中不能看出同一项目期初数与期末数不相等的原因，所以还要进一步编制分表《矿产资源环境资产变动表》《矿产资源环境负债与权益变动表》。

8.1.5.4.2 编制《矿产资源环境资产变动表》

根据账户记录和试算平衡表数据可以编制《矿产资源环境资产变动表》（见表8-7）。

表8-7 矿产资源环境资产变动表　　　　　　单位：亿元

| 矿产项目 | 期初存量 | 本期增加 | 本期减少 | 期末存量 |
| --- | --- | --- | --- | --- |
| 能源矿产 | 1 900 | — | — | 1 900 |
| 金属矿产 | 2 850 | 200 | 574 | 2 476 |
| 非金属矿产 | 3 760 | — | — | 3 760 |
| 宝玉石矿产 | 4 280 | — | — | 4 280 |
| 水气矿产 | 890 | — | — | 890 |
| 矿山修复功效资产 | 1 200 | 4 | — | 1 204 |
| 矿山信托资产 | 98 500 | 701 | 656.6 | 98 544.4 |
| 矿产结算资产 | 621 | 563.1 | 103.1 | 1 081 |
| 矿产货币资产 | 0 | 100 | 100 | 0 |
| 待处理矿产资产 | 0 | 7 | 7 | 0 |
| 矿产总计 | 114 001 | 1 575.1 | 1 440.7 | 114 135.4 |

为了进一步列明每一项矿产的增减变化原因，可以在此基础上进行扩充：一是主词栏可以分出层次，列示二级甚至三级科目；二是对宾词栏的本期增加和本期减少两个栏目进行细分，如按照引起其增加或减少的原因分类。

8.1.5.4.3 编制《矿产资源环境负债与权益变动表》

根据账户记录和试算平衡表数据可以编制《矿产资源环境负债与权益变动表》（见表8-8）。

表8-8 矿产资源环境负债与权益变动表　　　　单位：亿元

| 项目 | 期初存量 | 本期增加 | 本期减少 | 期末存量 |
| --- | --- | --- | --- | --- |
| 金属矿产负债 | 0 | 14 | 14 | 0 |
| 生态环境负债 | 5 | 3.1 | 3.1 | 5 |

续表

| 项目 | 期初存量 | 本期增加 | 本期减少 | 期末存量 |
| --- | --- | --- | --- | --- |
| 违规开采负债 | 0 | 7 | 7 | 0 |
| 经济往来负债 | 0 | 560 | 100 | 460 |
| **矿产负债合计** | **5** | **584.1** | **124.1** | **465** |
| 能源矿产权益 | 1 823 | 78 | 33.6 | 1 867.4 |
| 金属矿产权益 | 48 562 | 249 | 623 | 48 188 |
| 非金属矿产权益 | 35 790 | — | — | 35 790 |
| 宝玉石矿产权益 | 26 461 | — | — | 26 461 |
| 水气矿产权益 | 1 345 | — | — | 1 345 |
| 矿山修复生态功效权益 | 15 | 4 | — | 19 |
| **矿产权益合计** | **113 996** | **331** | **656.6** | **113 670.4** |
| **矿产负债与权益总计** | **114 001** | **915.1** | **780.7** | **114 135.4** |

为了进一步列明每一项负债与权益的增减变化原因，同样可以在此表基础上进行扩充：对宾词栏的本期增加和本期减少两个栏目进行细分，如按照引起其增加或减少的原因分类。

## 8.2 矿产资源环境审计

### 8.2.1 基于矿产资源环境资产负债核算系统的环境责任审计

#### 8.2.1.1 报表项目审计

对于主表《矿产资源环境资产负债表》和分表《矿产资源环境资产变动表》《矿产资源环境负债与权益变动表》报表层面审计，要检查四个方面的平衡与勾稽关系：一是分类汇总平衡关系，即报表中各项具体的矿产、矿产负债和矿产权益数据之和是否与报表合计数一致；二是二维分类平衡关系，即矿产总计是否等于矿产负债与权益的总计；三是四柱平衡关系，即分表《矿产资源环境资产变动表》和《矿产资源环境负债与权益变

动表》中各列示项目的期初存量与期内增加量之和是否等于期内减少量与期末存量之和；四是表间勾稽关系，即主表《矿产资源环境资产负债表》左端（资产）各列示项目的期初数和期末数是否与分表《矿产资源环境资产变动表》各列示项目的期初数和期末数一致，主表《矿产资源环境资产负债表》右端（负债与权益）各列示项目的期初数和期末数是否与分表《矿产资源环境负债与权益变动表》各列示项目的期初数和期末数一致。

### 8.2.1.1.1 对主表和分表的分类汇总平衡检查

矿产期初存量总计=能源矿产 1 900+金属矿产 2 850+非金属矿产 3 760+宝玉石矿产 4 280+水气矿产 890+矿山修复功效资产 1 200+矿山信托资产 98 500+矿产结算资产 621=114 001 亿元。

矿产负债和权益期初存量总计=生态环境负债 5+能源矿产权益 1 823+金属矿产权益 48 562+非金属矿产权益 35 790+宝玉石矿产权益 26 461+水气矿产权益 1 345+矿山修复生态功效权益 15=114 001 亿元。

矿产期末存量总计=能源矿产 1 900+金属矿产 2 476+非金属矿产 3 760+宝玉石矿产 4 280+水气矿产 890+矿山修复功效资产 1 204+矿山信托资产 98 544.4+矿产结算资产 1 081=114 135.4 亿元。

矿产负债和权益期末存量总计=生态环境负债 5+经济往来负债 460+能源矿产权益 1 867.4+金属矿产权益 48 188+非金属矿产权益 35 790+宝玉石矿产权益 26 461+水气矿产权益 1 345+矿山修复生态功效权益 19=114 135.4 亿元。

检查结果，主表表 8-6、分表表 8-7、分表表 8-8 分类汇总平衡关系成立。

### 8.2.1.1.2 对主表的二维分类平衡关系检查

矿产期初存量总计 114 001 亿元=矿产负债与权益期初存量总计 114 001 亿元；矿产期末存量总计 114 135.4 亿元=矿产负债与权益期末存量总计 114 135.4 亿元。

检查结果，主表表 8-6 的二维平衡关系成立。

### 8.2.1.1.3 四柱平衡关系检查

详见表 8-9。

表 8-9　对分表表 8-7 和分表表 8-8 的四柱平衡关系检查

单位：亿元

| 项目 | 期初存量 | 本期增加 | 小计 | 本期减少 | 期末存量 |
| --- | --- | --- | --- | --- | --- |
| 能源矿产 | 1 900 | — | 1 900 | — | 1 900 |
| 金属矿产 | 2 850 | 200 | 3 050 | 574 | 2 476 |
| 非金属矿产 | 3 760 | — | 3 760 | — | 3 760 |
| 宝玉石矿产 | 4 280 | — | 4 280 | — | 4 280 |
| 水气矿产 | 890 | — | 890 | — | 890 |
| 矿山修复功效资产 | 1 200 | 4 | 1 204 | — | 1 204 |
| 矿山信托资产 | 98 500 | 701 | 99 201 | 656.6 | 98 544.4 |
| 矿产结算资产 | 621 | 563.1 | 1 184.1 | 103.1 | 1 081 |
| 矿产货币资产 | 0 | 100 | 100 | 100 | 0 |
| 待处理矿产资产 | 0 | 7 | 7 | 7 | 0 |
| 金属矿产负债 | 0 | 14 | 14 | 14 | 0 |
| 生态环境负债 | 5 | 3.1 | 8.1 | 3.1 | 5 |
| 违规开采负债 | 0 | 7 | 7 | 7 | 0 |
| 经济往来负债 | 0 | 560 | 560 | 100 | 460 |
| 能源矿产权益 | 1 823 | 78 | 1 901 | 33.6 | 1 867.4 |
| 金属矿产权益 | 48 562 | 249 | 48 811 | 623 | 48 188 |
| 非金属矿产权益 | 35 790 | — | 35 790 | — | 35 790 |
| 宝玉石矿产权益 | 26 461 | — | 26 461 | — | 26 461 |
| 水气矿产权益 | 1 345 | — | 1 345 | — | 1 345 |
| 矿山修复生态功效权益 | 15 | 4 | 19 | — | 19 |

检查结果，分表表 8-7 和分表表 8-8 的四柱平衡关系成立。

8.2.1.1.4　对表 8-6 与表 8-7、表 8-8 的勾稽关系检查

经检查，主表《矿产资源环境资产负债表》（表 8-6）左端所列示的矿产项目与分表《矿产资源环境资产变动表》（表 8-7）主词栏列示的矿产项目一致，其期初存量与期末存量的数字也一致；主表《矿产资源环境资产负债表》右端所列示的矿产负债与权益项目与分表《矿产资源环境负债与权益变动表》主词栏列示的矿产负债与权益项目一致，其期初存量与

期末存量的数字同样一致；勾稽关系成立。

经过上述报表层面审计，证明报表编制符合技术规范。

**8.2.1.2　报表数据核实**

8.2.1.2.1　账表之间的对比印证

我们通过账户记录与报表项目之间的来源关系进行溯源对比。如表 8-7 借方的"金属矿产"项目的期初存量和期末存量，就要与"金属矿产"一级科目账户记录中的期初存量和期末存量相对比：表中项目列示分别为 2 850 亿元和 2 476 亿元，账户记录数据相同，二者相符。如果更进一步，将"金属矿产"一级项目的期初存量和期末存量，与账户记录的"金属矿产"一级科目下的二级科目"黑色金属——铁""有色金属——铜"的期初存量和期末存量合计数相对比：1 560+1 290＝2 850 986+1 490＝2 476，账户记录数据相同。检查通过，以此类推。

8.2.1.2.2　账账之间的对比印证

我们可以通过账户记录的勾稽关系来检查，即编制账户记录的试算平衡表。表 8-5 便是基于二级账户记录的试算平衡表。如果有必要，可以进一步编制基于一级账户记录或三级账户记录的试算平衡表。

8.2.1.2.3　账证之间的对比印证

我们可以通过将账面记录与记账凭证进行对照，检查账证是否相符。如表 8-7 中所含政府将 8 000 万吨铁矿矿业权出让给企业的事项，就要核对"金属矿产资源资产——黑色金属矿产资源——铁矿"科目的记录与相关记账凭证及其所附原始凭证之间是否相符；相符则实，不符则不实。

8.2.1.2.4　证证之间的对比印证

这里主要是将记账凭证与所依据的原始凭证进行对照，检查二者是否相符。如上述例子，记账凭证与所附原始凭证之间在事项内容、时间、数量、经办人等要素是否一致，一致则实，不一致则不实。

8.2.1.2.5　账实之间的对比印证

这里直接将账户记录与调查获取的证据之间进行对比，看看二者是否相符。如前述核算期间共发生了八项涉及矿产资源的事项，根据有关线索，需要对其中的某个事项进行查证。这就要对该事项进行调查，对相关责任人（经办人、审核人等）进行当面或信函询问，以了解事情的经过，必要时到现场取证。将调查取证的实际情况与账面反映的情况进行对比印

证，以此鉴别真伪，得出结论。

### 8.2.1.3　报表层面矿产资源环境责任审计

8.2.1.3.1　矿产资源环境责任的显性表现检查——对矿产资源负债的审计

矿产资源环境负债，一般在以下三种情况下产生：一是矿产资源资产数量不变，当矿业权拥有者（某矿山企业）未经矿产资源所有者（政府主管部门）的同意，私自将矿业权转让第三者，所有权人向矿业权人追索过程中矿业权拥有者变成债务人，所有权人变为债权人，矿山企业的资产负债表中的权益转变为负债；二是矿产数量随着开采利用而减少，矿业权人违反有关规定（权限范围）多采了矿产资源，在未得到矿产资源所有者责任追溯和责任处理完毕之前，不能核销，只能从权益转为负债；三是矿产在开采过程中增加了储量，矿业权人瞒报被发现，在没有完成责任追溯和处理之前，先列入负债，待处理完毕允许登记时，再将其转入权益。

根据具体矿产资源负债项目或事项的形成原因，可以辨别出矿产资源环境责任的承担者及其责任大小。一般地，矿产负债产生的原因有自然原因和人为原因两类。自然原因是由于自然作用力造成的矿产资源毁损或环境破坏，如自燃现象导致煤炭储量减少；人为原因则是由于人为引起的矿产资源毁损或环境破坏，如矿山企业超采造成储量减少。

矿产资源负债审计可以直接根据分表《矿产资源环境负债和权益变动表》进行，以对表8-8《矿产资源环境负债和权益变动表》审计为例：

核算期内增加的矿产负债有：①政府有偿转让矿业权，要求A企业支付购置款而形成经济往来净负债460亿元（560-100）。②A企业瞒报新增铁矿储量100万吨，增加违规开采负债7亿元。③A企业超采铁矿储量200万吨，形成金属矿产负债14亿元。④D企业开采矿山形成地面裸露需要进行修复，形成生态环境负债3亿元。⑤C企业开采石油过程中造成环境污染形成生态环境负债1 000万元。

核算期内减少的矿产负债有：①根据有关处理决定，将A企业瞒报开采形成的违规开采负债7亿元转为金属矿产权益。②核销A企业超采铁矿200万吨，解除其14亿元金属矿产负债。③D企业完成矿山修复解除生态环境负债3亿元。④C企业完成赔款解除1 000万元的生态环境负债。

8.2.1.3.2　矿产资源环境责任的隐性表现检查——对矿产资源权益的审计

核算期内矿产权益增加：①A企业报告新增铁矿储量600万吨42亿元

计入金属矿产权益。②将A企业瞒产的新增铁矿100万吨7亿元计入金属矿产权益。③勘查单位提交新增铜矿储量400万吨及200亿元。④B企业在煤炭开采中增加储量150万吨及15亿元。⑤C企业在石油开采和勘查中净增储量140万吨及29.4亿元。⑥新增矿山修复功效资产及权益4亿元。

核算期内矿产权益减少：①将矿业权出售给A企业而减少相应的金属矿产权益560亿元。②A企业正常开采减少铁矿储量700万吨49亿元。③A企业超采200万吨铁矿14亿元。

根据上述审计，可以分析和追溯相关责任单位及其领导干部矿产资源环境责任。

#### 8.2.1.4 审计意见

在对矿产资源环境资产负债表系统提供的信息进行矿产资源环境责任审计的基础上，针对具体事项及其数据，对照党和国家的相关政策法规、区域经济社会发展规划、被审计单位的有关规章、生态文明建设考核指标和领导干部自然资源资产离任审计要求，便可得出相应的审计结论。

### 8.2.2 矿产资源环境责任审计实践与探索

#### 8.2.2.1 我国矿产资源审计开展情况

矿产资源是一种不可再生资源，其重要性不言而喻。矿产资源作为我国经济社会发展所必需的重要生产资料和物质基础，是全体人民的宝贵财富，其开发利用水平关系国家安全与经济发展。对此，党中央、国务院高度重视国有资源的管理工作，提出要健全自然资源体制，实现对国有资源的审计全覆盖。审计署连续3年统一组织矿产资源审计，就是落实国务院这些要求的具体行动，目的是通过审计，及时发现矿产资源开发领域存在的突出问题，打击矿产领域的严重违法违纪问题，推动全面深化矿产资源领域的改革，强化矿产资源管理，维护国家矿产资源权益和资源安全，促进矿产资源合理开发利用和生态文明建设。

其中，在2013年和2014年开展的矿产资源审计工作之中，审计署对山西、内蒙古、河北、河南、黑龙江、安徽、湖南、云南、江西、陕西、甘肃、湖北、海南和重庆14个省（自治区、直辖市）部分探矿权、采矿权进行了审计，重点对2 448宗矿业权自2004年以来的出让交易及矿业权

相关资金征管进行了核查。审计结果表明，相关地方贯彻执行矿产资源有关政策规定，不断加强矿业权出让交易及相关资金征收管理，推进矿产资源整合和交易市场建设，资源开发利用效率有所提高。

2015年，审计署对辽宁省、山东省、四川省、甘肃省、青海省和新疆维吾尔自治区6个省区的煤炭、有色金属等矿业权及矿产资源相关资金管理情况进行了审计，重点抽查了6省区29 970宗有效探矿权、采矿权中的1 724宗，以及这些地区2013—2014年矿业权价款和使用费等矿产资源资金收支情况，重要事项追溯到以前年度。审计结果表明，有关地方和部门重视矿产资源管理，能够贯彻落实矿业权有偿取得和矿产资源有偿使用相关法规制度，加强矿产资源规划管理和勘查开采监督，积极推动煤矿整顿关闭、矿产资源开发整合和矿业企业兼并重组，强化矿业权出（转）让交易和矿产资源相关资金征收管理，持续加大投入矿产资源勘查力度，取得了一定的成效，资源保障程度和资源开发保护水平有所提高。

从以上两次审计情况来看，在国家的统一规划和政策引导下，各级地方政府对矿产资源的管理工作在不断改进和加强，取得了一些成效，主要表现在三个方面：一是矿产资源开发利用结构不断优化。各省区不断完善制度措施，积极推进矿产资源勘查开发秩序的治理整顿与整合，矿山布局得到进一步优化。二是矿业权有偿取得制度改革得到有效推进，矿业权市场化配置程度有所提高。三是矿产资源相关资金征收规模增大，矿产资源补偿费的征缴力度显著提高。

总体来看，审计署2013—2015年连续3年的审计工作，取得了良好的成效。这次审计，在重点揭示矿产资源领域重大违法违规问题的同时，也对矿业权管理中存在的普遍性、行业性、典型性问题进行了跟踪性的分析及总结，查找了管理上存在的漏洞，同时向国务院和相关部门积极提出针对性的建议，充分发挥了审计的建设性作用。

#### 8.2.2.2 矿产资源审计的主要内容

##### 8.2.2.2.1 矿产资源基本情况

这主要包括矿产资源储量、矿业权的基本状况、矿产资源相关资金收支基本情况及矿产资源相关政策的落实情况等。

##### 8.2.2.2.2 矿业权管理情况

这主要包括矿业权审批出让情况、矿业权转让和交易情况、矿产资源

勘查开采情况，重点关注矿业权人在转让交易中的违法违规问题等。

**8.2.2.2.3 矿产资源相关资金征管情况**

这主要包括探矿权采矿权价款、探矿权采矿权使用费、矿产资源补偿费、资源税等资金的收入征管情况和使用情况等。

**8.2.2.2.4 矿产地质环境治理恢复情况**

这主要反映矿山地质环境治理恢复保证金制度是否落实，部分地方收缴保证金是否到位，部分治理项目是否如期开工竣工，有的已实施治理项目是否存在质量和安全隐患等问题。

**8.2.2.3 矿产资源审计发现的问题及原因分析**

从以上的审计结果可以看出，有关地方和部门比较重视矿产资源管理，在国家的统一规划和政策引导下，各级地方政府对矿产资源的管理工作在不断改进和加强，取得了良好的成效。但是，由于一些地区矿业权管理不严格、操作不规范等也产生了一些问题。经整理，矿产资源管理中存在的问题及原因主要涵盖以下方面：

**8.2.2.3.1 地方矿产主管部门违规审批办理矿业权登记**

这个问题在两次的审计结果公告中均有涉及。其中，2013—2014年矿产资源审计中共涉及716宗矿业权，主要包括三方面内容：一是超越权限审批或采取"化大为小、化整为零"方式规避审批权限制约，批准并颁发勘查许可证或采矿许可证。按照国家规定，金、铅、锌等矿产勘查投资大于500万元的探矿权、矿床储量规模为大型以上的采矿权、煤炭勘查区块面积大于30平方公里的探矿权等，均应由国土资源部颁发许可证，但审计发现有75宗矿业权并未按上述规定报国土资源部审核颁证，而是省级及以下矿产主管部门审核颁发了许可证，其中计划勘查投资额最大的达655.72万元，煤炭勘查区块面积最大的达303.99平方公里。二是违规批准不符合法定条件、申报资料等手续不全的矿业权办理新立、延续或变更登记手续。其中，违规批准新立矿业权主要包括未取得环境影响评价等审批手续、矿业权设置方案未经批准、矿业权申请人不具备规定资金或法人资格等条件、与其他矿业权勘查（矿区）范围重叠四种情形，分别涉及矿业权170宗、27宗、25宗和7宗；违规批准延续矿业权，主要包括同一勘查阶段延续探矿权未按规定缩减勘查面积、未按规定缴纳价款仍批准延续两种情形，分别涉及矿业权100宗和60宗。三是以招商引资、解决历史遗

留问题、发展旅游、支持企业发展等名义违规协议出让矿业权。原国土资源部明确规定，2003年8月起，对国家出资探明的矿产地等矿业权实行招标拍卖挂牌出让，2006年1月进一步明确了矿业权招标拍卖挂牌出让的范围。但审计发现有252宗矿业权存在违规协议出让问题。

2015年矿产资源审计中，抽查的矿业权中发现此类问题的有88宗。具体包括：①在未经价款评估、储量评审等情况下，违规批准转让处置42宗矿业权。②违规批准设立、延续未按规定缩减勘查范围或矿区重叠等不符合条件的25宗矿业权。③未按规定履行"招拍挂"程序，以协议方式定向出让18宗矿业权。④采取"化大为小、化整为零"等方式，超越或规避审批权限审批出让3宗矿业权。

8.2.2.3.2　地方矿产主管部门、地质勘察单位和国有矿业企业违规定价出让、转让或收购矿业权及相关股权

这类问题在两次的审计结果公告中也均有涉及。其中，2013—2014年矿产资源审计中，此类问题共涉及90宗矿业权，分为以下两种情况：一是出让、转让或收购矿业权时，未经评估直接定价或先定价后评估逆程序运作，涉及85宗矿业权及相关公司股权。以上做法，违反了关于出让或转让国家出资勘查形成的矿业权、矿山企业重组改制、国有产权变动和收购非国有资产涉及矿权时，均应委托有资质的评估机构对矿业权进行评估，并以经核准、批准的评估值作为确定出让、转让或收购价格的参考依据的规定。二是违规操控矿业权及相关公司股权出让、转让价格，涉及5宗矿业权。主要手法包括虚增资源储量、漏评伴生资源储量、调整评估参数等，有的实际未按合同约定价格支付转让款。

在2015年矿产资源审计中，抽查的矿业权中发现具有此类问题的有92宗，主要是国有矿业企业与民营矿业主在矿业权及相关股权交易中，通过不评估、干预评估、"先定价、后评估"、在改制重组时隐匿涉矿资产等方式，操控价格低卖高买。有的国有企业在矿产品交易中通过增加中间环节向特定对象输送利益，还有5户国有企业在收购有关境外矿产资源中，尽职调查和风险防范措施不到位，甚至违规操作，面临重大损失风险。从矿业权评估机构执业情况看，现行评估准则选择性操作空间大，有的评估机构借机按事先约定价格出具评估报告，监管部门却无法追究其责任，抽查发现6宗矿业权交易中存在按照委托方授意，调整评估方法、开采规模

和储量等关键参数的问题，涉及7家评估机构。

#### 8.2.2.3.3 欠征和违规使用矿产资源相关资金

此类问题可分为两种情况，一个是地方矿业主管部门和税务机关欠征矿产资源收入，另一个是地方财政部门和矿产主管部门违反规定用途使用矿产资源相关资金。

在2013—2014年矿产资源审计中，地方矿产主管部门欠征矿业权价款189.98亿元，欠征矿业权价款滞纳金和资金占用费5.21亿元，欠征矿产资源补偿费4.11亿元，欠征矿业权使用费4 195.88万元；地方税务机关欠征资源税3 687万元。地方财政部门和矿产主管部门超出规定用途，用于其他工程建设60.89亿元，用于平衡预算收支36.83亿元、弥补行政经费2.07亿元，用于违规出借6.6亿元。

在2015年矿产资源审计中，收入征缴方面，至2014年底，6省区国土资源等主管部门欠征的矿产资源收入（不含矿山地质环境治理恢复保证金）共计29.53亿元；资金使用方面，2009—2015年，6省区未按规定用途使用和挤占挪用矿产资源相关资金6.28亿元，其中4.8亿元用于投资设立企业，0.6亿元违规出借给民营企业，0.88亿元用于人员经费等开支。

#### 8.2.2.3.4 资源资产保护责任不落实，存在生态环境安全隐患

顺应中央重视生态文明建设的形势，2015年开展的矿产资源审计与2013—2014年相比更加突出关注了矿山地质环境治理恢复问题，此类问题在2015年矿产资源审计结果中主要体现于矿山地质环境治理恢复保证金制度不落实，部分地方收缴保证金不到位，部分治理项目未如期开工、竣工，有的已实施项目还存在质量和安全隐患等。在抽查的矿业权中发现此类问题的有107宗，主要是违反自然保护区管理等规定，违规批准在禁采区内设立矿业权63宗；有关自然保护区设立之前已经存在的矿业权44宗，在退出机制不健全的情况下，国土资源部门为其办理了延续审批手续。生态环境治理方面，2009年实施矿山地质环境治理恢复保证金制度以来，辽宁省和青海省保证金收缴管理不到位，有826户企业欠缴共12.75亿元；6省区还闲置滞留矿山地质环境治理等资金共24.31亿元。与此同时，由于配套资金不到位等原因，辽宁省、四川省、甘肃省至2014年底有12个矿山地质环境治理项目未如期开工或竣工。有的已实施项目还存在质量问题和安全隐患。

#### 8.2.2.3.5 矿产资源相关管理制度尚不完善

这主要体现在以下四个方面：一是矿业权出让和相关审批制度、国家出资探明矿产地的界定标准等相关规定、矿业权审批权限划分标准等还不够完善，有的规定滞后、有的法规不健全；二是矿业权交易评估的相关准则弹性较大，评估方法、参数的选用缺乏刚性约束；三是矿产资源相关税费制度不尽合理，如矿业权使用费和年度最低勘查投入标准偏低且长期未作调整，矿业权价款、矿产资源补偿费和资源税的征收结构还不尽合理等；四是矿山资源与生态环境治理等相关问题的规定仍有待完善。

#### 8.2.2.3.6 矿产资源管理部门履职不力和监管不严

从上述结果中可以发现，大部分的审计问题多产生于地方矿产资源主管部门违规审批矿业权登记，地方矿产主管部门、地质勘察单位和国有矿业企业违规转让或收购矿业权，地方财政部门和矿产主管部门违反规定用途使用矿产资源相关资金，还有的不切实履行资源资产保护责任，存在生态环境安全隐患等。由此可见，有些矿产资源管理部门并没有严格履行自身职责去落实相关矿产资源法律法规，而是做出一些违规违法行为造成国有权益损失以谋取自身利益。

### 8.2.2.4 矿产资源环境责任审计评价指标体系构建

目前矿产资源环境审计尚处于起步阶段，未形成一套完整的审计评价指标体系。因此，当务之急就是把完善矿产资源环境责任审计作为一项重要工作，选取合适的评价指标和科学的评价标准，积极探索矿产资源环境责任审计评价指标体系，切实保护我国的矿产资源，完善对矿产资源的管理。

依照自然资源资产管理责任与环境责任的共性指标，对矿产资源环境责任审计的评价也将从矿产资源资产开发、矿产资源资产政策制定与执行、矿产资源资产利用、矿产资源环境保护项目投资建设、矿产资源相关资金使用、环境保护相关事项六个一级指标出发，建立评价体系。在选取指标时，将秉持全面性和重要性的原则，定性与定量相结合，综合考虑各方面的因素，具体设定指标如下：

#### 8.2.2.4.1 矿产资源资产开发评价指标

评价矿产资源的开发情况，应从总体上考虑期初和期末矿产资源资产存量和质量的变化情况及其变动原因，涉及的相关指标如下：①矿产资源储量变化率，这一指标主要用来评价矿产资源在一定时期内储量的增减变

动情况；②矿产资源开发率，这一指标设置的目的就是用来反映矿产资源的开发程度，即在保证矿产资源能够承载的情况下，实现矿产资源开发的经济效益最大化；③矿产资源违规开发率，开发矿产资源也应符合相关的法律法规，因此设置"矿产资源违规开发率"用来衡量矿产资源违规开发的程度。本书构建的矿产资源资产开发评价指标如表8-10所示。

表8-10 矿产资源资产开发评价指标

| 一级指标 | 二级指标 | 性质 | 指标说明 |
| --- | --- | --- | --- |
| 矿产资源资产开发 | 矿产资源储量变化率 | 定量 | (辖区内当年矿产资源总储量-上年矿产资源总储量)/辖区内上年度矿产资源总储量×100% |
| | 矿产资源开发率 | 定量 | 辖区内已开发矿产资源面积/辖区内所有矿产资源面积×100% |
| | 矿产资源违规开发率 | 定量 | 违规开发矿产资源面积/辖区内矿产资源资产总面积×100% |

8.2.2.4.2 矿产资源资产政策制定与执行评价指标

这部分评价指标的使用目的主要是评价矿产资源资产的政策制定和执行情况，即评价相关矿产资源管理部门是否制定了有关矿产资源的保护政策，政策的制定是否合理、可行，以及是否按照制定的政策认真执行。选取的指标如："矿产资源资产政策法规完备率"，该指标主要是用已经建立的政策法规数与实际应建立的政策法规数之比来反映地区矿产资源的法律法规完备程度，审查是否存在法律法规制度缺失的情况；"矿产资源资产政策合规率"指标主要用矿产资源资产合规政策数量与矿产资源资产全部政策数量之比来衡量矿产资源资产政策制定的合规情况，审查有无出现与国家政府层面制定政策相悖的情况；"矿产资源资产重大决策规范率"指标是用按照规定执行的决策数与矿产资源资产全部决策数之比来检验矿产资源资产重大决策的规范程度，审查与矿产资源相关的重大决策是否科学合理；"矿产资源规划及应急预案编制"指标主要从定性的角度来衡量矿产资源的保护情况，审查地方矿产资源部门是否按照国家规定编制了矿产资源应急预案。本书构建的矿产资源资产政策制定与执行评价指标如表8-11所示。

表 8-11 矿产资源资产政策制定及执行评价指标

| 一级指标 | 二级指标 | 性质 | 指标说明 |
| --- | --- | --- | --- |
| 矿产资源资产政策制定与执行 | 矿产资源资产政策法规完备率 | 定量 | 已建立政策法规数/应建立政策法规数×100% |
| | 矿产资源资产政策合规率 | 定量 | 矿产资源合规政策数量/矿产资源全部政策数量×100% |
| | 矿产资源资产重大决策规范率 | 定量 | 按规定执行决策数/矿产资源全部决策数×100% |
| | 矿产资源规划及应急预案编制 | 定性 | 是否制定了相应的规划及应急预案以及是否严格落实执行 |

#### 8.2.2.4.3 矿产资源资产利用评价指标

矿产资源资产的利用情况，应体现在矿产资源资产的增减变动、有无流失或损毁、有无环境保护措施等方面，涉及的相关指标如下："矿产资源单位开发利用水平"指标是用矿产资源资产销售收入与矿产资源资产产量之比来反映矿产资源的开发利用水平；"矿产资源综合利用产值率"指标是用矿产资源工业总产值与地区工业总产值之比来反映矿产资源开发利用产值水平；"矿产资源单位开发利用效益"指标为矿产资源利润总额与矿产资源产量之比，用于反映矿产资源的开发利用效益。本书构建的矿产资源资产利用评价指标如表 8-12 所示。

表 8-12 矿产资源资产利用评价指标

| 一级指标 | 二级指标 | 性质 | 指标说明 |
| --- | --- | --- | --- |
| 矿产资源资产利用 | 矿产资源单位开发利用水平 | 定量 | 矿产资源资产销售收入/矿产资源资产产量×100% |
| | 矿产资源综合利用产值率 | 定量 | 矿产资源工业总产值/地区工业总产值×100% |
| | 矿产资源单位开发利用效益 | 定量 | 矿产资源利润总额/矿产资源产量×100% |

#### 8.2.2.4.4 矿产资源环境保护项目投资建设评价指标

首先应考虑建设资金的拨付情况和建设项目的完成情况，也要考虑项目建设所带来的效益。本书设置"矿产资源资金拨付到位率"指标，用于反映矿产资源资金拨付的效率；设置"项目建设完成率"指标，用于判断

项目建设进展是否按照计划如期进行；设置"项目建设合规合法性"指标，用于审查矿产资源项目建设实际执行情况，是否符合法律法规。本书构建的矿产资源环境保护项目投资建设评价指标如表8-13所示。

表8-13 矿产资源环境保护项目投资建设评价指标

| 一级指标 | 二级指标 | 性质 | 指标说明 |
|---|---|---|---|
| 矿产资源环境保护项目投资建设 | 矿产资源资金拨付到位率 | 定量 | 当年实际投入金额/当年计划投入金额×100% |
| | 项目建设完成率 | 定量 | 项目建设已完成任务量/项目建设计划任务量×100% |
| | 项目建设合规合法性 | 定性 | 审查项目建设是否符合相关的法律法规 |

### 8.2.2.4.5 矿产资源相关资金使用评价指标

矿产资源环境审计依然要将资金审计作为一大重点，该部分设置相关指标主要用来评价矿产资源资金的管理使用情况。审计人员应加强对矿产资源相关资金使用情况的审查，以避免出现资金投入与矿产资源规划不匹配、资金拨付不及时、征收资金不到位等问题。相关的评价指标如下："资金使用合规率"指标主要用于评价矿产资源资金的使用是否符合国家的相关规定，使用手续及程序等是否合规；"财政资金到位及时率"指标主要用于评价拨付给矿产资源项目的财政资金是否可以及时到位，保证项目按期完成；"矿业权使用费合规率"指标是指一定时期内一个地区或部门实际征收资金与应征收资金总额之比，用于反映矿业权资金的征收情况；"矿产资源补偿费征收合规率"指标用于评价领导干部在征收矿产资源补偿费时是否根据《矿产资源补偿费征收管理规定》严格执行。本书构建的矿产资源相关资金使用评价指标如表8-14所示。

表8-14 矿产资源相关资金使用评价指标

| 一级指标 | 二级指标 | 性质 | 指标说明 |
|---|---|---|---|
| 矿产资源相关资金使用 | 资金使用合规率 | 定量 | 合规使用资金额/全部使用资金×100% |
| | 财政资金到位及时率 | 定量 | 实际到位财政资金/全部应到位财政资金×100% |
| | 矿业权使用费合规率 | 定量 | 实际征收资金/应征收资金总额×100% |
| | 矿产资源补偿费征收合规率 | 定量 | 按照规定缴纳矿产资源补偿费矿业权数/矿业权总数×100% |

#### 8.2.2.4.6　环境保护相关事项评价指标

生态环境保护日益被人们所关注和重视，矿产资源在生态环境保护方面的作用亦不能忽视。为此，本书设置相应的指标来对矿产资源环境管理及保护情况进行评价。矿产资源资产开采过程中，露采矿山会破坏大量的土地资源，引发一系列环境问题，因此设置"历史遗留矿山废弃土地面积治理率"指标用于评价矿产资源在开采环节中历史占用、损坏土地的恢复治理情况。由于矿区被破坏及土地复垦情况会直接影响后期矿业活动的开展和周边生态系统，因此设置"塌陷土地复垦率"指标，表示为矿区内已经复垦土地面积与矿区土地破坏总面积之比，用以评价矿区被破坏土地复垦情况。在开发后的矿区种植植被有益于生态效益的提高，因此设置"植被恢复率"指标，用矿区植被恢复面积占矿区植被被破坏总面积之比来表示，以衡量矿区植被恢复率情况。通常情况下，要想使环境问题得以有效解决，需要从直接污染源头着手处理，因此设置"'三废'治理率"指标用于反映废水、废气和固体废弃物的治理情况。2017年4月20日，国务院颁布的《关于印发矿产资源权益金制度改革方案的通知》中提出将矿山环境治理恢复保证金调整为矿山环境治理恢复基金，取消了原来的矿山环境治理恢复保证金制度，矿产企业根据销售收入提取矿山环境治理恢复基金；因此设置"矿山环境治理恢复基金建成比率"指标用于审查财政部门保证金退还进度以及指导企业建成矿山环境治理恢复基金工作是否到位。被破坏的矿区要想实现可持续发展，需要投入相应资金进行治理，因此设置"矿山环境治理资金投入强度"指标反映矿山环境治理资金投入的保障程度。本书构建的环境保护相关事项评价指标如表8-15所示。

**表8-15　环境保护相关事项评价指标**

| 一级指标 | 二级指标 | 性质 | 指标说明 |
| --- | --- | --- | --- |
| 环境保护相关事项 | 历史遗留矿山废弃土地面积治理率 | 定量 | 累计恢复治理面积/矿业开采累计占用、损坏土地面积×100% |
| | 塌陷土地复垦率 | 定量 | 矿区已复垦土地面积/矿区土地破坏总面积×100% |
| | 植被恢复率 | 定量 | 矿区植被恢复面积/矿区植被破坏总面积×100% |

续表

| 一级指标 | 二级指标 | 性质 | 指标说明 |
|---|---|---|---|
| 环境保护相关事项 | "三废"治理率 | 定量 | 废水、废气、固体废弃物治理数量/排放总量×100% |
| | 矿山环境治理恢复基金建成比率 | 定量 | 已建立矿山环境治理恢复基金企业数量/区域矿山企业总数量×100% |
| | 矿山环境治理资金投入强度 | 定量 | 矿山环境治理资金投入总额/矿山开采累计占用、损坏土地面积×100% |

综上，本书构建的矿产资源环境责任审计评价指标如表8-16所示。

**表8-16  矿产资源环境责任审计评价指标**

| 一级指标 | 二级指标 | 性质 | 指标说明 |
|---|---|---|---|
| 矿产资源资产开发 | 矿产资源储量变化率 | 定量 | (辖区内当年矿产资源总储量-辖区内上年矿产资源总储量)/辖区内上年矿产资源总储量×100% |
| | 矿产资源开发率 | 定量 | 辖区内已开发矿产资源面积/辖区内所有矿产资源面积×100% |
| | 矿产资源违规开发率 | 定量 | 违规开发矿产资源面积/辖区内矿产资源资产总面积×100% |
| 矿产资源资产政策制定与执行 | 矿产资源资产政策法规完备率 | 定量 | 已建立政策法规数/应建立政策法规数×100% |
| | 矿产资源资产政策合规率 | 定量 | 矿产资源合规政策数量/矿产资源全部政策数量×100% |
| | 矿产资源资产重大决策规范率 | 定量 | 按规定执行决策数/矿产资源全部决策数×100% |
| | 矿产资源规划及应急预案编制 | 定性 | 规范及应急预案是否符合规定，是否与国家和上级规划协调，是否严格落实执行 |
| 矿产资源资产利用 | 矿产资源单位开发利用水平 | 定量 | 矿产资源资产销售收入/矿产资源资产产量×100% |
| | 矿产资源综合利用产值率 | 定量 | 矿产资源工业总产值/地区工业总产值×100% |
| | 矿产资源单位开发利用效益 | 定量 | 矿产资源利润总额/矿产资源产量×100% |

续表

| 一级指标 | 二级指标 | 性质 | 指标说明 |
| --- | --- | --- | --- |
| 矿产资源环境保护项目投资建设 | 矿产资源资金拨付到位率 | 定量 | 当年实际投入金额/当年计划投入金额×100% |
| | 项目建设完成率 | 定量 | 项目建设已完成任务量/项目建设计划任务量×100% |
| | 项目建设合规合法性 | 定性 | 审查项目建设是否符合相关的法律法规 |
| 矿产资源相关资金使用 | 资金使用合规率 | 定量 | 合规使用资金额/全部使用资金×100% |
| | 财政资金到位及时率 | 定量 | 实际到位财政资金/全部应到位财政资金×100% |
| | 矿业权使用费合规率 | 定量 | 实际征收资金/应征收资金总额×100% |
| | 矿产资源补偿费征收合规率 | 定量 | 按照规定缴纳矿产资源补偿费矿业权数/矿业权总数×100% |
| 环境保护相关事项 | 历史遗留矿山废弃土地面积治理率 | 定量 | 累计恢复治理面积/矿业开采累计占用、损坏土地面积×100% |
| | 塌陷土地复垦率 | 定量 | 矿区已复垦土地面积/矿区土地破坏总面积×100% |
| | 植被恢复率 | 定量 | 矿区植被恢复面积/矿区植被破坏总面积×100% |
| | "三废"治理率 | 定量 | 废水、废气、固体废弃物治理数量/排放总量×100% |
| | 矿山环境治理恢复基金建成比率 | 定量 | 已建立矿山环境治理恢复基金企业数量/区域矿山企业总数量×100% |
| | 矿山环境治理资金投入强度 | 定量 | 矿山环境治理资金投入总额/矿山开采累计占用、损坏土地面积×100% |

## 8.2.3 矿产资源环境责任审计案例——宁波市矿产资源综合开发管理和资金使用情况专项审计[①]

### 8.2.3.1 审计背景和审计目标

#### 8.2.3.1.1 审计背景

2013年11月，党的十八届三中全会通过的《中共中央关于全面深

---

① 引自:《宁波市审计局关于宁波市矿产资源综合开发管理和资金使用情况专项审计调查的结果公告》。

化改革若干重大问题的决定》明确提出了"探索编制自然资源资产负债表,对领导干部实行自然资源资产离任审计,建立生态环境损害责任终身追究制"的要求。矿产资源作为自然资源的重要组成部分之一,对人类生活及经济社会发展起着十分重要的作用,因此加强矿产资源管理成为各级政府关注的全局性和战略性问题。为了促进地方政府领导干部严格贯彻执行矿产资源的相关管理政策,审计机关在矿产资源监管体系中应发挥自身的作用,如通过审计检查,反映和揭示领导干部在矿产资源管理、保护和利用等方面的成效与缺失,逐步建立起领导干部矿产资源资产责任制,推动相关地区的经济发展。根据《中华人民共和国审计法》的相关规定,自2020年9月24日至11月27日,宁波市审计局对宁波市2018—2019年矿山资源综合整治开发管理和资金使用情况展开了专项审计调查。

#### 8.2.3.1.2 审计目标

通过对宁波市矿山资源进行专项审计,考察本市矿山资源综合治理开发管理情况,审查矿山资源综合治理开发是否符合相关法律法规;此外,也要对本市矿山资源的资金使用情况进行考察,以发现与矿山资源相关的资金使用是否合法合规,是否存在滥用、挪用资金的情况。根据审计结果,发现管理的不足、找出背后的问题,并分析产生问题的原因,基于此提出相应的整改意见,以便更好地提高宁波市矿山资源资产管理水平,用更加科学合理的方式保护本市的矿山资源资产。

### 8.2.3.2 审计基本情况及结果

#### 8.2.3.2.1 审计被调查事项基本情况

在宁波市开展的这次矿产资源专项审计调查中,所涉及的被调查事项基本情况共分为三种:一是矿山资源综合整治开发管理的基本情况。宁波市地处浙东火山岩覆盖区,经过地质矿产勘查发现,本地拥有十分丰富的建筑石料矿产资源,因而本次调查的主要对象是宁波市建筑用凝灰岩、花岗岩的开采、管理和综合整治情况。二是矿山资源审批登记管理情况。自2013年起,与采矿权相关的市级行政审批和管理权限下放到县级政府(包括功能区管委会)。宁波市自然资源和规划局(以下简称资规局)主要承担组织、协调、指导、监督等工作,县级资源和规划部门承担矿业权登记、发证、监管和废弃矿山治理的全流程工作。三是涉矿资金征收管理情

况。此次审计任务主要针对三项矿产资源相关资金展开，分别是地质矿产专项资金、矿山地质环境治理恢复和土地复垦基金、矿业权出让收益。其中，《宁波市地质矿产专项资金使用管理暂行办法》（甬土资〔2016〕48号）文件明确，地质矿产专项资金主要用于地质灾害防治、公益性地质工作、矿山生态环境保护与治理，政策有效期为3年（2016—2018年）。《浙江省矿山地质环境治理恢复与土地复垦基金管理办法（试行）的通知》（浙财综〔2019〕9号）中规定，宁波市各区县（市）将矿山地质环境治理恢复备用金转存为矿山地质环境治理恢复与土地复垦基金。《财政部、国土资源部关于印发矿业权出让收益征收管理暂行办法》（财综〔2017〕35号）中规定，矿业权出让收益为中央和地方共享收入。具体审计调查结果如表8-17所示。

表8-17 涉矿资金征收管理调查情况

| 涉矿资金 | 地质矿产专项资金 | 矿山地质环境治理恢复与土地复垦基金 | 矿业权出让收益 |
| --- | --- | --- | --- |
| 调查结果 | 抽查象山县、余姚市两个地区2018—2019年地质矿产专项经费支出情况，共计支出1 615.41万元，主要用于地质灾害防治 | 截至2019年9月底，余额为19 626.19万元；截至2020年9月底，余额为29 607.22万元 | 抽查宁海县、奉化区、象山县、余姚市共四个地区2018—2019年矿业权出让收益征收情况，共计征收113 486.99万元 |

8.2.3.2.2 审计调查评价意见

针对这次专项审计调查，宁波市审计局对2018—2019年矿山资源综合整治开发管理和资金使用情况给出了以下几点评价意见：

（1）"一规划、两政策"制度框架逐步形成。宁波市遵循"生态优先、减量压点、综合利用、统筹兼顾、有利发展"的基本目标，2017年6月实施《宁波市矿产资源规划（2016—2020年）》，2017年1月印发《宁波市人民政府办公厅关于进一步加快废弃矿山生态环境治理推进矿地综合利用工作的实施意见》（甬政办发〔2017〕4号），2018年12月印发《宁波市人民政府办公厅关于进一步加强普通建筑用石料矿山开发管理工作的实施意见》（甬政办发〔2018〕137号）。"一规划、两政策"逐步形成，全面构建起宁波市矿山资源开发管理和废弃矿山综合治理的制度框架。

（2）矿产资源供应保障总体平稳。2017—2019年全市新审批矿业权

14个。截至2017年底全市普通建筑用石料矿山数为89家；2018年底为63家，年矿石采掘量为6 633.01万吨；2019年底为55家，年矿石采掘量为4 647.4万吨。由此可见，全市采矿权数量和采掘量在逐年减少，做到了对新设建设项目类工程采矿的严格管控，在保障石料供应的基础上，努力实现了生态环境的保护。

（3）自然生态环境逐步改善。根据《宁波市废弃矿山生态修复三年专项行动实施方案》，2018年9月起，在全市大范围内，对飞机航线、铁路、县级以上公路、河道两侧，环主城区出入口周边等生态敏感区237处废弃矿山进行生态修复。为奋力实现年底交工，对列入行动任务清单的废弃矿山通过论证进行调整置换，2020年底前实现了开工率100%、交工率90%以上的省定目标任务，持续推进废弃矿山生态的修复工作，逐步改善自然生态环境。

#### 8.2.3.2.3 审计调查中发现的问题

从以上评价意见可以看出，相关地方和部门比较重视矿产资源管理，在国家的统一规划和政策引导下，地方政府对矿产资源的管理工作不断改进和提高，也取得了一定成效。但是一些地区矿产资源管理不严格、操作不规范，也产生了一些问题，总结起来有以下几种情况：

（1）个别工程项目超挖现象未得到及时的处置。例如：宁海县冠庄社区九炮废弃矿山设计方案削坡量为2.19万立方米（含变更原设计方案而增加挖方0.68万立方米）。2018年12月完工，实际削坡量为4.16万立方米，实际超挖1.97万立方米。

（2）基层乡镇对项目的财务管理不规范，将石料收入直接抵扣治理费用。例如：鄞州区咸祥镇杨空岙、新湾采石场生态环境治理项目，将削坡产生的石料收入716万元、712万元直接抵扣治理费用，未按照收支两条线进行管理。

（3）部分采矿权出让金未全部缴清。例如：象山县鹤浦盘基公路至小涂码头公路工程矿山因设计变更而增加开采22.93万吨，涉及增加出让金74.29万元，截至审计日尚未收取；奉化区岳林街道童桥岙采石场尚未补缴超边坡开采的出让金857.2万元。

#### 8.2.3.3 审计整改情况

针对审计反映的问题，市资规局及相关部门已落实完成整改。

第一，针对宁海县冠庄社区九炮龙废弃矿山治理工程施工中超挖石料行为，2021年3月19日，宁海县资规局安排项目组派员落实了整改。2021年3月29日，施工单位已按照该局《地矿有关工程石料开采结算办法》进行了石料结算，金额共计89.17万元。

第二，针对石料收入直接抵扣治理费用的问题。2021年4月，鄞州区露天矿山综合整治工作领导小组印发《关于要求加强露天矿山治理工程项目管理的通知》（鄞州区露天矿山综合整治领导小组办公室〔2021〕1号），要求今后的露天矿山治理工程严格实行"收支两条线"管理，在招标阶段就要将治理工程费用和矿产品收益区分开，并进行分别结算。

第三，针对象山县鹤浦盘基公路至小涂码头公路工程矿山未收取出让金的问题。象山县资规局已于2021年3月收取采矿权出让收益74.29万元。

第四，针对奉化区岳林街道童桥岙采石场应补缴超边坡开采出让金857.2万元的问题。宁波市资规局奉化分局已于2020年11月收取应补缴的采矿权出让收益857.2万元。

#### 8.2.3.4 审计建议与启示

##### 8.2.3.4.1 检查矿产资源综合开发利用的真实性

在审计的过程中，审计人员必要时应前往实地并联合当地的矿产资源主管部门对矿产资源的勘探开采情况进行仔细检查，重点检查矿山企业有无开采许可证、许可证是否到期、是否属于无证开采、是否存在过度开采等；另外，审计人员还需要对照《矿产资源开发利用方案》，重点检查有无越界开采，开采回采率是否达标，有无非法买卖、出租、转让矿产资源等情况，切实履行自身职责，仔细审查矿产资源综合开发利用的真实性，避免擅自开发利用矿产资源等违法违规行为的发生，切实保障矿产资源的有效利用，保护矿产资源生态环境，实现矿产资源的可持续发展。

##### 8.2.3.4.2 检查矿产资源项目财务管理的合理性

矿产资源项目资金通常作为财政收入实行"收支两条线"管理，即由自然资源部门在核定出售费标准后，要求矿业权人直接到财政部门缴款或代收款后再缴给财政，然后财政部门再按照支出计划将资金分配给自然资源部门用于矿产资源勘查、保护、治理及管理性支出。在实际工作中，相关政府部门应严格实行"收支两条线"管理，及时将矿山企业缴纳的矿产

资源补偿费足额入库，不得设立过渡性账户，不得截留、坐支和挪用，将其用于抵扣支出。基于此，审计人员也应在这一方面加强对矿产资源项目资金的审查，检查其财务管理是否合理、是否严格执行相关规定及要求，进一步规范其行为，提高矿产资源项目的财务管理水平。

#### 8.2.3.4.3 检查矿产资源专项资金使用的规范性

审计时，应结合矿产资源的相关业务对专项资金具体使用的规范性进行重点审计，避免出现自然资源或财政部门从中截留、挪用、擅自减免矿产资源专项资金等问题，促使其严格规范矿产资源资金的使用情况。

## [本章小结]

矿产资源是国民经济发展的重要物质基础，其中的能源更是一切社会经济活动的动力之源。矿产资源具有非再生、可耗竭、隐蔽、可变化、分布不均衡、种类繁多、物理化学性质差异大、在开发利用过程中易造成环境破坏等自然属性，以及用途广泛、稀缺珍贵、附着于产权、可储备与代际分配等多重社会属性。当前我国的矿产资源呈现"三多三少"的特征：一是优劣矿并存，品位贫富不均，贫矿多，富矿少；二是共伴生矿多，单一矿床少；三是中小型矿床多，大型-超大型矿床少。我国矿产资源的开发为国民经济的发展提供了大量的物质原料。目前，矿业发展面临的主要问题：一是资源消耗大，保有储量不足；二是资源潜力巨大，勘查投入不足；三是资源利用水平低，环境问题突出；四是矿产风险勘查资金来源渠道比较狭窄，国内缺乏风险资本的有效支持。基于此，国家对我国矿产资源管理的总要求为：一是节约和有效地开发利用矿产资源，二是减少矿产资源开发利用过程中的环境污染和生态损害。

根据本章所述国家对矿产资源的具体管理要求，以"矿产资产=矿产负债+矿产权益"平衡公式为主线，按照二维分类原理和复式记账法规则，构建矿产资源环境资产负债核算系统框架。在核算系统框架中，对矿产、矿产负债、矿产权益的分类及其科目设置进行探索，并根据核算业务论证核算系统的运行与基本报表的编制。

作为核算系统成果的基本报表，《矿产资源环境资产负债表》是主表，它既反映出某政府主管部门管辖范围内的矿产资源环境资产的赋存与分

布,又反映出其管辖范围内矿产资源环境的负债和权益状况。由于主表《矿产资源环境资产负债表》反映的只是核算期初与期末的存量,是结果状态,不能直观地说明期初存量与期末存量之间的差异,所以需要编制分表《矿产资源环境资产变动表》和《矿产资源环境负债与权益变动表》,以此来揭示主表期初期末存量差异的原因。在此基础上,本章论证了对矿产资源环境资产负债的审计方法与程序。

我国矿产资源环境审计起步较晚,但是成效显著。审计工作围绕矿产资源储量、管理、资金征管、生态恢复四个方面展开。存在问题的主要是矿业权登记、矿业权定价与转让、欠征与违规使用相关资金、资源环境责任不落实等方面。对此,本书构建了覆盖矿产资源资产开发、矿产资源资产政策制定与执行、矿产资源资产利用、矿产资源环境保护项目投资建设、矿产资源相关资金使用、环境保护相关事项六个方面的审计评价指标体系。基于矿产资源资产负债核算系统的相关信息进行了资源环境责任审计演示。针对宁波市审计局关于宁波市矿产资源综合开发管理和资金使用情况专项审计调查进行了案例分析。

# 参考文献[①]

[1] 汤可敬，许慎．说文解字［M］．汤可敬，译．北京：中华书局，1963．

[2] 脱脱．宋史·第七册·卷八五至卷九七·志·四［M］．北京：中华书局，1985．

[3] 李金昌．适当增加环保投资是一项战略措施［J］．决策探索，1987（2）：35-36．

[4] 葛家澍，李若山．九十年代西方会计理论的一个新思潮——绿色会计理论［J］．会计研究，1992（5）：1-6．

[5] 雷明．资源-经济投入产出核算：表式设计·模型构建·应用分析［J］．经济科学，1996（1）：42-51，80．

[6] 中国社会科学院语言研究所．现代汉语词典（修订本）［M］．北京：商务印书馆，1996．

[7] 中国社会科学院语言研究所词典编辑室．现代汉语词典［M］．北京：商务印书馆，1996．

[8] 陈汉文，池晓勃．关于环境审计的几个问题探讨［J］．审计研究资料，1997（2）：1-4．

[9] 代凯．试论企业环境责任审计［J］．审计与经济研究，1997（1）：9-11．

[10] 王德升，杨树滋，刘力云．借鉴国际经验研究环境审计［J］．审计研究，1997（2）：1-7．

[11] 张以宽．论环境审计［J］．中国审计信息与方法，1997（1）：17-19．

[12] 沈菊琴，顾浩，任光照，等．试谈水资源资产及其价值评估

---

① 按出版（发表）时间排序。

[J]．人民黄河，1998，20（7）：19-21．

［13］许家林．资源会计：现代会计科学发展和研究的新视点［J］．财会通讯，1998（12）：8-9．

［14］杨世忠．市场经济与国有资产管理［M］．北京：中国社会科学出版社，1998．

［15］李金华．深化经济责任审计的几点意见［J］．中国审计，2001（10）：4-5．

［16］冯淑萍．简明会计词典［M］．北京：中国财政经济出版社，2002．

［17］夏于权．四库全书精华·周礼［M］．呼和浩特：内蒙古人民出版社，2002．

［18］杨美丽，胡继连，昌广宙．论水资源的资产属性与资产化管理［J］．山东社会科学，2002（3）：31-34．

［19］卡尔·马克思．资本论：政治经济学批判［M］．中共中央马克思恩格斯列宁斯大林著作编译局，译．北京：人民出版社，2004．

［20］李金华．中国审计史［M］．北京：中国时代经济出版社，2004．

［21］翟新生．审计学［M］．北京：首都经济贸易大学出版社，2004．

［22］亚当·斯密．国富论［M］．唐日松，等译．北京：华夏出版社，2005．

［23］王国轩．大学中庸［M］．北京：中华书局，2006．

［24］威廉·配第．赋税论［M］．邱霞，原磊，译．北京：华夏出版社，2006．

［25］中华人民共和国财政部．企业会计准则［M］．北京：经济科学出版社，2006．

［26］耿建新，牛红军．关于制定我国政府环境审计准则的建议和设想［J］．审计研究，2007，138（4）：8-14．

［27］习近平．之江新语［M］．杭州：浙江人民出版社，2007．

［28］曾培炎．国务院关于矿产资源合理利用、保护和管理工作的报告［J］．中华人民共和国全国人民代表大会常务委员会公报，2007，260（1）：104-110．

［29］郭道扬．会计史研究（第三卷）［M］．北京：中国财政经济出

版社，2008.

[30] 郭道扬．论中国会计改革三十年 [J]．会计研究，2008（11）：3-10，96.

[31] 裴荣富，李莉，王浩琳．矿产地质勘查与矿业可持续发展的科学技术模拟 [J]．矿产保护与利用，2009，159（1）：7-12.

[32] 方勇．孟子 [M]．北京：中华书局，2010.

[33] 高华平，王齐洲，张三夕．韩非子 [M]．北京：中华书局，2010.

[34] 谷树忠，成升槐．中国资源报告：新时期中国资源安全透视 [M]．北京：商务印书馆，2010.

[35] 方勇，李波．荀子 [M]．北京：中华书局，2011.

[36] 李明辉，张艳，张娟．国外环境审计研究述评 [J]．审计与经济研究，2011，26（4）：29-37.

[37] 牛鸿斌，崔胜辉，赵景柱．政府环境责任审计本质与特征的探讨 [J]．审计研究，2011，160（2）：29-32.

[38]《水环境审计指南》课题组．水环境审计指南 [M]．北京：中国时代经济出版社，2011.

[39] 石磊．商君书 [M]．北京：中华书局，2011.

[40] 杨天才，张善文．周易 [M]．杨天才，译．北京：中华书局，2011.

[41] 张长江，陈良华，黄寿昌．中国环境审计研究10年回顾：轨迹、问题与前瞻 [J]．中国人口·资源与环境，2011，21（3）：35-40.

[42] 程亭，张龙平．环境审计国内外研究综述 [J]．经济问题探索，2012（11）：183-190.

[43] 王世舜，王翠叶．尚书 [M]．北京：中华书局，2012.

[44] 文硕．西方会计史：会计发展的五次浪潮 [M]．北京：经济科学出版社，2012.

[45] 周守华，陶春华．环境会计：理论综述与启示 [J]．会计研究，2012（2）：3-10.

[46] 欧阳志云，朱春全，杨广斌，等．生态系统生产总值核算：概念、核算方法与案例研究 [J]．生态学报，2013，33（21）：6747-6761.

[47] 蔡春, 毕铭悦. 关于自然资源资产离任审计的理论思考 [J]. 审计研究, 2014, 181 (5): 3-9.

[48] 封志明, 杨艳昭, 李鹏. 从自然资源核算到自然资源资产负债表编制 [J]. 中国科学院院刊, 2014, 29 (4): 449-456.

[49] 雷俊生. 审计问责研究 [M]. 北京: 中国时代经济出版社, 2014.

[50] 刘长翠, 张宏亮, 黄文思. 资源环境审计的环境: 结构、影响与优化 [J]. 审计研究, 2014, 179 (3): 38-42.

[51] 刘笑霞, 李明辉. 苏州嵌入领导干部经济责任审计的区域环境审计实践及其评价 [J]. 审计研究, 2014, 182 (6): 10-15.

[52] 马永欢, 陈丽萍, 沈镭, 等. 自然资源资产管理的国际进展及主要建议 [J]. 国土资源情报, 2014 (12): 2-8, 22.

[53] 马志娟, 韦小泉. 生态文明背景下政府环境责任审计与问责路径研究 [J]. 审计研究, 2014, 182 (6): 16-22.

[54] 曲婧. 我国自然资源绩效审计评价指标体系研究 [M]. 北京: 中国时代经济出版社, 2014.

[55] 审计署农业与资源环保审计司. 资源环保审计案例 [M]. 北京: 中国时代经济出版社, 2014.

[56] 汤章平, 王朝华, 李耳. 老子 [M]. 汤章平, 王朝华, 译. 北京: 中华书局, 2014.

[57] 袁珂. 山海经校注 [M]. 北京: 北京联合出版公司, 2014.

[58] 张友棠, 刘帅, 卢楠. 自然资源资产负债表创建研究 [J]. 财会通讯, 2014 (10): 6-9.

[59] 操建华, 孙若梅. 自然资源资产负债表的编制框架研究 [J]. 生态经济, 2015, 31 (10): 25-28, 40.

[60] 陈艳利, 弓锐, 赵红云. 自然资源资产负债表编制: 理论基础、关键概念、框架设计 [J]. 会计研究, 2015 (9): 18-26, 96.

[61] 封志明, 杨艳昭, 陈玥. 国家资产负债表研究进展及其对自然资源资产负债表编制的启示 [J]. 资源科学, 2015, 37 (9): 1685-1691.

[62] 耿建新, 胡天雨, 刘祝君. 我国国家资产负债表与自然资源资产负债表的编制与运用初探: 以 SNA 2008 和 SEEA 2012 为线索的分析

[J]. 会计研究, 2015, 327 (1): 15-24, 96.

[63] 黄溶冰, 赵谦. 自然资源资产负债表编制与审计的探讨 [J]. 审计研究, 2015 (1): 37-43, 83.

[64] 胡文龙, 史丹. 中国自然资源资产负债表框架体系研究: 以SEEA2012、SNA2008和国家资产负债表为基础的一种思路 [J]. 中国人口·资源与环境, 2015, 25 (8): 1-9.

[65] 李清彬. 自然资源资产负债表初探 [J]. 中国经贸导刊, 2015 (18): 47-50.

[66] 乔晓楠, 崔琳, 何一清. 然资源资产负债表研究: 理论基础与编制思路 [J]. 共杭州市委党校学报, 2015 (2): 73-83.

[67] 王金南, 马国霞, 於方, 等. 2015年中国经济-生态生产总值核算研究 [J]. 中国人口·资源与环境, 2018, 28 (2): 1-7.

[68] 肖序, 王玉, 周志方. 自然资源资产负债表编制框架研究 [J]. 会计之友, 2015 (19): 21-29.

[69] 杨海龙, 杨艳昭, 封志明. 自然资源资产产权制度与自然资源资产负债表编制 [J]. 资源科学, 2015, 37 (9): 1732-1739.

[70] 周守华. 推动中国主题会计理论研究在依法治国理念中彰显会计价值:《会计研究》新年献辞 [J]. 会计研究, 2015, 327 (1): 3.

[71] 高敏雪. 扩展的自然资源核算: 以自然资源资产负债表为重点 [J]. 统计研究, 2016, 33 (1): 4-12.

[72] 孔含笑, 沈镭, 钟帅, 等. 关于自然资源核算的研究进展与争议问题 [J]. 自然资源学报, 2016, 31 (3): 363-376.

[73] 李金华. 论中国自然资源资产负债表编制的方法 [J]. 财经问题研究, 2016, 392 (7): 3-11.

[74] 李博英, 尹海涛. 领导干部自然资源资产离任审计方法研究: 基于模糊综合评价理论的分析 [J]. 审计与经济研究, 2016, 31 (6): 28-34.

[75] 刘明辉, 孙冀萍. 论领导干部自然资源资产离任审计评价体系的构建 [J]. 商业会计, 2016 (18): 12-15.

[76] 刘明辉, 孙冀萍. 领导干部自然资源资产离任审计要素研究 [J]. 审计与经济研究, 2016, 31 (4): 12-20.

[77] 向书坚，郑瑞坤．自然资源资产负债表中的负债问题研究［J］．统计研究，2016，33（12）：74-83．

[78] 商思争．自然资源资产负债表编制中负债认定问题思考：以江苏连云港市海洋自然资源负债为例［J］．财会月刊，2016，767（19）：7-11．

[79] 审计署课题组．审计视域下自然资源治理体系现代化的三部曲［J］．贵州省党校学报，2016（5）：9-104．

[80] 陈燕丽，王普查．我国自然资源资产负债表构建与运用研究：以政府官员离任审计为视角［J］．财经问题研究，2017（2）：80-87．

[81] 顾奋玲．领导干部自然资源资产离任审计若干问题研究［J］．环境保护，2017，45（17）：18-22．

[82] 顾奋玲，吴佳琪．乡镇领导干部土地资源资产离任审计探索与实践：以北京某乡镇领导干部离任审计为例［J］．审计研究，2017，200（6）：28-35．

[83] 内蒙古自治区审计学会课题组，郭少华，郝光荣，等．领导干部水资源资产离任审计研究［J］．审计研究，2017，195（1）：12-22．

[84] 商思争，易爱军．自然资源资产产权、属性与自然资源资产负债表编制框架［J］．财会月刊，2017（28）：18-22．

[85] 盛明泉，姚智毅．基于政府视角的自然资源资产负债表编制探讨［J］．审计与经济研究，2017，32（1）：59-67．

[86] 申稳稳，张伟，王景波．领导干部矿产资源资产离任审计评价指标体系构建［J］．技术经济与管理研究，2017，250（5）：13-18．

[87] 胡咏君，谷树忠．自然资源资产研究态势及其分析［J］．资源科学，2018，40（6）：1095-1105．

[88] 李裕伟．矿业权与矿政管理：中外矿事纵横谈［M］．北京：中国大地出版社，2018．

[89] 内蒙古自治区审计学会．领导干部自然资源资产离任审计常见问题定性与评价指南［M］．北京：中国时代经济出版社，2018．

[90] 乔永波．自然资源资产负债表报表要素界定及列报问题研究［J］．统计与决策，2018，34（19）：9-13．

[91] 审计署自然资源和生态环境审计司．领导干部自然资源资

任审计法律法规汇编［M］.北京：中国时代经济出版社，2018.

［92］孙宝厚.编制自然资源资产负债表与生态环境损害责任终身追究制研究［M］.北京：中国时代经济出版社，2018.

［93］陶建格，沈镭，何利，钟帅.自然资源资产辨析和负债、权益账户设置与界定研究：基于复式记账的自然资源资产负债表框架［J］.自然资源学报，2018，33（10）：1686-1696.

［94］文硕.世界审计史［M］.上海：立信会计出版社，2018.

［95］肖继辉，张沁琳.论我国编制自然资源资产负债表的制度创新［J］.暨南学报（哲学社会科学版），2018，40（1）：27-35.

［96］徐子蒙，贾丽，匡小国.完善自然资源资产负债表理论的探讨［J］.财务与会计，2018，574（22）：64-65.

［97］闫慧敏，杜文鹏，封志明，等.自然资源资产负债的界定及其核算思路［J］.资源科学，2018，40（5）：888-898.

［98］朱婷，薛楚江.水资源资产负债表编制与实证［J］.统计与决策，2018，34（24）：25-29.

［99］董战峰，等.中国环境审计进展报告（2018）［M］.北京：中国环境出版集团，2019.

［100］樊笑英.自然资源资产负债表中的生态价值体现［J］.中国国土资源经济，2019，32（3）：34-37.

［101］顾奋玲，杜冰青.土地资源审计所发现问题的研究［J］.中国注册会计师，2019，240（5）：63-67.

［102］何利.然资源生态权益与经济权益划分的公允标准：基于复式记账的自然资源资产负债表框架［J］.财会月刊，2019（19）：89-94.

［103］李山，轩新丽.管子［M］.北京：中华书局，2019.

［104］李英，刘国强.新中国自然资源核算的新突破：十八届三中全会提出编制自然资源资产负债表［J］.会计研究，2019（12）：12-21，33.

［105］潘韬，封志明，刘玉洁，等.自然资源资产负债表编制中的负债核算方法与案例［J］.国土资源科技管理，2019，36（2）：74-84.

［106］潘琰，朱灵子.领导干部自然资源资产离任审计的大数据审计模式探析［J］.审计研究，2019，212（6）：37-43，69.

［107］徐素波，张山，陈丽芬.自然资源资产负债表编制探析［J］.

财会月刊，2019（1）：79-85.

[108] 张卫民，李晨颖.森林资源资产负债表核算系统研究［J］.自然资源学报，2019，34（6）：1245-1258.

[109] 赵海燕，张山，杨柳，等.自然资源资产负债表编制的理论探讨及框架设计：基于双重标准目标管理［J］.财会通讯，2019，801（1）：18-22.

[110] 朱靖，余玉冰，王淑.四川省水资源资产负债表编制研究［J］.人民黄河，2019，41（9）：77-82.

[111] 陈至立.辞海［M］.上海：上海辞书出版社，2020.

[112] 邓碧华，高亚楠.自然资源资产负债表编制及报表构架探讨［J］.中国国土资源经济，2020，33（3）：13-17.

[113] 邓晓岚，余远剑，茅金焰，等.领导干部自然资源资产离任审计的大数据技术应用研究［J］.审计研究，2020，217（5）：19-29.

[114] 耿建新，胡天雨.编制自然资源资产负债表，搞好自然资源资产离任审计——美国GAO水资源审计的借鉴［J］.财会通讯，2020，837（1）：3-12.

[115] 骆良彬，陈文涛.自然资源资产负债表编制的国际借鉴及启示［J］.会计之友，2020（8）：55-59.

[116] 马志娟，谢莹莹.自然资源资产负债表编制与领导干部离任审计协同体系构建［J］.中国行政管理，2020，415（1）：106-113.

[117] 杨世忠，谭振华，王世杰.论我国自然资源资产负债核算的方法逻辑及系统框架构建［J］.管理世界，2020，36（11）：132-144.

[118] 吴勋，樊钰.领导干部自然资源资产离任审计：制度梳理与实践［J］.财会月刊，2021（3）：85-89.

[119] 王书宏，李小慧，张丽娟，等.我国矿产资源产权制度问题研究［J］.中国矿业，2021，30（9）：16-19.

[120] 王湛，刘英，殷林森，等.从自然资源资产负债表编制逻辑到平行报告体系：基于会计学视角的思考［J］.会计研究，2021（2）：30-46.

[121] 赵丽娟，李文龙.自然资源资产离任审计中土地资源审计内容及方法初探［J］.测绘与空间地理信息，2021，44（9）：155-157，160.

[122] 陈曦，周旻.史记［M］.北京：中华书局，2022.

[123] 顾奋玲,王林.基于审计结果公告的水资源环境治理问题研究[J].中国审计,2022,680(1):68-71.

[124] 杨天才,张善文.周易[M].杨天才,译.北京:中华书局,2022.

[125] 中华人民共和国自然资源部.中国矿产资源报告2022[M].北京:地质出版社,2022.

[126] PATON W ANDREW. Accounting Theory, reprinted 1973 [M]. Scholars Book Co., Kansas, 1922.

[127] DONELLA H MEADOWS, EDWARD I GOLDSMITH, PAUL MEADOW. The Limits to Growth [M]. Earth Island Limited London, 1972.

[128] JOHN T MARLIN. Accounting for pollution [J]. Journal of Accountancy, 1973 (135) 41-41.

[129] UNITED NATIONS. Agenda21 [M]. Rio de Janerio: United Nations Publication, 1992.

[130] RON BLACK. A new leaf in environmental auditing [J]. Internal Auditor, 1998 (55): 24-28.

[131] HANS W HOLUB, GOTTFRIED TAPPEINER, ULRIKE TAPPEINER. Some remarks on the "System of Integrated Environmental and Economic Accounting" of the United Nations [J]. Ecological Economics, 1999 (29): 329-336.

[132] COMMISSION OF THE EUROPEAN COMMUNITIES. The European Framework for Integrated Environmental and Economic Accounting for Forest [M]. Luxembourg: Office for Publications of the European Communities, 2002.

[133] CHRISTINA CHIANG, MARGARET LIGHTBODY. Financial auditors and environmental auditing in New Zealand [J]. Managerial Auditing Journal, 2004 (19): 224-234.

[134] UNITED NATIONS. System of National Accounts 2008 [M]. New York: United Nations Publication, 2009.

[135] UNITED NATIONS. System of Environmental Economic Accounting for Water [M]. New York: United Nations Publication, 2012.

# 后 记

本书针对如何开展资源环境资产负债核算，以及在此基础上如何开展资源环境审计的问题展开研究，全面梳理了国际、国内指导性文献和研究性文献，开展实地调研，深入探索资产负债表及其核算系统的演变规律，总结归纳我国自然资源实践与探索的过程，最终形成了系统性认识——以政府监管部门为核算主体、开展资源环境资产负债核算、编制资源环境资产负债表、基于资源环境资产负债核算系统进行资源环境责任的审计。

本书的核算与审计涉及水、林、土、矿四类自然资源，其方法原理可以应用到对海洋、地质遗迹等其他自然资源的核算与审计。本书的观点可总结为：

任何自然资源及其环境，只要可以确认与计量，就能展开核算，基于核算的审计亦可展开。

我们相信，信息技术的发展将赋能资源环境资产负债核算系统，而微观层面的资源环境资产负债核算正有待研究。未来，宏观与微观核算融为一体，数据互相稽核、互相印证，核算结果的可靠性、可信性必将得到很大提升。